Hinter dem Sachregister befindet sich ein ausführliches Verzeichnis der

Guttentagschen Sammlung

Deutscher Reichs- und Preußischer Gesetze

— Textausgaben mit Anmerkungen; Taschenformat —

die alle wichtigeren Gesetze in unbedingt zuverlässigem Abdruck und mit mustergültiger Erläuterung wiedergibt.

Guttentagsche Sammlung
Nr. 121 Deutscher Reichsgesetze Nr. 121
Textausgaben mit Anmerkungen.

Direkte Kriegssteuer.

Gesetze
zur Besteuerung der Kriegsgewinne

nebst den Ausführungsbestimmungen des Bundesrats und den preußischen Ausführungsvorschriften.

Ausführlicher Kommentar

bearbeitet von

Alfons Mrozek,
Oberverwaltungsgerichtsrat.

Berlin 1916
J. Guttentag, Verlagsbuchhandlung,
G. m. b. H.

Roßberg'sche Buchdruckerei, Leipzig.

Inhaltsverzeichnis.

Einleitung.

1. Der Werdegang der Gesetze.

„Das gewaltigste Völkerringen, das die Weltgeschichte jemals gesehen, ist nicht nur in weit höherem Maße als frühere Kriege eine schwere Belastungsprobe der ganzen Volkswirtschaft, es hat auch eine tiefgreifende Umwälzung und Umschichtung in der Vermögensverteilung zur unvermeidbaren Folge. Während selbst festgegründeter und alter Wohlstand vielfach jäh zusammenstürzt oder doch erhebliche Einbuße erleidet, sind andere Volkskreise imstande, ihre wirtschaftliche Lage zu verbessern, zum Teil sogar große Vermögen neu zu erwerben. Wenn man damit zusammenhält die Tatsache, daß die Vergrößerung bestehender und die Bildung neuer Vermögen Hand in Hand geht mit einer Erschwerung der Lebenshaltung für den größten Teil des deutschen Volkes, so erscheint die Sonderbesteuerung der Personen und Unternehmungen, die aus der während der Kriegszeit sich vollziehenden großen Wertverschiebung mit einer Verbesserung ihrer wirtschaftlichen Lage hervorgehen, als eine unabweisbare Forderung des sozialen Gewissens, das zu doppelter Empfindlichkeit geschärft werden mußte in einer Zeit, die so ungeheuere Opfer an Gut und Blut erheischt und von Millionen der Volksgenossen die höchste persönliche Hingabe an das Vaterland fordert.

Das Verlangen nach einer ausgiebigen Besteuerung der ‚Kriegsgewinne' ist bald nach Ausbruch des Krieges in der Öffentlichkeit erhoben worden. Den ersten Anlaß zu dieser Forderung gaben zunächst die in der Öffentlichkeit bekannt gewordenen hohen Gewinne einzelner Lieferanten für Heeres- und Marinebedarf. Eine Besteuerung der Kriegsgewinne im engeren Sinne scheitert indes an der Unmöglichkeit einer Abgrenzung des Begriffs Kriegsgewinn. Der Kreis der Personen und Unternehmungen, denen die Kriegsverhältnisse einen erhöhten Gewinn ermöglicht oder zugeführt haben, ist keineswegs auf die Lieferanten von Gegenständen des Kriegsbedarfes beschränkt, er erstreckt sich vielmehr auf alle Personen und Betriebe, die aus den durch den Krieg herbeigeführten oder beeinflußten besonderen Verhältnissen der volkswirtschaftlichen Gütererzeugung und des Güterumsatzes unmittelbar oder mittelbar Nutzen zu ziehen in der Lage waren. Es ist nun aber im Einzelfalle schlechterdings unausführbar, Gewinne daraufhin zu untersuchen, ob und inwieweit sie unter gewöhnlichen Friedensverhältnissen zu erzielen gewesen wären, und zum Zwecke der Besteuerung den Teil des erzielten Gewinns auszuscheiden, der auf der Kriegskonjunktur im weitesten Sinne beruht. Aus Gründen der steuerlichen Gerechtigkeit wie im Interesse der finanziellen Ergiebigkeit der Steuer ist es geboten, die Besteuerung nicht auf bestimmte Erwerbsvorgänge zu beschränken, bei denen der Zusammenhang mit der Kriegskonjunktur ohne weiteres festzustellen ist.

Die hiernach gebotene Allgemeinheit der Besteuerung muß bestimmend sein für die Art ihrer Verwirklichung. Kriegsgewinne können auch ohne jede eigene Tätigkeit, durch den bloßen Besitz gewisser Vermögensgegenstände, z. B. inländischer oder ausländischer Industriepapiere, erzielt werden. An solchen Gewinnen kann der Gesetzgeber nicht vorbeigehen, wenn die Gewinne von Unternehmern in Industrie und Landwirtschaft, die volkswirtschaftlich verdienstvolle Arbeit und recht eigentlich Kriegshilfe geleistet haben, besteuert werden sollen.

Zu der Forderung der Allgemeinheit der Gewinnbesteuerung tritt als Gebot der Billigkeit, daß auch etwaige Verluste des Steuerpflichtigen ausgleichende Berücksichtigung finden.

Eine Besteuerung der Kriegsgewinne, die den erwähnten Anforderungen Rechnung tragen will, muß notwendigerweise an die Entwicklung des Vermögens oder Einkommens während der Kriegsjahre anknüpfen. Eine Anlehnung an bestehende Steuern ist deshalb geboten, weil die wirtschaftlichen Verhältnisse des Steuerpflichtigen vor dem Kriege zum Vergleiche heranzuziehen sind, und aus diesem Grunde die Veranlagung der Kriegsgewinnsteuer auf früheren Steuerveranlagungen aufbauen muß.

Die Besteuerung der Kriegsgewinne in der Form der Vermögensbesteuerung führt zur Vermögenszuwachssteuer, die Besteuerung der Kriegsgewinne in der Form der Einkommensbesteuerung weist auf eine Sonderbesteuerung der Einkommensvermehrung (Steuer auf das Mehreinkommen). In beiden Formen der Besteuerung können die gesamten wirtschaftlichen Verhältnisse des Steuerpflichtigen, die in seiner Vermögenslage oder in seinen Einkommensbezügen in die Erscheinung treten, in der denkbar höchsten Vollkommenheit berücksichtigt werden, in der Weise, daß die Steuer nur diejenigen, aber auch alle diejenigen erfaßt, die während des Krieges und trotz des Krieges in der Lage gewesen sind, ihre wirtschaftlichen Verhältnisse wesentlich zu verbessern. Eine solche Steuer entspricht durchaus den Anforderungen, die vom Standpunkt einer gesunden und gerechten Steuerpolitik an sie zu stellen sind. Sie ist eine Steuer, aufgebaut auf dem Grundsatze der Leistungsfähigkeit, nur berücksichtigt sie nicht die Leistungsfähigkeit schlechthin, sondern die während und trotz des Krieges gesteigerte Leistungsfähigkeit."

Das sind die einleitenden Worte in der Begründung, mit welcher „der Entwurf eines Kriegsgewinnsteuergesetzes" dem Reichstage vorgelegt wurde. Vorangegangen war das „Gesetz über vorbereitende Maßnahmen zur Besteuerung der Kriegsgewinne", in dessen Begründung folgendes ausgeführt ist:

„Der bald nach Kriegsausbruch aufgetauchte Gedanke einer ausgiebigen Besteuerung der ‚Kriegsgewinne' ist heute in Deutschland Gemeingut aller Volkskreise. Zwingende Erwägungen sozialethischer und finanzieller Natur liegen ihm zugrunde. Seine Verwirklichung ist eine Aufgabe, der sich die Gesetzgebung nicht entziehen darf.

Die Besteuerung der Kriegsgewinne läßt sich im Reiche, das als hauptsächlichster Träger der finanziellen Kriegslasten auch vorab Anspruch auf diese Einnahmequelle hat, am besten und zweckmäßigsten in Anlehnung an das Besitzsteuer- (Vermögenszuwachssteuer-) Gesetz vom 3. Juli 1913 durchführen. Auf diese Weise werden nicht nur die Gewinne aus unmittelbaren und mittelbaren Kriegslieferungen sowie die mit einer sonstigen durch den Krieg geschaffenen günstigen Konjunktur zusammenhängenden Gewinne getroffen, sondern es wird auch darüber hinaus die Forderung verwirklicht, daß jeder, der in dieser die Vermögensverhältnisse des weitaus größten Teils des deutschen Volkes beeinträchtigenden Kriegszeit in der Lage ist, sein Vermögen zu vermehren, einen ansehnlichen Teil dieses Zuwachses dem Vaterlande zu opfern verpflichtet ist.

Die in Aussicht genommene Kriegsgewinnsteuer oder Kriegsvermögenszuwachssteuer wird auf der vorbezeichneten Grundlage den in der Zeit vom 1. Januar 1914 bis 31. Dezember 1916 entstandenen Vermögenszuwachs erfassen, soweit dieser nicht aus Erbschaften und diesen gleichzustellenden Erwerbsfällen oder aus der bloßen Umwandlung nichtsteuerbaren Vermögens in steuerbares Vermögen herrührt.

Daneben werden auch die Veränderungen in den Einkommensverhältnissen des Steuerpflichtigen während des Krieges in der Weise zu berücksichtigen sein, daß der Teil des abgabepflichtigen Vermögenszuwachses, dem ein bestimmtes Mehreinkommen gegenübersteht, mit einem erhöhten Abgabensatz belegt wird.

Eine grundsätzliche Abweichung vom Besitzsteuergesetze wird sich sodann aus der Notwendigkeit ergeben, die Abgabepflicht auf juristische Personen auszudehnen. Gerade mit den in der Öffentlichkeit bekannt gewordenen hohen Gewinnen, die einzelne Gesellschaften erzielt haben, ist immer wieder die Forderung einer Kriegsgewinnsteuer begründet worden. Bei Freilassung der Aktiengesellschaften und anderer Erwerbsgesellschaften würde auch ein nicht unbeträchtlicher Teil der mit der Kriegskonjunktur zusammenhängenden Gewinne der geplanten Steuer ganz entgehen, sei es, weil sie ausländischen Gesellschaftern zufließen, sei es, weil der inländische Gesellschafter keinen Vermögenszuwachs in abgabepflichtiger Höhe haben wird.

Der Kreis der steuerpflichtigen juristischen Personen wird für die Kriegsgewinnbesteuerung auch weiter gezogen werden müssen, als dies im Wehrbeitragsgesetze geschehen ist. Mit dem in Deutschland bestehenden Systeme der Besteuerung juristischer Personen steht es in Einklang und in dem Grundgedanken der Kriegsgewinnbesteuerung ist es innerlich gerechtfertigt, wenn möglichst alle Erwerbszwecke verfolgenden

Gesellschaften ohne Rücksicht auf ihre Form der Steuer unterworfen werden.

Eine angemessene Besteuerung der Erwerbsgesellschaften begegnet freilich erheblichen Schwierigkeiten. Während bei natürlichen Personen der Einkommensüberschuß regelmäßig zur Vermögensbildung dient, finden die Gewinne der Gesellschaften nicht in der Vermögensansammlung, sondern in der Verteilung an die Gesellschafter ihre bestimmungsgemäße Verwendung. Eine gerechte und gleichmäßige Besteuerung der Gesellschaften kann deshalb nicht ohne weitere Maßnahmen an den Vermögenszuwachs anknüpfen; denn abgesehen davon, daß eine solche Steuer nur ganz geringe Erträge bringen würde, wäre es sonst wesentlich in das Belieben einer Gesellschaft gestellt, in welchem Maße sie sich durch mehr oder weniger große Rückstellungen der Steuer unterwerfen wollte oder nicht.

Dazu kommt, daß durchschlagende Gründe dafür sprechen, die Veranlagung und Erhebung der Steuer erst nach Abschluß des Krieges vorzunehmen. Wenn jedoch auch mit Maßnahmen wegen Heranziehung der juristischen Personen so lange zugewartet werden sollte, so wäre damit zu rechnen, daß durch eine Verteilung der Gewinne an die Gesellschafter deren spätere steuerliche Erfassung, wenn nicht vereitelt, so doch wesentlich erschwert wird.

Die Heranziehung der juristischen Personen zur Kriegsgewinnsteuer muß hiernach jetzt schon zumindest durch gewisse vorbereitende Maßnahmen sichergestellt werden.

Der vorliegende Gesetzentwurf sucht diesen Zweck zu erreichen, indem er vorschreibt, daß die für die Kriegsgewinnbesteuerung in Betracht kommenden Gesellschaften einen angemessenen Bruchteil ihrer Kriegsgewinne von der Ausschüttung an die Mitglieder ausschließen und für die künftige Kriegsgewinnbesteuerung zu einer besonderen Rücklage ansammeln sollen. Das Ziel, das damit dem Entwurfe vorschwebt, ist ein doppeltes.

Erstens will er verhüten, daß sich diese Gewinne verflüchtigen und sich dem steuerlichen Zugriffe ganz oder zum Teil entziehen. Es soll vielmehr ihre steuerliche Erfassung bei dem ursprünglichen Träger der Gewinne sichergestellt werden.

Zweitens soll die Voraussetzung geschaffen werden, welche

eine Durchführung der Steuer in ähnlicher Weise, wie sie für die natürlichen Personen beabsichtigt ist, nämlich in der Form der Vermögenszuwachsbesteuerung, gewährleistet."

Die erste Lesung des Gesetzes über vorbereitende Maßnahmen usw. fand in der Vollsitzung des Reichstags vom 30. November 1915 statt. Der Entwurf wurde an die (verstärkte) Kommission für den Reichshaushaltsetat verwiesen, wo er nur unbedeutende Abänderungen erfuhr. Am 20. Dezember 1915 wurde das Gesetz in der Vollsitzung des Reichstags in zweiter und dritter Beratung angenommen. Die kaiserliche Ausfertigung erhielt das Gesetz am 24. Dezember 1915; seine Veröffentlichung erfolgte in dem am 28. Dezember 1915 zu Berlin ausgegebenen Reichsgesetzblatte.

Wechselvoller gestaltete sich der Werdegang des Kriegssteuergesetzes. Die erste Beratung des „Entwurfes eines Kriegsgewinnsteuergesetzes" im Reichstage führte am 23. März 1916 ebenfalls zur Verweisung des Gesetzentwurfes an die (verstärkte) Kommission für den Reichshaushaltsetat. Schon die erste Lesung der Kommission nahm an dem Entwurfe die wesentliche Veränderung vor, daß neben der Kriegsabgabe vom Vermögenszuwachs und vom Mehreinkommen der „einmalige außerordentliche" Wehrbeitrag (Ges. vom 3. Juli 1913), dessen letztes Drittel am 15. Februar 1916 zu entrichten war, nochmals zu einem Drittel zur Hebung kommen sollte (§§ 1 u. 21 des Entwurfes). Da hiermit eine Abgabe auch auf das nicht angewachsene Vermögen gelegt war, wurde die Bezeichnung des Gesetzentwurfes in „Entwurf eines Kriegssteuergesetzes" abgeändert. Endlich wurde der § 49 des Besitzsteuergesetzes, der auch für die Veranlagung zur Kriegssteuer maßgebend ist (§ 25 des Gesetzes), dahin ergänzt, daß der Vorsitz in den Besitzsteuerämtern nicht Beamten der allgemeinen Landesverwaltung, sondern besonderen finanz- und steuertechnisch ausgebildeten Beamten im Hauptamt zu übertragen sei (§ 43 des Entwurfes). (Kommissionsbericht S. 149 ff.). Auf diese Weise sollte Preußen gezwungen werden, den Vorsitz in den Veranlagungskommissionen nicht mehr den Landräten zu belassen, sondern überall besonderen Kommissaren zu übertragen.

Die neue Gestaltung des Gesetzentwurfes stieß auf den

Widerstand der verbündeten Regierungen. Die deshalb eingeleiteten Verhandlungen zwischen jenen und den Vertretern einer Reihe von Parteien führten dann zu einer wesentlichen Umgestaltung des Gesetzentwurfes. Die Besteuerung des Mehreinkommens, obwohl sie bereits die Regierungsvorlage enthielt, wurde als ein Eingriff in die Steuerrechte der Bundesstaaten beseitigt. Dafür wurde die Abgabe vom Vermögenszuwachse wesentlich erhöht. Nach der Regierungsvorlage betrug die Abgabe für Einzelpersonen bei einem Vermögenszuwachse bis zu 20000 *M* nur fünf vom Hundert des Zuwachses, stieg dann je nach der Höhe des Vermögenszuwachses und erreichte, insoweit dieser eine Million übersteigt, nur den Satz von 25 vom Hundert; nach dem Kompromisse ist der geringste Abgabesatz von fünf vom Hundert auf einen Vermögenszuwachs bis einschließlich 10000 *M* beschränkt; die Steuerstufen bis zu einer Million Mark Zuwachs sind vermehrt und die Abgabesätze derart erhöht, daß die Abgabe, insoweit der Zuwachs eine Million übersteigt, 50 vom Hundert beträgt (§ 19 des Gesetzes). Die Abgabe der Gesellschaften blieb zwar in ihrem höchsten Satze von 45 vom Hundert unverändert, dieser Satz sollte aber je nach der Höhe des Mehrgewinns eher als nach der Regierungsvorlage erreicht werden (§§ 19, 21 des Gesetzes).

An die Stelle eines vierten Drittels des Wehrbeitrags trat eine Abgabe vom Vermögen, insoweit es 90 vom Hundert des für den Beginn des Veranlagungszeitraums festgestellten Vermögens übersteigt und insoweit es weder der Besitzsteuer noch der Abgabe vom Vermögenszuwachse nach § 9 Nr. 1 des Kriegssteuergesetzes unterliegt (§§ 1 u. 9 a. a. O.). Endlich wurde der Zusatz zum Besitzsteuergesetze hinsichtlich der Besetzung der Besitzsteuerämter mit finanz- und steuertechnisch vorgebildeten Beamten fallen gelassen (Kommissionsbericht S. 109 ff.).

In dieser veränderten Fassung wurde der Gesetzentwurf von der Kommission in zweiter Lesung angenommen. Nur sollte der Reichskanzler ersucht werden, bei den Bundesstaaten darauf hinzuwirken, daß der Vorsitz in den Steuerämtern finanz- und steuertechnisch besonders vorgebildeten Beamten im Hauptamt übertragen wird (Kommissionsbericht S. 133 und 135 ff.). Auch der Reichstag nahm den Gesetzentwurf, wie er aus der Kommission hervorgegangen war, mit nur geringen Abänderungen in zweiter und dritter Beratung an. Die kaiserliche Ausfertigung erhielt das Gesetz am 21. Juni 1916, seine Veröffentlichung erfolgte in dem am 25. Juni 1916 zu Berlin ausgegebenen Reichsgesetzblatte.

2. Der Inhalt der Gesetze.

Das Kriegssteuergesetz unterwirft neben den Einzelpersonen auch die Erwerbsgesellschaften der Kriegsabgabe (§§ 1, 13, 20, 23). Bei den Einzelpersonen ist für die Veranlagung zur Kriegsabgabe von der Feststellung des Vermögensstandes für die Besitzsteuer, d. i. regelmäßig desjenigen am 31. Dezember 1916, auszugehen (§ 1 a. a. O.); bei diesem Vermögen sind indessen, dem Zwecke der Kriegssteuer entsprechend, noch verschiedene An- und Abrechnungen vorzunehmen (§§ 3—6 a. a. O.), insbesondere kommen Vermögensvermehrungen durch Erbanfall, Schenkungen zum Abzuge. Von dem sich hiernach ergebenden Vermögenszuwachse gegenüber dem Vermögensbestande bei Beginn des regelmäßig vom 1. Januar 1914 ab laufenden Veranlagungszeitraums wird die „Abgabe vom Vermögenszuwachs" erhoben (§ 19 Ziff. 1 a. a. O.), und zwar neben der Besitzsteuer. Ergibt dagegen jene Berechnung keinen abgabepflichtigen Vermögenszuwachs, so ist für die Veranlagung zur „Abgabe vom Vermögen" allein das für die Besitzsteuer festgestellte Vermögen maßgebend; insoweit dieses der Besitzsteuer nicht unterliegt und 90 vom Hundert des für den Beginn des Veranlagungszeitraums festgestellten Vermögens übersteigt, bildet es den Gegenstand der einprozentigen Abgabe (§ 19 Ziff. 2 a. a. O.). Wenn also das Vermögen für den Wehrbeitrag auf 100000 ℳ festgestellt war, am 31. Dezember 1916 aber nur noch 98000 ℳ beträgt, so stellt sich die Abgabe auf 1 vom Hundert von 8000 ℳ, also auf 80 ℳ. Steuerpflichtige, welche Gesellschafter einer Gesellschaft m. b. H. sind, haben unter Umständen nicht den vollen Betrag der veranlagten Abgabe zu entrichten (§ 10 a. a. O.). Lehens- und Fideikommißbesitzer dürfen bei einer Vermehrung des Lehens- oder Fideikommißvermögens den anteiligen Betrag der Abgabe jenem Vermögen entnehmen (§ 11 a. a. O.). Endlich sind für den Fall, daß ein Steuerpflichtiger vor Beendigung des Veranlagungszeitraums seinen inländischen Wohnsitz oder Aufenthalt aufgibt, Vorschriften gegeben, welche auch die Veranlagung eines solchen Steuerpflichtigen zur Kriegsabgabe ermöglichen und deren Entrichtung sichern sollen (§ 12 a. a. O.).

Aktiengesellschaften und die ihnen gleichgestellten Erwerbsgesellschaften (§ 13, 20, 23 a. a. O.) haben ihren „Mehrgewinn" zu besteuern, der in dem Unterschiede zwischen dem durchschnittlichen früheren Geschäftsgewinn und dem jeweils in einem Kriegsgeschäftsjahr erzielten Geschäftsgewinne besteht (§§ 14 ff.). Inländische Gesellschaften genießen aber unter Umständen die Vergünstigung, daß sie nicht den vollen Betrag der veranlagten Abgabe zu entrichten haben (§ 19 Abs. 5 und § 22 a. a. O.). Zur Sicherung der Kriegsabgabe haben die Gesellschaften nach dem Gesetz über vorbereitende Maßnahmen usw. in Höhe der Hälfte ihres „Mehrgewinns" eine Sonderrücklage zu bilden; eine höhere Abgabe, als jene Rücklage nach vorschriftsmäßiger Berechnung beträgt, brauchen die Gesellschaften in keinem Falle zu entrichten (§ 22 Abs. 2 u. 3 des Kriegssteuergesetzes).

Veranlagung und Erhebung der Kriegssteuer erfolgen im wesentlichen nach den Vorschriften des Besitzsteuergesetzes (§ 25 Abs. 2 des Kriegssteuergesetzes). Für die Kriegssteuer wird aber eine besondere Steuererklärung gefordert (§ 26 a. a. O.). Für Gesellschaften ist nach Ablauf ihres zweiten Kriegsgeschäftsjahrs eine „vorläufige" Veranlagung vorgesehen, die zwar erst mit der endgültigen, nach Ablauf aller drei Kriegsjahre eintretenden Veranlagung im Rechtsmittelweg angefochten werden kann, den Gesellschaften aber den Vorteil bringt, daß sie nach der Zahlung der „vorläufigen" Abgabe über die Sonderrücklage frei verfügen dürfen (§ 28 a. a. O.).

Die gewissenhafte Beobachtung des Gesetzes ist durch strenge Strafvorschriften, die sich gegen die Steuerpflichtigen und deren Vertreter richten, geschützt; in schweren Fällen tritt immer das gerichtliche Verfahren ein, und an Strafen werden Gefängnis bis zu einem Jahre, der Verlust der bürgerlichen Ehrenrechte und die Veröffentlichung des Urteils angedroht. Nach § 9 Abs. 2 des Gesetzes über vorbereitende Maßnahmen usw. haften die Vorstände usw. von Gesellschaften auch zivilrechtlich für den Schaden, der durch ihr Verschulden dem Fiskus aus der Nichterfüllung der Vorschriften über die Bildung der Sonderrücklage erwächst.

3. Inhalt des Buches.

Im ersten Teile sind die Gesetze in Anlehnung an die Rechtsprechung des preußischen Oberverwaltungsgerichts in Einkommen- und Ergänzungssteuersachen erläutert. Der II. Teil enthält die Texte der Gesetze und der bisher ergangenen Ausführungsbestimmungen des Bundesrats und preußischen Ausführungsvorschriften. Auch der Text des Besitzsteuergesetzes ist aufgenommen worden, obwohl dessen Vorschriften, soweit auf sie im Kriegssteuergesetze verwiesen ist, an der betreffenden Stelle des Kommentars wörtlich aufgeführt sind. Eine Ausgabe des Besitzsteuergesetzes mit Erläuterungen von demselben Verfasser wird später, aber so zeitig erscheinen, daß sie bereits für die Aufstellung der Besitzsteuererklärung wird benutzt werden können. Endlich wird der Gebrauch des Buches dadurch wesentlich erleichtert, daß ein alphabetisches Sachregister aufgestellt ist und Herr Rechnungsrat Baier die Steuertarife errechnet hat.

A. Kommentare.

I. Kommentar zum Gesetz über vorbereitende Maßnahmen zur Besteuerung der Kriegsgewinne.

§ 1.

Aktiengesellschaften[1][2], Kommanditgesellschaften auf Aktien[3], Berggewerkschaften[4] und andere Bergbau treibende Vereinigungen, letztere, sofern sie die Rechte juristischer Personen haben[5], Gesellschaften mit beschränkter Haftung[6] und eingetragene Genossenschaften[7], die im Deutschen Reiche ihren Sitz haben[8], sind verpflichtet[9], fünfzig vom Hundert des in einem Kriegsgeschäftsjahr[10] erzielten Mehrgewinns[11] (§ 4) in eine zu bildende Sonderrücklage[12] einzustellen.

Ist der Gewinn aus einem beim Inkrafttreten dieses Gesetzes[13] abgelaufenen Kriegsgeschäftsjahre bereits verteilt[14], so sind etwaige freiwillige Rückstellungen[15] dieses Jahres bis zum Betrage von fünfzig vom Hundert des Mehrgewinns der Sonderrücklage zuzuführen. Sind freiwillige Rückstellungen nicht gemacht worden oder erreichen sie diese Höhe nicht, so ist ein Betrag von fünfzig vom Hundert des Mehrgewinns oder der noch fehlende Betrag aus dem Mehrgewinne der nächsten Kriegsgeschäftsjahre jedesmal vorweg zu entnehmen und der Sonderrücklage zuzuführen. Außerdem ist daneben die Hälfte des restlichen Mehrgewinns in die Sonderrücklage einzustellen[16]). Rücklagen für Wohlfahrtszwecke[17]) sind nicht als freiwillige Rückstellungen im Sinne dieser Vorschrift anzusehen.

Im Falle des Abs. 2 dürfen Gewinnbeträge, die zu ausschließlich gemeinnützigen Zwecken[17]) bestimmt worden sind und deren dauernde Verwendung zu solchen Zwecken gesichert ist, von dem Geschäftsgewinne des beim Inkrafttreten dieses Gesetzes abgelaufenen Kriegsgeschäftsjahrs abgesetzt werden[18]).

1. **Allgemeines.** Das Gesetz trifft nach seiner Überschrift vorbereitende Maßnahmen zur Besteuerung der Kriegsgewinne. Über das Ziel der kommenden Kriegsgewinnsteuer heißt es in der Begründung S. 5:

> „Die Besteuerung der Kriegsgewinne läßt sich im Reiche, das als hauptsächlichster Träger der finanziellen Kriegslasten auch vorab Anspruch auf diese Einnahmequelle hat, am besten und zweckmäßigsten in Anlehnung an das Besitzsteuer-(Vermögenszuwachssteuer-)Gesetz vom 3. Juli 1913 durchführen. Auf diese Weise werden nicht nur die Gewinne aus unmittelbaren und mittelbaren Kriegslieferungen sowie die mit einer sonstigen durch den Krieg geschaffenen günstigen Konjunktur zusammenhängenden Gewinne getroffen, sondern es wird auch darüber hinaus die Forderung verwirklicht, daß jeder, der in dieser die Vermögensverhältnisse des weitaus größten Teils des deutschen Volkes beeinträchtigenden Kriegszeit in der Lage ist, sein Vermögen zu vermehren, einen ansehnlichen Teil dieses Zuwachses dem Vaterlande zu opfern verpflichtet ist."

Hiermit war man auch in der Kommission des Reichstags allseitig einverstanden, wie aus folgenden Äußerungen der Abgeordneten hervorgeht:

„Der Entwurf und seine Begründung enthielten die Grundlagen und die vorbereitenden Maßnahmen zur Besteuerung der Kriegsgewinne. Hieraus werde sich der Umfang der Folgen ergeben, die durch dieses Gesetz ausgelöst werden sollen. Zur Besteuerung der Kriegsgewinne solle an eine Besteuerung des Vermögenszuwachses herangetreten werden. Es gebe freilich auch noch andere Wege. Er glaube aber, daß der in der Begründung des Entwurfes angedeutete Weg der richtige sei. Er sei auch damit einverstanden, daß der Vermögenszuwachs als solcher in unbeschränktem Umfange herangezogen werde. Es würde nicht möglich sein, die verschiedenen Quellen des Vermögenszuwachses steuerlich zu berücksichtigen." (Kommissionsbericht S. 2.)

Ferner:

„Mit dem für die Kriegsgewinnbesteuerung aufgestellten Grundsatze, daß jeder steuerpflichtig werde, der in der Kriegszeit sein Vermögen vermehrt habe, sei man allseitig einverstanden." (Kommissionsbericht S. 10.)

Hieraus folgt, daß, wenn im § 1 des Gesetzes bestimmten Erwerbsgesellschaften die Bildung einer Sonderrücklage für die Kriegsgewinnsteuer auferlegt worden ist, für die Rücklagepflicht allein die Rechtsform der Gesellschaft entscheidend ist, nicht deren wirtschaftliche Tätigkeit. Die Gesellschaft ist rücklagepflichtig, auch wenn sie kein Gewerbe betreibt, sondern nur ihr Vermögen nutzt oder verwaltet, sofern sie einen „Mehrgewinn" im Sinne des § 1 erzielt. Ausgenommen sind nur die Reichsbank, deren Kriegsgewinnbesteuerung durch ein besonderes Gesetz geregelt ist, und inländische Gesellschaften, die nach der Entscheidung des Bundesrats ausschließlich gemeinnützigen Zwecken dienen (§ 7).

Die Veränderung der Firma, des Sitzes oder des Grundkapitals berühren den Fortbestand der Gesellschaft nicht (vgl. Entsch. d. OVG. in Staatsstſ. Bd. 11 S. 198). Die Vereinigung aller Aktien usw. in einer Hand hat die Auflösung der Gesellschaft nicht zur Folge. Die Rechtsform der Gesellschaft besteht auch im Liquidationszustande weiter, nur die Vertretungsorgane sind andere geworden (vgl. Entsch. d. OVG. in Staatsstf. Bd. 3 S. 118). Der Liquidationszustand endigt erst, wenn das gesamte Gesellschaftsvermögen durch Berichtigung der Gesellschaftsschulden und Verteilung unter die Mitglieder ausgekehrt ist und die dazu erforderlichen Geschäfte abgewickelt sind; hierbei ist es ohne Belang, ob das sog. Sperrjahr (§ 301 HGB., § 73 des Gesetzes, betr. die Gesellschaften m. b. H.) abgewartet worden ist (vgl. Entsch. d. OVG. in Staatsstf. Bd. 14 S. 313). Die nachträgliche Nichtigkeitserklärung befreit die Gesellschaft nicht von der Rücklagepflicht, weil die für nichtig erklärte Gesellschaft als Liquidationsgesellschaft weiterbesteht (vgl. Entsch. d. OVG. in Staatsstf. Bd. 16 S. 420).

Das Gesetz findet also Anwendung auf alle Gesellschaften, welche eine der im § 1 aufgeführten Rechtsformen haben und zur Zeit der Verkündung des Gesetzes (§ 11), d. i. am 28. Dezember 1915, wenn auch nur im Liquidationszustande bestanden haben oder später so zeitig gegründet worden sind, daß auf sie noch die Voraussetzung des § 2 zutrifft.

Der Umstand, daß Gesellschaften Aktien oder Anteile einer anderen Gesellschaft besitzen, sog. Schachtelgesellschaften, ist auf den Umfang der Rücklagepflicht der beteiligten Gesellschaften ohne Einfluß (Kommissionsbericht S. 6, 21 u. 29). Die Vorschrift im § 18 des Kriegssteuergesetzes regelt nur die Berechnung des „Mehrgewinns“ für die Kriegssteuer selbst.

2. **Aktiengesellschaften.** Vor der Eintragung in das Handelsregister des Sitzes der Gesellschaft besteht die Aktiengesellschaft als solche nicht (§ 200 HGB.).

3. **Kommanditgesellschaften auf Aktien.** Auch diese entstehen erst mit der Eintragung in das Handelsregister (§§ 200, 320 Abs. 2 HGB.).

4. **Berggewerkschaften,** sowohl des älteren wie des neuen Rechtes. Sie werden auch für die preußische Einkommen-

steuer gleich behandelt, und es liegt kein Grund vor, für die Kriegsgewinnsteuer einen Unterschied zwischen den Gewerkschaften des älteren und des neuen Rechtes zu machen. Der Wortlaut des § 1 ergibt deutlich, daß das Erfordernis der juristischen Persönlichkeit nur für die „anderen Bergbau betreibenden Vereinigungen“, die „letzteren“, besteht.

Ob eine Gesellschaft als Berggewerkschaft gelten kann, ist vorwiegend nach rechtlichen Gesichtspunkten zu prüfen (vgl. Entsch. d. OVG. in Staatsstf. Bd. 3 S. 64). Haben mehrere selbständige Gewerkschaften einen gemeinsamen Betrieb mit einheitlicher Rechnungsführung, so besteht doch für jede die Rücklagepflicht selbständig (vgl. Entsch. d. OVG. in Staatsstf. Bd. 15 S. 283).

Durch die Vereinigung sämtlicher Kuxe in einer Hand hat die Gewerkschaft älteren Rechtes nicht aufgehört, so lange nicht im Grundbuch unter Löschung der Gewerkschaft der alleinige Gewerke als Alleineigentümer eingetragen ist (Deutsche Juristen-Zeitung, XIII. Jahrg. Nr. 18 S. 1022).

Eine Gewerkschaft des neuen Rechtes entsteht, wenn seit dem Inkrafttreten des Allgemeinen Berggesetzes f. d. preußischen Staaten vom 24. Juni 1865 mehrere an demselben Bergwerke beteiligt werden und nicht durch notarielles oder gerichtliches Geschäft eine andere Form bestimmt ist (§§ 94 und 133 a. a. O.), desgleichen dann, wenn eine ältere Gewerkschaft die neue Verfassung rechtswirksam angenommen hat. Die Form der Gewerkschaft tritt jedoch nicht ein, wenn das Bergwerk zu einer gemeinsamen Erbschaft oder einer sonstigen gemeinsamen Vermögensmasse gehört (§ 133 Abs. 2 a. a. O.). Die Entstehung der Gewerkschaft setzt Eigentum an dem Bergwerke voraus, sie kann nicht von mehreren Pächtern oder Nießbrauchern eines Bergwerkes gebildet werden. Bei der vertragsmäßigen Erwerbung eines Bergwerkes durch mehrere Personen entsteht das gewerkschaftliche Rechtsverhältnis erst durch die Auflassung und die Eintragung in das Grundbuch. Wird die Verleihung eines Bergwerkes mehreren Personen erteilt, so wird nach § 68 Nr. 1 a. a. O. das Eigentum durch die Verleihung erworben und durch diese auch das gewerkschaftliche Verhältnis begründet (Klostermann, Das allgemeine Berggesetz usw., 4. Aufl., S. 194 Anm. 207 zu § 94). Die einmal entstandene Gewerkschaft ist unbeschränkt rechts- und handlungsfähig, sie kann also auch zu anderen Zwecken von ihrer Rechts- und Handlungsfähigkeit Gebrauch machen (Zeitschrift für Bergrecht Bd. 43 S. 87 ff.). Auch bei der Gewerkschaft neueren Rechtes hat die Vereinigung sämtlicher Kuxe in einer Hand die Auflösung der Gewerkschaft nicht zur Folge. Selbst der Auflösungsbeschluß des Besitzers aller Kuxe führt den Untergang der Gewerkschaft nicht ohne weiteres herbei, vielmehr besteht die Gewerkschaft in Liquidation weiter. Damit der alleinige Kuxbesitzer das Bergwerkseigentum der aufgelösten Gewerkschaft erwirbt, bedarf es der Auflassung und der Eintragung im Grundbuch (Urt. d. OVG. in Staatsstf. VIIc 445/08 vom 7. Dezember 1908, mitgeteilt bei Mrozek, Handkommentar zum Preuß. Einkommensteuergesetz, S. 35 Anm. d).

Gesellschaften zur Ausbeutung von Solquellen im vormaligen Königreich Hannover sind keine Berggewerkschaften (Entsch. d. OVG. in Saatsstf. Bd. 3 S. 64); dagegen gelten Gesellschaften für die Ausbeutung von Solquellen in Niederhessen (vormaliges Kurfürstentum Hessen) als Berggewerkschaften, ebenso die dortigen Pfännerschaften, welche ihr stets unverändert gebliebenes Salzgewinnungsrecht an einen Dritten gegen Entgelt zur Ausbeutung überlassen (a. a. O. Bd. 6 S. 263). „Hüttengesellschaften" sind keine Berggewerkschaften, sondern bloße Personenvereinigungen zum Gebrauch einer gemeinschaftlichen Hüttenanlage für die Verhüttung der Erze jedes Anteileigners (a. a. O. Bd. 10 S. 190).

5. **Andere Bergbau betreibende Vereinigungen, sofern sie die Rechte juristischer Personen haben.** Voraussetzung für die Rücklagepflicht einer solchen Vereinigung ist danach, daß von ihr Bergbau im örtlichrechtlichen Sinne betrieben wird. Dagegen kann es nicht darauf ankommen, ob die Vereinigung den Bergbau im eigenen Bergwerk oder in einem gepachteten betreibt,

ferner ob sie das Bergwerk selbst betreibt oder zum Abbau verpachtet hat, endlich ob der Betrieb augenblicklich ruht.

Die Rücklagepflicht ist nicht auf den Zuwachs des im Bergbau angelegten Vermögens beschränkt, sondern das gesamte Vermögen der Vereinigung kommt in Betracht.

Nur „Vereinigungen" kommen in Frage, also Gesellschaften von natürlichen oder juristischen Personen. Deshalb fallen Stiftungen (§§ 80 ff. BGB.), auch wenn sie Bergbau betreiben, nicht unter die Bestimmung des § 1. Auf diese darf aber im Einzelfalle durch Beschluß des Bundesrats die Rücklagepflicht ausgedehnt werden (vgl. § 10 Abs. 1).

Die Vereinigung muß die Rechte juristischer Personen haben; die offene Handelsgesellschaft, die einfache Kommanditgesellschaft, die stille Gesellschaft und die bürgerliche Gesellschaft haben solche Rechte nicht, kommen also nicht in Frage (Kommissionsbericht S. 28). Dem Zwecke des Gesetzes gemäß kann es sich nur um juristische Personen des bürgerlichen Rechtes handeln, also nur um eingetragene Vereine oder Vereinigungen, denen staatlicherseits die Rechte juristischer Personen verliehen sind (§§ 21 u. 22 BGB.). Der Verein verliert die Rechtsfähigkeit, wenn ihm diese durch die hierfür zuständige Behörde entzogen wird (§ 43 BGB.). Eine Liquidation findet nur statt, wenn im Falle der Auflösung des Vereins oder der Entziehung der Rechtsfähigkeit das Vermögen nicht an den Fiskus fällt (§§ 45 u. 47 ff. BGB.).

Juristische Personen, die keinen Bergbau betreiben, werden nur dann rücklagepflichtig, wenn auf sie vom Bundesrate die Vorschriften des Gesetzes ausgedehnt werden (§ 10 Abs. 1).

6. **Gesellschaften mit beschränkter Haftung.** Vor der Eintragung in das Handelsregister des Sitzes der Gesellschaft besteht die Gesellschaft m. b. H. als solche nicht (§ 11 des Gesetzes, betr. die Gesellschaften m. b. H., vom 20. 4. 92/20. 5. 98). Ausgenommen von der Rücklagepflicht sind nur inländische Gesellschaften, die nach der Entscheidung des Bundesrats ausschließlich gemeinnützigen Zwecken dienen (§ 7).

7. **Eingetragene Genossenschaften.** Eine Genossenschaft erwirbt die Rechte einer eingetragenen Genossenschaft erst mit ihrer Eintragung in das Genossenschaftsregister ihres Sitzes (§ 13 des Gesetzes, betr. die Erwerbs- und Wirtschaftsgenossenschaften, vom 1. 5. 89/20. 5. 98). Der Umfang der Haft- und Nachschußpflicht ist für die Rücklagepflicht ohne Belang.

8. **Die im Deutschen Reiche ihren Sitz haben.** Die deutschen Schutzgebiete sind im Sinne der Reichsverfassung (Art. 1) Ausland (Art. 2 der preußischen Ausführungsvorschriften). Maßgebend ist der Sitz der Gesellschaft im bürgerlich-rechtlichen (handelsrechtlichen) Sinne (Begründung des Gesetzentwurfes S. 7). Der Sitz einer Aktiengesellschaft, einer Kommanditgesellschaft auf Aktien, einer Gesellschaft m. b. H. oder einer Genossenschaft bestimmt sich nach dem Inhalte des Statuts (§§ 182 Nr. 1 u. 322 HGB.; § 3 des Gesetzes, betr. die Gesellschaften m. b. H. vom 20. 4. 92/20. 5. 98; § 6 des Gesetzes, betr. die Erwerbs- und Wirtschaftsgenossenschaften, vom 1. 5. 89/20. 5. 98).

Der Sitz einer Berggewerkschaft ist in der Regel an dem Orte anzunehmen, wo der Repräsentant wohnt oder der Grubenvorstand seinen Sitz hat (§ 117 des Allgemeinen Berggesetzes für die preuß. Staaten vom 24. Juni 1865). Als Sitz eines Vereins gilt, wenn nicht ein anderes bestimmt ist, der Ort, an welchem die Verwaltung geführt wird (§ 24 BGB.).

Bei inländischen Gesellschaften sind auch die Gewinne ausländischer Niederlassungen mit zu berücksichtigen (Begründung des Gesetzentwurfes S. 7).

9. **Sind verpflichtet.** Die Verpflichtung zur Sonderrücklage ist der Gesellschaft selbst auferlegt, welche die Sonderrücklage durch das für die Feststellung der Bilanz und die Verteilung des Reingewinns zuständige Gesellschaftsorgan, d. i. regelmäßig die Generalversammlung, zu bewirken hat. Die Verletzung dieser Pflicht ist für die Gesellschaft mit keinem unmittelbaren Nachteile bedroht. Der Gesetzgeber hat sich aber die Durchführung des Gesetzes dadurch gesichert, daß er für die Beobachtung des Gesetzes

die Vorstände, persönlich haftenden Gesellschafter, Repräsentanten, Geschäftsführer oder Liquidatoren zivil- und strafrechtlich verantwortlich gemacht und den Behörden auch das Recht gegeben hat, die Vorsteher usw. durch Zwangsstrafen zur Erfüllung ihrer Pflichten anzuhalten (siehe unten die Anmerkungen zu § 9 und § 10 Abs. 2). Wenn die Generalversammlung einer Aktiengesellschaft die Vorschriften über die Bildung der Sonderrücklage nicht beachtet, so verstößt ihr Beschluß gegen das Gesetz und kann im Wege der Klage angefochten werden. Hierzu ist auch jedes Mitglied des Vorstandes für sich berechtigt, weil es sich durch die Durchführung des Beschlusses strafbar machen würde (§ 271 HGB.).

Eine alsbaldige behördliche Mitwirkung bei Ausführung des lediglich vorbereitende Maßnahmen bezweckenden Gesetzes war zuerst nicht vorgesehen (Begründung des Gesetzentwurfes S. 7). Nach § 10 Abs. 2 ist aber der Bundesrat befugt, Ausführungsbestimmungen zu erlassen und Zuwiderhandlungen mit Geldstrafe bis zu 1500 ℳ zu bedrohen. Von dieser Befugnis hat der Bundesrat in seinen Ausführungsbestimmungen Gebrauch gemacht, indem er dort im § 2 folgendes bestimmte:

„Die in §§ 1 und 6 des Gesetzes bezeichneten Gesellschaften sowie die durch den Bundesrat ihnen gleichgestellten juristischen Personen haben die Geschäftsberichte und Jahresabschlüsse nebst den Gewinn- und Verlustrechnungen der Friedensgeschäftsjahre (§ 5 des Gesetzes) und der Kriegsgeschäftsjahre (§ 2 des Gesetzes) sowie die darauf bezüglichen Beschlüsse der Generalversammlungen der von der obersten Landesfinanzbehörde bestimmten Behörde zu einem von ihr festzusetzenden Zeitpunkt einzureichen. Inländische Gesellschaften haben die Geschäftsberichte usw. in dem Bundesstaat einzureichen, in dem sie ihren Sitz haben. Ausländische Gesellschaften haben die Einreichung in dem Bundesstaate zu bewirken, auf den der größte Teil ihres inländischen Geschäftsbetriebs entfällt. In Zweifelsfällen entscheidet der Bundesrat. Die Bildung der gesetzlichen Sonderrücklage ist, soweit sie nicht ohne weiteres aus den eingereichten Bilanzen oder Jahresabschlüssen ersichtlich ist, der zuständigen Behörde unter Beifügung einer Berechnung des Mehrgewinns (§ 4 des Gesetzes) nachzuweisen.

Die verantwortlichen Leiter der Gesellschaften (§ 9 des Gesetzes) können zur Erfüllung der ihnen nach Abs. 1 obliegenden Verpflichtungen durch Geldstrafen bis zu fünfhundert Mark angehalten werden. Die zuständige Behörde wird durch die oberste Landesfinanzbehörde bestimmt."

Hieran anschließend hat der preußische Finanzminister folgende Ausführungsvorschriften vom 11. Februar 1916 erlassen:

Art. 1. Aktiengesellschaften usw. (wie im § 1 des Gesetzes) sind verpflichtet, dem Vorsitzenden der Einkommensteuer-Veranlagungskommission desjenigen Bezirkes, in dem sie ihren Sitz haben, bis zum 1. Juni 1916

1. die Geschäftsberichte und Jahresabschlüsse nebst den Gewinn- und Verlustrechnungen der Friedensgeschäftsjahre und der Kriegsgeschäftsjahre sowie die darauf bezüglichen Beschlüsse der Generalversammlungen und
2. eine Berechnung ihres Mehrgewinns einzureichen und
3. die Bildung der gesetzlichen Sonderrücklage, soweit sie nicht ohne weiteres aus den eingereichten Bilanzen oder Jahresabschlüssen ersichtlich sind, nachzuweisen.

Eine Berechnung des Mehrgewinns ist in allen Fällen einzureichen, also auch dann, wenn die Höhe der Sonderrücklage ohne weiteres aus der Bilanz hervorgeht.

Für diejenigen Kriegsgeschäftsjahre, für welche bis zu dem oben festgesetzten Termin Abschlüsse noch nicht vorliegen, sind die vorstehenden Verpflichtungen spätestens 4 Wochen nach Feststellung des Abschlusses* zu erfüllen.

Die Einreichung von Geschäftsberichten und Generalversammlungsbeschlüssen ist nur zu fordern, soweit deren Aufstellung gesetzlich vorgeschrieben ist.

---

* Gemeint kann nur die Feststellung durch das hierfür zuständige Gesellschaftsorgan, d. i. regelmäßig die Generalversammlung, sein.

Die Vorsitzenden der Veranlagungskommissionen können eine Verlängerung der Fristen bewilligen.

Von der Einreichung der Geschäftsberichte usw. kann abgesehen werden, wenn solche schon behufs Veranlagung zur Einkommensteuer eingereicht sind.

Art. 9. Der Vorsitzende der Berufungskommission hat die ihm obliegende Überwachung der Amtstätigkeit der Vorsitzenden der Einkommensteuer-Veranlagungskommissionen auf dem Gebiete der Staatssteuerverwaltung auch auf die Ausführung des vorliegenden Gesetzes zu erstrecken.

Er ist befugt, die dem Vorsitzenden der Veranlagungskommission in diesen Vorschriften zugewiesenen Obliegenheiten für einzelne Bezirke oder einzelne Gesellschaften ganz oder teilweise selbst zu übernehmen.

10. **Kriegsgeschäftsjahr.** Siehe § 2 des Gesetzes.

11. **Mehrgewinn.** Siehe § 4 des Gesetzes.

12. **Sonderrücklage.** In der Begründung des Gesetzentwurfes (S. 6) war die Vorschrift, eine Sonderrücklage zu bilden, dahin begründet worden:

„Eine angemessene Besteuerung der Erwerbsgesellschaften begegnet freilich erheblichen Schwierigkeiten. Während bei natürlichen Personen der Einkommensüberschuß regelmäßig zur Vermögensbildung dient, finden die Gewinne der Gesellschaften nicht in der Vermögensansammlung, sondern in der Verteilung an die Gesellschafter ihre bestimmungsgemäße Verwendung. Eine gerechte und gleichmäßige Besteuerung der Gesellschaften kann deshalb nicht ohne weitere Maßnahmen an den Vermögenszuwachs anknüpfen; denn abgesehen davon, daß eine solche Steuer nur ganz geringe Erträge bringen würde, wäre es sonst wesentlich in das Belieben einer Gesellschaft gestellt, in welchem Maße sie sich durch mehr oder weniger große Rückstellungen der Steuer unterwerfen wollte oder nicht.

Dazu kommt, daß durchschlagende Gründe dafür sprechen, die Veranlagung und Erhebung der Steuer erst nach Abschluß des Krieges vorzunehmen. Wenn jedoch auch mit Maßnahmen wegen Heranziehung der juristischen Personen so lange zugewartet werden sollte, so wäre damit zu rechnen, daß durch eine Verteilung der Gewinne an die Gesellschafter deren spätere steuerliche Erfassung, wenn nicht vereitelt, so doch wesentlich erschwert wird.

Die Heranziehung der juristischen Personen zur Kriegsgewinnsteuer muß hiernach jetzt schon zumindest durch gewisse vorbereitende Maßnahmen sichergestellt werden.

Der vorliegende Gesetzentwurf sucht diesen Zweck zu erreichen, indem er vorschreibt, daß die für die Kriegsgewinnbesteuerung in Betracht kommenden Gesellschaften einen angemessenen Bruchteil ihrer Kriegsgewinne von der Ausschüttung an die Mitglieder ausschließen und für die künftige Kriegsgewinnbesteuerung zu einer besonderen Rücklage ansammeln sollen. Das Ziel, das damit dem Entwurfe vorschwebt, ist ein doppeltes.

Erstens will er verhüten, daß sich diese Gewinne verflüchtigen und sich dem steuerlichen Zugriffe ganz oder zum Teil entziehen. Es soll vielmehr ihre steuerliche Erfassung bei dem ursprünglichen Träger der Gewinne sichergestellt werden.

Zweitens soll die Voraussetzung geschaffen werden, welche eine Durchführung der Steuer in ähnlicher Weise, wie sie für die natürlichen Personen beabsichtigt ist, nämlich in der Form der Vermögenszuwachsbesteuerung, gewährleistet."

Im Kommissionsberichte heißt es auf S. 28 zu dieser Frage:

„Der Staatssekretär des Reichsschatzamts wies nochmals darauf hin, daß es sich lediglich um ein Sperrgesetz handle, wodurch der Gestaltung des endgültigen Gesetzes nicht vorgegriffen werde. Die Sonderrücklage bleibe zwar zunächst im Eigentume der Gesellschaft, werde aber durch dieses Gesetz der freien Verfügung der Gesellschaft entzogen. Mit gutem Grunde sei auch in das Gesetz hineingeschrieben worden, daß die Sonderrücklage getrennt von dem übrigen Gesellschaftsvermögen zu verwalten und anzulegen sei. Mit dieser Vorschrift würde es nicht vereinbar sein, wenn die Reserve in der Bilanz nicht ausdrücklich aufgeführt werde. Die Befürchtung könne er nicht teilen, daß sich an diese Sonderrücklage eine irgendwie bedenkliche Spekulation anknüpfen könne."

Schließlich hat sich über den Zweck der Sonderrücklage der Berichterstatter der Kommission bei der zweiten Beratung des Gesetzes im Reichstage dahin geäußert:

„Dieses Gesetz ist doch nur ein Signal, eine Warnungstafel, die aufgestellt wird. Man sagt den Gesellschaftern rechtzeitig: Macht Sonderrücklagen, damit ihr nicht in Schwierigkeiten kommt, wenn demnächst ein Steuergesetz erlassen wird, welches hohe Beträge von euch erfordert.' Für diese Steuerbeträge ist die Gesellschaft, wie jede physische Person, natürlich mit allem, was sie besitzt, haftbar..." (24. Sitzung vom 20. Dezember 1915 S. 496).

Das Gesetz ist also kein Steuergesetz, sondern ein Sperrgesetz, als Vorbereitung für ein erst später zu erlassendes Steuergesetz. Es will keine Steuerschuld begründen, sondern die Gesellschaften zwingen, für die spätere Besteuerung, also für künftige Zwecke, Vermögen anzusammeln. Da diese Rückstellung aus dem Gewinn erfolgt, so handelt es sich um einen echten Reservefonds; der künftige Zweck ist ohne Belang (vgl. Entsch. d. OVG. in Staatsstſ. Bd. 13 S. 267). Es ist deshalb ungenau, wenn der Staatssekretär von der Sonderrücklage sagt, daß sie „zunächst" im Eigentume der Gesellschaft verbleibe, aber durch das Gesetz der freien Verfügung der Gesellschaft entzogen werde. Die Sonderrücklage bleibt vielmehr dauernd im Vermögen der Gesellschaft, und vorläufig ist nur die Beschränkung der Gesellschaft in der Verfügung über die Rücklage. Die Verfügungsbeschränkung soll nur so lange dauern, bis die Gesellschaft die nach dem Gesamtergebnisse der beiden ersten Kriegsgeschäftsjahre vorläufig festgesetzte Kriegssteuer entrichtet hat (§ 28 des Kriegssteuergesetzes). Die Steuer bildet dann eine

Betriebsausgabe des betreffenden Geschäftsjahrs, welche aus den Betriebseinnahmen zu entrichten ist und deshalb den Gewinn dieses Jahres verringert.

Die Sonderrücklage ist ein gesetzlicher Reservefonds wie der den Aktiengesellschaften und Kommanditgesellschaften auf Aktien durch §§ 262, 320 HGB. vorgeschriebene gesetzliche Reservefonds. Von diesem unterscheidet sich die Sonderrücklage nur dadurch, daß ihr nach dem Sperrgesetze vornehmlich bestimmte Aktiva gegenüberstehen sollen, weil sie getrennt von dem sonstigen Vermögen zu verwalten und in Schuldverschreibungen des Deutschen Reichs oder eines Bundesstaats anzulegen ist (§ 8 Abs. 1). Eine gleiche oder ähnliche Vorschrift ist in der Öffentlichkeit schon wiederholt auch für den gesetzlichen Reservefonds der Aktiengesellschaften gefordert worden. Insoweit sich aber bei der Aufstellung der Bilanz für das zweite oder dritte Kriegsjahr ein Kursverlust an jenen Anlagewerten ergibt, steht auch der Sonderrücklage die Gesamtheit der übrigen Aktiven gegenüber. Mit dem gesetzlichen Reservefonds der Aktiengesellschaften hat die Sonderrücklage es gemein, daß sie durch den Verlust in einem späteren Kriegsjahre sich in sich selbst verzehrt, und zwar noch vor dem gesetzlichen Reservefonds; ja schon ein „Mindergewinn" in einem späteren Kriegsjahre verringert ohne weiteres zu einem entsprechenden Teile auch die Sonderrücklage (§ 8 Abs. 4).

Weil hiernach die Sonderrücklage eine echte Reserve ist, so enthält sie auch eine steuerpflichtige Verwendung aus den „Überschüssen" im Sinne des § 15 des preußischen Einkommensteuergesetzes, wie sie auch bei der Ausmittlung des gewerbesteuerpflichtigen Ertrags gemäß § 22 des preußischen Gewerbesteuergesetzes nicht in Abzug gebracht werden darf. Auch der Reichsschatzsekretär äußerte sich in den Kommissionsverhandlungen wiederholt dahin, daß nach seiner Ansicht die Sonderrücklagen der Staats- und Kommunaleinkommensteuer sowie der Gewerbesteuer unterlägen (Kommissionsbericht S. 16 und 19).

Als echter Reservefonds kommt die Sonderrücklage auch für die Berechnung der Tantieme des Vorstandes und des Aufsichtsrats der Aktiengesellschaften nach §§ 237, 245 HGB. in Betracht. Für die Geschäftsführer einer Gesellschaft m. b. H. besteht jene Beschränkung des Tantiemerechts nicht, wenn sie nicht etwa durch den Anstellungsvertrag erfolgt ist.

13. **Inkrafttreten dieses Gesetzes**, d. i. am 28. Dezember 1915; siehe § 11 und die Anmerkung dazu.

14. **Ist der Gewinn verteilt**, d. h. zulässigerweise noch vor dem Inkrafttreten des Gesetzes; vgl. über den anderen Fall Anm. 18. Über die Feststellung der Bilanz und für die Gewinnverteilung hat die Generalversammlung zu beschließen (§§ 260 u. 320 HGB.; §§ 18 u. 48 des Gesetzes, betr. die Erwerbs- und Wirtschafts-Genossenschaften, vom 1. 5. 89/20. 5. 98). Bei den übrigen Erwerbsgesellschaften kann die Feststellung der Bilanz und die Gewinnverteilung auch anderen Gesellschaftsorganen übertragen sein (§§ 45, 46 des Gesetzes, betr. die Gesellschaften m. b. H., vom 20. 4. 92/20. 5. 98; § 32 BGB.). Haben Gesellschaften m. b. H. eine geringe Mitgliederzahl, so wird man eine Gewinnverteilung unter Umständen schon mit der Unterzeichnung der Bilanz durch sämtliche Gesellschafter annehmen dürfen (§§ 29 u. 48 des Gesetzes betr. die Gesellschaften m. b. H.).

Wegen der Aktiengesellschaften in den Vereinigten Staaten Nordamerikas siehe Anm. 1 zu § 6.

15. **Freiwillige Rückstellungen.** Gemeint sind nur offene Reserven, also Rückstellungen, die ausweislich der Gewinnverteilung gemacht sind, nicht auch die sog. stillen Reserven durch übermäßige Abschreibungen. Die letzteren beeinflussen nur die Berechnung des Geschäftsgewinns (§ 3) und damit auch die Höhe des Mehrgewinns (§ 4) und der regelmäßigen Sonderrücklage (§ 1 Abs. 1). Erreichte die nach Vorschrift des § 1 Abs. 2 gebildete Sonderrücklage nicht die volle Hälfte des Mehrgewinns, so bildet sie dennoch die Höchstgrenze des zu erhebenden Betrags der Kriegsgewinnsteuer (§ 27 Abs. 2 des Entwurfs eines Kriegsgewinnsteuergesetzes und S. 27 der Begründung des Entwurfes eines Kriegsgewinnsteuergesetzes).

Freiwillig sind nicht Rückstellungen, welche der Gesellschaft durch das Gesetz vorgeschrieben sind, wie z. B. die Rücklagen in den gesetzlichen Reservefonds bei Aktiengesellschaften (§ 262 HGB.). Es kommen ferner nur Rückstellungen aus dem Gewinn in Frage. Betriebskosten, die aus einem Reservefonds gedeckt sind, vermindern den Gewinn. Dasselbe gilt von den notwendigen Abschreibungen, welche aus einem Reservefonds gedeckt sind. Deshalb sind die Zuweisungen an einen bereits bestehenden Reservefonds zur Auffüllung in Höhe der zu jenen Zwecken in dem Bilanzjahr erfolgten Entnahmen keine Rückstellungen aus dem Gewinne (vgl. Entsch. d. OVG. in Staatsstſ. Bd. 14 S. 257). Von der gleichen Auffassung gehen die Ausführungsbestimmungen des Bundesrats aus:

„§ 5. Die Vorschriften im § 1 Abs. 2 Satz 4 und § 1 Abs. 3 des Gesetzes beziehen sich nur auf Rückstellungen und Zuwendungen, die aus dem Bilanzgewinne gemacht worden sind, dagegen nicht auf die als Geschäftsunkosten anzusehenden Zuwendungen an die zu militärischen Dienstleistungen einberufenen Arbeiter und Angestellten oder deren Angehörige und die sonstigen, während des Geschäftsjahrs gemachten laufenden Wohlfahrtsausgaben."

Zu den freiwilligen Rückstellungen aus dem Jahresgewinne gehören auch die Gewinnvorträge auf neue Rechnung des künftigen Geschäftsjahrs (vgl. Entsch. d. OVG. in Staatsstſ. Bd. 5 S. 209).

16. **Jedesmalige Vorwegnahme aus dem Mehrgewinn und daneben die Hälfte des restlichen Mehrgewinns.** In der Begründung des Gesetzentwurfes (S. 8) heißt es darüber:

„Es ist gerechtfertigt, die Kürzung nicht bloß beim zweiten, sondern auch beim dritten Kriegsgeschäftsjahre vorzunehmen, da ohne die Kürzung die Hälfte des ungeschmälerten Mehrgewinns des zweiten und dritten Kriegsgeschäftsjahrs in die Sonderrücklage einzustellen wäre, infolge der Kürzung aber neben den vorweg zu nehmenden Beträgen nur die Hälfte der um jene Beträge geschmälerten Mehrgewinne des zweiten und dritten Kriegsgeschäftsjahrs der Sonderrücklage zufließt. Nach der rein rechnerischen äußerlichen Aufmachung wird zwar unter Umständen der ganze Betrag des Mehrgewinns aus dem ersten Kriegsgeschäftsjahre nachträglich in die Rücklage eingestellt, dafür verringert sich aber der Anteil am Mehrgewinne (Restgewinne) des zweiten und dritten Kriegsgeschäftsjahrs um den entsprechenden Betrag, so daß die Sonderrücklage im Endergebnisse stets nur je die Hälfte aller Mehrgewinne aus den Kriegsgeschäftsjahren enthalten kann."

Auf S. 9 und 10 der Begründung werden dann die nachstehenden Beispiele für die Berechnung der Sonderrücklage gegeben:

„Eine Aktiengesellschaft, deren durchschnittlicher früherer Geschäftsgewinn 2 Mill. ℳ beträgt, hat erzielt im Geschäftsjahr

1914 einen Geschäftsgewinn von 4 Mill. ℳ, also einen Mehrgewinn von 2 Mill. ℳ,

1915 einen Geschäftsgewinn von 6 Mill. ℳ, also einen Mehrgewinn von 4 Mill. ℳ,

1916 einen Geschäftsgewinn von 4 Mill. ℳ, also einen Mehrgewinn von 2 Mill. ℳ.

1. Nach § 1 Abs. 1 des Entwurfes sind in die Sonderrücklage einzustellen:

vom Mehrgewinne des Jahres 1914	1 Mill. ℳ,
" " " " 1915	2 Mill. ℳ,
" " " " 1916	1 Mill. ℳ,
zusammen . .	4 Mill. ℳ.

2. Hat die Gesellschaft aus dem Gewinne des Jahres 1914 freiwillige Rückstellungen in Höhe von 1 Mill. ℳ oder darüber gemacht und den Rest verteilt, so sind für

1914 von den freiwilligen Rückstellungen in die Sonderrücklage zu überführen	1 Mill. ℳ,
1915 vom Mehrgewinn in die Sonderrücklage einzustellen	2 Mill. ℳ,
1916 vom Mehrgewinn in die Sonderrücklage einzustellen	1 Mill. ℳ,
sind zusammen . . .	4 Mill. ℳ.

3. Hat die Gesellschaft aus dem Gewinne des Jahres 1914 freiwillige Rückstellungen in Höhe von 0,50 Mill. ℳ gemacht und

den Rest verteilt, so sind für 1914 in die Sonderrücklage zu überführen die freiwilligen Rückstellungen in Höhe

von	0,50	Mill.	ℳ,
in die Sonderrücklage einzustellen:			
1915 α) der Fehlbetrag aus 1914 in Höhe von	0,50	„	„
β) von dem um α geminderten Mehrgewinne des Jahres 1915 die Hälfte mit $\frac{4-0,5}{2}$ = ...	1,75	„	„
1916 α) der Fehlbetrag aus 1914 in Höhe von	0,50	„	„
β) von dem um α geminderten Mehrgewinne des Jahres 1916 die Hälfte mit $\frac{2-0,5}{2}$ = ...	0,75	„	„
sind zusammen . . .	4,00	Mill.	ℳ

4. Hat die Gesellschaft den Gewinn des Jahres 1914 verteilt und keine freiwilligen Rückstellungen zur Verfügung, so sind in die Sonderrücklage einzustellen:

1915 α) die Hälfte des Mehrgewinns aus 1914	1	Mill.	ℳ,
β) von dem um α geminderten Mehrgewinne des Jahres 1915 die Hälfte mit $\frac{4-1}{2}$ = ...	1,5	„	„
1916 α) die Hälfte des Mehrgewinns aus 1914	1	„	„
β) von dem um α geminderten Mehrgewinne des Jahres 1916 die Hälfte mit $\frac{2-1}{2}$ = ...	0,5	„	„
sind zusammen . . .	4,0	Mill.	ℳ."

Zu dieser Berechnung bemerkte der Reichsschatzsekretär in den Kommissionsverhandlungen:

„Allerdings habe der Abs. 2 eine gewisse Begünstigung solcher Gesellschaften zur Folge, die ihre im ersten Kriegsjahr erzielten großen Gewinne ausgeschüttet haben, ohne einen genügenden Teil in Reserve gestellt zu haben, dann nämlich, wenn die Ergebnisse des zweiten oder dritten Kriegsjahrs keine Mehrgewinne oder nur ungenügende Mehrgewinne ergeben. Da wohnen zwei Seelen in seiner Brust. Er würde das Geld von diesen Gesellschaften gerne bekommen. Aber das wäre unter Umständen nur möglich unter Schädigung der Vermögenssubstanz, die die Gesellschaft vor Kriegsbeginn hatte. Wollten wir nicht nur den Mehr-, sondern auch den Gesamtgewinn angreifen, so würde eine erhebliche Schädigung der Gesellschaft und der Aktionäre eintreten." (Kommissionsbericht S. 21.)

Gesellschaften, welche beim Inkrafttreten des Gesetzes auch schon den Gewinn des **zweiten** Kriegsgeschäftsjahrs verteilt hatten, werden am besten fahren, wie folgendes **Beispiel** zeigt:

Die Gesellschaft hat das Geschäftsjahr vom 1. September bis 31. August und mit denselben Ergebnissen gewirtschaftet wie in den obigen Beispielen. Sie hat den Gewinn der beiden ersten Kriegsjahre verteilt und in jedem dieser Jahre nur 0,50 Mill. ℳ freiwillig zurückgestellt. Es wären dann in die Sonderrücklage einzustellen:

aus dem Geschäftsjahre	1913/14	 0,50	Mill. ℳ,
„ „ „	1914/15	 0,50	„ „
„ „ „	1915/16:		
a) der Fehlbetrag aus	1913/14 mit	 0,50	„ „
b) „ „ „	1914/15 „	 1,50	„ „

Mit den beiden letzteren Beträgen wäre der Mehrgewinn des dritten Kriegsjahrs aufgezehrt. Mehr braucht der Sonderrücklage nicht zugeführt zu werden; sie stellt sich also nur auf 3 Mill. ℳ, während sie auf 4 Mill. ℳ gekommen wäre, wenn der Gewinn des zweiten Kriegsgeschäftsjahrs noch nicht verteilt gewesen wäre. Das ist für die Gesellschaft ein großer **unverdienter** Vorteil, **weil nach § 27 des Entwurfes eines Kriegsgewinnsteuergesetzes die Abgabe von den Gesellschaften insoweit nicht erhoben werden soll, als sie den Betrag der vorschriftsmäßig berechneten Sonderrücklage übersteigt.**

17. Rücklagen für Wohlfahrtszwecke und Verwendungen zu gemeinnützigen Zwecken. Hierzu bemerken die Ausführungsbestimmungen des Bundesrats:

§ 3. Bei der erstmaligen Einreichung der Jahresabschlüsse ist ersichtlich zu machen, um welche Beträge der Mehrgewinn eines Kriegsgeschäftsjahrs auf Grund des § 1 Abs. 3 des Gesetzes gekürzt worden ist. Dabei ist anzugeben, zu welchen ausschließlich gemeinnützigen Zwecken die Beträge, deren Absetzung vom Geschäftsgewinne beansprucht wird, bestimmt worden sind und in welcher Weise ihre dauernde Verwendung zu ausschließlich gemeinnützigen Zwecken gesichert ist. Sind solche Beträge im Eigentume der Gesellschaft verblieben, so ist die Absetzung vom Geschäftsgewinne gemäß § 1 Abs. 3 des Gesetzes nur zulässig, wenn besondere Vorkehrungen und Einrichtungen getroffen sind, welche die Verwendung zu anderen als ausschließlich gemeinnützigen Zwecken und insbesondere die Wiederverwendung im Interesse der Gesellschaft selbst als ausgeschlossen erscheinen lassen.

Die Kürzung des für die Bildung der Sonderrücklage zu berechnenden Mehrgewinns gemäß § 1 Abs. 3 des Gesetzes ist nur für ein Kriegsgeschäftsjahr zulässig, über dessen Geschäftsgewinn beim Inkrafttreten des Gesetzes bereits verfügt ist.

§ 4. Die im Eigentume der Gesellschaft verbliebenen Rücklagen für Wohlfahrtszwecke im Sinne des § 1 Abs. 2 Satz 4 des Gesetzes dürfen vom Geschäftsgewinne des betreffenden Geschäftsjahrs nur abgesetzt werden, wenn sie zugleich die Voraussetzungen des § 1 Abs. 3 des Gesetzes erfüllen. Auch soweit diese Rücklagen nicht vom Geschäftsgewinn abgesetzt werden dürfen, sind die Gesellschaftsleiter nicht verpflichtet, sie gleich den anderen freiwilligen Rückstellungen (§ 1 Abs. 2 Satz 1 des Gesetzes) der Sonderrücklage zuzuführen.

Der Reichsschatzsekretär hat sich über diesen Punkt in den Kommissionsverhandlungen besonders eingehend geäußert.

„Im letzten Satze des Abs. 2 ist die Rede von Rücklagen für Wohlfahrtszwecke, die also im Vermögen der Gesellschaft bleiben und in der Hauptsache für die Arbeiter der betreffenden Werke bestimmt seien. Die in Abs. 3 genannten Zuwendungen seien in der Regel nicht ausschließlich für Wohlfahrtszwecke des betreffenden Unternehmens bestimmt, sie müssen dauernd dem Zugriffe der Gesellschaft und der anderweiten Verwendung im Interesse der Gesellschaft entzogen sein und scheiden regelmäßig nicht nur wirtschaftlich, sondern auch formalrechtlich aus dem Gesellschaftsvermögen aus. Hierzu gehören besondere Stiftungen, Zuwendungen an den Invalidendank, an die Nationalstiftung usw.

Diese beiden verschiedenen Kategorien müssen streng auseinandergehalten werden. Abs. 2 letzter Satz befasse sich mit dem Rückgriff auf freiwillige Rücklagen und stelle fest, daß Rücklagen für Wohlfahrtszwecke nicht unter diese Bestimmung fallen.

Solche Rücklagen müßten also nicht auf Grund der gesetzlichen Vorschrift in die Sonderrücklage überführt werden.

Abs. 3 beschränke sich ebenfalls wie Abs. 2 letzter Satz auf das Geschäftsjahr, über dessen Gewinn beim Inkrafttreten dieses Gesetzes bereits verfügt sei. Für die folgenden Kriegsgeschäftsjahre sind wegen der Fonds für Wohlfahrtszwecke (Abs. 2 letzter Satz) keine besonderen Vorschriften mehr nötig; soweit der Gewinn nicht in die Sonderrücklage einzustellen ist, könne die Gesellschaft frei über ihn verfügen, also vorhandene Wohlfahrtsfonds verstärken oder neue bilden. Solche Wohlfahrtsfonds verringern den nach dem Gesetze zu berechnenden Mehrgewinn nicht. Das letztere gelte auch nach der Vorlage für die Zuwendungen zu gemeinnützigen Zwecken im Sinne des Abs. 3, soweit die späteren Kriegsgeschäftsjahre in Betracht kommen, da die Absetzung vom Gewinn — und damit vom Mehrgewinn — nur für das abgelaufene Kriegsgeschäftsjahr zugelassen sei.

Der Abs. 2 befasse sich zunächst mit dem Rückgriff auf freiwillige Rücklagen. Zu den freiwilligen Rücklagen, die für die Überführung in die Sonderrücklage in Betracht kommen, gehören Rücklagen für Wohlfahrtszwecke nicht. Diese seien als Rücklagen im Vermögen der Gesellschaft geblieben. Trotzdem solle nicht auf diese freiwilligen Rücklagen zurückgegriffen werden, um die Sonderrücklagen aufzustellen.

Der Abs. 3 handle von Aufwendungen zu gemeinnützigen Zwecken. Es sei beabsichtigt, in den Ausführungsbestimmungen zur Vermeidung jedes Mißverständnisses festzulegen, daß auch Wohlfahrtsfonds, die im Vermögen der Gesellschaft bleiben, aber trotzdem die Voraussetzungen des Abs. 3 erfüllen, ebenfalls bei der Berechnung der Sonderrücklage außer Betracht bleiben.

Er wiederhole, der Abs. 3 betreffe die Berechnung des Mehrgewinns, wogegen der letzte Satz des Abs. 2 dagegen lediglich den Rückgriff auf vorhandene Fonds behufs Überführung in die Sonderrücklage betreffe. Soweit lediglich die Frage des Rückgriffs zu regeln sei, so wäre eine Bestimmung überflüssig hinsichtlich der Zuwendungen, die aus dem Gesellschaftsvermögen ausgeschieden seien. Dagegen sei eine besondere Vorschrift notwendig bezüglich der im Gesellschaftsvermögen verbliebenen Wohlfahrtsfonds. Diese Vorschrift — und lediglich diese — sei im letzten Satz des Abs. 2 enthalten. (Kommissionsbericht S. 31.)

Für die Abzugsfähigkeit vom Geschäftsgewinne genügt es danach bereits, daß die dauernde Verwendung zu gemeinnützigen Zwecken, welche Wohlfahrtszwecke mit umfassen, gesichert ist. Dazu bedarf es also nicht des Ausscheidens des betreffenden Gewinnteils aus dem Vermögen der Gesellschaft, vielmehr bezieht sich die Bestimmung im Abs. 3 unter Umständen auch auf Rückstellungen, die im Vermögen der Gesellschaft verbleiben. Aber der Fonds muß für die Zukunft der freien Verfügung der Gesellschaft und dem Zugriffe der Gläubiger entzogen sein. Dazu reichen bloße Satzungsbestimmungen, daß der Fonds in bestimmter Weise zu verwenden sei, nicht aus. Dagegen würde die dauernde Verwendung des Fonds zu gemeinnützigen Zwecken gesichert sein; wenn die Gesellschaft in einem gerichtlichen oder notariellen Vertrage mit der Gemeinde ihres Sitzes sich verpflichtet hat, den Fonds in der satzungsmäßigen Weise zu verwenden, und außerdem zur Sicherheit für die Gemeinde und die Angestellten entweder eine Hypothek auf ihrem inländischen Grundbesitze bestellt oder Wertpapiere in entsprechender Höhe hinterlegt. Es würde sich dann um einen Vertrag zugunsten Dritter, der Angestellten, handeln (§ 328 BGB.), und die Verpfändung oder Hinterlegung würde für die Gemeinde und die Angestellten für den Fall des Konkurses über das Gesellschaftsvermögen ein Absonderungsrecht begründen (§ 233 BGB., § 48 der Konkursordnung).

Insoweit die Überweisung in einen Pensionsfonds erforderlich ist, um die für die Gesellschaft gegenüber den Angestellten usw. schon jetzt auf Grund vertragsmäßiger Verpflichtung zur Entstehung gelangte Belastung in der Bilanz richtig zu bewerten, handelt es sich überhaupt nicht um eine Rückstellung aus dem Gewinne, sondern um eine Schuld, die unter die Passiven einzustellen gewesen wäre und aus diesem Grunde den Gewinn verringert (vgl. Entsch. d. OVG. in Staatsstſ. Bd. 5 S. 362; Bd. 8 S. 255).

18. **Die Sonderrücklage ist entgegen den Vorschriften des Gesetzes nicht gebildet worden.** Bei ausländischen Gesellschaften ist der Vorstand durch die Vorschrift im § 6 Abs. 2 mit ausreichenden Vollmachten ausgestattet, um nötigenfalls selbständig und gegen den Beschluß der Generalversammlung einen Reservefonds zu berechnen und zu speisen (vgl. Anmerkung zu § 6). Anders bei den Vorstehern usw. der inländischen Gesellschaften; sie sind an die Beschlüsse ihrer Generalversammlungen gebunden. Der Vorstand einer Aktiengesellschaft oder einer eingetragenen Genossenschaft kann einen Beschluß der Generalversammlung, der gegen das Gesetz verstößt, binnen einem Monate mit der Klage anfechten, und zwar ist hierzu jedes einzelne Vorstandsmitglied für seine Person berechtigt (§ 271 HGB.; § 51 des Gesetzes, betr. die Erwerbs- und Wirtschaftsgenossenschaften, vom 1. 5. 89/20. 5. 98). Wenn die Klagefrist abgelaufen ist, so sind zwei Fälle denkbar: entweder hat die Gesellschaft aus ihrem Gewinne freiwillige Rückstellungen gemacht oder sie hat solche nicht gemacht; im ersteren Falle wird der Vorstand alle Rückstellungen ohne Ausnahme, also auch die zu wohltätigen und gemeinnützigen Zwecken gemachten, bis zum Betrage der Sonderrücklage, welche hätte gebildet werden sollen, als zu dieser gehörig behandeln müssen. Wenn aber jene Rückstellungen zur Auffüllung der Sonderrücklage nicht aus-

reichen, oder wenn überhaupt keine Rücklagen gemacht waren, so muß der Fehlbetrag bei der Gewinnverteilung des nächsten Jahres aus dem Gewinnanteile, der sonst zur freien Verfügung der Gesellschaft gestanden hätte, genommen werden. — Beispiel: Kriegsgeschäftsjahre sind die drei Kalenderjahre 1914, 1915 und 1916. Sie haben Bilanzgewinne von 4 Mill. ℳ, 6 Mill. ℳ und 4 Mill. ℳ, gegenüber dem durchschnittlichen früheren Gewinne von 2 Mill. ℳ also Mehrgewinne in Höhe von 2 Mill. ℳ, 4 Mill. ℳ und 2 Mill. ℳ ergeben. Beim Inkrafttreten des Gesetzes war der Gewinn aus dem Kriegsgeschäftsjahre 1914 bereits verteilt; es waren für den Rückgriff verwendbare freiwillige Rückstellungen in Höhe von 600000 ℳ gemacht worden. Aber auch bei der nach dem Inkrafttreten des Gesetzes erfolgten Gewinnverteilung für 1915 wurde die Bildung der Sonderrücklage unterlassen; der betreffende Beschluß der Generalversammlung ist nicht mehr anfechtbar. Aus dem Gewinne waren 50000 ℳ zu wohltätigen und 200000 ℳ zu anderen Zwecken zurückgestellt worden. Die Sonderrücklage wäre dann in folgender Weise zu bilden:

Für 1914 sind in die Sonderrücklage zu überführen die freiwilligen Rückstellungen in Höhe von . 600000 ℳ

Für 1915 wären in die Sonderrücklage einzustellen gewesen

α) der Fehlbetrag aus 1914 mit . 400000 ℳ

β) von dem um α geminderten Mehrgewinne des Jahres 1915 (4000000—400000 = 3600000 ℳ) die Hälfte mit . . . . 1800000 „

zusammen . . . 2200000 ℳ

Zur Deckung dieses Betrags sind zu verwenden die Rücklagen zu wohltätigen Zwecken mit . . . . . . 50000 ℳ

und die zu anderen Zwecken mit . . . . 200000 „ 250000 „ 250000 „

demnach Fehlbetrag . . 1950000 ℳ

Für 1916 sind in die Sonderrücklage einzustellen zunächst:

α) der Fehlbetrag aus 1914 mit . . . . 400000 ℳ

β) von dem um α geminderten Mehrgewinne des Jahres 1916 (2000000—400000 = 1600000 ℳ) die Hälfte mit . . . . 800000 „

Außerdem zur Beseitigung des Fehlbetrags aus 1915:

Von dem Gewinne, der sonst zur freien Verfügung der Gesellschaft gestanden hätte, nämlich der anderen Mehrgewinnhälfte mit . . . . 800000 ℳ

und dem Gewinnteilbetrage, der dem durchschnittlichen früheren Geschäftsgewinn entspricht, mit . . . . . 2000000 „

zusammen . . . 2800000 ℳ

der Fehlbetrag aus 1915 mit . . . . 1950000 „ 1950000 „

so daß zur freien Verfügung der Gesellschaft nur bleiben . . . . 850000 ℳ

Die Sonderrücklage beträgt also nach den abgelaufenen drei Kriegsgeschäftsjahren zusammen . . 4000000 ℳ

Dieser Betrag, kein geringerer, bildet die Höchstgrenze für die zur Hebung kommende Kriegssteuer der Gesellschaft (§ 22 des Kriegssteuergesetzes).

§ 2.

Als Kriegsgeschäftsjahre[1]) im Sinne dieses Gesetzes gelten die drei aufeinanderfolgenden Geschäftsjahre[2]), deren erstes noch den Monat August 1914 mitumfaßt[3]) oder bei einer später gegründeten Gesellschaft[4]) mitumfassen würde[5]), wenn sie damals schon bestanden hätte.

1. **Kriegsgeschäftsjahre.** Der § 2 schreibt vor, welche Geschäftsjahre der Gesellschaft als Kriegsgeschäftsjahre zu gelten haben In der Begründung des Entwurfes (S. 11) heißt es hierüber:

„Der Aufbau der Kriegsgewinnsteuer (Kriegsvermögenszuwachssteuer) auf der Besitzsteuer hat für natürliche Personen die Erfassung des innerhalb dreier Jahre entstandenen Vermögenszuwachses zur Folge. Es werden daher auch bei juristischen Personen die Gewinne dreier Jahre für die Kriegsgewinnbesteuerung zu berücksichtigen sein. Es bedarf aber wohl keiner weiteren Begründung, daß die Gewinnermittlung auf die Geschäftsjahre abzustellen ist; vgl. auch § 11 des Wehrbeitraggesetzes."

2. **Die drei aufeinanderfolgenden Geschäftsjahre.** „Abgesehen von neugegründeten Gesellschaften kommen stets drei volle Jahre für die Ansammlung der Sonderrücklage und damit für die spätere Kriegsgewinnbesteuerung in Betracht." (Begründung des Entwurfes S. 12). Die drei Kriegsgeschäftsjahre umfassen also einen Zeitraum von 36 aufeinanderfolgenden vollen Monaten. Hat in der maßgebenden Zeit eine Verlegung des Geschäftsjahrs den Abschluß für einen kürzeren als einen zwölfmonatigen Zeitabschnitt zur Folge gehabt, so gehört zu den Kriegsgeschäftsjahren auch noch ein jener Kürzung entsprechender Teil des vierten Geschäftsjahrs. Beispiel: Eine Gesellschaft hatte als Geschäftsjahr das Kalenderjahr und verlegte jenes im Anfange des Jahres 1915 auf die Zeit vom 1. Juli bis 30. Juni. Dann gelten als Kriegsjahre

das Geschäftsjahr vom 1. Januar bis 31. Dezember 1914
" " " 1. Januar bis 30. Juni 1915
" " " 1. Juli 1915 bis 30. Juni 1916
6 Monate des Geschäftsjahrs vom 1. Juli 1916 bis 30. Juni 1917.

3. **Deren erstes noch den Monat August 1914 mitumfaßt.** Das erste Kriegsgeschäftsjahr ist also das Geschäftsjahr der Gesellschaft, in welches der Monat August 1914 fällt. Als Kriegsgeschäftsjahre kommen deshalb regelmäßig (siehe Anm. 2) folgende Geschäftsjahre in Betracht:

Das Geschäftsjahr läuft vom	Kriegsgeschäftsjahre			Anfang und Ende der 36 Monate
1. 1. bis 31. 12. .	1914	1915	1916	1. 1. 14 bis 31. 12. 16
1. 2. bis 31. 1.. .	1914/15	1915/16	1916/17	1. 2. 14 bis 31. 1. 17
1. 3. bis 28. (29.) 2.	1914/15	1915/16	1916/17	1. 3. 14 bis 28. (29.) 2. 17
1. 4. bis 31. 3.. .	1914/15	1915/16	1916/17	1. 4. 14 bis 31. 3. 17
1. 5. bis 30. 4.. .	1914/15	1915/16	1916/17	1. 5. 14 bis 30. 4. 17
1. 6. bis 31. 5.. .	1914/15	1915/16	1916/17	1. 6. 14 bis 31. 5. 17
1. 7. bis 30. 6.. .	1914/15	1915/16	1916/17	1. 7. 14 bis 30. 6. 17
1. 8. bis 31. 7.. .	1914/15	1915/16	1916/17	1. 8. 14 bis 31. 7. 17
1. 9. bis 31. 8.. .	1913/14	1914/15	1915/16	1. 9. 13 bis 31. 8. 16
1. 10. bis 30. 9.. .	1913/14	1914/15	1915/16	1. 10. 13 bis 30. 9. 16
1. 11. bis 31. 10 .	1913/14	1914/15	1915/16	1. 11. 13 bis 31. 10. 16
1. 12. bis 30. 11 .	1913/14	1914/15	1915/16	1. 12. 13 bis 30. 11. 16

4. **Bei einer später gegründeten Gesellschaft.** Der maßgebende Tag ist der 1. August 1914. Nach dem Wortlaute des Gesetzes soll der Tag der Gründung maßgebend sein, nicht der der Entstehung der Gesellschaft in der betreffenden Rechtsform, also z. B. bei Aktiengesellschaften nicht der Tag der Eintragung in das Handelsregister. Am Schlusse des Paragraphen wird wieder das „Bestehen" der Gesellschaft betont. Dem Sinne des Gesetzes wird es entsprechen, unter später gegründeten Gesellschaften nur solche zu verstehen, deren erste Bilanz den Monat August 1914 nicht mitumfaßt. Wenn also eine Aktiengesellschaft zwar am 1. August 1914 noch nicht in das Handelsregister eingetragen war und deshalb nach § 200 HGB. damals noch nicht „bestanden" hat, so kann sie doch nicht als eine „später gegründete" angesehen werden, wenn bereits den ganzen Monat August 1914 hindurch das Gesellschaftsunternehmen mit der Wirkung betrieben worden ist, daß die Aktiengesellschaft mit ihrer Entstehung die aus dem Betrieb entstandenen Rechte und Pflichten erwirbt.

5. **Mitumfassen würde.** „Die Worte ‚oder umfassen würde, wenn eine erst später gegründete Gesellschaft schon früher bestanden

hätte' bedeuten, daß auch bei neugegründeten Gesellschaften zunächst für die Frage, welche Jahre als Kriegsgeschäftsjahre in Betracht kommen, von dem satzungsmäßigen Geschäftsjahr auszugehen ist. Das letzte Kriegsgeschäftsjahr einer solchen Gesellschaft ist dasjenige Geschäftsjahr, das als drittes Kriegsgeschäftsjahr anzusehen wäre, wenn ein längeres Bestehen mit dem gleichen satzungsmäßigen Geschäftsjahr unterstellt wird. Ist z. B. eine Gesellschaft im Dezember 1914 gegründet worden, so endet das letzte Kriegsgeschäftsjahr am 31. Dezember 1916, wenn ihr Geschäftsjahr mit dem Kalenderjahr zusammenfällt, dagegen am 30. Juni 1917, wenn ihr Geschäftsjahr vom 1. Juli bis 30. Juni läuft." (Begründung des Entwurfes S. 12). Bei einer „später gegründeten Gesellschaft" umfassen die Kriegsgeschäftsjahre also nicht einen Zeitraum von vollen 36 Monaten. Das Ende der Kriegsgeschäftsjahre kann aus der oben zu 3 gegebenen Tabelle abgelesen werden. Beispiel: Die Gesellschaft ist am 1. Mai 1915 gegründet und hat statutenmäßig das Geschäftsjahr vom 1. Oktober bis 30. September. Nach Zeile 10 der Tabelle endigt das letzte Kriegsgeschäftsjahr am 30. September 1916.

§ 3.

Geschäftsgewinn im Sinne dieses Gesetzes[1]) ist der in einem Geschäftsjahr[2]) erzielte, nach den gesetzlichen Vorschriften und den Grundsätzen ordnungsmäßiger kaufmännischer Buchführung berechnete Bilanzgewinn[3]). Abschreibungen[4]) sind[5]) insoweit zu berücksichtigen, als sie einen angemessenen Ausgleich der Wertverminderung darstellen[6]).

1. **Geschäftsgewinn im Sinne dieses Gesetzes.** § 3 enthält die Vorschriften über die Ermittlung des Geschäftsgewinns. Zur Feststellung des Mehrgewinns (§ 4) bedarf es der Ermittlung des in den Kriegsgeschäftsjahren (§ 2) erzielten Geschäftsgewinns und des in den den maßgebenden Kriegsgeschäftsjahren voran-

gegangenen Geschäftsjahren (§ 5) erzielten Geschäftsgewinns. Als Geschäftsgewinn gilt der in einem Geschäftsjahr erzielte Reinertrag, der nach den Grundsätzen zu berechnen ist, wie solche für die Aufstellung des Inventars und der Bilanz gesetzlich vorgeschrieben sind und sonst dem Gebrauch eines ordentlichen Kaufmanns entsprechen.

Da die Einkommensbesteuerung der Gesellschaften in den Bundesstaaten zum Teil nach verschiedenen Grundsätzen erfolgt (Überschußbesteuerung, Reingewinnbesteuerung), so deckt sich, abgesehen von der Durchschnittsberechnung, der Reinertrag im Sinne des Gesetzes nicht ohne weiteres mit dem steuerpflichtigen Einkommen. Eine Bilanzvorschrift im handelsrechtlichen Sinne enthält § 3 des Entwurfs nicht (Begründung des Gesetzentwurfes S. 12). Die Vorschriften des § 3 gelten für die Feststellung des Geschäftsgewinns der Kriegsgeschäftsjahre (§ 2) und der Friedensgeschäftsjahre (§ 5) (§ 6 der Ausführungsbestimmungen des Bundesrats).

2. **In einem Geschäftsjahre.** Andere Zeitabschnitte als die wirklichen Geschäftsjahre der Gesellschaft kommen für die Berechnung des in einem Friedens- oder Kriegsgeschäftsjahre erzielten Geschäftsgewinns nicht in Betracht.

3. **Der nach den gesetzlichen Vorschriften und den Grundsätzen ordnungsmäßiger kaufmännischer Buchführung berechnete Bilanzgewinn.**

a) Nach den gesetzlichen Vorschriften. Unter diesen sind nicht steuerrechtliche Vorschriften, sondern die bürgerlichrechtlichen (handelsrechtlichen) zu verstehen (Art. 8 Abs. 2 der preußischen Ausführungsvorschriften). Sie sind enthalten für Aktiengesellschaften und Kommanditgesellschaften auf Aktien in den §§ 40, 260, 261, 262, für die letzteren auch im § 329 HGB., für Berggewerkschaften neueren Rechtes (Art. 5 des Einf.Ges. z. HGB.) und „andere Bergbau treibende Vereinigungen", da sie alle gemäß § 2 HGB. in das Handelsregister eingetragen sein werden, in den §§ 38—41 HGB., für Gesellschaften m. b. H. in den §§ 42, 45 Abs. 2 und 46 des Gesetzes, betr. die Gesellschaften m. b. H., vom 20. 4. 92/20. 5. 98; für eingetragene Genossenschaften gemäß § 17 Abs. 2 und § 43 Abs. 1 des Gesetzes, betr. die Erwerbs- und Wirtschaftsgenossenschaften, vom 1. 5. 89/20. 5. 98, in den §§ 38—41 HGB.; für Berggewerkschaften älteren Rechtes und andere als Bergbau treibende juristische Personen, welche durch besondere Entscheidung des Bundesrats der Rücklagepflicht unterworfen worden sind (§ 10 Abs. 1) in den §§ 38—41 HGB. auch wenn sie bisher ihre Jahresabschlüsse nach anderen Grundsätzen aufgestellt haben sollten; denn nach § 3 ist der „nach den Grundsätzen ordnungsmäßiger kaufmännischer Buchführung berechnete Bilanzgewinn" maßgebend, einen solchen ergibt aber nur eine Bilanz im handelsrechtlichen Sinne. Es ist nicht ausgeschlossen, daß solchen juristischen Personen die Nachholung von Bilanzen für die Friedensgeschäftsjahre unmöglich ist; dann würden auf sie die Vorschriften im § 5 Abs. 3 Anwendung finden.

Weil nicht die steuerrechtlichen, sondern allein die handelsrechtlichen Vorschriften für die Berechnung des Bilanzgewinns maßgebend sind, so müssen hierbei auch alle Ausgaben, welche nach den Steuergesetzen der Bundesstaaten den steuerpflichtigen Gewinn *nicht* mindern, berücksichtigt werden; *insbesondere sind deshalb auch alle in- und ausländischen, persönlichen und sachlichen Staats- und Kommunalsteuern für sämtliche Gesellschaften abzugsfähige Betriebskosten.*

b) *Nach den Grundsätzen ordnungsmäßiger kaufmännischer Buchführung.* Diese Grundsätze sollen die gesetzlichen Vorschriften über die Aufstellung der Bilanz nicht einschränken, sondern ergänzen. In der Hauptsache sind jene Grundsätze für die Bemessung der Wertverminderungen maßgebend, welche bei der Aufstellung der Bilanz zu berücksichtigen sind. Das Nähere hierüber siehe weiter unten Anm. 6.

c) *Bilanzgewinn.* Er soll nach den gesetzlichen Vorschriften berechnet werden. Diese sind verschieden, je nachdem für die Bilanzaufstellung nur der § 40 HGB. oder außerdem die Sondervorschriften im § 261 HGB. für die Bilanzen der Aktiengesellschaften und Kommanditgesellschaften auf Aktien und der § 42 des Gesetzes, betr. die Gesellschaften m. b. H., vom 20. 4. 92/20. 5. 98 zur Anwendung kommen. Diese Sondervorschriften bestimmen nämlich insbesondere, daß der Betrag des im Gesellschaftsvertrage bestimmten Stamm- oder Grundkapitals unter die Passiven aufzunehmen, und daß der aus der Vergleichung sämtlicher Aktiva und Passiva sich ergebende Gewinn oder Verlust am Schlusse der Bilanz besonders anzugeben ist. Da hiernach das Grund- oder Stammkapital, auch wenn es zum Teil verloren gegangen ist, immer mit dem vollen statutenmäßigen Betrag einzusetzen ist, so kann ein Bilanzgewinn, d. i. ein aus der Vergleichung sämtlicher Aktiven und Passiven sich ergebender Gewinn erst erscheinen, nachdem ein früherer Verlust, zu dessen Deckung keine Reserven mehr vorhanden waren (vgl. Entsch. d. OVG. in Staatsst. Bd. 16 S. 247), wieder vollständig eingeholt ist. Hierüber herrschte auch Einverständnis in der Reichstagskommission (Kommissionsbericht S. 25). Ob der Verlust am Stamm- oder Grundkapital erst im Vorjahr oder schon früher eingetreten war und sich später nur verändert, vergrößert oder verringert hatte, kann keinen Unterschied machen. Denn das Ergebnis des Vergleichs der Aktiven und Passiven wird nur dann einen Bilanzgewinn darstellen, wenn das Grund- oder Stammkapital vollständig wieder hergestellt ist, und nur der bilanzmäßig ausgewiesene Gewinn soll, abgesehen von zu hohen Abschreibungen, für die Kriegssteuer und die Sonderrücklage hierfür als „Geschäftsgewinn" gelten. Dem steht auch nicht entgegen, daß eine solche Berücksichtigung früherer, mehrere Jahre zurückliegender Verluste das wirtschaftliche Jahresergebnis nicht richtig zur Darstellung bringt. Denn dem wirtschaftlichen Begriffe des Jahresergebnisses entspricht es ebensowenig, wenn man von dem Geschäftsergebnisse des Jahres auch nur eine im letzten Vorjahr entstandene Unterbilanz in Abzug bringt. Auf diese Weise sind jene Gesellschaften besser gestellt als die anderen Erwerbsgesellschaften, welche

Verluste vom Kapitalkonto abzusetzen haben und in die spätere Bilanz nur das verringerte Kapitalkonto als Passivposten einsetzen dürfen.

d) **Tantiemen des Vorstandes** (Geschäftsführer usw.) **und des Aufsichtsrats.** Sie verringern beide den „Bilanzgewinn“. Bilanzgewinn oder -verlust ist der aus der Vergleichung sämtlicher Aktiva und Passiva sich ergebende Gewinn oder Verlust, wobei vorausgesetzt wird, daß das Kapitalkonto der Gesellschaft als Passivum aufgeführt ist. Auf der Passivseite sind sämtliche Schulden der Gesellschaft einzustellen, welche an dem Tage, **für** welchen die Bilanz aufgestellt wird, bestanden haben. Was der Vorstand oder der Aufsichtsrat als Gegenleistung für seine Tätigkeit im Geschäftsjahr auf Grund des Anstellungsvertrags und des Statuts von der Gesellschaft zu fordern hat, **ist auch eine Schuld der Gesellschaft;** die Tantieme des Vorstandes gehört zu dessen Gehalt, und die Tantieme des Aufsichtsrats wird im § 245 HGB. ausdrücklich als eine **Vergütung für seine Tätigkeit** bezeichnet. Ein Unterschied rechtlicher oder wirtschaftlicher Natur zwischen der Tantieme für den Vorstand und der für den Aufsichtsrat besteht also nicht. Die Schuld der Gesellschaft bezüglich beider Tantiemen **besteht auch bereits** am Tage, **für** welchen die **Bilanz aufzustellen ist,** nämlich am Schlusse des Geschäftsjahrs; denn sie ist, wenn auch nicht bestimmt, so doch bestimmbar. Bei richtiger Bilanzaufstellung müßten also die Tantiemen unter die Passiven der Bilanz eingestellt werden, **wenn** sie **auch nach dem Reingewinne zu berechnen sind,** wie er sich **ohne** die **Kürzung um die Tantiemen stellt.** In der Rechtsprechung des preußischen Oberverwaltungsgerichts ist deshalb seit jeher daran festgehalten worden, daß die Tantiemen des Vorstandes und des Aufsichtsrats **abzugsfähige Betriebskosten** darstellen (Entsch. d. OVG. in Staatsst. Bd. 15 S. 112). **Erst nach Absetzung aller Betriebskosten ergibt sich der Bilanzgewinn** im Sinne des § 40 HGB. und deshalb auch im Sinne dieses Sperrgesetzes, das eine besondere Bilanzvorschrift nicht geben wollte; siehe unten Anm. 6 die Stelle aus dem Kommissionsberichte S. 23.

Wegen der Bezüge der zu Geschäftsführern einer Gesellschaft m. b. H. bestellten Gesellschafter an Gehalt und Tantieme siehe den „Handkommentar zum preußischen Einkommensteuergesetz von Mrozek" S. 444 ff. Anm. 6 zu § 16, wo unter anderem folgendes ausgeführt ist. Die Gesellschaft m. b. H. braucht als juristische Person für den Abschluß von Rechtsgeschäften, für ihr Auftreten vor Gericht sowie für ihre ganze Geschäftsführung eine Vertretung durch ihre Organe. Als ein solches Organ ist gesetzlich der Geschäftsführer vorgeschrieben: „Die Gesellschaft muß einen oder mehrere Geschäftsführer haben" (§ 6 des Gesetzes, betr. die Gesellschaften m. b. H. vom 20. Mai 1898). Es entspricht also der rechtlichen Natur der Gesellschaft m. b. H., daß ihr Kosten für ihre Vertretung entstehen können. Diese Kosten bilden deshalb auch wirtschaftlich in jedem Falle Werbungskosten im Sinne des § 8 I des Einkommensteuergesetzes.

Voraussetzung für den Abzug von Werbungskosten ist aber, daß für die Geschäftsführung durch einen Gesellschafter wirklich „Aufwendungen" aus dem Vermögen der Gesellschaft gemacht worden sind. Führen die zu Geschäftsführern bestellten Gesellschafter ihr Amt unentgeltlich, so sind der Gesellschaft in dieser Beziehung keine Kosten entstanden, vielmehr hat sie diese erspart; ersparte Aufwendungen sind keine Werbungskosten.

Der Gesellschaft entstehen Kosten für die Geschäftsführung durch einen Gesellschafter, wenn diesem hierfür bestimmte Bezüge zugesichert sind. Letzteres kann durch einen Dienstvertrag oder durch den Gesellschaftsvertrag erfolgt sein.

Erfolgt die Geschäftsführung auf Grund eines Dienstvertrags, so bildet die Gegenleistung, welche die Gesellschaft aus dem Vertrage dem Gesellschafter schuldet, auch nach der Rechtsprechung des Oberverwaltungsgerichts einen Teil der abzugsfähigen Werbungskosten.

Auf dem Gesellschaftsvertrage beruht die Geschäftsführung eines Gesellschafters, wenn diesem im Gesellschaftsvertrag außer der Leistung der Stammeinlage die Verpflichtung zur Geschäftsführung auferlegt ist (§ 3 Abs. 2 des Gesetzes, betr. die Gesellschaften m. b. H.). Die Übernahme des Amtes eines Geschäftsführers bildet dann für den betreffenden Gesellschafter eine gesellschaftliche Pflicht, der das Recht der Gesellschaft, die Geschäftsführung von dem Mitgliede zu fordern, gegenübersteht. Sind dem Gesellschafter aber gerade wegen der Übernahme der Verpflichtung zur Geschäftsführung besondere Vorteile zugestanden, so hat die gesellschaftliche Verpflichtung des Gesellschafters nur den Inhalt, der Gesellschaft die Dienste eines Geschäftsführers gegen Entgelt zu leisten, und die Gesellschaft hat nur das Recht, von diesem Mitgliede die Geschäftsführung gegen Entgelt zu fordern. Die Verpflichtungen, die gemäß § 3 Abs. 2 des Gesetzes übernommen werden, sind gesellschaftliche, aber sie entbehren darum doch nicht eines schuldrechtlichen Charakters (Urt. d. RG. II. Ziv.-Sen. vom 29. 10. 15 — 137, 15. —, mitgeteilt in der Monatsschrift für Handelsrecht und Bankwesen, 25. Jahrgang Nr. 2 S. 42). Jenes Entgelt bildet dann eine Gesellschaftsschuld, welche mit der Geschäftsführung und demgemäß auch mit dem Geschäftsergebnisse des bestimmten Jahres im Zusammenhange steht, und deshalb eine wirkliche Geschäftsschuld.

Wenn die Vergütung für die Geschäftsführung lediglich in einem besonderen Anteil am bilanzmäßigen Reingewinne besteht, also gänzlich von dem finanziellen Ergebnisse des Gesellschaftsunternehmens abhängig ist, so kann das nur die Höhe des zulässigen Abzuges beeinflussen, nicht aber der Abzugsfähigkeit selbst im Wege stehen. Über den tatsächlichen Bezug des Gesellschafters hinaus kann eine Vergütung nicht in Abzug gebracht werden.

Eine andere Frage ist es, ob die Bezüge der Gesellschafter für ihre Geschäftsführung unter allen Umständen in vollem Umfang als Werbungskosten anzusehen sind. Insoweit die Gegenleistung für die Geschäftsführung der Gesellschafter, wie sie tatsächlich von diesen geübt wird, die übliche Bezahlung fremder gleichwertiger Dienste übersteigt, enthält sie eine versteckte Gewinnverteilung und hat nicht die wirtschaftliche Natur von Werbungskosten.

Das preußische Oberverwaltungsgericht hat die Grenzen für die Abzugsfähigkeit der Bezüge der Gesellschafter-Geschäftsführer erheblich enger gezogen. Die Abzugsfähigkeit wird nur für den Fall anerkannt, daß die Gesellschafter die Tätigkeit als Geschäftsführer auf Grund eines mit der Gesellschaft abgeschlossenen Dienstvertrags (§§ 611 ff. BGB.) ausüben. Ob bei einer Gesellschaft m. b. H. die Geschäftsführung den damit betrauten Gesellschaftsmitgliedern auf Grund eines mit der Gesellschaft abgeschlossenen Dienstvertrags oder als eine gesellschaftliche Verpflichtung obliegt, ist im einzelnen Falle nach Maßgabe der gesamten in Betracht kommenden Umstände zu entscheiden. Dabei darf die Tatsache, daß die Bestellung der Geschäftsführer im Gesellschaftsvertrage selbst erfolgt ist, für sich allein nicht dafür als ausschlaggebend erachtet werden, daß die Geschäftsführung den Gesellschaftsmitgliedern als gesellschaftliche Verpflichtung auferlegt ist. Auf der anderen Seite wird sich das Gegenteil in den Fällen, wo eine Gesellschaft m. b. H. nur aus wenigen, sämtlich zu Geschäftsführern bestellten Mitgliedern besteht, nach der Natur der Sache nur dann rechtfertigen lassen, wenn sich aus den getroffenen Vereinbarungen mit voller Sicherheit ergibt, daß zwischen der Gesellschaft als solcher und den Gesellschaftern als Einzelpersonen neben dem Gesellschaftsvertrage noch besondere Dienstverträge abgeschlossen werden sollten (Entsch. d. OVG. in Staatsstſ. Bd. 13 S. 316).

c) Zuwendungen an die sonstigen Angestellten und Arbeiter aus dem Reingewinne. Hier kommt in Frage, ob die Angestellten und Arbeiter den Anteil am Reingewinne vertragsmäßig zu fordern hatten oder ob es wenigstens bei der betreffenden Gesellschaft oder in gleichartigen Betrieben üblich ist, daß die Angestellten und Arbeiter in gewissem Grade aus dem Reingewinne bedacht werden. Soweit die Zuwendungen sich in diesen Grenzen halten, sind es Betriebskosten, die, weil sie noch nicht bezahlt sind, ebenfalls ein Passivum der Gesellschaft bilden und deshalb den Bilanzgewinn verringern. Wirtschaftlich anders stellen sich die Beträge dar, welche über jene Grenze hinaus den Angestellten usw. aus dem Reingewinne zugekommen sind. Hier handelt es sich um Verwendungen zu wohltätigen oder gemeinnützigen Zwecken, welche die Höhe des Bilanzgewinns nicht beeinflussen, sondern aus diesem gemacht sind; sie können im Falle des § 1 Abs. 3 nur für die Kriegsgeschäftsjahre, deren Gewinne beim Inkrafttreten des Gesetzes bereits verteilt sind, vom Geschäftsgewinne gekürzt werden; für spätere Kriegsgeschäftsjahre fallen solche Beträge auf den verteilungsfähigen Reingewinn.

f) Übergang in den Liquidationszustand. Tritt eine Aktiengesellschaft oder Kommanditgesellschaft auf Aktien in die Liquidation ein, so kann der Gewinn des letzten, vor der Liquidation liegenden Geschäftsjahrs nicht nach der Liquidationsbilanz (§ 299 HGB.) ermittelt werden, weil diese nach ganz anderen Grundsätzen, nämlich nach § 299 Abs. 2 a. a. O. unter Beachtung der gewöhnlichen Bilanzgrundsätze (§ 40 a. a. O.) aufgestellt ist. Die Liquidationsbilanz kann also namentlich die im Laufe des letzten Geschäftsjahrs eingetretenen Verminderungen oder Erhöhungen im Werte der Vermögensgegenstände überhaupt nicht zum Ausdrucke bringen. Der Bilanzgewinn im Sinne dieses Gesetzes kann dann nur durch eine besondere, nach den Regeln der §§ 261, 262 HGB. aufzustellende Bilanz ersichtlich gemacht werden (vgl. Entsch. d. OVG. in Staatsstſ. Bd. 14 S. 445). Dasselbe muß für Gesellschaften m. b. H. gelten (§ 69 Abs. 1 des Gesetzes, betr. die Gesellschaften m. b. H., vom 20. 4. 92/20. 5. 98).

g) Konsum- und Produktivgenossenschaften; Versicherungsgesellschaften. Für diese Gesellschaften bestimmt der § 7 der Ausführungsbestimmungen des Bundesrats:

„Bei Gesellschaften mit beschränkter Haftung und eingetragenen Genossenschaften, die ausschließlich der gemeinschaftlichen Verwertung von Erzeugnissen der Gesellschafter oder Genossen oder dem gemeinschaftlichen Einkaufe von Waren für die Gesellschafter oder Genossen dienen, gilt als Geschäftsgewinn im Sinne des Gesetzes nicht derjenige Teil des Reingewinns, der als Entgelt für die von den Gesellschaftern oder Genossen eingelieferten Erzeugnisse oder als Rückvergütung auf den Kaufpreis von den Gesellschaftern oder Genossen bezogenen Waren anzusehen ist.

Ebenso scheidet bei Versicherungsgesellschaften für die Feststellung des Geschäftsgewinns im Sinne des Gesetzes derjenige Teil des Reingewinns aus, der auf die den Versicherten selbst als sogenannte Dividende zurückzugewährenden Prämienüberschüsse entfällt."

In den Kommissionsverhandlungen hatte der Reichsschatzsekretär wiederholt Gelegenheit, sich über jenen Punkt zu äußern, nämlich:

„Er habe bereits darauf hingewiesen, daß hier ein Grenzfall vorliege und daß nach der Natur der Verträge, die zwischen den Gesellschaften und den einzelnen Teilhabern bestehen, entschieden werden müsse. Es gebe eine Reihe nicht nur von eingetragenen Genossenschaften, sondern auch von Gesellschaften mit beschränkter Haftung und andern Gesellschaften, die ihrem Wesen nach Produktivgenossenschaften sind. Das System sei juristisch verschieden geregelt, in der Sache bestehe aber Übereinstimmung, daß die Mitglieder der Gesellschaften ihre Erzeugnisse an die Gesellschaften einliefern für gemeinschaftliche Verarbeitung und gemeinschaftlichen Verkauf. Meist werde ein Abschlagspreis für die Einlieferungen ausbedungen, der in der Regel sehr mäßig berechnet sei und eine weite Marge enthalte. Daneben sei eine Nachzahlung vorgesehen, die sich nach den Unkosten und dem Erlös berechne. Was man treffen wolle, sei selbstverständlich der Reingewinn der Gesellschaften. Wenn also solche Gesellschaften Abschlagszahlungen und in irgendeiner Form Nachzahlungen gewähren, so dünke ihm eine Regelung notwendig. Prima vista wolle ihm erscheinen, daß die Verhältnisse in der Tat so liegen, daß die Nachzahlungen ein Bestandteil des Kaufpreises seien, zu dem von der Gesellschaft die Rohmaterialien erworben seien. Wenn man zu einem klaren Kriterium kommen wolle, müsse man sich vor Augen halten, daß solche Gesellschaften ein Stammkapital haben, auf das sie auch eine Dividende auszahlen. Also der Gewinn einer solchen Gesellschaft mit beschränkter Haftung oder einer solchen Produktivgenossenschaft würde als Reingewinn in zwei verschiedene Teile zerfallen, nämlich in denjenigen Teil, der pro rata des eingezahlten Kapitals ausgeschüttet werde, und zweitens in denjenigen Teil, der pro rata der Einlieferungen der Erzeugnisse an die Genossen oder Gesellschafter als Nachzahlung gewährt werde. Formell möge die Sache nach den konkreten Verträgen verschieden stehen und es seien ja, so viel er wisse, in hierauf bezüglichen Steuerfragen verschiedenartige Urteile ergangen. Materiell liege es zweifellos so, daß nur der pro rata der Kapitalbeteiligung ausgeschüttete Gewinn Geschäftsgewinn der Gesellschaft sei, während die pro rata der eingelieferten Erzeugnisse erfolgten Nachzahlungen einen Bestandteil des Kaufpreises bilden. Die Ausführungsbestimmungen werden hier wohl für klares Recht sorgen müssen." (Kommissionsbericht S. 22/23.)

„In bezug auf die Konsumgenossenschaften glaube er, daß eine Sonderregelung für diese nicht vorgesehen zu werden brauche. Er sollte annehmen dürfen, daß diese Frage durch seine früheren Ausführungen zweifelsfrei geklärt worden wäre. Wir werden natürlich in den Ausführungsbestimmungen, die der Bundesrat zu erlassen haben wird, genau nach diesen Gesichtspunkten verfahren. Auch die Konsumgenossenschaften arbeiten doch mit Kapital, und es gebe doch auch bei ihnen Fälle, wo nicht nur eine Rückvergütung auf bezahlte Waren, sondern auch eine Dividende ausgezahlt werde. Wo das der Fall sei, wollen wir diese Kapitalsdividende nicht freilassen, sondern sie dem Gesetz entsprechend heranziehen. Soweit aber eine Konsumgenossenschaft einen Gewinn ausschütte nicht in Form einer Kapitalsdividende, sondern einer Rückvergütung auf die von den einzelnen Mitgliedern bezogenen Waren, so sei das kein Kapitalsgewinn, der der Besteuerung unterliege. Das gelte für die Konsumgenossenschaften genau so gut, wie für Produktivgenossenschaften. Er möchte bitten, von einem besonderen Antrag abzusehen; die

Materie werde in den Ausführungsbestimmungen entsprechend geregelt werden." (Kommissionsbericht S. 29.)

Zu § 4 wurde ein Antrag Nr. 156 der Kommissions-Drucksachen eingebracht, eine nach dem Umsatz verteilte Rückvergütung nicht als Geschäftsgewinn im Sinne dieses Gesetzes zu erklären.

Darauf stellte der Staatssekretär fest, daß diese von verschiedenen Seiten angeschnittene Frage in dem Sinne erledigt werden solle, daß, soweit ein Teil des erzielten Rohgewinns nicht nach Maßgabe der Kapitalbeteiligung an die Gesellschafter verteilt wird, sondern nach Maßgabe des Warenbezugs, dieser Teil des Rohgewinns nicht als Geschäftsgewinn im Sinne dieses Gesetzes behandelt werden solle.

Der Antrag wurde dann mit Rücksicht auf diese Erklärung zurückgezogen. (Kommissionsbericht S. 33.)

Hiernach hat der sonst für die Berechnung der steuerpflichtigen Überschüsse nach § 15 des preußischen Einkommensteuergesetzes maßgebende Umstand, daß der Reingewinn zur freien Verfügung der Generalversammlung steht (vgl. Entsch. d. OVG. in Staatsstf. Bd. 11 S. 217, Bd. 15 S. 482) für die Kriegsgewinnsteuer-Rücklage keine Bedeutung. Entscheidend ist vielmehr nur, ob die Überschüsse nach Maßgabe der Kapitalbeteiligung verteilt worden sind oder hätten verteilt werden dürfen. Denn selbstverständlich kann sich ein Konsumverein von der Rücklagepflicht nicht dadurch frei machen, daß er einen Gewinn, den er nach der Kapitalbeteiligung verteilen durfte, doch noch nach dem Warenumsatze zur Verteilung bringt, um der späteren Kriegsgewinnsteuer zu entgehen; der Verein hätte dann wirklichen Gesellschaftsgewinn verteilt, nicht noch restierende Betriebskosten (Warenschulden) beglichen.

h) Reserven, insbesondere stille Reserven. Bei der Ausmittlung des Bilanzgewinns dürfen einerseits keine Rückstellungen aus diesem in Abzug kommen; andererseits ist ein Bilanzgewinn erst vorhanden, wenn alle Reservefonds, welche im vorangegangenen Geschäftsjahre vorhanden waren, also auch die nach § 1 dieses Gesetzes gebildete Sonderrücklage, als zum Kapitalkonto der Gesellschaft gehörig auf der Passivseite

Berücksichtigung gefunden haben (§ 262 HGB.; § 42 Nr. 4 des Gesetzes, betr. die Gesellschaften m. b. H., vom 20. 4. 92/20. 5. 98 und § 7 Nr. 4 des Gesetzes, betr. die Erwerbs- und Wirtschaftsgenossenschaften, vom 1. 5. 89/20. 5. 98). Hierbei macht es keinen Unterschied, ob es sich um buchmäßig nachgewiesene Reservekonten handelt oder um verschleierte, sogenannte stille Reserven; denn beide sind wirtschaftlich dasselbe, nämlich bereits vorhandenes, aus den Gewinnen früherer Jahre angesammeltes Vermögen.

Stille Reserven entstehen, wenn Vermögensgegenstände der Gesellschaft überhaupt keine Aufnahme auf der Aktivseite der Bilanz gefunden haben oder wenn solche Gegenstände zwar dort eingestellt worden sind, Abschreibungen in irgendeiner Form aber ihre Berechnung zu einem geringeren als ihrem wirklichen Werte herbeigeführt haben. Der Bilanzgewinn des Jahres, in welchem solche stille Reserven gebildet werden, stellt sich dann um den Bewertungsfehler geringer, als der wirtschaftliche Erfolg des Geschäftsjahrs in Wirklichkeit gewesen ist. Die stillen Reserven der Vorjahre finden in den späteren Bilanzen die gleiche Berücksichtigung, wie die Reservekonten durch die Einstellung auf der Passivseite, wenn der Bewertungsfehler nicht berichtigt, sondern beibehalten wird. Beispiel: Der Geschäftsgewinn des Geschäftsjahrs 1912 beträgt bei richtiger Bewertung 2 Mill. ℳ; er stellt sich aber, weil vom Maschinenkonto über die Wertverminderung hinaus noch 200000 ℳ abgeschrieben worden sind, nach der Bilanz nur auf 1800000 ℳ. Der Bewertungsfehler, die stille Reserve, beträgt 200000 ℳ. Im Jahre 1913 beträgt der Geschäftsgewinn in Wirklichkeit 1 Mill. ℳ; die Bilanz wird den gleichen Betrag als Bilanzgewinn nur dann ergeben, wenn das Maschinenkonto wiederum einen um 200000 ℳ geringeren Betrag aufweist, als der wirkliche Wert der Maschinen beträgt. Würde der Bewertungsfehler im Jahre 1913 beseitigt worden sein, so würde der Bilanzgewinn statt 1 Mill. ℳ den Betrag von 1200000 ℳ ergeben, also gegenüber dem wirklichen Geschäftsergebnisse ein Mehr von 200000 ℳ. Das Beispiel zeigt zugleich, daß Schätzungsfehler, wenn sie nachträglich berichtigt werden sollen, nur in der Weise beseitigt werden können, daß zunächst die Bilanz desjenigen Jahres berichtigt werden muß, in welcher der Schätzungsfehler zuerst aufgetreten ist; sonst kommt man zu Bilanzergebnissen, welche den wirklichen Geschäftsgewinn nicht zum Ausdrucke bringen.

Verschleierte Reserven können aber als Reservefonds nur gelten, wenn die Bewertung den gesetzlichen Vorschriften zuwider erfolgt ist. Deshalb kann von stillen Reserven im Sinne von verschleierten Reserven nicht die Rede sein, wenn z. B. Aktiengesellschaften und Kommanditgesellschaften auf Aktien Wertpapiere und Waren, die einen Börsen- oder Marktpreis haben, gemäß § 261 Nr. 1 HGB. nur zum Anschaffungspreis in die Bilanz eingestellt haben, obwohl ihr Börsen- oder Marktpreis am Ende des Bilanzjahrs höher gewesen ist.

Der Fehler in der Bilanz durch eine zu niedrige Bewertung eines Aktivums wird schließlich dadurch wieder ausgeglichen, daß in der Bilanz des späteren Geschäftsjahrs, in welcher der fehlerhaft bewertete Gegenstand veräußert wird, der Gegenwert richtig eingestellt wird. Man spricht in einem solchen Falle von der Realisierung der stillen Reserve. Der Gewinn daraus soll nach den weiter unten aufgeführten Äußerungen des Reichsschatzsekretärs zu dem Bilanzgewinne des Geschäftsjahrs gehören, in welchem die Realisierung erfolgt ist. Dem kann nicht beigestimmt werden. Die Sache liegt nicht anders, als wenn ein buchmäßiges Reservekonto dadurch aufgelöst und dem Gewinne zugerechnet worden wäre, daß es unter den Passiven keine Aufnahme mehr gefunden hat. Eine solche Bilanz würde den gesetzlichen Vorschriften widersprechen, der Bilanzgewinn würde nicht den wirklichen Geschäftsgewinn ergeben, sondern um den Betrag des bisherigen Reservekontos zu hoch berechnet sein. Dasselbe muß für die Realisierung der stillen Reserven gelten; der Gewinn aus der Realisierung muß vom Bilanzgewinn abgesetzt werden, damit der wirkliche Geschäftsgewinn zum Ausdrucke kommt. An dieser Auffassung hat auch das preußische Oberverwaltungsgericht in ständiger Rechtsprechung festgehalten, indem es z. B. folgenden Grundsatz aufgestellt hat: „Hat eine Aktiengesellschaft ihre Grundstücke infolge außerordentlicher Abschreibungen aus dem Gewinne früherer Jahre unter ihrem Werte in der Bilanz stehen, so sind für die Ermittlung der steuerpflichtigen Überschüsse die Bilanzen erst durch Einstellung der richtigen Grundstückswerte zu berichtigen. Nur der sich dann ergebende bilanzmäßige Gewinn stellt die steuerpflichtigen Überschüsse dar (Entsch. d. OVG. in Staatsstf. Bd. 13 S. 268).

Wie schon erwähnt, ist der Reichsschatzsekretär anderer Ansicht. Im Kommissionsberichte heißt es nämlich auf S. 15/16:

„Der Staatssekretär erwiderte: Was die stillen Reserven anlange, so möchte er darauf aufmerksam machen, daß dieses Wort im Gesetzentwurf überhaupt nicht vorkomme, sondern nur in der Begründung. Der einzige Passus im Gesetzentwurfe, der sich darauf beziehen könne, sei der Schlußsatz im § 3:

Abschreibungen sind insoweit zu berücksichtigen, als sie einen angemessenen Ausgleich der Wertminderung darstellen.

Dazu wird in der Begründung bemerkt — S. 13 —:

Insbesondere unterliegt der späteren Nachprüfung der Veranlagungsbehörden,

— es ergibt sich auch hieraus, daß in der Bilanzaufstellung noch nicht das Entscheidende liegt —

ob die gemachten Abschreibungen einen angemessenen Ausgleich für eingetretene Wertminderungen darstellen, oder inwieweit sie darüber hinaus als steuerpflichtige stille Reserven anzusehen sind, ob also auch entsprechend die Sonderrücklage in ausreichender Höhe gebildet worden ist. Bereits ergangene Entscheidungen darüber, inwieweit vorgenommene Abschreibungen als stille Reserven anzusehen sind, werden die verantwortlichen Leiter der pflichtigen Gesellschaften zu beachten haben, wollen sie sich nicht den aus § 9 des Entwurfes drohenden Nachteilen aussetzen.

Es gehe also sowohl aus dem Texte wie erst recht aus der Begründung klar hervor, daß stille Reserven, die in früheren Jahren gelegt worden sind, an sich zur Steuer nicht herangezogen werden sollen. Eine Zweifelsfrage könne allerdings entstehen, wenn nämlich etwa stille Reserven aus früheren Jahren während eines Kriegsgeschäftsjahrs realisiert worden sind. Dann gehen sie natürlich, da die stille Reserve ja keine in der Bilanz ausgewiesene Rücklage darstellt, in den Gewinn des betreffenden Geschäftsjahrs hinein. Sofern sich ihre Verwertung also in einem Gewinn äußert, sei das eben ein Teil des Gewinns des Kriegsgeschäftsjahrs und insoweit würden einzelne Teile von realisierten stillen Reserven mit herangezogen werden. Es liege aber keineswegs so, daß während des Kriegsjahrs eine Bilanz aufgestellt werden müsse, die von allen stillen Reserven absieht, und das komme auch nicht zum Ausdrucke. Es werde nur der Geschäftsgewinn festgestellt, wie er sich normal ergibt, und die Abschreibung daraufhin geprüft, wie weit sie etwa das notwendige Maß überschreite.

Die Frage sei ja im übrigen in der Steuerpraxis aller Bundesstaaten sehr umstritten, und seines Wissens haben die meisten Betriebe hinsichtlich dieser Dinge Jahr für Jahr mit ihren Steuerverwaltungen zu verhandeln gehabt. Da haben sich also Grundsätze herausgebildet, und auf diese werde in der Begründung aufmerksam gemacht. Somit denke er, daß man mit der hier vorgesehenen Lösung, die verhältnismäßig einfach sei und ihm das Notwendige vorzukehren scheine, auskommen werde."

Demgemäß bestimmen auch die preuß. Ausführungsvorschriften im Art. 8 Abs. 3:

„Soweit stille Reserven aus früheren Jahren in einem Kriegsgeschäftsjahre realisiert werden, bilden sie Gewinn dieses Kriegsgeschäftsjahrs."

Der Fehler in den Ausführungen des Reichsschatzsekretärs liegt darin, daß Reservekonten und stille Reserven zuerst gleichgestellt werden, obwohl letztere nicht in der Bilanz ausgewiesen werden, diese also so behandelt werden sollen, als wenn sie ebenfalls bilanzmäßige Reservekonten wären, während die Realisierung der stillen Reserve der Auflösung eines Reservekontos nicht gleichgestellt, hier vielmehr ein Unterschied zwischen einem Reservekonto und einer stillen Reserve einzig deshalb angenommen wird, weil letztere nicht in der Bilanz ausgewiesen war.

Eine weitere Frage ist die, wie stille Reserven nachgewiesen werden können; sie ist weiter unten in Anm. 6 unter b behandelt.

4. Abschreibungen. Gemeint sind Abschreibungen im weitesten Sinne, d. h. alle Maßnahmen in einer Bilanz, welche den Wert eines Vermögensgegenstandes geringer zum Ausdrucke bringen, als er in der vorhergehenden Bilanz angesetzt war, oder, wenn es sich um Gegenstände handelt, welche bisher noch nicht zum Geschäftsvermögen gehörten, als die Herstellungs- oder Anschaffungskosten betragen haben; so würde z. B. der Fall, daß eine gutgehende Fabrik eine Neuanlage auf Betriebsrechnung genommen hat, so daß der Wert der Neuanlage überhaupt nicht durch die Aktiven nachgewiesen wird, auch eine Abschreibung darstellen (Kommissionsbericht S. 20). Die Form des Wertansatzes ist in das Ermessen der Gesellschaft gestellt. Der Wertansatz kann erfolgen durch unmittelbare Einstellung des wirklichen Wertes des Gegenstandes auf der Aktivseite der Bilanz oder dadurch, daß zunächst auf der Aktivseite der Buchwert nach der vorangehenden Bilanz angegeben und diesem die für das Bilanzjahr angenommene Wertverminderung gegenübergestellt wird. Letzteres läßt sich wieder in zweifacher Weise ausführen: Der gegenüberzustellende Posten kann auf der Aktivseite von dem dort angegebenen bisherigen Werte abgezogen werden (Abschreibung im engeren Sinne), worauf nur der Rest als wirklicher Wert für die Berechnung der Summe der Aktiven ausgeworfen wird; oder jener Posten wird als sog. Bewertungskonto auf die Passivseite gesetzt, so daß man dann den wirklichen Wert des betreffenden Aktivums erst dadurch erfährt, daß man von diesem das Bewertungskonto abzieht. Wird auf der Aktivseite vom ursprünglichen Werte ausgegangen, so muß der Gegenposten (Abschreibung auf der Aktivseite oder Bewertungskonto auf der Passivseite) neben der Wertverringerung im Bilanzjahr auch alle früheren Abschreibungen enthalten.

Auf die Bezeichnung des Bewertungskontos (Erneuerungsfonds, Amortisationsfonds Delkrederefonds usw.) kommt es nicht an, ebensowenig ist es von Belang, wenn jene Bezeichnung von Jahr zu Jahr verschieden ist oder für denselben Gegenstand mehrere Bewertungskonten erscheinen oder wenn die Wertverringerung im Bilanzjahr auf die einzelnen Konten (Abschreibung und Bewertungskonten) verteilt worden ist. Deshalb heißt es auch in den Ausführungsbestimmungen des Bundesrats:

§ 8. Die Vorschrift im § 3 Satz 2 des Gesetzes gilt nicht nur für die Abschreibungen, die durch unmittelbare Einstellung des wirklichen zeitigen Wertes in die Bilanz erfolgen, sondern auch für die Abschreibungen, die durch Ansetzung des ursprünglichen Wertes unter bilanzmäßiger Gegenüberstellung eines besonderen, die Wertverminderung darstellenden Kontos (Erneuerungs-, Delkrederekonto) erfolgen.

5. **Sind zu berücksichtigen.** Bevor ein angemessener Ausgleich der Wertverminderung im Bilanzjahr erfolgt ist, kann von einem Gewinne nicht die Rede sein.

6. **Insoweit die Abschreibungen einen angemessenen Ausgleich der Wertverminderung darstellen.**

a) Umfang der zulässigen Abschreibungen. „Inwieweit Abschreibungen einen angemessenen Ausgleich der Wertverminderung darstellen, ist unter Berücksichtigung der besonderen Verhältnisse des einzelnen Unternehmens, insbesondere auch unter Berücksichtigung der durch den Krieg und durch die spätere Überführung in die Friedenswirtschaft bedingten Veränderungen nach den Grundsätzen eines ordentlichen Kaufmanns zu beurteilen" (§ 8 Abs. 2 der Ausführungsbestimmungen des Bundesrats).

Im Kommissionsberichte (S. 23 ff.) heißt es hierüber:

Nach dem Antrag Nr. 119, 1 soll der zweite Satz des § 3 gestrichen werden.

Ein Antragsteller hob hervor, der Antrag bezwecke, etwa mögliche Zweifel, als ob durch den Entwurf neue Bilanzvorschriften geschaffen werden sollten, auszuschließen.

Der Reichsschatzsekretär widersprach der Streichung. Wenn irgendwelche Zweifel vorhanden seien, müssen diese klargestellt werden, und der Satz sei ein Wegweiser, wie er schon gesagt habe. Nachdem Zweifel aufgetaucht seien, halte er es für notwendig, daß gesagt werde, daß Abschreibungen zu berücksichtigen sind, soweit sie einen angemessenen Ausgleich der Wertverminderung darstellen. Die Streichung würde aber gar nicht entstandene Zweifel beseitigen, sondern eine sehr bedenkliche sachliche Änderung der Vorschrift bedeuten. Denn Abschreibungen, die über die Wertverminderung hinausgingen, verstoßen nicht gegen die Grundsätze ordnungsmäßiger kaufmännischer Buchführung, nur die dahinter zurückbleibenden würden dagegen verstoßen.

Ein Abgeordneter beantragte, in Satz 2 des § 3 vor „insoweit" das Wort „nur" einzufügen.

Nachdem sich ein anderer Abgeordneter dagegen ausgesprochen hatte, erklärte der Staatssekretär des Reichsschatzamts: Der § 3 spreche von dem Geschäftsgewinn im Sinne dieses Gesetzes. § 4 definiere den Mehrgewinn und sage:

> Als Mehrgewinn im Sinne dieses Gesetzes gilt der Unterschied zwischen dem durchschnittlichen früheren Geschäftsgewinn (§ 5) und dem jeweils in einem Kriegsgeschäftsjahr erzielten Geschäftsgewinne.

Daraus gehe klar hervor, daß die Vorschrift des § 3 sich sowohl auf die Friedens- wie Kriegsjahre beziehe. Eine bilanztechnische Vorschrift enthalte der § 3 nicht. Es seien stille Reserven nicht verboten, weder in Friedens- noch in Kriegsjahren. Sie dürfen vorhanden sein und dürfen in der Bilanz, die nach dem Handelsgesetzbuch aufgestellt ist, nach wie vor gestellt werden. Es trete keine Änderung des Handelsgesetzbuchs ein. Nur für die Zwecke dieses Gesetzes und damit des Kriegsgewinnsteuergesetzes seien Abschreibungen nur insoweit zu berücksichtigen, als sie der Wertminderung entsprechen, und dies auch in Friedensjahren. Würde z. B. eine Fabrik, die ordnungsmäßig 10 Prozent auf die Maschinen abzuschreiben habe — keine Fabrik, die nach dem Kriege nicht wieder verwendbar sei, das würde den Fall ändern — statt der notwendigen 10 Prozent 25 Prozent an den Maschinen abschreiben, so heißt das, daß sie 15 Prozent in die stille Reserve legt. Bilanztechnisch sei und bleibe die Gesellschaft berechtigt, eine Abschreibung von 25 Prozent vorzunehmen. Steuertechnisch im Sinne des Gesetzes gelten 10 Prozent. Diese stillen Reserven werden meist im letzten Augenblicke der Bilanzaufmachung festgestellt. Was über das notwendige Maß hinaus abgeschrieben werden könne, sei das Resultat der Rohbilanz, wenn man diese übersehe, wenn man wisse, daß man eine anständige Dividende verteilen und außerdem über das Maß der vorgeschriebenen kaufmännischen Vorsicht hinaus in durchaus legitimer und anerkennenswerter Weise diese Extraabschreibung noch vornehmen könne. Bei den ganz erheblichen Interessen, die für die Gesellschaften auf dem Spiele stehen, werden sie nachträglich ihre Friedensbilanzen nach diesen Geichtspunkten nachprüfen, wo sie nicht ohnehin schon durch die Landessteuergesetze genötigt waren, Steuerbilanzen nach ungefähr den Prinzipien dieses Gesetzes neben der Generalversammlungsbilanz aufzumachen.

Hierzu führte ein Abgeordneter noch weiter aus: Werde bei der rückwärts stattfindenden Anwendung des in dem Gesetz aufgestellten Bilanzierungsgrundsatzes das Ergebnis sein, daß dann ein zu versteuernder Zuwachs sich nicht ergebe, so sei es auch ganz berechtigt, wenn keine Steuer zu zahlen sei, weil auch kein Kriegsgewinn gemacht sei. Was verhindert werden solle, sei doch das Verstecken des Bilanzgewinns durch eine künstliche Bilanzaufstellung. Das beabsichtige der Zusatz durch die Vorschrift, wie die Abschreibungen vorzunehmen seien. Übrigens habe auch schon früher für die Steuerberechnung neben der vom Standpunkte des vorsichtigen Kaufmanns aus unbedenklichen Bilanzierung eine den wahren Verhältnissen mehr entsprechende vorgenommen werden müssen.

Ein anderes Ausschußmitglied wies auf die Schwierigkeiten bei der Abschreibung in solchen Fabriken hin, die sich während des Krieges auf eine neue Fabrikation geworfen hätten, aber nach dem Kriege wieder ihre alten Geschäfte aufnehmen würden.

Dazu erklärte der Reichsschatzsekretär: Wenn während und

speziell für den Krieg eine Anlage gemacht worden sei, die nach dem Kriege für die betreffende Fabrik nicht mehr in Betracht komme, so müsse abgeschrieben werden auf eine Mark oder auf den Alteisenwert; darauf sei bei den Verträgen des Kriegsministeriums, von denen der Abgeordnete gesprochen habe, doch weitestgehend Rücksicht genommen worden. Die vom Kriegsministerium abgeschlossenen Verträge mit Maschinenfabriken usw. für Granatlieferungen haben die Preise so festgesetzt, daß damit die neuen und nur für die Kriegszwecke verwendbaren Anlagen abgeschrieben werden können; wenn die Lieferung vorher unterbrochen werde, so sei dafür ein Abstandsgeld vorgesehen, das dann zur Abschreibung herangezogen werden könne. Nach dieser Richtung habe die Heeresverwaltung absolut den Bedürfnissen der Industrie oder Produktion für den Krieg, die sonst gar nicht möglich wäre, in erforderlicher Weise Rechnung getragen, und das werde man steuerlich auch tun.

An einer anderen Stelle des Kommissionsberichts (S. 5) ist folgende Äußerung des Reichsschatzsekretärs erwähnt:

Die Auffassung des Abgeordneten, daß unter den Begriff der Wertminderung bei Abschreibungen die möglichen Verluste auf ausländische Forderungen nicht fallen, könne er nicht teilen. Minderung der Qualität der betreffenden Forderungen, Unsicherheiten hinsichtlich ausländischer Bestände an Rohstoffen usw. können Abschreibungen durchaus rechtfertigen.

Die Ausführungen des Reichsschatzsekretärs über die „angemessenen" Abschreibungen bewegen sich auf der gleichen Linie wie die Rechtsprechung des Oberverwaltungsgerichts. Danach ist bei einer solchen Abschreibung jede aus irgendwelchem Grunde in dem betreffenden Geschäftsjahre eingetretene Wertverringerung eines bilanzfähigen Vermögensgegenstandes zu berücksichtigen (Entsch. d. OVG. in Staatsstf. Bd. 15 S. 270). Insbesondere dürfen auch in dem Bilanzjahre zu teuer beschaffte Vermögensgegenstände sofort auf ihren wirklichen Wert abgeschrieben werden (a. a. O. S. 297). Bei der Prüfung der Abschreibungen ist von dem nach handelsrechtlichen

Grundsätzen für jeden Vermögensgegenstand in der Bilanz anzusetzenden Werte, d. h. von dem objektiven Verkaufswert unter der Voraussetzung des Fortbestandes des Gewerbebetriebs, bei Beginn jedes Geschäftsjahrs auszugehen und diesem der in gleicher Weise ermittelte Wert am Schlusse des Geschäftsjahrs gegenüberzustellen. Der Unterschied zwischen beiden Werten bildet das Maß der zulässigen Abschreibung, und ein sie übersteigender Betrag gilt als eine außerordentliche Abschreibung, welche der unmittelbaren Zuführung zu einem Reservefonds gleichsteht (a. a. O. Bd. 15 S. 270).

Die handelsrechtlichen Grundsätze sind verschieden, je nachdem die Bilanzen allein nach der Vorschrift des § 40 HGB. aufzustellen sind oder hierbei noch Sondervorschriften zu beachten sind. Statutarische Bestimmungen sind ohne Belang, nur gesetzliche Sondervorschriften kommen in Betracht. Für Aktiengesellschaften und Kommanditgesellschaften auf Aktien hat der § 261 HGB. besondere Bewertungsvorschriften neben dem § 40 a. a. O. aufgestellt. Danach ist die oberste Grenze des Wertansatzes für alle Vermögensgegenstände der Anschaffungs- oder Herstellungspreis. Daraus folgt, daß etwaige Werterhöhungen infolge steigender Konjunktur auch nur bis zu dieser Grenze Berücksichtigung finden dürfen, und daß, wenn der wirkliche Wert bei Beginn und am Ende eines Geschäftsjahrs über dem Anschaffungs- oder Herstellungspreise bleibt, eine Abschreibung überhaupt nicht zulässig ist. Die unterste Grenze des Wertansatzes ist nach § 40 HGB. der wirkliche Wert: Abschreibungen unter diesen Wert sind versteckte Rücklagen. Bei Wertpapieren und Waren, die einen Markt- oder Börsenpreis haben, ist dieser, wie er sich am Stichtage stellt, maßgebend. Für Anlagen und sonstige Gegenstände, die nicht zur Weiterveräußerung, vielmehr dauernd zum Geschäftsbetriebe der Gesellschaft bestimmt sind, ist nachgelassen, daß sie ohne Rücksicht auf einen geringeren Wert zu dem Anschaffungs- oder Herstellungspreis angesetzt werden, sofern ein der Abnutzung gleichkommender Betrag in Abzug oder ein ihr entsprechender Erneuerungsfonds in Ansatz gebracht wird. Danach hat die Gesellschaft die Wahl, ob sie die Anlagegegenstände mit den Anschaffungskosten abzüglich der Abnutzung oder nach § 40 HGB. mit dem wirklichen Werte einstellen will, der um so geringer sein wird, je mehr außer der Abnutzung Umstände eingetreten sind, die eine Wertverminderung herbeigeführt haben; sie kann sich auch das Geschäftsjahr aussuchen, in dem sie den Buchwert jener Gegenstände auf den wirklichen Wert herabsetzen will. Die entsprechende Abschreibung gilt, obwohl sie regelmäßig größer sein wird, als die wirkliche Wertverminderung im Bilanzjahre, weil sie handelsrechtlich nicht zu beanstanden ist. Dagegen ist die Aktiengesellschaft nicht berechtigt, die Anlagegegenstände zwischen jenen beiden Werten in beliebiger Höhe nach ihrem Ermessen einzustellen, z. B. den geringeren wirklichen Wert durch stärkere Abschreibungen, als die bloße Abnutzung betragen hat, nach und nach zu erreichen (Entsch. d. OVG. in Staatsstf. Bd. 10 S. 301 ff.).

Entspricht die Abschreibung keiner der gesetzlichen Bewertungsvorschriften, so muß von dem buchmäßigen Werte ganz abgesehen und zunächst die Bilanz in der Weise berichtigt werden, daß an Stelle des nicht zutreffenden Buchwerts der nach den Vorschriften des Handelsgesetzbuchs anzusetzende Wert bei Beginn des Jahres und der in gleicher Weise zu berechnende Wert am Ende des Jahres gegenübergestellt werden. Der anzusetzende Wert ist dann, wenn bisher immer nur der Anschaffungs- oder Herstellungswert abzüglich der Abnutzung angesetzt war, der sich aus dieser Berechnung ergebende, wenn aber in einem früheren Jahre die Anlagegegenstände bereits einmal auf den wirklichen Wert abgeschrieben waren, immer nur dieser in dem maßgebenden Zeitpunkte (a. a. O.).

b) Die Berichtigung der Abschreibungen. Hierzu wird in der Begründung des Gesetzentwurfes auf S. 13 bemerkt:

„Durch die wichtige Vorschrift des Satzes 2 — im § 3 — sollen, was im Interesse einer späteren gerechten und gleichmäßigen Kriegsgewinnbesteuerung unbedingtes Erfordernis ist, auch die sogenannten stillen Reserven getroffen werden. Insbesondere unterliegt der späteren Nachprüfung der Veranlagungsbehörden, ob die gemachten Abschreibungen lediglich einen angemessenen Ausgleich für eingetretene Wertminderungen darstellen oder inwieweit sie darüber hinaus als steuerpflichtige stille Reserven anzusehen sind, ob also auch dementsprechend die Sonderrücklage in ausreichender Höhe gebildet worden ist. Bereits ergangene Entscheidungen der Steuerbehörden darüber, inwieweit vorgenommene Abschreibungen als stille Reserven anzusehen sind, werden die verantwortlichen Leiter der pflichtigen Gesellschaften zu beachten haben, wollen sie sich nicht den aus § 9 des Entwurfs drohenden Nachteilen aussetzen."

Die preußischen Ausführungsvorschriften enthalten hierüber im Art. 8 folgende Bestimmung:

Der Vorsitzende der Veranlagungskommission unterzieht die Abschlüsse (Bilanzen usw.) einer eingehenden Prüfung dahin, ob der Geschäftsgewinn nach den gesetzlichen Vorschriften und den Grundsätzen ordnungsmäßiger kaufmännischer Buchführung (§ 3 des Gesetzes) ermittelt worden und die Bildung der Sonderrücklage den Vorschriften des Gesetzes entsprechend erfolgt ist.

Insbesondere bedarf es der Prüfung, ob die gemachten Abschreibungen lediglich einen angemessenen Ausgleich für eingetretene Wertverminderungen darstellen oder nicht darüber hinaus als Rücklagen anzusehen sind, die dem Geschäftsgewinne zuzusetzen sind. Soweit stille Rücklagen aus früheren Jahren in einem Kriegsgeschäftsjahre realisiert werden, bilden sie Gewinne dieses Kriegsgeschäftsjahrs.

Dem letzten Satze kann nicht zugestimmt werden (vgl. hierüber die Ausführungen in Anm. 2 zu h. Werden die Abschreibungen von der Steuerbehörde mangels anderer Unterlagen nach Erfahrungssätzen nach *unten* berichtigt, so werden die gleichen Sätze regelmäßig für alle Friedens- und Kriegsgeschäftsjahre zur Anwendung gebracht werden müssen.

Abänderungen der bilanzmäßigen Abschreibungen nach *oben* enthalten eine Berichtigung der Bilanz, die nur durch die für die Aufstellung der Bilanzen zuständigen Gesellschaftsorgane vorgenommen werden kann. Sind aber größere Abschreibungen, als sie vom Vorstande vorgeschlagen sind, vor oder bei der Genehmigung der Bilanz nicht für erforderlich erachtet und sind auf solcher Grundlage die Dividenden verteilt und die Reservefonds gespeist worden, so kann von einer weiteren Kürzung des Gewinns nicht mehr die Rede sein (vgl. Entsch. d. OVG. in Staatsstſ. Bd. 11 S. 263). Für Friedensjahre werden die Gesellschaften größere Abschreibungen wohl nicht geltend machen, weil diese den Friedensgewinn herabdrücken und einen etwaigen Mehrgewinn erhöhen würden. Es ist aber nicht ausgeschlossen, daß die Behauptung aufgestellt wird, in bestimmten Friedensjahren seien die bilanzmäßigen Abschreibungen zu hoch gewesen, um eine stille Reserve zu schaffen, die nun dem bilanzmäßigen Friedensgewinne noch zugerechnet werden müßte. Die Beweislast würde dann die Gesellschaft treffen. Der Nachweis wird nur dann für erbracht anzusehen sein, wenn die Abschreibungen ganz offensichtlich weit über das Maß einer möglichen Wertverminderung hinausgegangen sind. Im übrigen wird man auch hier daran festhalten müssen, daß die Bilanzen mit den Abschreibungen nur den Zweck verfolgt haben, die im Bilanzjahr eingetretene Wertverminderung den handelsrechtlichen Vorschriften gemäß zum Ausdrucke zu bringen. Bei in Preußen einkommensteuerpflichtigen Gesellschaften hätten stille Reserven als steuerpflichtige Verwendungen in der Steuererklärung aufgeführt werden müssen. Ist das nicht geschehen, so würde die nachträgliche Geltendmachung stiller Reserven die Behauptung in sich schließen, der Vorstand, von welchem die Steuererklärung unterzeichnet worden sei, habe einen Steuerbetrug verübt, und der Aufsichtsrat, der nach § 246 HGB. die Geschäftsführung überwacht, habe den Steuerbetrug gutgeheißen. Mit einem solchen Vorbringen kann die Gesellschaft nicht gehört werden (vgl. Entsch. d. OVG. in Staatsstſ. Bd. 2 S. 41). Bei in Preußen einkommensteuerpflichtigen Gesellschaften werden daher die für die Einkommensteuer getroffenen Feststellungen hinsichtlich der Abschreibungen regelmäßig auch für die Bemessung des Bilanzgewinns im Sinne des § 3 Geltung haben müssen.

§ 4.

Als Mehrgewinn im Sinne dieses Gesetzes[1]) gilt der Unterschied zwischen dem durchschnittlichen früheren Geschäftsgewinn[2]) (§ 5) und dem jeweils[3]) in einem **Kriegs**-geschäftsjahr erzielten Geschäftsgewinne[4]).

Die Unterschiedsbeträge[5]) werden auf volle Tausende nach unten abgerundet. Beträge unter fünftausend Mark bleiben außer Betracht[7]).

1. **Mehrgewinn im Sinne dieses Gesetzes.** Wodurch der Mehrgewinn herbeigeführt ist, darauf kommt es nicht an. Der Reichsschatzsekretär äußerte sich über diesen Punkt, wie folgt:

Die Allgemeinheit der Besteuerung sei der einzige Ausweg, der gefunden worden sei zur Beseitigung der enormen steuertechnischen Schwierigkeiten, die einer Besteuerung der sogenannten Kriegsgewinne entgegenstehen. Man könne als Grundlage für die Besteuerung nicht dasjenige nehmen, was ja einem großen Teil der öffentlichen Meinung in der Regel vorschwebe: die sogenannten unreellen Kriegsgewinne. Soweit ein unreelles oder gar strafbares Verhalten vorliege, müßten andere Wege gefunden werden, und die Behörden seien dabei, die Wege zu prüfen, die zur Abstellung der Mißbräuche führen sollen. Aber es sei absolut unmöglich, daß die Steuerbehörde als solche feststelle, ob der Kriegsgewinn legitim oder nicht legitim sei. Daß er dringend wünsche, überall, wo es möglich sei, eine Abhilfe gegen unerlaubten, mißbräuchlichen Kriegsgewinn eintreten zu sehen, dürfe man ihm glauben; aber in diesem Steuergesetze sei es nicht möglich.

Was nun die beiden Kategorien der Gewinne anlange: diejenigen, die ohne Zusammenhang mit dem Kriege und diejenigen, die direkt oder indirekt durch den Krieg erworben worden seien, so könne man auch diese beiden Kategorien nicht einwandfrei trennen. Darüber sei er mit dem Abgeordneten einig. Es bestehe aber auch eine moralische Berechtigung dafür, daß jeder, der in dieser schweren Zeit seine finanzielle Situation hat bessern können, auch entsprechende Opfer für den Staat bringe, und zwar derjenige, der nichts getan habe, als auf seinen Papieren zu sitzen, vielleicht noch in höherem Grade als derjenige, der für den Krieg gearbeitet habe. Der reelle deutsche Unternehmer in Landwirtschaft, Handel und Industrie, der für den Krieg gearbeitet habe, habe sich um das Vaterland die größten Verdienste erworben; diese private Initiative habe uns geholfen, den Krieg so erfolgreich zu organisieren. Deshalb habe er im Plenum des Reichstags so großen Nachdruck darauf gelegt, daß wir um Gottes willen keine Zuchtrute einführen, sondern die geleisteten Verdienste anerkennen wollen, wenn diese Verdienste sich auch zum Teil in privatrechtlichen Gewinn umgemünzt haben. Soweit solche Gewinne vorhanden seien, gelte der Satz: Obwohl du dir durch deine Arbeit Verdienste um den Staat erworben hast, so hast du dadurch doch auch deine Lage verbessert und kannst du deshalb einen entsprechenden Teil dieses durchaus legitimen Verdienstes angesichts der schweren Zeit an die Allgemeinheit abgeben.

Man könne also nicht unterscheiden, ob der Gewinn durch den Krieg oder während des Krieges oder trotz des Krieges erfolgt sei. In der Mehrzahl werde das moralische Verdienst bei demjenigen, der für den Krieg gearbeitet habe, höher sein, als bei dem, der abseits stand. Darüber bestehe eine Übereinstimmung und er denke, daß auch die öffentliche Meinung sich zu dieser allein vernünftigen Auffassung bekehren lassen werde. (Kommissionsbericht S. 3/4.)

Nach dem „Mehrgewinne" soll die Kriegssteuer berechnet werden; nur soll bei Anwendung des § 5 überall mit sechs Hundertstel anstatt mit fünf Hundertstel gerechnet werden und bei den sog. Schachtelgesellschaften sowie den Kommanditgesellschaften auf Aktien zur Vermeidung der Doppelbesteuerung eine gewisse Steuererleichterung eintreten (§§ 16—18 des Kriegssteuergesetzes).

2. **Der durchschnittliche frühere Geschäftsgewinn.** Die Vorschriften für seine Berechnung enthält der folgende § 5.

3. **Jeweils.** Für jedes Kriegsgeschäftsjahr wird der darin erzielte Geschäftsgewinn dem „durchschnittlichen früheren Geschäftsgewinne" gegenübergestellt, um den Mehrgewinn zur Darstellung zu bringen. Der Geschäftsgewinn des ersten und des zweiten Kriegsgeschäftsjahrs verändern den „durchschnittlichen früheren Geschäftsgewinn" nicht (§ 5).

4. **Der in einem Kriegsgeschäftsjahr erzielte Geschäftsgewinn.** Der „durchschnittliche frühere Geschäftsgewinn" ist ein Jahresergebnis (§ 5). Wenn daher bei einer neugegründeten Gesellschaft das erste zu den Kriegsgeschäftsjahren gehörende Geschäftsjahr einen kürzeren als einen zwölfmonatigen Zeitraum umfaßt, so kann dem Ergebnisse dieses Geschäftsjahrs auch nur ein entsprechender Teilbetrag des durchschnittlichen früheren Geschäftsgewinns gegenübergestellt werden. Beispiel: Als früherer Durchschnittsgewinn gilt gemäß § 5 Abs. 3 und 4 der Betrag von 100000 ℳ. Das erste Kriegsgeschäftsjahr umfaßt nur vier Monate und hat 50000 ℳ Gewinn gebracht. Diesem sind deshalb auch nur $^4/_{12}$ jener 100000 ℳ, das sind 33333 ℳ, gegenüberzustellen. Der Mehrgewinn beträgt hiernach 16667 ℳ, rund 16000 ℳ.

5. **Unterschiedsbeträge,** das sind die für jedes Kriegsgeschäftsjahr nach Abs. 1 berechneten „Mehrgewinne". Dies gilt auch zunächst für das kein volles Jahr betragende erste Übergangsjahr bei einer Verlegung des Geschäftsjahrs innerhalb der Kriegsgeschäftsjahre (siehe Anm. 2 zu § 2). Nach dem Ablaufe der vollen 36 Monate Kriegsgeschäftsjahre wird aber für die Abrundung der Mehrgewinn jenes kürzeren Übergangsjahrs mit dem ergänzenden Anteile des letzten Kriegsgeschäftsjahrs zusammengezogen werden müssen. Würde also in dem in Anm. 2 zu § 2 gegebenen Beispiele der Mehrgewinn betragen haben in dem Übergangsjahre (1. Januar bis 30. Juni 1915) 4290 ℳ und in den sechs Monaten des Geschäftsjahrs vom 1. Juli 1916 bis 30. Juni 1917 noch 1800 ℳ, so ergeben beide Beträge zusammen 6090 ℳ, abgerundet 6000 ℳ. Dieser

Mehrgewinn müßte in die für die Höhe der Sonderrücklage nach § 8 Abs. 4 vorzunehmende Zusammenrechnung eingestellt werden.

6. **Beträge unter fünftausend Mark bleiben außer Betracht.** Auch hier sind die nach Abs. 1 berechneten Mehrgewinne gemeint. Für den Fall der Verlegung des Geschäftsjahrs während des Laufes der Kriegsgeschäftsjahre gilt auch hier das oben in Anm. 5 Gesagte. In dem dort gewählten Beispiele dürfen also die Beträge von 4290 ℳ und 1800 ℳ nicht etwa außer Betracht bleiben, weil keiner von ihnen die Höhe von 5000 ℳ erreicht.

§ 5.

Der durchschnittliche frühere Geschäftsgewinn (§ 4)[1]) ist nach den Ergebnissen der fünf den Kriegsgeschäftsjahren vorangegangenen Geschäftsjahre oder, wenn eine Gesellschaft noch nicht so lange besteht, nach den Ergebnissen der kürzeren Zeit, für welche Jahresabschlüsse vorliegen[2]), zu berechnen. Besteht eine Gesellschaft schon fünf Jahre[3]), so haben für die Berechnung des Durchschnittsgewinns die beiden Geschäftsjahre mit den besten und den schlechtesten Geschäftsergebnissen auszuscheiden[4]).

Hat innerhalb der fünf den Kriegsgeschäftsjahren vorangegangenen Geschäftsjahre eine Vermehrung[5]) des eingezahlten[6]) Grund- oder Stammkapitals[7]) stattgefunden, so wird dem Geschäftsgewinne für die vor der Vermehrung liegende Zeit ein Betrag von fünf vom Hundert jährlich des der Gesellschaft durch die Neueinzahlungen tatsächlich[8]) zugeflossenen Kapitalbetrags zugerechnet[9]).

Als früherer Durchschnittsgewinn wird mindestens[10]) ein Betrag von fünf vom Hundert des eingezahlten[11]) Grund- oder Stammkapitals angenommen zuzüglich[12]) des Mehrbetrags, der zur Verteilung einer etwaigen höheren festen Vorzugsdividende für bevorrechtigte Aktien notwendig gewesen wäre. Das Grundkapital einer Berggewerkschaft oder einer Bergbau treibenden Vereinigung ist aus dem Erwerbspreis und den Anlage- und Erweiterungskosten[13]) abzüglich[14]) des durch Schuldaufnahme gedeckten Aufwandes hierfür zu berechnen. An Stelle des Grundkapitals tritt bei eingetragenen Genossenschaften die Summe der eingezahlten Geschäftsanteile der Genossen[15]).

Der im Abs. 3 vorgesehene Betrag wird als Mindestbetrag auch zugrunde gelegt, wenn ein volles Geschäftsjahr vor den Kriegsgeschäftsjahren nicht vorliegt[16]). In diesem Falle werden jedoch für Aktien oder Anteile, die zu einem den Nennwert übersteigenden Preise ausgegeben worden sind, die fünf Hundertstel von dem Kapitale berechnet, das der Gesellschaft als Einzahlung auf ihre Aktien oder Anteile tatsächlich zugeflossen ist[17]).

Hat sich das eingezahlte Grund- oder Stammkapital einer Gesellschaft während der Kriegsgeschäftsjahre[18]) vermehrt, so ist für die Zeit nach[19]) der Vermehrung dem durchschnittlichen früheren Geschäftsgewinn ein Betrag von fünf vom Hundert jährlich des der Gesellschaft durch die Neueinzahlungen tatsächlich zugeflossenen Kapitalbetrags hinzuzurechnen[20]).

1. **Der durchschnittliche frühere Geschäftsgewinn** (§ 4), d. h. der durchschnittliche frühere Geschäftsgewinn, der nach § 4 einen Rechnungsfaktor für die Berechnung des „Mehrgewinns" bilden soll.

Es kann sich nur um den früheren Geschäftsgewinn der Gesellschaft in ihrer gegenwärtigen Form handeln. In der Reichstagskommission zur Beratung des Gesetzes wurde indessen die Ansicht vertreten, daß es bei der Durchschnittsrechnung nicht so sehr auf die jeweilige Rechtsform der Gesellschaft ankommen dürfe, als auf das wirtschaftliche Bestehen des Unternehmens. Dem haben einem Versprechen des Reichsschatzsekretärs gemäß (Kommissionsbericht S. 26) die Ausführungsbestimmungen des Bundesrats Rechnung getragen, indem sie vorschreiben:

§ 9. „Ist zur Fortführung desselben Unternehmens eine Gesellschaft der im § 1 des Gesetzes bezeichneten Art in eine andere Gesellschaft der im § 1 des Gesetzes bezeichneten Art umgewandelt worden, so sind für die Festsetzung des durchschnittlichen früheren Geschäftsgewinns (§ 5 des Gesetzes) die Ergebnisse der Gesellschaft in der früheren Form mitzuberücksichtigen.

Auf Fusionen finden, soweit sie mit einer Kapitalsvermehrung der aufnehmenden Gesellschaft verbunden sind, die Vorschriften des § 5 Abs. 2 und 5 des Gesetzes über Vermehrungen des Grund- oder Stammkapitals entsprechende Anwendung. Bei der Feststellung des der Gesellschaft tatsächlich zugeflossenen Kapitalbetrags sind Sacheinlagen mit ihrem gemeinen Werte anzusetzen.

Würde die Anwendung der Vorschriften*) des § 5 des Gesetzes in einem einzelnen Falle zu einer besonderen Härte führen, so kann der Reichskanzler vorbehaltlich der späteren Beschlußfassung des Bundesrats eine anderweite Festsetzung des durchschnittlichen früheren Geschäftsgewinns auf Antrag der pflichtigen Gesellschaft vorläufig genehmigen. Derartige Anträge sind dem Reichskanzler durch Vermittlung der obersten Landesfinanzbehörde vorzulegen."

In Preußen ist der Antrag beim Vorsitzenden der Veranlagungskommission einzureichen, der ihn in analoger Anwendung der Art. 2 u. 3 der preußischen Ausführungsvorschriften durch Vermittlung des Vorsitzenden der Berufungskommission an den Finanzminister weiterzureichen hat.

Wenn also das Unternehmen eines Einzelkaufmanns, einer offenen Handelsgesellschaft, einer einfachen Kommanditgesell-

*) Also irgendeiner.

schaft oder einer bürgerlichen Gesellschaft in eine der nach § 1 des Gesetzes rücklagepflichtige Gesellschaft umgewandelt worden ist, so dürfen die früheren Ergebnisse des Unternehmens in die Durchschnittsberechnung des „früheren Geschäftsgewinns“ nicht einbezogen werden. Das gleiche gilt von den früheren Ergebnissen einer Aktiengesellschaft im Falle deren Fusion, wo also das Vermögen der Aktiengesellschaft als Ganzes an eine andere Aktiengesellschaft oder an eine Kommanditgesellschaft auf Aktien gegen Gewährung von Aktien der übernehmenden Gesellschaft übertragen worden ist (§§ 305, 306 HGB.); die übernehmende Aktiengesellschaft usw. kann nur mit ihren eigenen Ergebnissen der Friedensjahre rechnen. Hatte aber die übernehmende Aktiengesellschaft usw. gelegentlich der Fusion eine Kapitalvermehrung vorgenommen, so darf sie gemäß § 5 Abs. 2 ihrem Geschäftsgewinne für die vor der Vermehrung liegende Zeit einen Betrag von fünf vom Hundert jährlich des ihr durch die Neueinzahlungen tatsächlich zugeflossenen Kapitalbetrags zurechnen. Bei der Feststellung dieses Kapitalbetrags soll nach § 9 der Ausführungsbestimmungen des Bundesrats eine Sacheinlage mit ihrem gemeinen Werte, d. i. mit ihrem objektiven Verkaufswerte, angesetzt werden. Die Wertfestsetzung der Sacheinlage erfolgt im Gesellschaftsvertrag und wird veröffentlicht. Daß diese Wertfestsetzung nicht dem gemeinen Werte entsprochen hätte, wird nur unter ganz besonderen Umständen angenommen werden dürfen. In allen diesen Fällen kann aber der Reichskanzler etwaige Härten auf Antrag der Gesellschaft beseitigen; vgl. oben § 9 Abs. 3 der Ausführungsbestimmungen des Bundesrats. Hierauf hat der Reichsschatzsekretär noch bei der Kommissionsberatung des Kriegssteuergesetzes für den besonderen Fall hingewiesen, daß sich eine Gesellschaft sprunghaft entwickelt hat, der spätere Ersatz aber die Frucht einer intensiven Vorbereitungstätigkeit gewesen ist. Es soll dann nicht der Durchschnitt zugrunde gelegt werden, sondern die Gewinnbasis unmittelbar vor dem Kriege (Kommissionsbericht über das Kriegssteuergesetz S. 79).

2. Der fünf den Kriegsgeschäftsjahren vorangegangenen Geschäftsjahre oder, wenn die Gesellschaft noch nicht so lange besteht, nach den Ergebnissen der kürzeren Zeit, für welche Jahresabschlüsse vorliegen. Ähnlich ist die Fassung im § 9 Nr. 3 des preußischen Einkommensteuergesetzes, der bestimmt: „Der Geschäftsgewinn aus Handel, Gewerbe und Bergbau wird bei physischen Personen, welche Handelsbücher nach Vorschrift der §§ 38 ff. HGB. führen, nach dem Durchschnitte der drei dem Steuerjahr unmittelbar vorangegangenen Wirtschafts-(Betriebs-)Jahre, wenn aber der Betrieb noch nicht so lange ... besteht ..., nach dem Durchschnitte der kürzeren Zeit, für welche Jahresabschlüsse vorliegen, ... veranschlagt." Diese Gesetzesvorschrift ist in der Rechtsprechung der Steuersenate des Oberverwaltungsgerichts dahin ausgelegt worden, daß nur solche zwölfmonatige Zeiträume in die Durchschnittsrechnung einbezogen werden dürfen, die sich unmittelbar aneinander anschließen und wirkliche Wirtschaftsjahre des Steuerpflichtigen bilden. Zwölfmonatige Zeiträume, die in Wirklichkeit keine Wirtschaftsjahre des Steuerpflichtigen sind, über die vielmehr nur nachträglich zur Herstellung einer mehrjährigen Durchschnittsperiode Abschlüsse gemacht sind, kommen nicht in Betracht (Entsch. d. OVG. in Staatsstf. Bd. 14 S. 22). Wollte man dieser Auslegung folgen, so käme man zu dem Ergebnisse, daß, wenn eine Gesellschaft z. B. ihr mit dem Kalenderjahr zusammenfallendes Wirtschaftsjahr Anfang 1912 auf das Jahr vom 1. Juli bis 30. Juni verlegt hat, nur noch die Geschäftsgewinne der vollen Geschäftsjahre vom 1. Juli 1912 bis 30. Juni 1913 und vom 1. Juli 1913 bis 30. Juni 1914 in die Durchschnittsrechnung eingestellt werden dürften. Das widerspricht aber der Absicht des Gesetzgebers, der gerade bestrebt war, die Durchschnittsrechnung zur Vermeidung von Härten auf eine möglichst breite Unterlage zu stellen (Kommissionsbericht S. 33). Zu einer richtigen Auslegung des Gesetzes kommt man nur, wenn man jede der beiden Bestimmungen

„nach den Ergebnissen der fünf den Kriegsgeschäftsjahren vorangegangenen Geschäftsjahre" und

„oder, wenn eine Gesellschaft noch nicht so lange besteht, nach den Ergebnissen der kürzeren Zeit, für welche Jahresabschlüsse vorliegen"

für sich betrachtet.

a) **Nach den Ergebnissen der fünf den Kriegsgeschäftsjahren vorangegangenen Geschäftsjahre.** Es kommen in Betracht die letzten fünf Geschäftsjahre, wie sie die Gesellschaft gewählt hatte, ohne Unterschied, ob sie einen zwölfmonatigen Zeitraum oder ein kürzeres Übergangsjahr betrafen. Mehr Geschäftsjahre dürfen in die Durchschnittsrechnung nicht einbezogen werden, auch wenn jene Geschäftsjahre zusammen nicht die Zeit von 60 Monaten umfassen.

b) **Wenn eine Gesellschaft noch nicht so lange besteht, nach den Ergebnissen der kürzeren Zeit, für welche Jahresabschlüsse vorliegen.** Diese Bestimmung betrifft Gesellschaften, welche noch nicht so lange bestehen, daß, wie bei den unter a fallenden, bereits fünf Abschlüsse vor dem ersten Kriegsgeschäftsjahre liegen; es sollen dann die Ergebnisse der kürzeren Zeit, für welche Jahresabschlüsse vorliegen, maßgebend sein. Unter „Jahresabschlüssen" wird man aber nicht nur Abschlüsse für volle Jahre verstehen dürfen, sondern auch Abschlüsse für Übergangsjahre. Nur so gelangt man zu dem allein befriedigenden Ergebnisse, daß die ganze vor den Kriegsgeschäftsjahren liegende Zeit eines jüngeren Unternehmens für die Ermittlung des Mehrgewinns herangezogen wird; einen Teil dieser Zeit für die Durchschnittsrechnung auszuschließen, widerspräche der Absicht des Gesetzgebers, Härten bei der Ermittlung des Mehrgewinns nach Möglichkeit zu vermeiden (Kommissionsbericht S. 33). Ist z. B. eine Gesellschaft, die statutenmäßig das Kalenderjahr als Geschäftsjahr hat, am 1. August 1913 gegründet worden, so würde auch das Ergebnis des ersten kurzen Geschäftsjahrs (1. 8. bis 31. 12. 1913) in die Durchschnittsberechnung einzubeziehen sein.

3. **Besteht eine Gesellschaft schon fünf Jahre,** nämlich beim Eintritt in das erste Kriegsgeschäftsjahr. „Jahre", nicht Geschäftsjahre, also Zeiträume von je zwölf Monaten; die Gesellschaft

muß also bei Beginn ihres ersten Kriegsgeschäftsjahrs bereits 60 Monate bestanden haben, und zwar in ihrer gegenwärtigen oder in einer anderen Rechtsform, auf die der § 1 des Gesetzes Anwendung findet (§ 9 Abs. 1 der Ausführungsbestimmungen des Bundesrats). Hierzu genügt es, wenn der erste Monat des fünfjährigen Zeitraums in die erste Bilanz der Gesellschaft einbezogen war; vgl. oben Anm. 4 zu § 2. Weiter ist aber, wie aus dem Zusammenhange der Gesetzesvorschrift zu entnehmen ist, erforderlich, daß die fünf den Kriegsgeschäftsjahren vorangegangenen Friedensgeschäftsjahre mit den fünf zwölfmonatigen Zeitabschnitten sich decken; nur wenn die maßgebenden Friedensgeschäftsjahre zusammen jenen Zeitumfang haben, soll die Unterlage für die Berechnung des Durchschnittsgewinns verengert werden. Hat z. B. eine Gesellschaft, die seit 1900 besteht und zunächst das Geschäftsjahr vom 1. Juli bis 30. Juni hatte, im September 1910 ihr Geschäftsjahr auf das Kalenderjahr verlegt, so umfassen ihre fünf den Kriegsgeschäftsjahren vorangegangenen Geschäftsjahre folgende Zeiträume:

vom 1. Juli 1909 bis 30. Juni 1910	= 12	Monate
„ 1. Juli bis 31. Dezember 1910	= 6	„
„ 1. Januar bis 31. Dezember 1911	= 12	„
„ 1. Januar bis 31. Dezember 1912	= 12	„
„ 1. Januar bis 31. Dezember 1913	= 12	„
zusammen:	54	Monate

Diese Gesellschaft würde also trotz ihres bereits dreizehnjährigen Bestehens nicht die Voraussetzung des Gesetzes erfüllen: „Besteht eine Gesellschaft schon fünf Jahre."

4. **So haben für die Berechnung des Durchschnittsgewinns die beiden Geschäftsjahre mit den besten und schlechtesten Geschäftsergebnissen auszuscheiden.** Der Fall, daß zwei von den hier in Betracht kommenden Geschäftsjahren dasselbe Ergebnis haben, wird wohl nicht vorkommen; gegebenenfalls könnte dann nur eines dieser besten oder schlechtesten Jahre ausscheiden.

5. **Vermehrung** des eingezahlten Grund- oder Stammkapitals. In welcher Weise Vermehrungen des eingezahlten Grund- oder Stammkapitals bei der Festsetzung des durchschnitt-

lichen früheren Geschäftsgewinns berücksichtigt werden sollen, ist im Abs. 2 und im Abs. 5 geregelt. Abs. 2 bezieht sich auf die in den fünf den Kriegsgeschäftsjahren vorangegangenen Geschäftsjahren erfolgten Kapitalvermehrungen, Abs. 5 dagegen auf die Kapitalvermehrungen innerhalb der Kriegsgeschäftsjahre. Der Ausdruck „Vermehrung des eingezahlten Grund- oder Stammkapitals" umfaßt sowohl die Erhöhung des Grund- oder Stammkapitals im handelsrechtlichen Sinne als auch die weitere Einzahlung auf das (bisher nicht voll eingezahlte) Grund- oder Stammkapital. Die Berücksichtigung eines etwaigen höheren Ausgabekurses rechtfertigt sich in diesen Fällen aus den gleichen Billigkeitserwägungen wie im Falle des Abs. 4 (Begründung des Gesetzentwurfes S. 13). Die Vermehrung jenes Kapitals in einem der maßgebenden Friedensgeschäftsjahre beeinflußt die in die Durchschnittsrechnung einzustellenden Ergebnisse der vor der Vermehrung liegenden Friedensgeschäftsjahre. Eine Verminderung des Grund- und Stammkapitals läßt also mangels einer gesetzlichen Bestimmung die Durchschnittsrechnung unberührt, ohne daß es darauf ankommt, wodurch sie herbeigeführt ist. Die Bemerkung in der Begründung des Gesetzentwurfs (S. 13): „Ist eine Herabsetzung des Grund- oder Stammkapitals vorgenommen worden, so berechnet sich der Mindestgewinn von dem herabgesetzten Grund- oder Stammkapitale", kann die gesetzliche Regelung dieses Falles nicht ersetzen.

Die Vorschrift im Abs. 2 wird auch gelten müssen, wenn wegen des kurzen Bestehens der Gesellschaft weniger als fünf Geschäftsjahre für die Durchschnittsrechnung in Betracht kommen.

Über die Vermehrung des Grundkapitals bei Berggewerkschaften siehe unten Anm. 12 und 13.

6. Eingezahltes Grund- und Stammkapital. Auf die Einzahlung kommt es an, nicht auf den statutenmäßigen Betrag, und zwar auf den Nennbetrag; vgl. oben die in Anm. 5 aufgeführte Begründung des Entwurfes. Als „vermehrte Einzahlung" ist es auch anzusehen, wenn eine Gesellschaft gelegentlich der Erhöhung des Grund- oder Stammkapitals einen Reservefonds zur Verteilung bringt und den zum Bezuge von Aktien oder Stamm-

anteilen berechtigten Mitgliedern auf den Übernahmepreis den auf sie entfallenden Anteil an jenem Reservefonds verrechnet.

7. **Grund- oder Stammkapital.** Diesem gleichzustellen sind statutenmäßige Nachschüsse der Mitglieder einer Gesellschaft m. b. H. (§§ 26 ff. des Gesetzes, betr. die Gesellschaften m. b. H., vom 20. 4. 92/20. 5. 98), nicht aber die Geschäftsguthaben der Mitglieder einer Genossenschaft, soweit sie den einzelnen Geschäftsanteil übersteigen (§§ 19 ff. des Gesetzes, betr. die Erwerbs- und Wirtschaftsgenossenschaften, vom 1. 5. 89/20. 5. 98). Kein eingezahltes Grund- oder Stammkapital kommt in Frage, wenn Mitglieder einer Gesellschaft m. b. H. ihnen zustehende Dividendenbeträge der Gesellschaft als unverzinsliches Darlehn belassen. Das Gleiche gilt bei Aktiengesellschaften von Zuzahlungen, die ohne Erhöhung des Grundkapitals von Aktionären gegen Gewährung von Vorzugsrechten für ihre Aktien geleistet werden (§ 262 Nr. 3 HGB.). Eine solche Gesellschaft ist also schlechter gestellt als eine andere, die neue Aktien mit einem Aufgeld ausgegeben hat (siehe Anm. 8), obwohl ihr Betrieb weniger erfolgreich gewesen sein wird, als der der letzteren. Etwaige Härten kann der Reichskanzler beseitigen (siehe Anm. 1).

8. **Durch die Neueinzahlungen tatsächlich zugeflossener Kapitalbetrag,** hier also nicht der Nennbetrag. Sind die Anteile mit Aufgeld abgegeben, so umfassen die Neueinzahlungen den Nennbetrag und das Aufgeld. Die Summe dieser beiden Beträge ist aber zu kürzen um sämtliche Kosten, welche die Vermehrung des Grundkapitals verursacht hat. Diese Kosten sind auch in Abzug zu bringen, wenn die Aktien nur zum Nennwerte ausgegeben werden konnten. Kommen Sacheinlagen in Frage (sog. Nachgründungen), so kommt nur der gemeine Wert, der objektive Verkaufswert der von der Gesellschaft übernommenen Gegenstände in Anrechnung; denn nur insoweit ist der Gesellschaft ein neuer Kapitalbetrag zugeflossen. Nach §§ 279, 280 HGB. ist der Betrag der für die Einlage zu gewährenden Aktien oder die für den übernommenen Gegenstand zu gewährende Vergütung in dem Beschluß über die Erhöhung des Grundkapitals festzusetzen und zu veröffentlichen. Es erfordert die Sicherheit des Verkehrs, daß jener Betrag als der

gemeine Wert zu gelten hat; nur ganz außergewöhnliche Umstände könnten eine Abweichung von jener Bewertung rechtfertigen.

9. **So wird dem Geschäftsgewinne für die vor der Vermehrung liegende Zeit ein Betrag von fünf vom Hundert des der Gesellschaft durch die Neueinzahlungen tatsächlich zugeflossenen Kapitalsbetrags zugerechnet.** Beispiel: Eine Gesellschaft hat im Juli 1912 ihr Grundkapital um nom. 1 Mill. ℳ erhöht. Die Anteile sind mit einem Aufgelde von 50 % ausgegeben und haben also 1500000 ℳ gebracht. Sämtliche Kosten der Kapitalsvermehrung betragen 100000 ℳ. Der der Gesellschaft durch die Neueinzahlungen tatsächlich zugeflossene Kapitalbetrag stellt sich danach auf 1400000 ℳ. Das Geschäftsjahr ist zunächst das Kalenderjahr gewesen, Anfang 1911 aber auf die Zeit vom 1. Juli bis 30. Juni verlegt worden. Der „durchschnittliche frühere Geschäftsgewinn" ist dann in folgender Weise zu berechnen:

	Maßgebende Friedensgeschäftsjahre	Wirklicher Bilanzgewinn ℳ	Zuzurechnender Betrag ℳ	Zusammen anzurechnen ℳ
1.	1. Jan. bis 31. Dez. 1910	600000	5 % von 1400000 ℳ = 70000 ℳ	670000
2.	1. Jan. bis 30. Juni 1911 (6 Monate)	200000	(für 6 Monate) 35000	235000
3.	1. Juli 1911 bis 30. Juni 1912	650000	70000	720000
4.	1. Juli 1912 bis 30. Juni 1913	700000	—	700000
5.	1. Juli 1913 bis 30. Juni 1914	480000	—	480000
			in 54 Monaten zusammen:	2805000
			mithin „durchschnittlicher früherer Geschäftsgewinn":	623333

Die „fünf vom Hundert“ gelten nur für die Feststellung der Sonderrücklage; an ihre Stelle sollen für die Kriegssteuer selbst überall sechs vom Hundert treten (§ 17 des Kriegssteuergesetzes).

10. **Als früherer Durchschnittsgewinn wird mindestens ... angenommen.** Maßgebend ist also in erster Linie der nach den Vorschriften im Abs. 1 und 2 berechnete Durchschnittsgewinn; nur wenn dieser den im Abs. 3 bestimmten Betrag nicht erreicht, gilt dieser als der durchschnittliche frühere Geschäftsgewinn. Diese Vorschrift ist aus Billigkeitsgründen gegeben; bei bisher notleidenden Gesellschaften sollte der tatsächliche Mehrgewinn nur insoweit in Anspruch genommen werden, als er über einen Mindestbetrag hinausgeht, der eine angemessene Verzinsung des investierten Kapitals ermöglicht (Begründung des Gesetzentwurfes S. 13).

Die Anwendung des Abs. 3 setzt voraus, daß bei der Gesellschaft mindestens der Abschluß eines vollen, also 12 Monate umfassenden Geschäftsjahrs vor den Kriegsgeschäftsjahren vorliegt (Begründung des Gesetzentwurfes S. 13), sonst kommt Abs. 4 zur Anwendung.

11. **Des eingezahlten Grund- oder Stammkapitals.** Also auch hier ist nicht das statutenmäßige Grund- und Stammkapital maßgebend, sondern der Nennbetrag des eingezahlten Kapitals. Siehe das Nähere oben in Anm. 6. Das statutenmäßige Grund- und Stammkapital bildet die Höchstgrenze. Anders im Abs. 4.

12. **Zuzüglich des Mehrbetrags, der zur Verteilung einer etwaigen höheren festen Vorzugsdividende für bevorrechtigte Aktien notwendig gewesen wäre.** Hierzu wird in der Begründung des Gesetzentwurfs (S. 13) bemerkt:

„Als angemessene Verzinsung wird der Durchschnittssatz von 5 vom Hundert des eingezahlten Grund- oder Stammkapitals gelten können. Nur Vorzugsaktien sollen darüber hinaus mit einem höheren Gewinnanteile berücksichtigt werden. Doch kommt hierbei nur eine festbestimmte Vorrechtsdividende, nicht etwa auch der weitere Anteil am Gewinn in Betracht, mit dem sie über die feste Vorrechtsdividende hinaus am verbleibenden Restgewinne zusammen mit den Stammaktien beteiligt sind. In diesem Umfang erscheint eine Berücksichtigung der Vorzugsaktien gerechtfertigt, da sie wirtschaftlich den von Gesellschaften ausgegebenen festverzinslichen Schuldverschreibungen nahestehen."

Diese Bestimmung gilt nach dem Wortlaute des Gesetzes nur für Aktiengesellschaften und Kommanditgesellschaften auf Aktien, weil nur diese Gesellschaften Aktien haben. Feste Vorrechtsdividenden von Mitgliedern anderer Erwerbsgesellschaften sind ohne Einfluß auf die Berechnung des „Mindestbetrags". Beispiel: Eine Aktiengesellschaft besitzt ein Grundkapital von 5 Mill. ℳ, wovon 2 Mill. ℳ auf Aktien entfallen, die eine Vorrechtsdividende von 4 vom Hundert erhalten und im übrigen zu gleichen Rechten an der Dividende teilnehmen. Die Vorrechtsdividende kommt hier nicht in Betracht. Bei einer anderen Aktiengesellschaft bestehen die gleichen Verhältnisse, nur beträgt die Vorrechtsdividende 6 vom Hundert. Bei dieser Gesellschaft ist der Mindestgewinn wie folgt zu berechnen:

5 %	von	5000000 ℳ	=	250000 ℳ
1 %	„	2000000 „	=	20000 „
		zusammen:		270000 ℳ

13. **Aus dem Erwerbspreis und den Anlage- und den Erweiterungskosten.** Hierbei kommen nur die Erwerbspreise und Kosten derjenigen Bergwerke in Betracht, die zur Zeit des Eintritts in die Kriegsgeschäftsjahre von der Gewerkschaft noch betrieben werden oder Teile dieses Bergbaubetriebs sowie des sonstigen Vermögens der Gewerkschaft bilden. Die gegenwärtigen oder früheren Werte der einzelnen Vermögensobjekte sind nicht maßgebend. Vielmehr muß der tatsächlich gezahlte Erwerbspreis ermittelt werden; wenn ein solcher nicht entrichtet oder nicht zu ermitteln ist, so muß bei der Berechnung des Grundkapitals von der Ansetzung eines Erwerbspreises Abstand genommen werden. Insbesondere ist es unstatthaft, statt mit dem Erwerbspreise, d. i. der von der „Gewerkschaft" für

den Erwerb des „Bergwerks" aufgewendeten Kosten, mit dem Ankaufspreise der von den „Gewerken" erworbenen Kuxe zu rechnen, selbst wenn sämtliche Kuxe zugleich veräußert sind (vgl. Entsch. d. OVG. in Staatsstf. Bd. 3 S. 4, Bd. 4 S. 86, 89). Etwaige Härten kann aber der Reichskanzler beseitigen (siehe Anm. 1).

Sodann sind die für die Anlage und Erweiterung des Bergwerkes tatsächlich aufgewendeten Kosten zu ermitteln; gelingt dies nicht, so sind jene Kosten zu schätzen (a. a. O. Bd. 4 S. 89). Nur solche Kosten kommen in Ansatz, welche der Gewerkschaft selbst erwachsen sind, nicht auch diejenigen, welche ein Vorbesitzer aufgewendet hat. Allein es entstehen in den meisten Fällen bereits, bevor eine Gewerkschaft zur rechtlichen Existenz gelangt, gewisse Ausgaben, die der Gewerkschaft zur Last fallen, weil sich ohne deren Verwendung die Gewerkschaft gar nicht gebildet haben würde. Insbesondere ist in denjenigen Fällen, wo sich eine Personengemeinschaft in eine Gewerkschaft verwandelt, also eine Identität zwischen den früheren Gesellschaftern und den Gewerken besteht, zu prüfen, welche von der früheren Personengemeinschaft verwendeten Kosten als der Gewerkschaft zur Last fallende Kosten anzusehen sind. Wenn die Teilhaber an einer ungeteilten Erbschaft, zu der ein Bergwerk gehört, dieses zunächst mehrere Jahre betreiben und erst dann durch Vertrag eine Gewerkschaft errichten, so besteht zwischen der früheren Bergwerksgemeinschaft und der jetzigen Berggewerkschaft insoweit eine Kontinuität, als letztere lediglich die erstere, nur unter anderer Verfassung, fortsetzt. Wenngleich die Bergwerksgemeinschaft erst durch die Annahme der gewerkschaftlichen Verfassung Rechtspersönlichkeit erlangt hat, so kann doch von der Berücksichtigung der seitens der früheren Bergwerksgemeinschaft verwendeten Anlagekosten des Bergwerkes nicht abgesehen werden. Sie fallen der Berggewerkschaft zur Last und müssen als ihre Anlagekosten gelten, bilden also auch ebenso einen Teil des Grundkapitals der Gewerkschaft, wie die von dieser selbst später entrichteten Beträge. Diejenigen Kosten, die dem Erblasser der Erben erwachsen waren, müssen dagegen außer Betracht bleiben (vgl Entsch. d. OVG. in Staatsstf.

Bd. 6 S. 183). Auch in diesem Falle wäre aber der Reichskanzler in der Lage, etwaige Härten zu mildern (vgl. Anm. 1).

Weitere Erwerbspreise oder Anlage- und Erweiterungskosten in Friedens- oder in Kriegsgeschäftsjahren vermehren das Grundkapital im Sinne der Abs. 2 und 5 des § 5 des Gesetzes.

14. **Abzüglich des durch Schuldaufnahme gedeckten Aufwandes.** Der Abzug ist aber nur insoweit gerechtfertigt, als die Schulden beim Eintritt in das erste Kriegsgeschäftsjahr noch bestanden haben. Denn soweit die Schulden zu jenem Zeitpunkte bereits abgetragen waren, liegt die Sache nicht anders, als wenn der Erwerbspreis und die Anlage- und Erweiterungskosten alsbald aus eigenen Mitteln bezahlt worden wären. Demgemäß stellt auch jede Abstoßung solcher Schulden eine Vermehrung des Grundkapitals der Gewerkschaft dar.

15. **Der eingezahlten Geschäftsanteile der Genossen,** also weder der statutenmäßigen Geschäftsanteile noch der Geschäftsguthaben nach ihrem jeweiligen Stande.

16. **Wenn ein volles Geschäftsjahr vor den Kriegsgeschäftsjahren nicht vorliegt,** d. h. wenn die Gesellschaft so spät entstanden ist, daß noch keiner ihrer Abschlüsse einen Zeitabschnitt von zwölf Monaten umfaßt. Das ist z. B. der Fall, wenn eine Gesellschaft im März 1913 gegründet ist und das Kalenderjahr als Geschäftsjahr gewählt hat; denn das erste volle Geschäftsjahr ist dann bereits das erste Kriegsgeschäftsjahr 1914. Dann umfaßt der erste und letzte Abschluß vor den Kriegsgeschäftsjahren nur die Zeit vom März bis 31. Dezember 1913, also keine zwölf Monate. Aber auch der Bilanzgewinn dieses kurzen Geschäftsjahrs ist für die Berechnung des „durchschnittlichen früheren Geschäftsgewinns" maßgebend, wenn er auf ein Jahr umgerechnet, den im Abs. 4 näher bestimmten Mindestgewinn erreicht oder übersteigt; nur wenn er jenen Mindestgewinn nicht erreicht, ist dieser für die Berechnung des Mehrgewinns (§ 4) anzusetzen. Bei der Berechnung des Mindestgewinns soll hier, abweichend von den Fällen des Abs. 3, ein etwaiger höherer Ausgabekurs berücksichtigt werden, und zwar aus Billigkeitsrücksichten (Begründung des Gesetzentwurfes S. 13). Die

Gesellschaft wird danach ähnlich behandelt, wie eine schon länger bestehende, die ihr Grundkapital vor Eintritt in die Kriegsgeschäftsjahre vermehrt hat (Abs. 2); der Unterschied besteht darin, daß das Aufgeld nur bei der Berechnung des Mindestgewinns in Betracht kommt, nicht aber einen Zusatz zum wirklichen Bilanzgewinn begründet.

17. **Das der Gesellschaft als Einzahlung auf ihre Aktien oder Anteile tatsächlich zugeflossen ist.** Diese Bestimmung entspricht der im Abs. 2 für Kapitalvermehrungen gegebenen Vorschrift. Das Nähere siehe oben in Anm. 8.

18. **Hat sich das eingezahlte Grund- oder Stammkapital einer Gesellschaft während der Kriegsgeschäftsjahre vermehrt.** Der Abs. 2 behandelt die Vermehrung des Nennbetrags des eingezahlten Stammkapitals in den maßgebenden Friedensgeschäftsjahren, der Abs. 5 die in Kriegsgeschäftsjahren. Wodurch sich der Nennbetrag des eingezahlten Grund- oder Stammkapitals vermehren kann, ist oben in Anm. 5 erörtert. Einer Verminderung jenes Kapitals muß mangels einer gesetzlichen Bestimmung hierüber auch hier ein Einfluß auf die Berechnung des durchschnittlichen früheren Geschäftsgewinns abgesprochen werden. Siehe hierüber die Anm. 5.

19. **So ist für die Zeit nach der Vermehrung.** Die Vermehrung des Grundkapitals in Friedensgeschäftsjahren wirkt rückwärts auf die Berechnung des durchschnittlichen früheren Geschäftsgewinns, die Vermehrung in Kriegsgeschäftsjahren dagegen vorwärts; die erstere bedingt eine Zurechnung zum wirklichen Bilanzgewinne, die letztere eine Zurechnung zum Durchschnittsgewinne; siehe oben Anm. 9.

Beispiel: Eine Gesellschaft vermehrt am 1. Juli 1915 ihr Grundkapital um den Nennbetrag von 3 Mill. ℳ. Es fließt ihr daraus tatsächlich ein Kapitalbetrag von 4200000 ℳ zu. Das Geschäftsjahr ist das Kalenderjahr; der durchschnittliche frühere Geschäftsgewinn stellt sich beim Eintritt in die Kriegsgeschäftsjahre auf 360000 ℳ. Die Rechnung ist dann folgende:

Kriegs-geschäfts-jahre	Durchschnittlicher früherer Geschäftsgewinn nach § 3 Abs. 1 ℳ	Zurechnung nach § 3 Abs. 5 ℳ	Durchschnittlicher früherer Geschäftsgewinn (§ 4) ℳ
1914	360000	—	360000
1915	360000	5% von 4200000 ℳ für 6 Monate = 105000 ℳ	465000
1916	360000	210000	570000

20. **Des der Gesellschaft durch die Neueinzahlungen tatsächlich zugeflossenen Kapitalbetrags.** Was man hierunter zu verstehen hat, ist oben in Anm. 8 ausgeführt.

§ 6.

Gesellschaften der im § 1 bezeichneten Art [1]), die ihren Sitz im Auslande haben [2]), **aber im Inland einen Geschäftsbetrieb unterhalten, sind gleichfalls zur Bildung einer Sonderrücklage** [3]) **verpflichtet** [4]). Die Pflicht beschränkt sich auf den **Mehrgewinn** [5]), der auf den inländischen Geschäftsbetrieb entfällt [6]). Die Grundsätze [7]), die bei einer bundesstaatlichen Einkommensteuerveranlagung für die Ausscheidung des auf den inländischen Geschäftsbetrieb entfallenden Teiles des steuerbaren Gesamteinkommens maßgebend waren, sind auch bei der Berechnung des auf den inländischen Betrieb entfallenden Teiles des Mehrgewinns anzuwenden [8]). Wo eine Einkommensteuer nicht eingeführt ist, hat die Landesregierung entsprechende Vorschriften zu erlassen.

Die Ausführung der durch dieses Gesetz begründeten Verpflichtungen liegt den Vorstehern der inländischen Niederlassungen ob [9]).

1. **Gesellschaften der im § 1 bezeichneten Art**, d. h. ausländische Gesellschaften, die nach ihrer rechtlichen Form und Organisation im wesentlichen einer der im § 1 aufgeführten Gesellschaften gleichen. Eine englische, als company limited by shares gebildete Gesellschaft ist im Sinne des deutschen Rechtes als Aktiengesellschaft zu behandeln (Entsch. d. OVG. in Staatsstſ. Bd. 2 S. 249; Bd. 3 S. 163); ebenso die auf Grund des Gesetzes des Staates Illinois, betr. Gesellschaften, vom 18. April 1872 gegründeten Gesellschaften (a. a. O. Bd. 16 S. 95).

In den Vereinigten Staaten von Nordamerika steht bei Aktiengesellschaften die Festsetzung der Jahresdividende in der Regel den Direktoren zu, falls nicht durch Gesetze der Einzelstaaten diese Befugnis der Direktoren eingeschränkt oder eine anderweite Regelung durch Statut zugelassen ist (a. a. O. Bd. 16 S. 263). Das ist wichtig für die Frage, ob der Gewinn aus einem beim Inkrafttreten dieses Gesetzes abgelaufenen Kriegsgeschäftsjahre bereits verteilt war (§ 1 Abs. 2); vgl. Anm. 14 zu § 1.

2. **Die ihren Sitz im Ausland haben.** Siehe Anm. 8 zu § 1.

3. **Sonderrücklage.** Siehe Anm. 12 zu § 1.

4. **Verpflichtet.** Siehe Anm. 9 zu § 1. Der Vorsteher der inländischen Niederlassung einer ausländischen Gesellschaft wird kaum in der Lage sein, behufs Bildung der Sonderrücklage einen Zwang auf seine Gesellschaft auszuüben. Siehe aber unten die Anm. 9.

Die Einreichung der Geschäftsberichte usw. (siehe Anm. 9 zu § 1) ist in demjenigen Bundesstaate zu bewirken, auf den der größte Teil des inländischen Betriebs entfällt. Ergeben sich in einem Einzelfalle Zweifel, welcher Bundesstaat hiernach in Betracht kommt, so ist behufs Einholung einer Entscheidung des Bundesrats vom Vorsitzenden der Veranlagungskommission durch Vermittlung des Vorsitzenden der Berufungskommission an den Finanzminister zu berichten (Art. 2 der preußischen Ausführungsvorschriften).

5. **Mehrgewinn.** Siehe § 4.

6. **Der auf den inländischen Geschäftsbetrieb entfällt.** In den Kommissionsverhandlungen äußerte sich ein Abgeordneter dahin:

Es sei schon hervorgehoben worden, daß inländische Gesellschaften auch ihren ausländischen Gewinn bei der Reservestellung mitheranziehen müßten. Er mache darauf aufmerksam, daß ausländische Muttergesellschaften den Gewinn inländischer Tochtergesellschaften dadurch verschleiern, daß sie diesen bei ihren Lieferungen einen Preis in Rechnung stellen, den die Tochtergesellschaften selbst als Verkaufspreis erzielen. Es müsse Vorsorge getroffen werden, daß auch die Gewinne solcher Tochtergesellschaften von der Steuer erfaßt würden.

Hierzu bemerkte der Reichsschatzsekretär: Man habe sich immer bemüht, die Filialen ausländischer Gesellschaften in ausgiebiger Weise zur inländischen Besteuerung heranzuziehen; es sei richtig, daß das in zahlreichen Fällen außerordentlich schwer sei. Er glaube, man könne namentlich bei einem vorbereitenden Gesetze nichts anderes tun, als sich in diesen Fragen auf die Praxis und Rechtsprechung in den Bundesstaaten zu verlassen.

Jedenfalls sei die Frage der Behandlung von Filialen ausländischer Gesellschaften so kompliziert, daß man sie im Rahmen dieses Gesetzes nicht lösen könne. Er glaube auch, daß die ausländischen Gesellschaften, die Filialen unterhalten und die erwähnte Geschäftspraxis verfolgen, während des Krieges in bezug auf den Import nicht ganz uneingeschränkt gewesen seien. Er sehe jedenfalls keine Möglichkeit, wie man im Rahmen dieses Gesetzes der einzelstaatlichen Einkommensteuergesetzgebung vorgreifen und einen Weg zeigen solle, wie man etwaige Umgehungen unmöglich machen könne. Es handle sich um ein Sperrgesetz, das ganz bestimmte Zwecke verfolge, und das man nicht mit einer derartig weittragenden Frage belasten dürfe, wenn man nicht wochenlang beraten wolle. Denn es sei wirklich eine Frage, über die sich hier nicht sprechen lasse, und außerdem liegen da

Fußangeln in bezug auf das Ausland. Alles, was man tue, habe seine Wirkung in bezug auf das Ausland. Er würde bitten, es bei der Regelung zu belassen, die an die landesgesetzliche Steuerpraxis sich anlehne. (Kommissionsbericht S. 23.)

Von einem „inländischen Geschäftsbetriebe" wird man nur bei Grundvermögen, Gewerbe- oder Handelsanlagen oder sonstigen gewerblichen Betriebsstätten in Deutschland reden können. Die Grundsätze des preußischen Oberverwaltungsgerichts hierüber siehe bei Mrozek, Handkommentar zum Preußischen Einkommensteuergesetze S. 44 ff.

7. **Grundsätze** für die Einkommens**verteilung**; nicht maßgebend ist dagegen die Einkommens**feststellung** selbst, weil diese in den einzelnen Bundesstaaten nach verschiedenen Grundsätzen erfolgt.

8. **Anzuwenden.** Die Grundsätze sind ohne weitere Prüfung zu übernehmen oder, wie es in der Begründung des Gesetzentwurfes (S. 14) heißt, „unmittelbar zu verwerten", ihre Berichtigung kann nur in dem die Einkommensteuer betreffenden Rechtsmittelverfahren erreicht werden.

Die gleichen Grundsätze müssen im Falle des § 1 Abs. 2 auch für die Verteilung der „freiwilligen Rückstellungen" gelten.

9. **Vorstehern der inländischen Niederlassungen.** In der Begründung des Gesetzentwurfs (S. 14) heißt es hierzu:

> „Ferner ist es geboten, die Vorsteher inländischer Niederlassungen ausländischer Gesellschaften für die Erfüllung der durch dieses Gesetz begründeten Verpflichtungen verantwortlich zu machen und ihnen daher auch die entsprechenden Vollmachten durch das Gesetz zu übertragen."

Vgl. oben Anm. 4. Die Vorsteher werden also unter Benutzung des Stoffes für die Einkommensteuer die Rücklage, welche die Gesellschaft zu bilden hätte, selbständig berechnen und einen der Rücklage entsprechenden Betrag von den an die Gesellschaft abzuführenden Mitteln einbehalten und nach den Vorschriften in § 8 anlegen und verwalten müssen.

§ 7.

Von der Verpflichtung zur Bildung einer Sonderrücklage befreit sind inländische[1]) Gesellschaften, die nach der Entscheidung des Bundesrats[2]) ausschließlich gemeinnützigen Zwecken dienen[3]).

1. **Inländische Gesellschaften.** Siehe Anm. 8 zu § 1. Die nur beschränkt rücklagepflichtigen ausländischen Gesellschaften sind also unter keinen Umständen von der Rücklagepflicht befreit.

2. **Nach der Entscheidung des Bundesrats.** Die Befreiung tritt nicht ohne weiteres ein, sondern nur auf Antrag; so lange nicht über diesen entschieden ist, besteht die Rücklagepflicht. Hinsichtlich des Verfahrens schreibt der § 11 der Ausführungsbestimmungen des Bundesrats vor:

> Wird die Befreiung von der Verpflichtung zur Bildung einer Sonderrücklage auf Grund des § 7 des Gesetzes beansprucht, so ist der Antrag mit einer gutachtlichen Äußerung der gemäß § 2 der Ausführungsbestimmungen bestimmten Behörde durch Vermittlung der obersten Landesfinanzbehörde dem Bundesrate vorzulegen.

Hierzu ist in den preußischen Ausführungsvorschriften folgende Bestimmung getroffen:

> Art. 4. ... Anträge sind mit gutachtlichen Äußerungen des Vorsitzenden der Veranlagungskommission und des Vorsitzenden der Berufungskommission dem Finanzminister zur Herbeiführung der Entscheidung des Bundesrats einzeln vorzulegen. Die Vorlage hat zu unterbleiben, wenn sich ohne weiteres übersehen läßt, daß ein Mehrgewinn im Sinne des Gesetzes nicht vorliegt.

3. **Ausschließlich gemeinnützigen Zwecken dienen.** Gemeinnützige Zwecke sind der Gegensatz zu eigennützigen Zwecken; sie umfassen insbesondere auch Wohlfahrtszwecke (vgl. Anm. 17 zu § 1). Die kriegswirtschaftlichen Gesellschaften zählt der Reichsschatzsekretär nicht zu den ausschließlich gemeinnützigen Gesellschaften (Kommissionsbericht S. 27).

Ausschließlich gemeinnützige Zwecke verfolgt eine Gesellschaft, wenn

1. ihre Einkünfte nach der Satzung ausschließlich zu bestimmten, aus dieser erkennbaren Zwecken jener Art verwendet werden müssen, also auch nicht teilweise durch Beschluß der Gesellschafter zu andern Zwecken verwendet werden können,

2. die Einkünfte auch tatsächlich zu den genannten Zwecken verwendet werden.

Eine ausschließliche Verwendung zu gemeinnützigen Zwecken liegt insbesondere dann nicht vor, wenn die Zuweisung von Teilen des jährlichen Reingewinns zu einem Reservefonds, gleichviel welchen Zwecken er dient, nach der Satzung zugelassen ist und tatsächlich erfolgt (vgl. Entsch. d. OVG. in Staatsstſ. Bd. 14 S. 314).

§ 8.

Die Sonderrücklage[1]) ist der freien Verfügung der Gesellschaften entzogen[2]), getrennt von dem sonstigen Vermögen zu verwalten und in Schuldverschreibungen des Deutschen Reichs oder eines Bundesstaats anzulegen[3]). Die Verwahrung und Verwaltung erfolgt, auch bei ausländischen Gesellschaften, im Inlande[4]).

Der Reichskanzler kann Ausnahmen von den Vorschriften des Abs. 1 bewilligen[5]).

Die Zinsen der Sonderrücklage fließen den sonstigen Einnahmen zu[6]).

Bleibt der Geschäftsgewinn eines Kriegsgeschäftsjahrs hinter dem durchschnittlichen früheren Geschäftsgewinne (§ 5) zurück[7]), so ist die Gesellschaft berechtigt, aus der Sonderrücklage den Betrag zu entnehmen, um den etwa die Sonderrücklage die Hälfte des im Gesamtergebnisse der abgelaufenen Kriegsgeschäftsjahre erzielten Mehrgewinns übersteigt[8]).

Die Sonderrücklage ist auch im Falle der Auflösung einer Gesellschaft der freien Verfügung der Liquidatoren[9]) so lange entzogen, als nicht durch das künftige Gesetz über die Besteuerung der Kriegsgewinne über ihre Verwendung Bestimmung getroffen ist[10]).

1. **Die Sonderrücklage.** Die Gesetzesmaterialien, welche über die rechtliche Natur der Sonderrücklage Auskunft geben, sind folgende: Die Regierungsvorlage lautete:

„§ 8. Die Sonderrücklage ist getrennt von dem sonstigen Vermögen zu verwalten und in Schuldverschreibungen usw."

Hierzu war in der Begründung des Gesetzentwurfes (S. 14) bemerkt:

Die Zweckbestimmung der Sonderrücklage erfordert deren gesonderte Verwaltung und ihre Anlegung in sicheren, leicht realisierbaren Werten. Es ist in Aussicht genommen, daß für die Entrichtung der **Kriegsgewinnsteuer die Kriegsanleihen** des Deutschen Reichs in Zahlung gegeben werden dürfen.*)

In den **Kommissionsverhandlungen** hat sich der Reichsschatzsekretär **wiederholt** geäußert:

Es seien auch Zweifel geäußert worden, ob es praktisch sei, die Anlage der Reserven in bestimmten Papieren vorzuschreiben. Die meisten Gesellschaften, die Mehrgewinne erzielen konnten, haben heute schon einen **großen Teil der Reserve in Kriegsanleihen** angelegt. **Die vorgeschlagene Maßnahme** liege auch im **Interesse der Gesellschaften.** Die Zurückhaltung von 50 vom **Hundert des Mehrgewinns** sei ja nicht eine Substanzminderung für die Gesellschaft, sondern im Gegenteil werde die Gesellschaft gezwungen, einen großen Teil ihres Gewinns als neue Substanz bei sich zu behalten. Das sei vernünftig, weil ja nach Friedensschluß alle Unternehmungen vor ganz besonders schwere Aufgaben gestellt sein werden. Er erinnere nur an die Schwierigkeiten der Rohstoffbeschaffung aus dem Auslande.

Er habe schon im August gesagt, daß bei Entrichtung der Kriegsgewinnsteuer die Reichskriegsanleihen an Zahlungs Statt

*) Eine solche Bestimmung enthält der § 32 des Kriegssteuergesetzes.

angenommen werden sollen. Die Gesellschaften zahlen also in derjenigen Substanz, in der die Reserve angelegt worden ist. Wenn etwas übrig bleibe, so sei das für die Gesellschaften sehr erwünscht. Daß wir die Darlehnskassen noch erhebliche Zeit nach Friedensschluß werden aufrecht erhalten müssen, darüber bestehe wohl Einigkeit. Sie werden später noch mehr zu tun haben als jetzt. Die Darlehnskassen werden auch dann in ihren Beleihungen vorsichtig sein müssen. Die Papiere, die für sie am beleihbarsten sein werden, werden immer noch die Kriegsanleihe und die Schuldverschreibungen des Reichs und der Bundesstaaten sein. Auf diesem Wege der Beleihung also werden die Unternehmungen zu barem Gelde kommen können, wenn sie dessen besonders zu dem Rohstoffbezuge bedürfen werden. (Kommissionsbericht S. 13.)

Was die Anlage in Kriegsanleihen oder anderen Staatsanleihen anlange, so werde allerdings bei den Gesellschaften die Anlegung in Kriegsanleihe das Gegebene sein, schon weil sie Aussicht haben, die Kriegsgewinnsteuer später auch mit Kriegsanleihe bezahlen zu können. Es bleibe aber dem Ermessen der Gesellschaftsleiter überlassen, ob sie die Anlegung in Kriegsanleihe wählen oder etwa die Rechnung so machen: Wenn ich die Anlage in dreiprozentigen Konsols, die ich zu etwa 70 Prozent bekomme, vornehme, und dann später mit einer Kurssteigerung dieser Papiere zu rechnen habe, dann stehe ich mich doch vielleicht besser, als wenn ich in Kriegsanleihe anlege und zahle. Sicherer fahre nach seiner Meinung, wer die Rückstellung in Kriegsanleihe anlege. (Kommissionsbericht S. 16.)

Ein Abgeordneter hielt es für zulässig, daß eine Gesellschaft durch Lombardierung der Papiere der Sonderrücklage sich die für den Betrieb erforderlichen flüssigen Mittel verschaffe.

Der Staatssekretär des Reichsschatzamts erklärte, daß nach seiner Meinung allerdings der Wortlaut der Vorlage es nicht ausschließe, daß die Papiere der Sonderrücklage verpfändet werden dürfen.

Dieser Auffassung wurde von Mitgliedern der Kommission entgegengetreten, und um mögliche Zweifel zu beseitigen, wurde der Antrag gestellt:

in § 8 Abs. 1 hinter den Worten: „Die Sonderrücklage ist" einzufügen: „der freien Verfügung der Gesellschaften entzogen".

Nachdem der Staatssekretär des Reichsschatzamts erklärt hatte, daß damit selbstverständlich die Verpfändung der Wertpapiere der Sonderrücklage ausgeschlossen sei, wurde der Antrag angenommen.

§ 8 wurde mit dieser Änderung angenommen. (Kommissionsbericht S. 27/28.)

Über die rechtliche Natur der Sonderrücklage entspann sich schon in der Reichstagskommission eine längere Erörterung, namentlich darüber, ob z. B. im Fall eines Konkurses die Sonderrücklage dem Zugriffe der Gläubiger entzogen ist, ein Fall, dem nach der Erklärung des Staatssekretärs des Reichsschatzamts praktische Bedeutung nicht zukommt. Ein Antrag, im § 8 Abs. 1 als zweiten Satz einzufügen: „Sie ist dem Zugriff der Gläubiger nur insoweit ausgesetzt, als sie nicht endgültig für die Steuer in Anspruch genommen wird" wurde abgelehnt. (Kommissionsbericht S. 34.)

Weiter äußerte sich der Reichsschatzsekretär in der Reichstagskommission:

Es sei gefragt worden, wie die Kriegsanleihen und Staatsanleihen in den besonderen Reserven gebucht werden müßten. Es sei richtig, daß er im Reichstage gesagt habe, es bestehe die Absicht, daß Reichs-Kriegsanleihen zu pari in Zahlung gegeben werden dürfen. Aber das habe mit der Anlage der Reserven zunächst nichts zu tun, diese habe sich zunächst nur nach den handelsgesetzlichen Bestimmungen zu richten, d. h. die Papiere dürfen nicht höher angesetzt werden als zum Einstandspreise, bezw. zum Tageskurse. (Kommissionsbericht S. 18.)

Was die Zinsen anlange, so sei vorgesehen, daß die Zinsen der Sonderrücklage nicht dieser selbst zufließen, sondern den laufenden Einnahmen der Gesellschaft. Das sei mit Vorbedacht geschehen, weil in diesem Punkt die Gesellschaften nicht schlechter gestellt werden sollten als jeder Private. Der Private behalte ja zunächst den ganzen Kriegsgewinn bei sich und zahle schließlich die Steuer etwa zu dem gleichen Zeitpunkte wie die Gesellschaften.

Er habe also auch zunächst den Zinsgenuß. Wenn man die Gesellschaften auf gleicher Stufe behandeln wolle, müsse man zugeben, daß die Zinsen der Rücklage dem Gewinn- und Verlustkonto der Gesellschaft zufließen, nicht aber der Sonderrücklage. (Kommissionsbericht S. 17.)

Bemerkenswert sind endlich noch folgende **Erörterungen** bei der **zweiten Lesung des Gesetzes** in der 24. Reichstagssitzung vom 20. **Dezember 1915 (Stenogr.** Berichte S. 496 ff.):

Dr. Südekum, **Abgeordneter:** Die Befürchtungen des Herrn Abgeordneten sind **zum großen Teil übertrieben.** Man könnte aus seinen Worten **entnehmen, als** ob für die spätere Steuerpflicht der Gesellschaften **tatsächlich nur** die Sonderrücklagen haften. Das ist aber nicht **wahr und auch nicht der Zweck** und Sinn dieses Gesetzes, sondern für die **später zu** erhebenden Steuern haftet selbstverständlich das ganze **Vermögen** der Gesellschaften. Dieses Gesetz ist doch nur ein Signal, eine **Warnungstafel, die aufgestellt wird.** Man sagt den Gesellschaften recht**zeitig: „Macht Sonderrücklagen,** damit ihr nicht in **Schwierigkeiten kommt, wenn demnächst** ein Steuergesetz **erlassen wird, welches hohe Beträge von** euch einfordert." **Für diese Steuerbeträge ist die Gesellschaft, wie** jede physische Person, natürlich **mit allem, was** sie besitzt, haftbar, und wenn die Sonderrücklage im **Wege einer Zivilklage,** einer **Pfändung usw.** weggenommen worden ist, lassen sich **nur** zwei **Möglichkeiten denken: entweder hatte** die Gesellschaft wirklich **Gewinn, dann wird sie nicht insolvent sein, und dann ist es gleichgültig, ob ein Gläubiger gerade dieses Objekt für seine Pfändung** sich **herausgesucht hat. Dann werden** andere Objekte **vorhanden** sein, an die der Steuerfiskus sich wird halten können. Oder sie ist insolvent. Das würde bedingen, **daß keine Gewinne vorhanden** gewesen sind, und es ist dann nachher vom Steuerfiskus ebensowenig zu holen wie von einem anderen, und es ist irrelevant, ob diese Steuerrücklage im Wege der Pfändung oder auf einem anderen Wege **verschwunden** ist. Ich meine, wir können es bei **dem Wortlaut,** den der Ausschuß diesem Paragraphen gegeben hat, belassen, weil alles dadurch gedeckt wird, was hier wirklich in Frage kommen kann.

Mertin, Abgeordneter: Daß in der Tat bei dem jetzigen Wortlaut des Gesetzes ein Pfändung von seiten dritter Gläubiger nicht ausgeschlossen ist, ergibt sich meines Erachtens daraus, daß die Gesetzessprache in Fällen, wo auch die Erwerbung von Rechten Dritter im Wege der Zwangsvollstreckung getroffen werden soll, dies ausdrücklich hinzufügt. Ich erinnere an die Bestimmungen in der Konkursordnung, dem Anfechtungsgesetze, wo es ungefähr heißt: „Der Verfügung durch den Berechtigten steht es gleich, wenn Dritte im Wege der Zwangsvollstreckung oder des Arrestes ein Pfandrecht erwerben." Infolgedessen erscheint es mir notwendig, daß eine Bestimmung in diesem Sinne eingefügt wird. Ich glaube, es wird bis zur dritten Lesung, auch wenn sie bald stattfindet, durch Vereinbarung der Parteien möglich sein. Ganz unpraktisch wird die Sache deshalb nicht werden, weil ich mir wohl Fälle vorstellen kann, in denen eine Gesellschaft Forderungen von Gläubigern fingieren könnte, um die Rücklage dem Steuerfiskus zu entziehen.

Dr. Helfferich, Staatsminister, Staatssekretär des Reichsschatzamts, Bevollmächtigter zum Bundesrat: Ich habe vorhin schon ausgeführt, daß auch ich aus dem Wortlaute des § 8 nicht herleite, daß eine Pfändung von dritter Seite ausgeschlossen ist. Ich habe vorhin ausdrücklich erwähnt, praktisch ist die Sache nicht von Bedeutung. Sie liegt so, daß eine Gefährdung der Steuer doch nur dann vorhanden sein wird, wenn die Gesellschaft in Zahlungsschwierigkeiten kommt, also in Fällen, die für dieses Gesetz, das die während des Krieges erzielten Mehrgewinne erfassen will, praktisch nicht in Frage kommen. Es ist dabei auch die Wirkungszeit dieses Gesetzes zu berücksichtigen, die eine relativ beschränkte sein wird. Das Gesetz ist ein Sperrgesetz und wird in seiner definitiven Wirkung in Bälde ersetzt werden durch das endgültige Kriegsgewinnsteuergesetz. Also eine Gefahr sehe ich nicht. Wenn aber wider Erwarten in dem einen oder anderen Falle bei einer Gesellschaft, die an sich zahlungsfähig ist und Kriegsgewinne erzielt hat, eine Pfändung in die Papiere, aus denen die Sonderreserve besteht, ausgebracht werden soll, dann ist der Fall sehr einfach. Dann hat die Gesellschaft die Verpflichtung, die Sonderreserve wieder aufzufüllen. Sie ist gesetzlich verpflichtet, den vollen Betrag der Sonderreserve in den Papieren zu halten, wie sie vorgeschrieben sind. Wenn von dritter Seite eine Pfändung ausgebracht wird und ein Teil dieser Papiere weggenommen wird, so wird das unter keinen Umständen die Verpflichtung zur Haltung der vollen Sonderrücklage beeinflussen, dann hat die Gesellschaft die klare Verpflichtung, die Sonderrücklage wieder aufzufüllen. Damit sind praktisch die Bedenken beseitigt, die von verschiedenen Seiten an die Pfändbarkeit der Papiere der Sonderrücklage geknüpft worden sind. Ich möchte mich deshalb dahin aussprechen, daß eine Ergänzung der Bestimmung des § 8, wie sie in Aussicht genommen ist, nicht notwendig ist.

Dr. Blunck, Abgeordneter: Was zunächst die Wortfassung betrifft, so war nach meiner persönlichen Ansicht die Fassung der Regierungsvorlage einfacher und besser. Ich habe deshalb auch gegen die heutige Fassung gestimmt; aber da sie einmal dasteht, können wir sie nach meiner Meinung ruhig beibehalten. Diese Fassung verbietet keineswegs Pfändungen; sie verbietet ebensowenig, daß die betreffende Aktiengesellschaft oder Gesellschaft m. b. H. das betreffende Depot ihrer Bank in Verwahrung gibt. Denn bei der Bank ist es ja an sich zweifellos besser aufgehoben, als wenn die Leute es bei sich im Geldschranke behalten. Ich glaube, kein verständiger Mensch wird etwas darin finden, wenn sie es der Bank zur Aufbewahrung übergeben. Man kann sogar darüber im Zweifel sein, ob es nicht zulässig ist, wenn ein solches Depot gegen ein anderes Depot von gleicher Beschaffenheit ausgetauscht wird. Wir haben es hier lediglich mit der wirtschaftlichen Sicherstellung zu tun: die juristische Frage interessiert erst in zweiter Linie.

Was die juristische Seite der Sache betrifft, so dürfen wir doch nicht vergessen, daß schließlich eine Besteuerung hier nur eintreten soll, insoweit die drei in Betracht kommenden Kriegsgeschäftsjahre pro saldo noch einen Mehrgewinn ergeben gegenüber den Friedenszeiten. Wenn wirklich einmal in einem Jahre eine Rücklage gemacht worden ist, die beiden anderen Jahre aber schlecht ausfallen, so verzehrt sich diese Rücklage wieder in sich selbst, und pro saldo bleibt kein Kriegsgewinn, d. h. kein Mehrgewinn gegenüber der Friedenszeit übrig. Wie sollen denn überhaupt Fälle denkbar sein, in denen bei ständig günstiger Konjunktur und Entwicklung trotzdem eine Zwangsvollstreckung oder eine Schiebung drohen soll, die die Rücklage auf die Seite bringt? Das brauchen wir doch durchaus nicht zu befürchten. Außerdem haben wir das endgültige Gesetz, das die Steuer selbst einführen wird, in nächster Zukunft zu erwarten. Wir sollten uns deshalb über diese juristischen Schwierigkeiten ruhig hinwegsetzen und die Sache so lassen, wie sie heute ist.

In dem Entwurfe eines Kriegsgewinnsteuergesetzes ist der Sonderrücklage nur im § 27*) gedacht, welcher bestimmt:

„Die Abgabe wird von den Gesellschaften insoweit nicht erhoben, als sie den Betrag der nach den Vorschriften des Gesetzes vom 24. Dezember 1915 zu bildenden Sonderrücklage übersteigt.

Abs. 1 gilt insoweit nicht, als bei der Bildung der Sonderrücklage Abschreibungen, die gemäß § 3 Satz 2 des Gesetzes vom 24. Dezember 1915 als Bestandteil des Geschäftsgewinns eines Kriegsgeschäftsjahrs anzusehen waren, unberücksichtigt geblieben sind."

Hiernach ist für die Erhebung der Abgabe maßgebend der wirkliche Betrag der Sonderrücklage, sofern diese vorschriftsmäßig gebildet ist, andernfalls aber der Betrag, der sich bei einer vorschriftsmäßigen Berechnung der Sonderrücklage ergibt. Siehe auch im nachstehenden Kommentare zum Kriegssteuergesetze die Anm. zu § 22 Abs. 2 und 3.

2. **Die Sonderrücklage ist der freien Verfügung der Gesellschaft entzogen.** Die Vorschrift kann nach dem Wortlaute des Gesetzes nur dahin verstanden werden, daß die Gesellschaft gesetzlich behindert ist, die Rücklage in einem anderen als in dem in Abs. 4 vorgesehenen Falle ganz oder teilweise aufzulösen und zur Verteilung unter die Mitglieder zu bringen oder in anderer Weise zu verwenden. Das ergab sich aber bereits aus der Vorschrift im

*) Jetzt § 22 Abs. 2 und 3 des Kriegssteuergesetzes.

§ 1 Abs. 1 (§ 6) im Zusammenhange mit der im Abs. 4 des § 8. Denn wenn eine Gesellschaft verpflichtet ist, eine Sonderrücklage zu bilden, und für berechtigt erklärt wird, im Falle eines Rückganges des durchschnittlichen Mehrgewinns nach Ablauf des zweiten oder dritten Kriegsgeschäftsjahrs die Rücklage entsprechend zu verringern, also gegebenenfalls auch ganz aufzulösen, so ist es selbstverständlich, daß die Gesellschaft in anderen Fällen über die Rücklage nicht verfügen, sie insbesondere auch nicht zur Verteilung unter die Mitglieder bringen kann. Die Sonderrücklage gleicht hierin dem gesetzlichen Reservefonds der Aktiengesellschaften, Kommanditgesellschaften auf Aktien (§ 262 HGB.) und Genossenschaften (§ 7 Nr. 4 des Gesetzes, betr. die Erwerbs- und Wirtschaftsgenossenschaften, vom 1. 5. 89/20. 5. 98). Gemeint war freilich mit der erst in der Reichstagskommission geschaffenen Bestimmung etwas anderes; es sollte den Gesellschaften die Lombardierung der Wertpapiere verboten werden, in denen die Rücklage „angelegt" war (Anm. 1). Aber auch das war, wie unten zu 3 gezeigt wird, überflüssig.

3. Getrennt von dem sonstigen Vermögen zu verwalten und in Schuldverschreibungen des Deutschen Reichs oder eines Bundesstaats anzulegen. Hier ist für die Sonderrücklage nichts anderes vorgeschrieben, als was bereits vielfach für den gesetzlichen Reservefonds der Aktiengesellschaften gefordert worden ist, wenn einmal der finanzielle Zusammenbruch einer solchen Gesellschaft besonderes Aufsehen erregt hatte. Es wird von der Gesellschaft gefordert, daß sie eine der Sonderrücklage entsprechende Summe in bestimmten Wertpapieren anlegt und von der Verwendung im Geschäftsbetriebe fernhält. Mit dieser Verpflichtung wäre es unvereinbar, wenn die Gesellschaft jene Wertpapiere für die Zwecke des Betriebs lombardieren könnte; denn dann käme für die Rücklage höchstens noch der Unterschied zwischen dem Kurswerte des Wertpapiers und dem Betrage des hierauf genommenen Darlehns als „Anlage" in Betracht. Eine Lombardierung der betreffenden Wertpapiere war danach selbstverständlich ausgeschlossen, und es hätte des Zusatzes am Eingange: „der freien Verfügung der Gesellschaft entzogen" nicht bedurft.

Die lombardierten Wertpapiere verlieren durch die Verpfändung ihren Deckungswert und müssen durch andere ersetzt werden.

Durch die gesonderte Verwaltung verliert die Sonderrücklage nicht die Natur eines aus dem Gewinne gebildeten Reservefonds. Ihr stehen handelsrechtlich sämtliche Aktiven gegenüber, und die Gesellschaft ist nur verpflichtet, unter diesen soviel Effekten der vorgeschriebenen Art zu haben, daß deren jeweiliger Kurswert das Konto der Sonderrücklage deckt. Die getrennte Verwaltung berührt weder die handelsrechtliche Buchführung, noch hat sie wirtschaftliche Folgen. Die Zinsen der betreffenden Wertpapiere wachsen nicht der Sonderrücklage zu, vielmehr gehören sie als Früchte des allgemeinen Anlage- und Betriebskapitals zum Geschäftsgewinne. Kursveränderungen berühren nicht die Höhe der Sonderrücklage, sondern den Betrag der Wertpapiere, der nötig ist, um den Betrag der Sonderrücklage zu decken. Veräußerungen, Verpfändungen oder Pfändungen der betreffenden Wertpapiere haben keine andere Wirkung, als daß die Gesellschaft verpflichtet ist, alsbald andere Gesellschaftsmittel in die vorgeschriebenen Wertpapiere umzusetzen und aufzubewahren. Deshalb braucht auch die Anlage der Sonderrücklage nicht aus der Bilanz hervorzugehen; die Anlagewerte können in dem allgemeinen Effektenkonto enthalten sein; nur ist in einem solchen Falle die vorgeschriebene Anlage der Sonderrücklage der zuständigen Behörde nachzuweisen (§ 2 Abs. 1 letzter Satz der Ausführungsbestimmungen des Bundesrats; siehe auch Anm. 9 zu § 1).

4. **Die Verwahrung und Verwaltung erfolgt, auch bei ausländischen Gesellschaften, im Inlande.** Danach müssen die Vorsteher der inländischen Niederlassungen ausländischer Gesellschaften nicht nur die Sonderrücklage nach § 6 selbständig ermitteln, sondern auch für die Beschaffung der nötigen Effekten in Höhe der Rücklage und die Aufbewahrung jener Effekten im Inlande Sorge tragen (vgl. auch Anm. 4 und 9 zu § 6).

5. **Der Reichskanzler kann Ausnahmen von den Vorschriften des Abs. 1 bewilligen.** Nach dem Kommissionsberichte (S. 17) rechtfertigte der Reichsstaatssekretär die Ausnahmevorschrift wie folgt:

Für die Ausnahmen, die nach § 8 der Reichskanzler bewilligen könne, seien die Erwägungen maßgebend gewesen, von denen auch der Abgeordnete gesprochen habe. Es könne in der Tat der Fall eintreten, daß diese oder jene Gesellschaft, die im ersten Kriegsjahr einen Gewinn erzielt habe und die sich vielleicht ganz legitim, möglicherweise auf Verlangen des Reichs, vergrößert habe, in Schwierigkeiten geraten würde, wenn sofort die Bestimmung durchgeführt werden sollte, daß auch nachträglich noch diese im ersten Kriegsjahr erzielten Kriegsgewinne in Kriegsanleihen umgewandelt werden sollen. Hier würde der Reichskanzler also in der Lage sein, zu prüfen, ob Veranlassung vorliege, von seiner Befugnis zur Bewilligung von Ausnahmen Gebrauch zu machen.

Anträge hierauf sind dem Reichskanzler durch Vermittlung der obersten Landesfinanzbehörde vorzulegen (§ 11 Abs. 2 der Ausführungsbestimmungen des Bundesrats).

Danach hat in Preußen die Gesellschaft den Antrag bei dem Vorsitzenden der Veranlagungskommission einzureichen, der ihn mit einer gutachtlichen Äußerung durch Vermittlung des Vorsitzenden der Berufungskommission an den Finanzminister weiterzureichen hat (vgl. Art. 2 u. 4 der preußischen Ausführungsvorschriften).

Die Verpflichtungen zur Bildung des Sonderrücklagen**kontos** und die Verfügungsbeschränkung der Gesellschaft hinsichtlich der Sonderrücklage werden nicht erst durch die Vorschrift im Abs. 1 begründet, sondern durch die Bestimmungen im § 1 Abs. 1, § 6 und § 8 Abs. 4 (siehe oben Anm. 2 und 3); hiervon kann also der Reichskanzler Gesellschaften **nicht** befreien.

6. **Die Zinsen der Sonderrücklage fließen den sonstigen Einnahmen zu.** Diese Bestimmung zeigt, daß die Wertpapiere, in denen der Fonds angelegt ist, Bestandteile des Gesellschaftsvermögens bleiben; als solche bleiben sie auch dem Zugriffe der Gläubiger ausgesetzt. Siehe oben die Anm. 3.

7. **Bleibt der Geschäftsgewinn eines Kriegsgeschäftsjahrs hinter dem durchschnittlichen früheren Geschäftsgewinne (§ 5) zurück.** Diese im § 4 vorgeschriebene Gegenüberstellung ergibt dann keinen Mehrgewinn, sondern einen Mindergewinn; er umfaßt

auch einen etwaigen Verlust. Hat z. B. ein Kriegsgeschäftsjahr mit 100000 ℳ Verlust abgeschlossen und beträgt der durchschnittliche frühere Geschäftsgewinn 200000 ℳ, so beträgt der Mindergewinn nicht bloß 200000 ℳ, sondern 200000 ℳ + 100000 ℳ = 300000 ℳ.

8. **Aus der Sonderrücklage den Betrag zu entnehmen, um den etwa die Sonderrücklage die Hälfte des im Gesamtergebnisse der abgelaufenen Kriegsgeschäftsjahre erzielten Mehrgewinns übersteigt.** In der Begründung des Gesetzes heißt es hierüber auf S. 8: „Es würde unbillig sein, wenn bei der späteren Besteuerung der Kriegsgewinne ein Ausgleich für den etwaigen Mindergewinn versagt würde. Es erscheint daher folgerichtig, diesen Ausgleich schon bei der Ansammlung der Sonderrücklage durchzuführen."

a) Gesamtergebnis der abgelaufenen Kriegsgeschäftsjahre. Ein solches liegt nicht erst nach Ablauf des letzten Kriegsgeschäftsjahrs, sondern auch schon nach Ablauf des zweiten vor; die Summe der Ergebnisse der beiden ersten Kriegsgeschäftsjahre sind dann das „Gesamtergebnis der abgelaufenen Kriegsgeschäftsjahre". Die Sonderrücklage aus dem ersten Kriegsgeschäftsjahre kann also nach dem zweiten Kriegsgeschäftsjahr unter Umständen wieder ganz verschwinden und erst nach dem Ablaufe des dritten Kriegsgeschäftsjahrs wieder zu bilden sein, dann nach dem Gesamtergebnis aller drei Kriegsgeschäftsjahre.

b) Aus der Sonderrücklage den Betrag zu entnehmen. Das ist der ordnungsmäßige Weg auch bei der Deckung eines Verlustes aus dem gesetzlichen Reservefonds der Aktiengesellschaften (§ 262 HGB.). Denn nach § 261 Nr. 6 a. a. O. muß der aus der Vergleichung sämtlicher Aktiva und sämtlicher Passiva sich ergebende Gewinn oder Verlust am Schlusse der Bilanz besonders angegeben werden, und erst dann erfolgt „die Deckung eines aus der Bilanz sich ergebenden Verlustes" aus dem Reservefonds, also die „Entnahme" aus diesem.

c) Beispiele, welche in der Begründung des Gesetzentwurfes auf S. 10/11 für die Berechnung der Sonderrücklage am Ende aller drei Kriegsgeschäftsjahre aufgeführt sind:

Eine Aktiengesellschaft, deren durchschnittlicher früherer Geschäftsgewinn 4 Mill. ℳ beträgt, hat erzielt im Geschäftsjahr

1914 einen Geschäftsgewinn von 6 Mill. ℳ, also einen Mehrgewinn von 2 Mill. ℳ,

1915 einen Geschäftsgewinn von 5 Mill. ℳ, also einen Mehrgewinn von 1 Mill. ℳ,

1916 einen Geschäftsgewinn von 2 Mill. ℳ, also einen Mindergewinn von 2 Mill. ℳ.

Der Mehrgewinn der drei Kriegsgeschäftsjahre beträgt hiernach 2 Mill. ℳ + 1 Mill. ℳ — 2 Mill. ℳ, somit im Gesamtergebnis 1 Mill. ℳ. Nach § 8 Abs. 4 darf im dritten Jahr, das eine Minderung des Gesamtmehrgewinns von 3 Mill. auf 1 Mill. ℳ bringt, der bis dahin angesammelten Sonderrücklage derjenige Betrag entnommen werden, um den diese die Hälfte des einschließlich des dritten Kriegsgeschäftsjahrs erzielten Gesamtmehrgewinns von 1 Mill. ℳ, also den Betrag von 500000 ℳ, übersteigt.

1. Nach § 1 Abs. 1 des Entwurfs sind in die Sonderrücklage einzustellen:

vom Mehrgewinne des Jahres 1914	1,0 Mill. ℳ,
" " " " 1915	0,5 " "
zusammen . .	1,5 Mill. ℳ.
1916 dürfen aus der Sonderrücklage entnommen werden	1,0 Mill. ℳ,
so daß verbleiben .	0,5 Mill. ℳ.

2. Hat die Gesellschaft aus dem Gewinne des Jahres 1914 freiwillige Rückstellungen in Höhe von 1 Mill. ℳ und darüber gemacht und den Rest verteilt, so sind für

1914 von den freiwilligen Rückstellungen in die Sonderrücklage zu überführen	1,0 Mill. ℳ,
1915 vom Mehrgewinn in die Sonderrücklage einzustellen	0,5 " "
zusammen . .	1,5 Mill. ℳ.
1916 dürfen aus der Sonderrücklage entnommen werden	1,0 " "
so daß verbleiben . . .	0,5 Mill. ℳ.

3. Hat die Gesellschaft aus dem Gewinne des Jahres 1914 freiwillige Rückstellungen von insgesamt 0,6 Mill. ℳ gemacht und den Rest verteilt, so sind

für 1914 in die Sonderrücklage zu überführen die freiwilligen Rückstellungen in Höhe von . . . . 0,6 Mill. ℳ,

in die Sonderrücklage einzustellen:

1915 α) der Fehlbetrag aus 1914 in Höhe von 0,4 „ „

β) von dem um α geminderten Mehrgewinn des Jahres 1915 die Hälfte mit $\frac{1-0{,}4}{2}$ = ... 0,3 „ „

zusammen . . 1,3 Mill. ℳ.

1916 dürfen aus der Sonderrücklage entnommen werden . . . . 0,8 „ „

so daß verbleiben . . . 0,5 Mill. ℳ.

4. Hat die Gesellschaft den Gewinn des Jahres 1914 verteilt und keine freiwilligen Rückstellungen zur Verfügung, so sind in die Sonderrücklage einzustellen:

1915 α) die Hälfte des Mehrgewinns aus 1914 1,0 Mill. ℳ,

β) Restgewinn *) . . . . 0 „ „

zusammen . . 1,0 Mill. ℳ.

1916 dürfen aus der Sonderrücklage entnommen werden . . . . 0,5 „ „

so daß verbleiben . . 0,5 Mill. ℳ.

d) Beispiele für die Minderung der Sonderrücklage nach dem Ablaufe der ersten zwei Kriegsgeschäftsjahre:

*) Soll heißen: Von dem um α geminderten Mehrgewinne des Jahres 1915 die Hälfte.

I.

Kriegsgeschäftsjahre (§ 2)	Geschäftsgewinn (§ 3) ℳ	Durchschnittlicher früherer Geschäftsgewinn (§ 5) ℳ	Mehrgewinn oder Mindergewinn (§ 4) ℳ	Die Hälfte davon als Sonderrücklage (§ 1) ℳ	Die Sonderrücklage übersteigt die Hälfte des im Gesamtergebnisse der abgelaufenen Kriegsgeschäftsjahre erzielten Mehrgewinns und kann deshalb gekürzt werden um (§ 8 Abs. 4) ℳ	Die Sonderrücklage beträgt im ganzen ℳ
1914	6000000	4000000	+2000000	1000000	—	1000000
1915	2000000	4000000	—2000000	—	1000000	0
1916	5000000	4000000	+1000000	500000	—	500000

II.

Dieselbe Gesellschaft hat beim Inkrafttreten des Gesetzes den Gewinn des Kriegsgeschäftsjahrs 1914 bereits verteilt und freiwillige Rückstellungen in Höhe von 1 Mill. ℳ und darüber gemacht.

Kriegsgeschäftsjahre (§ 2)	Geschäftsgewinn (§ 3) ℳ	Durchschnittlicher früherer Geschäftsgewinn (§ 5) ℳ	Mehrgewinn oder Mindergewinn (§ 4) ℳ	Die Hälfte davon als Sonderrücklage (§ 1) ℳ	Die Sonderrücklage übersteigt die Hälfte des im Gesamtergebnisse der abgelaufenen Kriegsgeschäftsjahre erzielten Mehrgewinns und kann deshalb gekürzt werden um (§ 8 Abs. 4) ℳ	Die Sonderrücklage beträgt im ganzen ℳ
1914	6000000	4000000	+2000000	1000000 aus den freiwillig. Rückstellungen	—	1000000
1915	2000000	4000000	—2000000	—	1000000	0
1916	5000000	4000000	+1000000	500000	—	500000

III.

Dieselbe Gesellschaft hat beim Inkrafttreten des Gesetzes den Gewinn des Kriegsgeschäftsjahrs 1914 bereits verteilt und freiwillige Rückstellungen in Höhe von nur 0,6 Mill. ℳ gemacht.

Kriegs-geschäfts-jahre (§ 2)	Geschäfts-gewinn (§ 3) ℳ	Durch-schnitt-licher früherer Geschäfts-gewinn (§ 5) ℳ	Mehr-gewinn oder Minder-gewinn (§ 4) ℳ	Die Hälfte davon als Sonder-rücklage (§ 1) ℳ	Die Sonderrücklage übersteigt die Hälfte des im Gesamtergebnisse der abgelaufenen Kriegsgeschäftsjahre erzielten Mehrgewinns und kann deshalb gekürzt werden um (§ 8 Abs. 4) ℳ	Die Sonder-rücklage beträgt im ganzen ℳ
1914	6000000	4000000	+2000000	600000 aus den freiwillig. Rück-stellungen	—	600000
1915	2000000	4000000	—2000000	—	600000	0
1916	5000000	4000000	+1000000	500000	—	500000

IV.

Dieselbe Gesellschaft hat beim Inkrafttreten des Gesetzes den Gewinn des Kriegsgeschäftsjahrs 1914 bereits verteilt und keine freiwilligen Rückstellungen gemacht.

1914	6000000	4000000	+2000000	0	—	0
1915	2000000	4000000	—2000000	—	—	0
1916	5000000	4000000	+1000000	500000	—	500000

V.

Eine andere Gesellschaft mit den unten angegebenen Geschäftsergebnissen hatte beim Inkrafttreten des Gesetzes den Gewinn des Kriegsgeschäftsjahrs 1914 auch schon verteilt und ebenfalls keine Rücklagen gemacht.

Kriegsgeschäftsjahre (§ 2)	Geschäftsgewinn (§ 3) ℳ	Durchschnittlicher früherer Geschäftsgewinn (§ 5) ℳ	Mehrgewinn oder Mindergewinn (§ 4) ℳ	Die Hälfte davon als Sonderrücklage (§ 1) ℳ	Die Sonderrücklage übersteigt die Hälfte des im Gesamtergebnisse der abgelaufenen Kriegsgeschäftsjahre erzielten Mehrgewinns und kann deshalb gekürzt werden um (§ 8 Abs. 4) ℳ	Die Sonderrücklage beträgt im ganzen ℳ
1914	200000	100000	+100000	50000 (verteilt)	—	—
1915	50000	100000	—50000	—	—	—
1916	300000	100000	+200000	25000 +87500 (§ 1 Abs. 2)	—	112500

VI.

Eine Gesellschaft unter den gleichen Verhältnissen hatte aus dem Geschäftsergebnisse des Kriegsgeschäftsjahrs 1914 freiwillige Rücklagen in Höhe von 75000 ℳ gemacht.

1914	200000	100000	+100000	50000	—	50000
1915	50000	100000	—50000	—	25000	25000
1916	300000	100000	+200000	100000	—	125000

9. **Die Sonderrücklage ist auch im Falle der Auflösung einer Gesellschaft der freien Verfügung der Liquidatoren... entzogen.** Der Eintritt in die Liquidation ändert nichts an der Rechtsform der Gesellschaft. Auf die wirtschaftliche Tätigkeit der Gesellschaft kommt es nicht an, weil jede Vermögensvermehrung, aus welchem Grunde sie auch erfolgen mag, in dem gesetzlich bestimmten Umfange von der Kriegsgewinnsteuer erfaßt werden soll. Die Gesellschaft hört erst auf zu bestehen, wenn das gesamte Gesellschaftsvermögen durch Berichtigung der Gesellschaftsschulden und Verteilung unter die Mitglieder ausgekehrt ist und die dazu erforderlichen Geschäfte abgewickelt sind (siehe Anm. 1 zu § 1). Da das Gesetz die Sonderrücklage von der Verteilung ausschließt, so besteht die Gesellschaft weiter, bis die Sonderrücklage die ihr gesetzlich zugedachte Verwendung gefunden hat; vgl. Anm. 10. Wird die Sonderrücklage trotz des Verfügungsverbots von den Liquidatoren rechtswirksam verteilt oder zur Bezahlung von Schulden verwendet und ist sonst kein Gesellschaftsvermögen mehr vorhanden, so hat die Gesellschaft aufgehört zu bestehen und damit ein Steuersubjekt zu bilden. Der Reichsfiskus kann sich dann nur noch an die Liquidatoren halten, die wegen ihres pflichtwidrigen Handelns zivil- und strafrechtlich haften.

Unter die Rücklagepflicht fallen nicht Aktiengesellschaften, für die zwar Kriegsgeschäftsjahre in Frage kommen, deren Vermögen aber unter Ausschluß einer Liquidation von einer anderen Aktiengesellschaft übernommen worden ist (Fusion), vorausgesetzt, daß der betreffende Auflösungsbeschluß vor dem Inkrafttreten des Gesetzes (28. Dezember 1915) in das Handelsregister eingetragen worden ist (§§ 304—306 HGB.). Ist die Eintragung erst später erfolgt, so ist zwar die Gesellschaft ebenfalls untergegangen, aber ihre Rücklagepflicht war gemäß § 1 eingetreten, und der Vorstand haftet für die Sonderrücklage, die etwa zu bilden gewesen wäre, weil er die Eintragung in das Handelsregister nicht verhindert hat. Auf die übernehmende Aktiengesellschaft ist die Rücklagepflicht nicht übergegangen, weil die Sonderrücklagepflicht keine Schuld der untergegangenen Gesellschaft begründete. Im Falle der Fusion wird eine Aktiengesellschaft ihrer Verpflichtung zur Bildung der Sonderrücklage also nur durch Einleitung der Liquidation nachkommen können.

10. **So lange entzogen, als nicht durch das künftige Gesetz über die Besteuerung der Kriegsgewinne über ihre Verwendung Bestimmung getroffen ist.** Letzteres ist nach dem Kriegssteuergesetze durch dessen § 28 geschehen, der also lautet:

„Die Kriegsabgabe der Gesellschaften (§§ 13, 20) und anderer juristischer Personen (§ 23) wird nach dem Gesamtergebnisse der beiden ersten Kriegsgeschäftsjahre vorläufig und nach dem Gesamtergebnis aller Kriegsgeschäftsjahre endgültig festgesetzt.

Nach Entrichtung der vorläufig festgesetzten Abgabe steht dem Pflichtigen über den zur Zahlung nicht verwendeten Teil der nach den Vorschriften des Gesetzes vom 24. Dezember 1915 gebildeten Sonderrücklage die freie Verfügung zu."

§ 9.

Die Mitglieder[1]) des Vorstandes, persönlich haftenden Gesellschafter, Repräsentanten, Geschäftsführer oder Liquidatoren der pflichtigen Gesellschaften (§ 1), bei ausländischen Gesellschaften die Vorsteher der inländischen Niederlassungen (§ 6), die den Vorschriften dieses Gesetzes über die Bildung oder Verwaltung der Sonderrücklage vorsätzlich oder fahrlässig zuwiderhandeln[2])[3])[4]) und dadurch die Erhebung der Kriegsgewinnsteuer gefährden[5]), werden mit Geldstrafe bis zu dreißigtausend Mark bestraft[6]).

Sie haften für den Schaden, der durch ihr Verschulden dem Fiskus aus der Nichterfüllung der durch dieses Gesetz begründeten Verpflichtungen erwächst[7]); sind für den Schaden mehrere verantwortlich, so haften sie als Gesamtschuldner[8]).

1. **Die Mitglieder des Vorstandes usw.,** d. h. jedes einzelne Mitglied für seine Person.

2. **Die den Vorschriften dieses Gesetzes über die Bildung und Verwaltung der Sonderrücklage vorsätzlich oder fahrlässig zuwiderhandeln.** Das in der ersten Lesung des Gesetzes in der Reichstagskommission vor „fahrlässig" eingefügte Wort „grob" ist später wieder gestrichen worden, nachdem ein Vertreter der Reichsjustizverwaltung folgendes ausgeführt hatte (Kommissionsbericht S. 35):

Durch die Beibehaltung des „grob fahrlässig" würde unserem gegenwärtigen Reichsstrafrecht ein neuer, ihm jetzt fremder Begriff eingefügt, und das halte er für bedenklich. Der Begriff der groben Fahrlässigkeit bestehe zwar im Zivilrecht; im Strafrechte haben wir nur die beiden Schuldformen des Vorsatzes und der Fahrlässigkeit. Gradunterschiede in der Fahrlässigkeit machen wir nicht und die grobe Fahrlässigkeit, die luxuria oder wie die Gradunterschiede sonst früher hießen, sind dem Reichsstrafrechte fremd. In alten Landessteuergesetzen mögen ähnliche Unterschiede noch vorkommen; aber da handle es sich um einen landesrechtlichen Sondertatbestand.

Nun könne man gewiß rein akademisch darüber streiten, ob sich eine solche Unterscheidung nicht empfehle, und man habe auch schon an anderer Stelle und bei anderer Gelegenheit erwogen, ob man eine solche Unterscheidung der Schuldformen vornehmen könne. Aber dieses einzigartige Sperrgesetz dürfte nicht der Anlaß sein, diesen neuen Begriff von allgemeiner Tragweite in das Reichsstrafrecht, auch das Steuerstrafrecht, einzuführen.

Es komme hinzu, daß, soweit dies zu übersehen sei, hier auch von einem Bedürfnisse nicht wohl die Rede sein könne. Der praktische Sinn der Abänderung könne doch nur der sein, deutlich darauf hinzuweisen, den Sachverhalt in jedem Falle sorgfältig zu prüfen und nicht bei einer kleinen Meinungsverschiedenheit gleich ein Verschulden, eine strafrechtliche Fahrlässigkeit anzunehmen. Diese Folge werde, wie er glaube, ganz von selbst eintreten; denn hier handle es sich um die Anwendung kaufmännischer Begriffe. Es werde sich darum handeln, ob eine gewisse Abschreibung oder eine Rückstellung bei

Anwendung ordnungsmäßiger kaufmännischer Grundsätze richtig oder übertrieben war. Und selbst wenn hierüber sich letzten Endes zwischen dem seiner Gesellschaft verantwortlichen Vorstand und der Steuerbehörde eine Meinungsverschiedenheit entwickeln sollte, wenn die Steuerbehörde endgültig und mit Erfolg sagen sollte: Diese Abschreibung lasse ich nicht gelten, hiervon hätte die Rücklage gelegt werden müssen, so sei das noch nicht gleichbedeutend, daß der betreffende Vorstand unter Außerachtlassung der kaufmännischen Grundsätze und der ihm gebotenen Vorsicht ein Verschulden auf sich geladen hat. Somit halte er die Besorgnis, es könnte zu leicht wegen Fahrlässigkeit Bestrafung eintreten, für unbegründet.

Dann aber dürfe er darauf hinweisen, daß Fahrlässigkeit allein noch nicht zur Bestrafung führe, sondern es müsse weiter der objektive Erfolg der Gefährdung der Erhebung der Steuer vorliegen. Man könne darüber streiten, ob dies richtig war, gerade bei einem Sperrgesetze, wo es sich um die Sicherung zukünftiger Maßregeln handle. Hier könnte man sagen, der Betreffende, der die Abschreibung gemacht hat, hat sich nicht darum zu kümmern, sondern streng die Vorschriften des Gesetzes auszuführen, und wenn er es nicht tut, so ist er dafür verantwortlich. Man habe aber Wert darauf gelegt, diese weitere Schranke der Strafbarkeit in das Gesetz einzufügen.

Auch der Reichsschatzsekretär hat sich in den Kommissionsverhandlungen des Reichstags wiederholt über den Begriff der Fahrlässigkeit geäußert:

Die Frage der Abschreibungen bilde allerdings einen äußerst schwierigen Punkt, sobald man an die juristischen Personen herangehe. Im Zusammenhange mit ihr stehe die Frage der stillen Reserven. Bisher seien alle Versuche gescheitert, stille Reserven als solche restlos mit zur Besteuerung heranzuziehen, weil es für diesen Begriff kein gesetzlich feststellbares Kriterium gebe. Es bleibe da den Leitern der einzelnen Unternehmungen bei der Bilanzaufstellung überlassen, diese schweren und verantwortungsvollen Fragen nach bestem Ermessen und Gewissen zu lösen; bestimmte Normen der Gesetzgebung seien ausgeschlossen. Aber wenn wir auch keine Normen schaffen können, so wollen wir doch wenigstens gegenüber den Gesellschaften und den Gesellschaftsleitern den Grundsatz aufstellen, daß stille Reserven — die also nach ihrem Urteil und nach loyaler und kaufmännischer Erwägung solche sind — der Besteuerung unterliegen, soweit sie aus dem Gewinne der Kriegsjahre etwa gebildet werden. Es solle nicht aussehen, als ob hier nun beliebige Abschreibungen gemacht werden könnten und die Steuer dann nur den bilanzmäßigen Gewinn träfe.

Nun sei es ganz gewiß im gegenwärtigen Stadium des Krieges besonders schwer zu beurteilen, was hier notwendig sei, und daß man durch den § 3 den einzelnen Geschäftsleitern die Gewissensfrage ganz erheblich erschwere. Nicht ganz ohne Absicht; man wolle eben, daß das Prinzip, auf das es hier ankomme, sich in jedem Kopfe festsetze, der für die betreffenden Gesellschaften verantwortlich sei. Natürlich wäre es eine grausame Härte, wollte man an jeden Fall, in dem die Steuerbehörde den Umfang der notwendigen Abschreibungen anders beurteile als ein verantwortlicher Geschäftsleiter, schon Rechtsnachteile knüpfen. Die Strafbestimmungen des § 9 tragen den in der Sache liegenden Schwierigkeiten auch durchaus Rechnung. Danach sei der Begriff der Gefährdung der Steuererhebung ein notwendiger Bestandteil der Strafbarkeit. Wenn die Gesellschaftsleiter in den Bilanzen namentlich des ersten oder zweiten Kriegsgeschäftsjahrs eine weitergehende Minderbewertung für erforderlich halten, als die Steuerbehörden zuließen und als vielleicht auch die Bewertung im dritten Kriegsjahr ergebe, in dem sich die Verhältnisse wohl besser übersehen ließen, so liege darin doch nicht schon ohne weiteres auch eine Gefährdung der Erhebung der Steuer.

Die Auffassung, daß unter den Begriff der Wertverminderung bei Abschreibungen die möglichen Verluste auf ausländische

Forderungen nicht fallen, könne er nicht teilen. Minderung der Qualität der betreffenden Forderungen, Unsicherheiten hinsichtlich ausländischer Bestände an Rohstoffen usw. können Abschreibungen durchaus rechtfertigen (Kommissionsbericht S. 4/5).

Was das Bedenken anlange, ob die bezüglich des § 9 des Gesetzes vorgetragene Auffassung auch von den Gerichten angenommen werden würde, so sei er, der Staatssekretär, geneigt, diese Frage zu bejahen. Das Erfordernis der Gefährdung sei ganz klar und ausdrücklich dahin ausgesprochen, daß nicht etwa jede objektiv unrichtige Einstellung in die Steuerbilanz in Frage komme, sondern nur eine solche Handlung, welche die Veranlagung oder Erhebung der Kriegsgewinnsteuer in Frage stelle. Diese Gefährdung müsse natürlich nachgewiesen werden, und ohne den Nachweis werde kein Richter ein Urteil aussprechen können. Damit sei aber noch keineswegs Straffreiheit festgestellt für ein Verfahren, das gegen das Gesetz verstoße, denn nach § 10 solle der Bundesrat ermächtigt werden, Ausführungsbestimmungen zu erlassen und Zuwiderhandlungen mit Geldstrafe zu bedrohen. Bei der Verhängung solcher Geldstrafen sei natürlich das Erfordernis der Gefährdung nicht notwendig; dagegen sollen die hohen Strafen des § 9 nur dann eintreten, wenn Veranlagung und Erhebung der Kriegsgewinnsteuer durch das Gebaren der für ihre Sicherstellung verantwortlichen Personen gefährdet würden (Kommissionsbericht S. 6/7.)

Bezüglich der Abschreibungen möchte er bitten, den Wortlaut des Gesetzes genau zu lesen. Dort heiße es: Abschreibungen sind insoweit zu berücksichtigen, als sie einen angemessenen Ausgleich der Wertverminderung darstellen. Es heiße nicht: Abschreibungen dürfen insoweit berücksichtigt werden. Es könnte vorkommen, daß die Gefährdung der Kriegsgewinnsteuer nicht durch zu große Abschreibungen erfolgt – die bleiben in der Gesellschaft –, sondern dadurch, daß zunächst keine genügen den Abschreibungen gemacht werden. Wenn aus Nachlässigkeit oder grober Fahrlässigkeit nicht einmal die notwendigen Abschreibungen gemacht werden, um dadurch zunächst einmal ohne Rücksicht auf das Weitere eine hohe Dividende zu erzielen und den Kurs der Aktien zu Spekulationszwecken in die Höhe zu treiben, und dann dadurch die Steuer gefährdet wird, dann kann der Betreffende nach den Strafbestimmungen gefaßt werden. Die Strafbestimmungen sollen diejenigen schrecken, die etwas Unrechtes vorhaben. (Kommissionsbericht S. 12.)

Wenn man aus dem § 9 den Begriff der Fahrlässigkeit herausstreichen wollte, so wäre dies doch eine allzu starke Erleichterung des Gewissens der verantwortlichen Geschäftsleiter. Es genüge wohl, daß eine Strafe nur bei wirklicher Gefährdung der Erhebung der Steuer verwirkt sein solle. (Kommissionsbericht S. 18.)

3. **Vorsätzlich** ist eine Handlung, wenn der Täter den Willen gehabt hat, sie zu begehen.

4. **Fahrlässig** ist eine Handlung, wenn ihr verletzender Erfolg durch einen vermeidbaren Irrtum oder den Mangel an der nötigen Voraussicht eingetreten ist; die Möglichkeit der durch die Handlung verursachten Folge muß so nahegelegen haben, daß der Täter sie bei gewöhnlicher Sorgfalt und Umsicht erkennen konnte und demgemäß sein Tun und Lassen einrichten mußte. Die eingetretene Folge muß durch die fahrlässige Handlung verursacht sein, wobei es gleichgültig ist, ob ihr Eintritt ein notwendiger war, oder ob dieser möglicherweise noch abzuwenden gewesen wäre. Die Handlung des Täters braucht nicht die alleinige Ursache der eingetretenen Folge gewesen zu sein, sondern braucht hierzu nur wesentlich mitgewirkt zu haben. Hat das Verhalten mehrerer die Folge herbeigeführt, so kommt es darauf an, inwiefern das Tun des Einzelnen im Hinblick auf den Gesamterfolg ein fahrlässiges und für dessen Eintritt so bedeutsam war, daß der Erfolg als durch ihn mit verursacht angesehen werden kann. Kannte z. B. A das vorhergegangene (vorsätzliche oder fahrlässige) Verhalten des B, C usw., oder kannte er die Möglichkeit eines künftigen

derartigen Verhaltens bei ihnen, so ist ihm auch dieses als eigene Fahrlässigkeit anzurechnen. Hiernach kann es geschehen, daß mehrere Personen als fahrlässige Urheber eines Vergehens anzusehen sind, oder daß neben einem vorsätzlich handelnden Täter noch ein zweiter vorhanden ist, welcher aus Fahrlässigkeit zur Herbeiführung des durch jene Tat bewirkten Erfolges mitgewirkt und sich dadurch seiner fahrlässigen Verursachung schuldig gemacht hat. Der Eintritt in eine Tätigkeit ohne den Besitz der hierbei als notwendig vorausgesetzten Befähigung und Kenntnisse kann im Falle eines demnächst eingetretenen unglücklichen Erfolges dieser Tätigkeit als Fahrlässigkeit angesehen werden (Oppenhoff, Das Strafgesetzbuch für das Deutsche Reich, 7. Aufl., Note 19 ff. zu § 59). Ein Vorstandsmitglied, dem die nötigen Kenntnisse fehlen, wird sich deshalb mit der Meinung eines anderen Vorstandsmitglieds nur zufrieden geben dürfen, wenn er bei diesem die nötige Sach- und Rechtskenntnis sowie ein pflichtgetreues Handeln voraussetzen durfte; anderenfalls muß er einen geeigneten Sachverständigen zu Rate ziehen und seine Maßnahmen unabhängig von den Entschließungen der anderen Mitglieder treffen.

Unkenntnis der Strafvorschrift entschuldigt nicht, wohl aber unter Umständen ein Rechtsirrtum über zivilrechtliche Verhältnisse (a. a. O. Note 15 zu § 59).

5 **Und dadurch die Erhebung der Kriegsgewinnsteuer*) gefährden.** Der Tatbestand eines Vergehens gegen § 9 des Gesetzes erfordert zwei Voraussetzungen, nämlich sowohl ein vorsätzliches oder fahrlässiges Zuwiderhandeln wie auch die dadurch herbeigeführte Gefährdung der Erhebung der Kriegssteuer. Ohne Gefährdung keine Strafbarkeit. Ein neuer Vorsatz oder eine neue Fahrlässigkeit kommt für die Gefährdung nicht in Betracht, vielmehr wird durch die bloße Tatsache der Gefährdung, wenn sie in einem ursächlichen Zusammenhange mit einem vorsätzlichen

---

*) Im Kriegssteuergesetz außerordentliche Kriegsabgabe genannt.

oder fahrlässigen Zuwiderhandeln gegen die Vorschriften des Gesetzes über die Bildung der Sonderrücklage zu bringen ist, die Straftat vollendet.

Gefährdet wird die Steuererhebung, wenn durch die betreffende Handlung eine Gefahr für die Beitreibung der Steuer, mindestens die naheliegende Möglichkeit einer Erschwerung der Beitreibung herbeigeführt wird. Daß die Beitreibung auch wirklich vereitelt oder erschwert worden ist, wird nicht erfordert. Auch der Reichsschatzsekretär spricht nur von einer „wirklichen Gefährdung", nicht der wirklichen Vereitelung der Steuererhebung als dem zweiten Tatbestandsmerkmale (Kommissionsbericht S. 18, siehe oben Anm. 1 am Schlusse).

6. **Werden mit Geldstrafe bis zu dreißigtausend Mark bestraft.** Stellt sich heraus, daß die Leiter einer Gesellschaft gegen die Vorschrift im § 9 Abs. 1 sich vergangen haben, so sind die entstandenen Verhandlungen, durch Vermittlung des Vorsitzenden der Berufungskommission, an die Staatsanwaltschaft zur Einleitung des Strafverfahrens abzugeben (Art. 8 Abs. 5 der preußischen Ausführungsvorschriften). Die Vorschrift im § 9 des Gesetzes betrifft die Strafe für Zuwiderhandlungen gegen das die Kriegssteuer vorbereitende Sperrgesetz. Außerdem bedroht aber noch das Kriegssteuergesetz die Vertreter, wenn sie für die Veranlagung zur Kriegsabgabe wissentlich unrichtige oder unvollständige Angaben machen, die geeignet sind, eine Verkürzung der Abgabe herbeizuführen, mit empfindlichen Strafen, unter Umständen neben der Geldstrafe mit Gefängnis bis zu einem Jahre, Verlust der bürgerlichen Ehrenrechte und öffentlicher Bekanntmachung des Urteils (§§ 33, 34 des Kriegssteuergesetzes).

Die Straftat nach § 9 des Gesetzes ist ein Vergehen, weil sie mit Geldstrafe von mehr als 150 ℳ bedroht ist (§ 1 des Strafgesetzbuchs). Die Geldstrafe ist, wenn sie nicht beitreibbar ist, nach § 463 der Strafprozeßordnung in eine Freiheitsstrafe umzuwandeln. Eine 600 ℳ nicht übersteigende Strafe kann in Haft umgewandelt werden, wenn die an ihre Stelle tretende Freiheitsstrafe nicht die Dauer von sechs Wochen übersteigt. In allen anderen Fällen muß die Geldstrafe in Gefängnis umgewandelt werden (§ 28 des Strafgesetzbuchs). Bei der Umwandlung ist der Betrag von 3 bis zu 15 ℳ einer eintägigen Freiheitsstrafe gleich zu achten. Der Mindestbetrag der an Stelle einer Geldstrafe tretenden Freiheitsstrafe ist ein Tag, ihr Höchstbetrag ein Jahr (§ 29 a. a. O.).

Neben der im § 9 bedrohten Straftat kennt das Gesetz noch eine Ordnungsstrafe, die im § 10 II vorgesehen ist; vgl. hierüber Anm. 3 zu § 10.

7. **Sie haften für den Schaden, der durch ihr Verschulden dem Fiskus aus der Nichterfüllung der durch dieses Gesetz begründeten Verpflichtungen erwächst.** Hier wird die zivilrechtliche Haftung der Vorstandsmitglieder usw. ausgesprochen. Voraussetzung für die Klage ist, daß wirklich ein Schaden eingetreten ist, und diese Tatsache läßt sich erst feststellen, wenn die Steuer von der Gesellschaft nicht beigetrieben werden konnte. Die bloße Gefährdung der Erhebung ist noch kein Schaden, den der Reichsfiskus erlitten hat.

Die Klage auf Schadensersatz verjährt in drei Jahren von dem Zeitpunkt an, in welchem die Unbeitreibbarkeit der Kriegsgewinnsteuer festgestellt und die Person des Ersatzpflichtigen bekannt geworden ist, ohne Rücksicht auf diese Kenntnis in 30 Jahren von der Begehung der gesetzwidrigen Handlung an (§ 852 BGB.).

8. **Sind für den Schaden mehrere verantwortlich, so haften sie als Gesamtschuldner.** Der Steuergläubiger kann den entstandenen Schaden nach seinem Belieben von jedem der Schuldner ganz oder zum Teile fordern (§ 421 BGB.), ohne daß es darauf ankommt, ob der einzelne Schuldner die Gesetzwidrigkeit aus Vorsatz oder Fahrlässigkeit begangen hat. Bis zur Bewirkung der ganzen Leistung bleiben sämtliche Schuldner verpflichtet (§ 421 a. a. O.). Die Erfüllung durch einen Gesamtschuldner wirkt auch auf die übrigen Schuldner (§ 422 a. a. O.).

§ 10.

Der Bundesrat ist ermächtigt, die Vorschriften dieses Gesetzes auf andere als die im § 1 bezeichneten juristischen Personen auszudehnen[1]).

Er ist ferner befugt, Ausführungsbestimmungen[2]) zu erlassen und Zuwiderhandlungen mit Geldstrafe bis zu eintausendfünfhundert Mark zu bedrohen[3]).

1. **Auf andere als die im § 1 bezeichneten juristischen Personen auszudehnen.** Nach § 1 sind die Rechte juristischer Personen die Voraussetzung für die Steuerpflicht solcher Bergbau treibenden Vereinigungen, die keine Berggewerkschaften sind. Nach § 10 Abs. 1 sollen auch noch andere juristische Personen nur deshalb, weil sie diese Eigenschaft haben, der Rücklagepflicht unterworfen werden können, z. B. Stiftungen. Nach dem Kommissionsberichte (S. 29) bemerkte der Reichsschatzsekretär hierzu: Man habe Bedenken getragen, Stiftungen als solche dem Gesetze zu unterwerfen, weil sie im allgemeinen zu gemeinnützigen Zwecken dienen. Es gebe aber auch andere Stiftungen, die nicht ausschließlich gemeinnützigen Zwecken dienen und die gewerbliche Unternehmungen betreiben. Hinsichtlich solcher werde der Bundesrat von Fall zu Fall entscheiden, ob er sie dem Gesetz unterwerfen wolle.

Demgemäß schreiben die Ausführungsbestimmungen des Bundesrats vor:

§ 1. Soweit andere juristische Personen des bürgerlichen Rechtes als die im § 1 des Gesetzes bezeichneten eine auf Erwerb gerichtete Tätigkeit ausüben, bestimmt der Bundesrat, ob und in welchem Umfange die Vorschriften des Gesetzes auf sie auszudehnen sind.

Die obersten Landesfinanzbehörden teilen dem Reichskanzler mit, für welche juristische Personen in ihrem Verwaltungsbereiche die Ausdehnung der Vorschriften des Gesetzes in Betracht kommt.

In Preußen hat bis zum 1. Juni 1916 der Vorsitzende der

Berufungskommission dem Finanzminister zu berichten, ob und welche juristische Personen seines Bezirkes hierfür in Betracht kommen (Art. 3 der preußischen Ausführungsvorschriften).

2. **Der Bundesrat ist befugt, Ausführungsbestimmungen zu erlassen.** Diese sind durch Bekanntmachung des Reichskanzlers vom 27. Januar 1916 im Zentralblatte für das Deutsche Reich S. 27 veröffentlicht worden; siehe Teil II, Texte II.

3. **Und Zuwiderhandlungen mit Geldstrafe bis zu eintausendfünfhundert Mark zu bedrohen.** Es handelt sich um die Zuwiderhandlungen gegen § 2 der Ausführungsbestimmungen des Bundesrats, welche den rücklagepflichtigen Gesellschaften die Verpflichtung auferlegen, die Geschäftsberichte und Jahresabschlüsse nebst den Gewinn- und Verlustrechnungen der maßgebenden Friedensgeschäftsjahre und der Kriegsgeschäftsjahre sowie die darauf bezüglichen Beschlüsse der Generalversammlung der von der obersten Landesfinanzbehörde bestimmten Behörde zu einem von jener festzusetzenden Zeitpunkt einzureichen, auch die Bildung der gesetzlichen Sonderrücklage, soweit sie nicht ohne weiteres aus den eingereichten Bilanzen oder Jahresabschlüssen ersichtlich ist, der zuständigen Behörde unter Beifügung einer Berechnung des Mehrgewinns nachzuweisen; siehe Anm. 9 zu § 1. Unter der „Bildung" der Sonderrücklage wird man auch ihre getrennte Anlage und Verwaltung (§ 8 des Gesetzes), worauf das Sperrgesetz besonders Wert legt, verstehen müssen. Diese „Bildung" der Sonderrücklage hat also die zuständige Behörde zu überwachen. Die verantwortlichen Leiter der Gesellschaften (§ 9 des Gesetzes) können zur Erfüllung der vorstehend aufgeführten Verpflichtungen durch Geldstrafen bis zu 500 ℳ angehalten werden. Die zuständige Behörde wird durch die oberste Landesfinanzbehörde bestimmt (§ 2 Abs. 2 der Ausführungsbestimmungen). Hierzu hat der preußische Finanzminister folgende Ausführungsvorschrift erlassen:

Art. 6. Bleibt eine Gesellschaft mit der Einreichung der Abschlüsse usw. im Verzuge, so hat der Vorsitzende der Veranlagungskommission den verantwortlichen Leiter der Gesellschaft unter Androhung einer angemessenen Geldstrafe (§ 2 Abs. 2 der

Ausführungsbestimmungen des Bundesrats)*) aufzufordern, binnen einer Frist von 14 Tagen seinen Verpflichtungen zu genügen. Bleibt diese Aufforderung fruchtlos, so ist die Strafe festzusetzen und die Aufforderung mit erneuter Strafandrohung zu wiederholen.

Art. 7. Die Geldstrafen des Artikels 6 sind Zwangsstrafen, die so lange zu wiederholen sind, bis der Betroffene seinen Verpflichtungen nachkommt. Ausgesprochene Strafen können ganz oder teilweise zurückgenommen werden. Die Ausfertigungen dieser Straffestsetzungsverfügungen unterliegen nicht der Stempelpflicht.

Die Androhung und Festsetzung der Geldstrafen erfolgen durch die Vorsitzenden der Einkommensteuer-Veranlagungskommissionen.**) Gegen deren Entscheidung steht den Betroffenen innerhalb 14 Tagen die Beschwerde an die Vorsitzenden der Einkommensteuer-Berufungskommissionen offen. Gegen die Entscheidung der Vorsitzenden der Berufungskommissionen ist innerhalb 14 Tagen die Beschwerde an den Finanzminister zulässig.

§ 11.

Dieses Gesetz tritt am Tage seiner Verkündung[1]) in Kraft.

1. **Am Tage seiner Verkündung,** d. i. am 28. Dezember 1915, weil an diesem Tage die das Gesetz enthaltende Nr. 187 des Reichsgesetzblatts ausgegeben wurde (Art. 2 der Reichsverfassung).

---

*) Bis zu 500 M.

**) Wenn aber der Vorsitzende der Berufungskommission die betreffenden Geschäfte selbst übernommen hat (siehe Anm. 9 zu § 1), wird dieser die Strafe anzudrohen und festzusetzen haben.

II. Kommentar zum Kriegssteuergesetze.[1]

Steuerpflicht der Einzelpersonen[2]).

§ 1.

Die im § 11 des Besitzsteuergesetzes vom 3. Juli 1913 (Reichs-Gesetzbl. S. 524)[3]) bezeichneten Personen[4]), deren Vermögen am 31. Dezember 1916[5]) gegen den Stand zu Beginn des Veranlagungszeitraums[6]) einen Zuwachs[7]) (§ 2) oder keine Verminderung um mindestens zehn vom Hundert[8]) erfahren hat, haben zugunsten des Reichs[9]) eine außerordentliche Kriegsabgabe[10]) zu entrichten.

1. **Kriegssteuergesetz.** Diese Bezeichnung hat das Gesetz in der ersten Lesung der Kommission erhalten (Kommissionsbericht S. 95). Der Entwurf betraf ein „Kriegsgewinnsteuergesetz". Diese Bezeichnung paßte nicht mehr, als man die Abgabe auch auf nicht angewachsene Vermögen legte.

2. **Einzelpersonen.** Die Steuerpflicht der Gesellschaften behandeln die §§ 21 ff. Den Aufbau der ersten Paragraphen des Gesetzes hat der Reichsschatzsekretär in der Kommission näher dargelegt. Danach bestimmt § 1 zunächst die Personen, die überhaupt zur Kriegssteuer herangezogen werden; dann sagt § 2, welches der abgabepflichtige Vermögenszuwachs ist. Es ist nämlich der im Besitzsteuergesetze definierte, vorbehaltlich der Abweichungen, die im Entwurfe festgesetzt sind. Diese Abweichungen werden in den folgenden Paragraphen einzeln aufgeführt. So sind in § 3 Bestimmungen darüber enthalten, welcher Vermögenszuwachs von der besonderen Abgabe des Entwurfes befreit ist. In den §§ 4 und 5 sind umgekehrt Bestimmungen darüber enthalten, welche Beträge dem Vermögen

eines Steuerpflichtigen zuzurechnen sind, so daß durch die Hinzurechnung ein Vermögenszuwachs sich ergeben kann, der zwar nicht der Besitzsteuer, dagegen aber der Kriegssteuer unterliegt. Dann trifft § 6 Bestimmungen über die Bewertung von Grundstücken, die in Abweichung und Ergänzung des Besitzsteuergesetzes Platz greifen sollen (Kommissionsbericht S. 5).

3. **Die im § 11 des Besitzsteuergesetzes bezeichneten Personen.** Jener Paragraph lautet:

„Steuerpflichtig sind

I. mit dem Zuwachs an dem gesamten steuerbaren Vermögen:

1. die Angehörigen des Deutschen Reichs, mit Ausnahme derer, die sich seit länger als zwei Jahren dauernd im Ausland aufhalten, ohne einen Wohnsitz in einem deutschen Bundesstaate zu haben. Die Ausnahme findet keine Anwendung auf Reichs- und Staatsbeamte, die im Ausland ihren dienstlichen Wohnsitz haben. Wahlkonsuln gelten nicht als Beamte im Sinne dieser Vorschrift;
2. Ausländer, wenn sie im Deutschen Reiche einen Wohnsitz oder in Ermangelung eines Wohnsitzes ihren dauernden Aufenthalt haben;

II. mit dem Zuwachs an dem inländischen Grund- und Betriebsvermögen:

alle natürlichen Personen ohne Rücksicht auf Staatsangehörigkeit, Wohnsitz oder Aufenthalt.

Der Reichskanzler kann zum Zwecke der Vermeidung einer Doppelbesteuerung oder der Anwendung eines Vergeltungsrechts gegenüber außerdeutschen Staaten mit Zustimmung des Bundesrats Anordnungen treffen, die von den Vorschriften in Nr. I und dem § 5 abweichen."

4. **Personen.** § 1 regelt zunächst die persönliche Steuerpflicht, indem er alle der Besitzsteuer unterliegenden Personen auch der Kriegssteuerpflicht unterwirft. Diese Regelung legt sich schon aus dem Grunde nahe, weil die Kriegssteuer der Einzelpersonen auf dem Besitzsteuergesetz aufgebaut ist. Hinsichtlich der Ausländer ist der Kreis

der pflichtigen Personen im Besitzsteuergesetze weiter gezogen als im Wehrbeitragsgesetze. Zu den „Lasten, welche zu Kriegszwecken oder infolge anderer außergewöhnlicher Umstände auferlegt werden", im Sinne der in zahlreichen Handelsverträgen des Deutschen Reichs enthaltenen Bestimmungen gehört die Kriegssteuer nicht (vgl. Amtliche Mitteilungen über die Zuwachssteuer usw. 1914 S. 199). Es wird genügen, hier darauf hinzuweisen, daß eine ähnliche Abgabe auch in neutralen Staaten, z. B. Dänemark, Schweden und Norwegen erhoben wird (Begründung des Gesetzes S. 17).

5. **Am 31. Dezember 1916.** Das ist auch der Stichtag für die Feststellung des Vermögenszuwachses bei der erstmaligen Veranlagung zur Besitzsteuer. Der § 18 des Besitzsteuergesetzes lautet nämlich: „Die Feststellung des Vermögenszuwachses erfolgt erstmals zum 1. April 1917 für den in der Zeit vom 1. Januar 1914 bis zum 31. Dezember 1916 entstandenen Zuwachs..." Der Stichtag fällt früher, wenn die Aufgabe des inländischen Wohnsitzes oder Aufenthalts den Wegfall der Steuerpflicht nach dem Besitzsteuergesetze zur Folge hat; siehe unten § 12.

Das Erleben des Stichtags begründet für die im § 1 aufgeführten Personen, ihre Abgabepflicht und ihre Abgabeschuld in dem durch das Kriegssteuergesetz vorgeschriebenen Umfange. Die Abgabeschuld wird also nicht erst durch die Veranlagung begründet, vielmehr wirkt diese nur deklaratorisch, nicht konstitutiv. Nur die Zahlungspflicht des von ihr Betroffenen tritt erst mit der Fälligkeit der Schuld ein, das ist keinesfalls vor der Zustellung des Veranlagungsschreibens an den zur Zahlung Verpflichteten (§ 31; vgl. auch Mitteilungen aus der Verwaltung der direkten Steuern Heft 47 S. 12). Stirbt der Steuerpflichtige, so geht seine Abgabeschuld, mag sie nach obigem bereits durch Veranlagungsbeschluß festgestellt sein oder nicht, als Nachlaßverbindlichkeit auf die Erben über, welche sie demgemäß zu erfüllen haben (§§ 1967, 2058 des Bürgerlichen Gesetzbuchs). Die Erben haften für die gemeinschaftlichen Nachlaßverbindlichkeiten als Gesamtschuldner (§§ 2058, 2059 a. a. O.). Bei einer Gesamtschuld kann der Gläubiger die Leistung nach seinem Belieben von jedem der Schuldner ganz oder zu einem

Teile erfordern (§ 421 a. a. O.). Es steht deshalb auch in dem Belieben des Abgabegläubigers, gegen welchen der Miterben er seinen Anspruch auf Zahlung der Abgabeschuld des Erblassers richten will. Zur Geltendmachung des Anspruchs genügt es, wenn der Veranlagungsbeschluß die Abgabeschuld des Verstorbenen ersehen läßt und das die Zahlungsaufforderung enthaltende Benachrichtigungsschreiben dem für die Zahlung der Steuerschuld in Anspruch genommenen Miterben zugestellt wird. Ob man bei dieser Rechtslage von der Veranlagung des Toten sprechen darf oder von der des Erben sprechen muß, ist ohne Belang; die Hauptsache bleibt, daß die durch das Gesetz begründete Abgabeschuld des Verstorbenen der Höhe nach festgestellt werden muß und die Erben es sind, welche sie zu zahlen haben. Deshalb bleibt auch die Veranlagungskommission, welche zu Lebzeiten des Abgabepflichtigen zu dessen Veranlagung zuständig gewesen wäre, für die Feststellung der Abgabeschuld des Erblassers gegenüber den zahlungspflichtigen Erben zuständig (vgl. Urteil des preuß. OVG. Rep. VI. W-B 129/15 vom 24. März 1916).

6. **Zu Beginn des Veranlagungszeitraums.** Dieser bestimmt sich gemäß § 25 Abs. 2 des Gesetzes nach den Vorschriften des Besitzsteuergesetzes. Danach ist der regelmäßige Beginn des Veranlagungszeitraums der 1. Januar 1914 (§ 18 des Besitzsteuergesetzes); siehe oben Anm. 5.

Ist die persönliche Steuerpflicht erst innerhalb des oben bezeichneten Veranlagungszeitraums entstanden, so findet § 22 des Besitzsteuergesetzes Anwendung, der bestimmt:

„Wird die persönliche Steuerpflicht erst innerhalb eines Veranlagungszeitraums (§ 18) begründet, so erfolgt die erste Feststellung des Vermögens für das zur Zeit des Eintritts der Steuerpflicht vorhandene steuerbare Vermögen des Steuerpflichtigen.

Die Vorschrift des Abs. 1 gilt im Falle der Erweiterung der Steuerpflicht entsprechend für das durch die erweiterte Steuerpflicht neu erfaßte Vermögen des Steuerpflichtigen."

7. **Einen Zuwachs.** Mit dem Kriege und der durch ihn geschaffenen günstigen Konjunktur braucht der Vermögenszuwachs in

keinem ursächlichen Zusammenhange zu stehen. Es genügt, daß der Vermögenszuwachs trotz des Krieges innerhalb des Veranlagungszeitraums (§ 1 des Gesetzes, § 18 des Besitzsteuergesetzes) entstanden ist. Auf diese Weise werden nicht nur die Gewinne aus unmittelbaren und mittelbaren Kriegslieferungen sowie die mit einer sonstigen, durch den Krieg geschaffenen günstigen Konjunktur zusammenhängenden Gewinne getroffen, sondern es wird auch darüber hinaus die Forderung verwirklicht, daß jeder, der in dieser die Vermögensverhältnisse des weitaus größten Teiles des deutschen Volkes beeinträchtigenden Kriegszeit in der Lage ist, sein Vermögen zu vermehren, einen ansehnlichen Teil dieses Zuwachses dem Vaterlande zu opfern verpflichtet ist (vgl. Begründung zum Entwurf eines Gesetzes über vorbereitende Maßnahmen zur Besteuerung der Kriegsgewinne Nr. 149 der Drucksachen des Reichstages, 13. Legislaturperiode II. Session 1914/15 S. 5; Begründung des Gesetzentwurfes S. 13).

8. **Keine Verminderung um mindestens zehn vom Hundert.** In der ersten Lesung des Gesetzes hatte die Kommission beschlossen, neben einer „Kriegsvermögenszuwachssteuer" noch von dem Vermögensbestand am Ende des Veranlagungszeitraums einen neuen Wehrbeitrag in Höhe eines Drittels von diesem zu erheben. Eine solche Bestimmung hielten die verbündeten Regierungen schon gegenüber ihren seinerzeit abgegebenen feierlichen Erklärungen, daß der Wehrbeitrag nur eine einmalige Abgabe sein solle, für unmöglich. An Stelle jenes neuen Wehrbeitrags setzte die Vereinbarung zwischen den verbündeten Regierungen und Parteivertretern, die der zweiten Lesung in der Kommission vorausging, obige Gesetzesvorschrift. Zur Rechtfertigung dieser Vorschrift hat der Reichsschatzsekretär nach dem Kommissionsberichte (S. 118 u. 120) insbesondere folgendes ausgeführt:

„Um auf die Sache selbst einzugehen, so sei der Vorredner zunächst von einer falschen Voraussetzung ausgegangen, die teilweise auch in der Presse eine Rolle spiele, daß ein fiktiver Vermögenszuwachs und Gewinn konstruiert worden sei. Das sei nicht der Fall. Er glaube, der § 1 in seinem Wortlaute sei absolut klar. Die Steuer werde erhoben erstens von denjenigen, die einen Vermögenszuwachs erfahren haben, zweitens von denjenigen, die keine Verminderung ihres Vermögens um mindestens 10 % erfahren haben. Damit sei festgestellt, daß von einem fiktiven Kriegsgewinn oder etwas ähnlichem gar keine Rede sein könne. Der Grundgedanke des Kompromisses sei vielmehr ein Entgegenkommen gegenüber denjenigen Parteien, die es als für ihre Zustimmung unerläßlich erklärten, daß nicht nur die während des Krieges vermehrten Vermögen, sondern auch die trotz des Krieges annähernd intakt gebliebenen Vermögen herangezogen werden sollen. Man habe diesen Begriff ‚annähernd intakt geblieben' natürlich nicht so in das Gesetz hineinsetzen können, sondern habe ihn klar definieren müssen, und die Ansicht sei doch wohl begründet, daß eine Vermögensminderung, die über 10 % hinausgeht, das Vermögen nicht mehr annähernd intakt gelassen hat.

Erleichtert sei den verbündeten Regierungen die Zustimmung zu einer solchen Lösung dadurch, daß auch von denjenigen Vertretern wenigstens der bürgerlichen Parteien, die nach dieser Seite hin drängten und sehr bestimmte Wünsche aussprachen und von ihrer Erfüllung die Zustimmung zu der Gesamtheit der Steuervorlagen abhängig machten, ausdrücklich und wiederholt in der Kommission und in privaten Verhandlungen erklärt worden sei, daß sie die Kriegslage, die Zwangslage, in der wir uns alle befinden, nicht benutzen wollten, um auf dem Gebiete der Besteuerung die Grenzsteine zwischen Reich und Einzelstaaten prinzipiell zu verschieben.

Man lege Steuer nicht nur auf die vermehrten Vermögen, sondern auch auf denjenigen Teil des Vermögens, der über 90 % der früheren Aufnahme erhalten geblieben ist. Man sei dabei von dem Gedanken ausgegangen: die Vermögen, die stärker gelitten haben, wollen wir überhaupt herauslassen, und diejenigen Vermögen, die weniger stark gelitten haben, wollen wir mit einer Abgabe belasten, die nicht die Gesamtheit der Substanz erfaßt, sondern nur denjenigen Vermögensbestandteil, der über 90 %

des früheren Vermögens hinaus erhalten geblieben ist. Das sei kein fiktiver Vermögenszuwachs, sondern das heiße einfach sich Rechenschaft ablegen über die Situation, wie sie durch den Krieg für zahlreiche Vermögen herbeigeführt ist. In dieser Beziehung stehe das, was im Wege des Kompromisses nun als Ergänzung der Kriegsgewinnbesteuerung, der Kriegsvermögenszuwachsbesteuerung hinzugefügt werden soll, mit dieser Besteuerung des Kriegsvermögenszuwachses in einem organischen Zusammenhange. Es sei eine Steuer ganz besonderer Art, wie sie bisher nirgends gemacht worden sei, auch nirgends gemacht werden konnte, weil so außerordentliche Verhältnisse, wie sie der Krieg geschaffen habe, überhaupt noch nirgends in der Welt, seitdem man moderne Steuersysteme habe, vorgelegen haben.

Darin liege für die verbündeten Regierungen eine weitere Beruhigung. Weil sie eben die bisherigen Grenzen nicht verschieben lassen wollen, müssen sie Wert darauf legen, daß diese Steuer durchaus den Charakter des Einmaligen und Außerordentlichen trägt. Es sei eine Steuer, die überhaupt nur in Kriegszeiten möglich sei."

9. **Zugunsten des Reichs.** Die Kriegsgewinnbesteuerung soll dem Reiche nutzbar gemacht werden. Der Anspruch des Reichs auf diese Einnahmequelle ist wohl allgemein anerkannt (Begründung des Gesetzentwurfes S. 12).

10. **Außerordentliche Kriegsabgabe.** Die Besitzsteuer bleibt also als „ordentliche Abgabe" — neben der Kriegssteuer — bestehen (Begründung des Gesetzentwurfes S. 17). Im Gesetzentwurfe war die Abgabe „Kriegsvermögenszuwachssteuer" benannt. Diese Bezeichnung mußte fallen, als die Abgabe auch auf einen Teil des nicht angewachsenen Vermögens gelegt wurde.

§ 2.

Abgabepflichtiger Vermögenszuwachs im Sinne dieses Gesetzes[1,2]) ist vorbehaltlich der in den §§ 3 bis 7 dieses Gesetzes vorgesehenen Abweichungen[3]) der nach den Vorschriften des Besitzsteuergesetzes festgestellte Vermögenszuwachs[4]).

1. Abgabepflichtiger Vermögenszuwachs im Sinne dieses Gesetzes. Wie der § 1, so beruft sich auch der § 2, der den Begriff des abgabepflichtigen Vermögenszuwachses im Sinne dieses Gesetzes definiert, auf die Vorschriften des Besitzsteuergesetzes über die Feststellung des Vermögenszuwachses unter Vorbehalt der in den §§ 3—6 des Entwurfes vorgesehenen Abweichungen davon

Die Ermittlung des der besonderen Abgabe unterliegenden Vermögenszuwachses hat daher von dem nach den Vorschriften des Besitzsteuergesetzes festgestellten Vermögenszuwachs auszugehen. Hieraus ergibt sich ohne weiteres die Berücksichtigung etwaiger Vermögensverluste sowie die Möglichkeit des Ausgleichs von Härten durch die Berücksichtigung der besonderen Verhältnisse der Kriegszeit. Nach § 29 des Besitzsteuergesetzes ist bei der Feststellung des Vermögens der gemeine Wert (Verkaufswert) seiner einzelnen Bestandteile zugrunde zu legen, sofern das Gesetz nichts anderes vorschreibt. Bei der Ermittlung des gemeinen Wertes, den ein Vermögensteil am Ende des Veranlagungszeitraums hat, sind die durch den Krieg herbeigeführten besonderen wirtschaftlichen Verhältnisse wie die gesamte Marktlage gebührend zu berücksichtigen. Insbesondere ist bei der Bewertung des gewerblichen Betriebsvermögens den Einwirkungen der Kriegszeit sowie den mit der Überführung in die Friedenswirtschaft zusammenhängenden Veränderungen der Rentabilität des Unternehmens Rechnung zu tragen (Begründung des Gesetzentwurfes S. 17).

2. Die Bewertung von Kapitalvermögen. Nicht zum steuerbaren Vermögen gehören Bestände an Barmitteln aus den laufenden Jahreseinkünften sowie Bank- oder andere Guthaben, soweit die beiden letzteren zur Bestreitung der laufenden Ausgaben für drei Monate dienen (§ 6 Ziff. 4 des Besitzsteuergesetzes).

Für die Steuerpflicht und die Ermittlung der Vermögenswerte ist maßgebend der Stand bei Beginn und am Ende des Veranlagungszeitraums (§ 28 Abs. 1 des Besitzsteuergesetzes); vgl. oben § 1 Anm. 5 u. 6. Für Betriebe, bei denen regelmäßige jährliche Abschlüsse stattfinden, kann der Vermögensfeststellung der Vermögensstand am Schlusse des letzten Wirtschafts- oder Rechnungsjahrs zugrunde gelegt werden (§ 28 Abs. 2 des Besitzsteuergesetzes). Bei der Feststellung des Vermögens ist der gemeine Wert (Verkaufswert) seiner einzelnen Bestandteile zugrunde zu legen, sofern das Gesetz nichts anderes vorschreibt. Für die Bewertung der Bestandteile des Kapitalvermögens hat das Besitzsteuergesetz folgende besondere Vorschriften getroffen:

§ 34. Wertpapiere, die in Deutschland einen Börsenkurs haben, sind mit dem Kurswerte, Forderungen, die in das Schuldbuch einer öffentlichen Körperschaft eingetragen sind, mit dem Kurswerte der entsprechenden Schuldverschreibungen der öffentlichen Körperschaft anzusetzen.

Der Steuerpflichtige ist berechtigt, von dem Werte der mit Dividendenschein gehandelten Wertpapiere (§ 6) den Betrag in Abzug zu bringen, der für die seit Auszahlung des letzten Gewinns abgelaufene Zeit dem letztmalig verteilten Gewinn entspricht.

§ 35. Bei Aktien ohne Börsenkurs, bei Kuxen, Anteilen an einer Bergwerksgesellschaft oder bei Anteilen einer Gesellschaft mit beschränkter Haftung ist der Verkaufswert der Aktien, Kuxe oder Anteile anzusetzen. Sofern ein solcher nicht zu ermitteln ist, ist der Wert der Aktie, des Kuxes oder des Anteils unter Berücksichtigung des Gesamtvermögens der Gesellschaft oder Gewerkschaft und der in der Vergangenheit erzielten Gewinne nach freiem Ermessen zu schätzen. Hierbei bleiben diejenigen Beträge der Jahresgewinne unberücksichtigt, welche unter Zugrundelegung der ortsüblichen Preise als Entgelt für gelieferte Rohstoffe anzusehen sind. Im Streitfalle soll die Steuerbehörde die Schätzung des Wertes durch Sachverständige anordnen, die von der zuständigen Handelsvertretung oder der des nächstbelegenen Bezirkes zu ernennen sind.

§ 36. Andere Kapitalforderungen und Schulden sind mit

dem Nennwert anzusetzen, sofern nicht besondere Umstände die Veranschlagung nach einem vom Nennwert abweichenden höheren oder geringeren Werte begründen.

Noch nicht fällige Ansprüche aus Lebens-, Kapital- und Rentenversicherungen kommen mit zwei Dritteln der Summe der eingezahlten Prämien oder Kapitalbeträge, falls aber der Betrag nachgewiesen wird, für welchen die Versicherungsanstalt die Police zurückkaufen würde, mit diesem Rückkaufswert in Anrechnung."

Der 31. Dezember 1916 fällt auf einen Sonntag. Der Reichsschatzsekretär wies darauf hin, daß das von keinem materiellen Einfluß auf die Wertbemessung von Papieren sei und daß es angebracht sei, um die Übereinstimmung mit dem Besitzsteuergesetz auch in diesem Punkte aufrechtzuerhalten, von einer Änderung des Datums abzusehen (Kommissionsbericht S. 8). Soweit ein Börsen- oder Marktwert maßgebend ist, wird also der am vorhergehenden Tage — 30. Dezember 1916 — in Betracht kommen müssen.

Die Vorschriften über die Bewertung des Kapitalvermögens sind in der Kommission wiederholt der Gegenstand von Erörterungen gewesen. So war zum § 2 des Gesetzes der Ergänzungsantrag in Nr. 231 der Kommissionsdrucksachen gestellt, am Schlusse hinzuzusetzen:

„Der Kurswert der an einer deutschen Börse gehandelten Wertpapiere (§ 34 des Besitzsteuergesetzes vom 3. Juli 1913) ist nach dem Durchschnitte des Verkaufswerts, den diese im Monat Dezember 1916 gehabt haben, vom Bundesrate nach Anhörung der Börsenausschüsse festzusetzen.

Für Forderungen in ausländischer Währung ist der Kurswert nach dem Stande vom 31. Dezember 1916 maßgebend.

Bei Aktien ohne Börsenkurs, Kuxen, Anteilen an einer Bergwerksgesellschaft oder bei Anteilen einer Gesellschaft mit beschränkter Haftung ist der Wert gemäß § 35 des Besitzsteuergesetzes vom 3. Juli 1913 anzusetzen."

Nach der Aussprache hierüber zog der Antragsteller schließlich seinen Antrag mit dem Bemerken zurück, es bleibe nunmehr bei den Bestimmungen der §§ 34 und 35 des Besitzsteuergesetzes. Auf die weitere Bemerkung, somit könne jeder Besitzer von Wertpapieren, soweit keine Börsenkurse beständen, seine Wertpapiere nach freiem Ermessen einschätzen, entgegnete der Staatssekretär des Reichsschatzamts, daß das eine irrige Auffassung sei: Die Bestimmungen des § 35 des Besitzsteuergesetzes gingen nicht dahin, daß jeder seinen Aktienbesitz bewerten könne, wie er wolle, sondern es sei ausdrücklich Vorsorge getroffen worden, daß im Streitfalle die Steuerbehörde nach Anhörung der zuständigen Handelsvertretung die Festsetzung des Werts vorzunehmen habe. Die im Antrag Nr. 231 dem Bundesrat entgegengebrachte Vollmacht sei an sich sehr dankenswert und werde von den verbündeten Regierungen nicht abgelehnt, die im Gegenteil prinzipiell sie als durchaus erwünscht betrachteten, denn es sei sicherlich zu begrüßen, wenn sich an Stelle der verschiedenartig differenzierten Bewertungen von Wertpapieren eine Möglichkeit finden ließe, eine einheitliche Bewertung durch den Bundesrat herbeizuführen. Zweifel bestünden nur darüber, ob die Materie gegenwärtig geregelt werden könne, oder ob man die Entwicklung abwarten solle. Vermutlich würden die verbündeten Regierungen im November an den Reichstag herantreten, um die schwierige Frage in einem Zusatze zum Gesetze zu regeln (Kommissionsbericht S. 7).

Aus dem Kommissionsbericht ist noch folgendes (S. 9 und 10) hervorzuheben:

„Einheitliche Bewertung gleichartiger Papiere. Im Zusammenhange mit der Bewertung von Effekten an einem bestimmten Stichtage steht die Frage der Vereinheitlichung der Schätzungen bei den verschiedenen Steuerveranlagungsbehörden.

Ein Abgeordneter wies darauf hin, es sei sehr unliebsam empfunden worden, daß die verschiedenen Steuerkommissionen über den Wert von zur Besteuerung kommenden Aktien eines und desselben Unternehmens ganz verschiedene Meinung gehabt hätten. Es handle sich dabei sowohl um Aktien ohne offizielle Notierung, wie um solche mit Notierung an verschiedenen Börsen. Er frage daher, ob es nicht möglich sei, bei den Ausführungsbestimmungen zum Gesetze Vorsorge für eine einheitliche Besteuerung zu treffen. Nach seiner Ansicht müsse die Wertfestsetzung am Sitze der Gesellschaft erfolgen und dann für alle Einschätzungen gültig sein. Der Staatssekretär gab zu, daß die angeschnittene Frage in der Tat wichtig sei; auch er betrachte es als keinen normalen Zustand, wenn auf Grund des § 35 des Besitzsteuergesetzes eine lokale Steuerbehörde den Kurs eines Papiers etwa auf 160, eine andere auf 150 oder gar auf 120 festgestellt habe. Die Frage solle geprüft werden, ob sich durch die Ausführungsbestimmungen eine Einheitlichkeit in der Veranlagung erzielen lasse.

An einer anderen Stelle, aber im sachlichen Zusammenhange mit dieser Materie, äußerte sich der Staatssekretär des Reichsschatzamts zu der Frage der möglichst einheitlichen Bewertung von Effekten noch, wie folgt:

Bei Abs. 1 des Antrags Nr. 231 sei zweierlei zu unterscheiden, und zwar erstens die Frage: Soll statt des 31. Dezember — einerlei, ob die Börsen geöffnet sind oder nicht — generell der Durchschnittswert des Monats Dezember zugrunde gelegt werden? Die zweite Frage sei, ob der Bundesrat nach Anhörung der Börsenausschüsse für das ganze Reich für die verschiedenen Kategorien von Wertpapieren, die hier in Frage kommen, einheitliche Kurse festsetzen solle. Am 31. Dezember 1913 seien, worauf der Antragsteller mit Recht hingewiesen habe, die Kurse, die zugrunde gelegt wurden, nicht durchweg einheitlich gewesen. In Berlin z. B. sei die Notierung der Berliner Börse maßgebend gewesen, da habe also auch in den Publikationen der Banken ein Unterschied nicht vorhanden sein können. Aber es habe kleine Abweichungen bei den Notierungen an den verschiedenen Börsen in verschiedenen Orten gegeben. Frankfurt habe eine andere Notierung als Berlin, München wieder eine andere, Hamburg wiederum eine andere. Aber die Unterschiede hätten doch nicht irgendwie erheblich sein können, denn die Börsen stehen fortgesetzt in telephonischer Verbindung und die entstehenden Differenzen werden stets sofort ausgeglichen. Er habe schon zugesagt, daß die Frage geprüft werden solle, ob nicht eine völlige Vereinheitlichung möglich sei. Diese Vereinheitlichung sei allerdings in viel höherem Maße als für die Papiere mit Börsenkursen notwendig für die Papiere, die keinen Börsenkurs haben, die nicht offiziell gehandelt werden. Da liege die Sache so, daß größere Differenzen vorkommen könnten, aber nicht deshalb, weil wir kein einheitliches Verfahren für das ganze Reich haben, weil wir kein einheitliches Steuersystem haben. Auch innerhalb Preußens, wo wir ja ein derartiges einheitliches Steuersystem haben, seien damals bei der Vermögenssteuer die Bewertungen verschieden ausgefallen. Es werden eben bei Papieren, die keine Börsenkurse haben, von verschiedenen Behörden Bewertungen vorgenommen, und diese können sehr wohl voneinander abweichen.

Im Zusammenhange damit seien auch noch die Ausführungen des Staatssekretärs über die ausländische Valuta angeführt. Er erklärte, daß hier die Vorschriften des Wechselstempelgesetzes allerdings kaum angewendet werden könnten, denn die dort ausgesprochene Bewertung beziehe sich nur auf die Frage der Verstempelung und Konsequenzen auf andere Gesetze, bei denen nicht ausdrücklich auf das Wechselstempelgesetz Bezug genommen sei, könnten daraus nicht gezogen werden. Hier müsse eben § 36 des Besitzsteuergesetzes eingreifen, wonach ‚andere Kapitalforderungen und Schulden mit dem Nennwert anzusetzen sind, sofern nicht besondere Umstände die Veranlagung nach einem vom Nennwert abweichenden höheren oder geringeren Werte begründen‘. Der Nennwert könne nur in deutsches Geld übersetzt werden, und zwar auf Grund der Devisenkurse, wie sie am Stichtag effektiv notiert würden."

Endlich hatte ein Abgeordneter zu § 2 noch folgenden Antrag gestellt:

„Nr. 327. Die Kommission wolle beschließen, dem § 2 des Kriegssteuergesetzes folgende Abs. 2 und 3 hinzuzufügen:

Der Wert der Aktien, Kuxe, Anteile an einer Bergwerksgesellschaft sowie einer Gesellschaft mit beschränkter Haftung wird am Sitze der Gesellschaft von dem Vorstande festgesetzt. Der Wert ist im ‚Reichsanzeiger‘ bekanntzumachen.

Wird der von dem Vorstande festgesetzte Wert von der

Steuerbehörde beanstandet und infolge der Beanstandung der Wert rechtskräftig anderweit festgesetzt, so ist auch dieser Wert im ‚Reichsanzeiger' bekanntzumachen."

Hierzu äußerte sich der Reichsschatzsekretär nach dem Kommissionsberichte (S. 127, 128) wie folgt:

„Er fürchte, daß auf dem Boden des Antrags Nr. 327 die Sache sich nicht regeln lasse, obwohl er durchaus anerkenne, daß gewisse Härten und Schwierigkeiten entstehen könnten. Aber einmal möchte er darauf aufmerksam machen, daß so, wie das Gesetz heute gehe und stehe, eine Änderung gegenüber der bisherigen Praxis überhaupt nicht vorgesehen sei und daß jede Änderung auch nach rückwärts ihre Wirkung ausüben müsse. Der Vermögenszuwachs ergebe sich durch die Vergleichung des für den 31. Dezember 1916 festgestellten Vermögens mit dem für einen früheren Zeitpunkte festgestellten Vermögen. Es gehe nun doch nicht an, daß die beiden Vermögen, die miteinander verglichen werden sollten, nach verschiedenen Grundsätzen ermittelt werden. Unter Umständen müßte also für drei Jahre zurück nach dem anderen Modus, den der Antrag Nr. 327 vorschlage, nachträglich die Feststellung des Wertes der einzelnen Aktien und Gesellschaftsanteile am 31. Dezember 1913 vorgenommen werden, und das würde doch eine große Verwirrung zur Folge haben. Diese Verwirrung würde um so größer werden, wenn der Antrag Nr. 327 den Bewertungsmaßstab nur für die Kriegssteuer ändere, während es für das Besitzsteuergesetz beim alten bleibe. Denn dieses werde durch seinen Antrag nicht geändert. Auch die Vermögenssteuergesetze der Einzelstaaten, insbesondere das preußische Ergänzungssteuergesetz, haben dieselben Bewertungsgrundsätze wie das Besitzsteuergesetz. Er fürchte, es werde der Antrag erhebliche Unzuträglichkeiten hervorrufen. Außerdem glaube er, daß sich heute noch gar nicht übersehen lasse, wie die Dinge am 31. Dezember 1916 ständen. Er habe in der ersten Lesung erklärt, wenn man bis dahin Frieden habe und die Börsen wieder eröffnet seien, so sehe er eigentlich einen genügenden Grund für die Abweichung von den bisherigen Normen nicht ein. Es werde auf alle Fälle so verfahren, wie es das Besitzsteuergesetz und die einzelstaatlichen Vermögenssteuergesetze vorschreiben. Bei denjenigen Papieren, die einen Börsenkurs haben, werde also der Kurswert zugrunde gelegt, genau so wie bei Waren der Wert, den sie auf dem Markte haben. Der Antragsteller meine, im Kurswerte komme nicht immer zum Ausdruck der wirkliche Wert, den kenne nur der Gesellschaftsleiter. Er gebe zu, daß dieser einen klareren Blick haben möge wie die Börse. Aber er möchte bestreiten, daß die Unzuträglichkeiten, die aus der Differenz zwischen der Bewertung des Geschäftsleiters und dem Börsenkurse oder aus der Abweichung des Börsenkurses vom wirklichen Werte hervorgehen könnten, sehr erheblich und allgemeiner Natur seien. Wenn jemand glaube, daß der Börsenkurs für die Papiere, die er besitze, zu hoch sei, habe er die Möglichkeit, den Kurswert an der Börse zu realisieren, im allgemeinen wenigstens, wenn nicht besondere Verhältnisse vorlägen, so daß da von selbst die Korrektur herbeigeführt werden könne. Jedenfalls könne man nicht sagen, daß das Gesetz wichtige Punkte, die einer Regelung bedürfen, in der Schwebe lasse. Man belasse es vielmehr heute nur bei den für den Wehrbeitrag, die Besitzsteuer und die einzelstaatlichen Vermögenssteuern geltenden Normen in der Überzeugung, daß man, ehe man an eine Änderung herangehe, abwarten müsse, wie die Verhältnisse sich entwickeln. Trete keine Änderung ein, so werde dieses Gesetz keine lex imperfecta sein, sondern das Gesetz sei in sich vollkommen geschlossen. Wenn keine Änderung vorgenommen werde, geschehe die Veranlagung genau nach den Vorschriften des Besitzsteuergesetzes. Lediglich dann, wenn bis zum 31. Dezember 1916 Verhältnisse bestehen sollten oder man im Herbste voraussehen sollte, daß die Anwendung des Besitzsteuergesetzes sich nicht ermöglichen lasse, werde man notgedrungen zu einer weiteren Regelung greifen müssen. Er möchte bitten, diese Gesichtspunkte in Erwägung zu ziehen und sich davon zu überzeugen, daß die beantragte Vorschrift ohne große Unzuträglichkeiten nicht in den Entwurf aufgenommen werden könne."

Der Antragsteller zu Nr. 327 zog darauf den Antrag zurück.

3. **Vorbehaltlich der in den §§ 3 bis 7 dieses Gesetzes vorgesehenen Abweichungen.** Siehe Anm. 2 zu § 1.

4. **Der nach den Vorschriften des Besitzsteuergesetzes festgestellte Vermögenszuwachs.** Dieser ist auf alle Fälle festzustellen, denn er bildet nach § 2 des Entwurfes die Grundlage für die Berechnung desjenigen Vermögenszuwachses, von dem die besondere Abgabe (Kriegssteuer) erhoben wird. Der Besitzsteuer unterliegen demnach insbesondere auch die in § 3 des Entwurfes aufgeführten Vermögenszuwachsbeträge, die der Kriegssteuer nicht unterliegen. Bei den verhältnismäßig niedrigen Sätzen der Besitzsteuer erscheint es nicht geboten und im Interesse der Vereinfachung des Veranlagungsgeschäfts ist es unerwünscht, den der besonderen Abgabe unterliegenden Teil des Vermögenszuwachses für die Besitzbesteuerung auszuschalten (Begründung des Gesetzentwurfes S. 17).

Das Besitzsteuergesetz behandelt die Gegenstände der Besitzsteuer (objektive Steuerpflicht) in den §§ 2—10 und die Wertermittlung in den §§ 28—47; für die Feststellung des Vermögenszuwachses gibt es folgende Vorschriften:

„§ 18. Die Feststellung des Vermögenszuwachses erfolgt erstmals zum 1. April 1917 für den in der Zeit vom 1. Januar 1914 bis zum 31. Dezember 1916 entstandenen Zuwachs, späterhin in Zeitabständen von drei zu drei Jahren für den in den vorangegangenen drei Kalenderjahren entstandenen Zuwachs.

§ 19. Als Vermögenszuwachs gilt der Unterschied zwischen dem reinen Werte des steuerbaren Gesamtvermögens am Ende des jeweiligen Veranlagungszeitraums (§ 18) und dem reinen Werte des steuerbaren Gesamtvermögens am Anfange dieses Zeitraums, soweit in den §§ 21, 22 nichts anderes bestimmt ist.

§ 20. Als Wert des steuerbaren Vermögens am 1. Januar 1914 gilt das nach dem Wehrbeitragsgesetze festgestellte Vermögen. Ist im Wege des aus Billigkeitsrücksichten gewährten gänzlichen oder teilweisen Erlasses des rechtskräftig veranlagten Wehrbeitrags das Vermögen anderweit ermittelt, so ist das anderweit ermittelte Vermögen maßgebend.

§ 22. Wird die persönliche Steuerpflicht (§ 11) erst innerhalb eines Veranlagungszeitraums (§ 18) begründet, so erfolgt die erste Feststellung des Vermögens für das zur Zeit des Eintritts der Steuerpflicht vorhandene steuerbare Vermögen des Steuerpflichtigen.

Die Vorschrift des Abs. 1 gilt im Falle der Erweiterung der Steuerpflicht entsprechend für das durch die erweiterte Steuerpflicht neu erfaßte Vermögen des Steuerpflichtigen.

§ 23. Ist die Steuerpflicht nur nach § 11 Nr. II begründet, so werden dem ersten maßgebenden Vermögensstand alle nachweislich aus dem der Besteuerung nicht unterworfenen Vermögen des Steuerpflichtigen gemachten, nicht zu den laufenden Wirtschaftsausgaben zählenden Aufwendungen für steuerpflichtige Vermögensteile hinzugerechnet.

Die Anrechnung nach Abs. 1 erfolgt insoweit nicht, als den Aufwendungen ein Vermögen gegenübersteht, das im maßgebenden Zeitraume der Besteuerung entzogen worden ist."

Für Ehegatten kommen noch folgende Bestimmungen des Besitzsteuergesetzes in Betracht:

„§ 14. Für die Veranlagung der Besitzsteuer wird das Vermögen der Ehegatten zusammengerechnet, sofern sie nicht dauernd voneinander getrennt leben. Die Ehegatten sind, falls ihr Vermögen hiernach zusammenzurechnen ist, der Staatskasse als Gesamtschuldner der Steuer verpflichtet.

§ 15. Ist ein Ehegatte innerhalb des Veranlagungszeitraums (§§ 18 bis 22) gestorben, so ist der aus dem Erbfalle herrührende Zuwachs des überlebenden Ehegatten insoweit steuerfrei, als das ererbte Vermögen in der Hand des anderen Eheteils oder gemäß § 14 nicht mehr der Zuwachsbesteuerung unterliegen würde."

Sind Ehegatten, welche zum Wehrbeitrage gemeinsam veranlagt werden mußten, für die Besitz- und die Kriegssteuer getrennt zu veranlagen, weil sie nunmehr dauernd voneinander getrennt leben, so kommt für die Berechnung des Vermögenszuwachses das Vermögen jedes einzelnen bei Beginn des Veranlagungszeitraums in

Betracht. Ebenso umgekehrt, wenn Ehegatten für die Besitz- und die Kriegssteuer gemeinsam zu veranlagen sind, während sie bei Beginn des Veranlagungszeitraums einzeln zu veranlagende Steuerpflichtige waren; dann ist für die Ermittlung des Vermögenszuwachses das Vermögen der Ehegatten bei Beginn des für jeden einzelnen maßgebenden Veranlagungszeitraums gleichfalls zusammenzurechnen.

§ 3.

Von dem nach den Vorschriften des Besitzsteuergesetzes für den 31. Dezember 1916 festgestellten Vermögen [1]) sind abzuziehen [2]):

1. der Betrag des Vermögens, das nachweislich [3]) im Veranlagungszeitraume [4]) durch Erbanfall [5]), durch Lehen-, Fideikommiß- oder Stammgutanfall, infolge Vermächtnisses oder auf andere Weise aus dem Nachlaß eines Verstorbenen von Todes wegen [6]) erworben ist [7]). Als Erwerb aus dem Nachlaß gilt auch die Abfindung für die Ausschlagung einer Erbschaft oder eines Vermächtnisses [8]);

2. der Betrag einer nachweislich [3]) im Veranlagungszeitraum [4]) erfolgten Kapitalauszahlung aus einer Versicherung [9]) nach Absetzung des bei der Wehrbeitragsveranlagung festgestellten oder des auf den Anfang des Veranlagungszeitraums [4]) festzustellenden Kapitalwerts [10]) der betreffenden Versicherung;

3. der Betrag des Vermögens, das nachweislich [3]) im Veranlagungszeitraume [4]) durch Schenkung [11]) oder durch eine sonstige ohne entsprechende Gegenleistung erhaltene Zuwendung (Vermögensübergabe) [12]) erworben ist [7]), soweit es sich um Zuwendungen im Einzelbetrage von wenigstens eintausend Mark [13]) handelt und nicht ein gesetzlicher Anspruch auf die Zuwendung bestand [14]);

4. Vermögensbeträge, die nachweislich aus der Veräußerung ausländischen Grund- und Betriebsvermögens [15]) oder sonstiger Gegenstände herrühren [16]), die zu Beginn des Veranlagungszeitraums [4]) zum nichtsteuerbaren Vermögen des Steuerpflichtigen gehört haben [17]). Das gleiche gilt für solche zum ausländischen Grund- oder Betriebsvermögen gehörige Gegenstände, die während des Veranlagungszeitraums [4]) ins Inland verbracht worden sind [18]).

Der Abzug nach Abs. 1 Nr. 1 ist für den entsprechenden Anteil an dem Betrage des Nachlaßvermögens ausgeschlossen, der abgabepflichtiger Vermögenszuwachs des Erblassers gewesen wäre, wenn der Erblasser auf den Zeitpunkt seines Todes zu der Abgabe zu veranlagen gewesen sein würde. [19])

1. **Von dem nach den Vorschriften des Besitzsteuergesetzes für den 31. Dezember 1916 festgestellten Vermögen.** Siehe Anm. 4 zu § 2.

Der 31. Dezember 1916 ist nur maßgebend, wenn der Veranlagungszeitraum nicht früher endigt; siehe Anm. 5 zu § 1.

Das nach den Vorschriften des Besitzsteuergesetzes festgestellte Vermögen vor seiner dort im § 28 Abs. 3 angeordneten Abrundung auf volle Tausende ist maßgebend (§ 7).

2. **Sind abzuziehen.** Der § 3 sieht Abrechnungen vom Vermögenszuwachse vor. Hierüber wird in der Begründung des Gesetzentwurfes auf S. 13 folgendes ausgeführt:

„Gegenstand der Abgabe ist grundsätzlich der nach den Vorschriften des Besitzsteuergesetzes festgestellte Vermögenszuwachs. Von diesem Vermögenszuwachs ist jedoch abzuziehen das Vermögen, das durch Erbanfall oder durch einen sonstigen Erwerb von Todes wegen von einem Verstorbenen an dessen Erben oder andere Berechtigte übergegangen ist, es sei denn, daß es sich um Vermögen handelt, mit dem der Verstorbene selbst kriegsgewinnsteuerpflichtig gewesen wäre, wenn er den maßgebenden Stichtag erlebt hätte (§ 3 Abs. 1 Nr. 1 und Abs. 2 des Entwurfes).

Es bedarf keiner weiteren Ausführungen, daß für die Besteuerung der Erbschaften andere Erwägungen maßgebend sind und sein müssen als für die Besteuerung der Kriegsgewinne.

Den Erbanfällen stellt der Entwurf gleich Kapitalsauszahlungen aus einer Versicherung (§ 3 Abs. 1 Nr. 2 des Entwurfes), Schenkungen und sonstige Vermögensübergaben unter Lebenden (§ 3 Abs. 1 Nr. 3 des Entwurfes) und das nur steuerlich, nicht wirtschaftlich als Vermögenszuwachs in Erscheinung tretende Vermögen, das aus der Umwandlung nichtsteuerbaren Vermögens in steuerbares Vermögen herrührt (§ 1 Abs. 1 Nr. 4 des Entwurfes).

Allerdings können noch andere außerordentliche Vermögensanfälle vorkommen, deren Einbeziehung unter die Kriegsgewinnsteuer ebenso wie bei den im § 3 des Entwurfes aufgeführten Erwerbsfällen eine nicht gerechtfertigte Härte bedeutet. Die Verhältnisse werden im Einzelfall aber sehr verschieden liegen, so daß sie sich der gesetzlichen Regelung im einzelnen entziehen. Auch wird die Beurteilung des Einzelfalls oft sehr schwierig sein. Im Interesse einer einheitlichen, gleichmäßigen und gerechten Veranlagung zu der Kriegsgewinnsteuer, die in ihren Sätzen weit über das gewöhnliche Ausmaß anderer öffentlichen Abgaben hinausgeht, wird einer einzigen zentralen Stelle die Befugnis zu erteilen sein, andere außerordentliche Vermögensanfälle von der besonderen Abgabe zu befreien. Der § 41 des Entwurfes*) sieht daher eine solche Ermächtigung des Bundesrats vor."

3. **Nachweislich.** Die Beweispflicht obliegt also dem Steuerpflichtigen, der den Abzug geltend macht.

4. **Veranlagungszeitraum,** d. i. regelmäßig der Zeitraum vom 1. Januar 1914 bis 31. Dezember 1916; siehe aber die Anm. 5 und 6 zu § 1.

5. **Durch Erbanfall.** Die Anwendbarkeit der Vorschrift in Nr. 1 setzt voraus, daß der Erbfall eingetreten ist. Ein Erwerb im Sinne

---

*) Jetzt § 36 des Gesetzes.

des § 2 Nr. 1 des Erbschaftssteuergesetzes oder eine Abfindung für einen Erbverzicht (§§ 2346, 2352 BGB.) fällt unter Abs. 1 Nr. 3, nicht unter die Nr. 1 (Begründung des Gesetzentwurfes S. 18).

§ 2 des Erbschaftssteuergesetzes für das Deutsche Reich vom 3. Juni 1906 lautet:

„Als Erwerb von Todes wegen ist außerdem anzusehen: 1. was durch Rechtsgeschäft unter Lebenden mit der Bestimmung zugewendet wird, daß es auf den Pflichtteil angerechnet werden soll; 2. . . .“

Die oben angezogenen Vorschriften des Bürgerlichen Gesetzbuchs bestimmen folgendes:

„§ 2346. Verwandte sowie der Ehegatte des Erblassers können durch Vertrag mit dem Erblasser auf ihr gesetzliches Erbrecht verzichten. Der Verzichtende ist von der gesetzlichen Erbfolge ausgeschlossen, wie wenn er zur Zeit des Erbfalls nicht mehr lebte, er hat kein Pflichtteilsrecht.

Der Verzicht kann auf das Pflichtteilsrecht beschränkt werden.

§ 2352. Wer durch Testament als Erbe eingesetzt oder mit einem Vermächtnisse bedacht ist, kann durch Vertrag mit dem Erblasser auf die Zuwendung verzichten. Das gleiche gilt für eine Zuwendung, die in einem Erbvertrag einem Dritten gemacht ist. Die Vorschriften der §§ 2347, 2348 finden Anwendung.“

Nach § 2348 BGB. bedarf der Erbverzichtsvertrag der gerichtlichen oder notariellen Beurkundung. Der § 2347 a. a. O. betrifft gewisse Beschränkungen der Beteiligten in dem Abschlusse des Erbverzichtsvertrags.

6. Oder auf andere Weise aus dem Nachlaß eines Verstorbenen. Der Erbschaftskauf ist ein Vertrag, durch den der Erbe die ihm angefallene Erbschaft verkauft (§ 2371 BGB.). (Begründung des Gesetzentwurfes S. 18.) Der Erbschaftskäufer darf also keinen Abzug geltend machen; aber der Erbe, der die Erbschaft verkauft hat, muß sich zwar den Kaufpreis anrechnen, darf aber den Betrag des ererbten Vermögens in Abzug bringen, er steht also ebenso da, als wenn er nicht die angefallene Erbschaft, sondern die hierzugehörigen Gegenstände usw. veräußert hätte.

Ist ein Abkömmling des Erblassers durch Verfügung von Todes wegen von der Erbfolge ausgeschlossen, so kann er von dem Erben den Pflichtteil verlangen (§ 2303 BGB.). Solange dieser Anspruch nicht geltend gemacht ist, kommt der Pflichtteil ebensowenig bei der Feststellung des Vermögens nach dem Besitzsteuergesetz in Betracht, wie für einen Abzug nach § 3 Abs. 1 Nr. 1 (Begründung des Gesetzentwurfes S. 18).

7. **Erworben ist.** Maßgebend ist der Wert des Vermögens zur Zeit des Anfalls. Abzugsfähig ist nur der Betrag, um den der Erbe usw. durch den Erbanfall usw. wirklich bereichert ist, also der um die geschuldete Erbschaftssteuer gekürzte Wert des Erwerbes. Bei einem Fideikommißanfall ist das angefallene Vermögen auch um den Kapitalwert der Fideikommißabgabe zu kürzen, welche auf Grund des § 89 des Reichsstempelgesetzes vom 15. Juli 1909 in der Fassung des § 68 des Reichszuwachssteuergesetzes vom 14. Febr. 1911 alljährlich erhoben wird und auf dem Grundstück als öffentliche Last ruht. Nachlaßgegenstände, die nicht zum steuerbaren Vermögen gehören, bleiben unberücksichtigt, es sei denn, daß die Abzugsfähigkeit nach Abs. 1 Nr. 4 begründet ist.

Die Bedeutung und Tragweite der Vorschrift des Abs. 2 ergibt sich aus folgendem Beispiele:

A ist mit einem Vermögen von 200000 ℳ zum Wehrbeitrage veranlagt worden. Er stirbt am 1. Juli 1916 und hinterläßt ein steuerbares Vermögen von 500000 ℳ. Er wird von zwei Kindern zu gleichen Teilen beerbt. Eine dritte Person N ist mit einem Vermächtnisse von 50000 ℳ bedacht worden. Zur Zeit des Todes war ein abgabepflichtiger Vermögenszuwachs von 300000 ℳ bei einem Gesamtvermögen von 500000 ℳ vorhanden; $^3/_5$ des Nachlaßvermögens sind somit abgabepflichtig. Jeder der beiden Erben darf daher nur $^2/_5$ des ererbten Vermögens, also $\frac{2 \cdot 225000}{5}$ ℳ = 90000 ℳ abziehen. N hat nach Abzug von 7200 ℳ Erbschaftssteuer 42800 ℳ erhalten. Hiervon kann er ebenfalls $^2/_5$ = 17120 ℳ abziehen (Begründung des Gesetzentwurfes S. 18).

Siehe die Fortsetzung des Beispiels in Anm. 19.

8. **Abfindung für die Ausschlagung einer Erbschaft oder eines Vermächtnisses**, d. h. einer angefallenen Erbschaft (§ 1943 BGB.) oder eines angefallenen Vermächtnisses (§ 2180 a. a. O.).

9. **Der Betrag einer Kapitalauszahlung aus einer Versicherung**, nämlich aus einer Lebens- oder Kapitalversicherung (§ 5 Nr. 6 des Gesetzes über einen einmaligen außerordentlichen Wehrbeitrag vom 3. Juli 1913). Zu den Lebensversicherungen gehören insbesondere nicht nur die einfachen Versicherungen auf den Todesfall, sondern auch die Versicherungen „auf den Überlebensfall", „auf den Erlebensfall", die sog. „abgekürzte" sowie die „kurze" Versicherung, sowie alle Kombinationen dieser Versicherungsformen (Art. 16 Nr. 1 AusfAnw. vom 25. Juli 06 zum preuß. Ergänzungssteuergesetz), unter Umständen auch der Einkauf in sog. Sterbe- oder Begräbniskassen. Das Nähere hierüber siehe bei Mrozek, Handkommentar zum Einkommensteuergesetze, S. 136 ff. Unfall- oder Krankenversicherungen sowie Versicherungen gegen Sachbeschädigungen (Feuer-, Vieh-, Hagelversicherung) kommen hier nicht in Betracht (Art. 16 Abs. 2 der Ausf.-Anw. zum preuß. Ergänzungssteuergesetze).

10. **Nach Absetzung des Kapitalwerts der betreffenden Versicherung.** Die Kapitalauszahlung ist zu kürzen um den Betrag, mit dem der Wert der Versicherung in der Vermögensaufstellung für den Anfang des Veranlagungszeitraums angesetzt ist (Begründung des Gesetzentwurfes S. 18). Der Restbetrag ist abzugsfähig.

Als „Kapitalwert" der Versicherung gelten entweder zwei Drittel der Summe der seit dem Beginne der Versicherung — gleichviel von wem — eingezahlten Prämien- oder Kapitalbeiträge, wobei die dem Versicherten vergüteten oder angerechneten Dividenden in Abzug gebracht werden dürfen, oder der vom Steuerpflichtigen nachzuweisende Rückkaufswert, d. h. der volle Betrag, für welchen die Versicherungsanstalt die Police zurückkaufen würde. Unter dem Rückkaufswert ist nicht jeder zwischen den Beteiligten willkürlich vereinbarte Scheinpreis, sondern nur der wirkliche, nach den Regeln der Versicherungstechnik berechnete Kaufpreis zu verstehen, welchen die Versicherungsanstalt nach Maßgabe der in ihren Statuten, Versicherungsbedingungen oder Prospekten aufgestellten allgemeinen Grundsätzen im einzelnen Falle zu gewähren bereit ist (Art. 16 Nr. 5 und 6 der Ausf.-Anw. zum preuß. Ergänzungssteuergesetze).

11. **Durch Schenkung.** Hier sind folgende Vorschriften des Bürgerlichen Gesetzbuchs zu beachten:

§ 516. Eine Zuwendung, durch die jemand aus seinem Vermögen einen anderen bereichert, ist Schenkung, wenn beide Teile darüber einig sind, daß die Zuwendung unentgeltlich erfolgt.

§ 517. Eine Schenkung liegt nicht vor, wenn jemand zum Vorteil eines anderen einen Vermögenserwerb unterläßt oder auf ein angefallenes, noch nicht endgültig erworbenes Recht verzichtet oder eine Erbschaft oder ein Vermächtnis ausschlägt.

§ 518. Zur Gültigkeit eines Vertrags, durch den eine Leistung schenkungsweise versprochen wird, ist die gerichtliche oder notarielle Beurkundung des Versprechens erforderlich. Das Gleiche gilt, wenn ein Schuldversprechen oder ein Schuldanerkenntnis der in den §§ 780, 781 bezeichneten Art schenkungsweise erteilt wird, von dem Versprechen oder der Anerkennungserklärung.

Der Mangel der Form wird durch die Bewirkung der versprochenen Leistung geheilt.

§ 534. Schenkungen, durch die einer sittlichen Pflicht oder einer auf den Anstand zu nehmenden Rücksicht entsprochen wird, unterliegen nicht der Rückforderung und dem Widerrufe.

Bei Schenkungen von Hebungsrechten, z. B. von Leibrenten, bildet den Gegenstand der Schenkung der Kapitalwert des Hebungsrechts. Dieser ist deshalb der Betrag, der von dem Vermögenszuwachs abgezogen werden darf, während es auf die einzelnen aus dem Stammrechte fließenden Hebungen nicht ankommt.

Näheres über Schenkungen siehe bei Mrozek, Handkommentar zum preußischen Einkommensteuergesetze, S. 72 zu n und S. 353.

12. **Durch eine sonstige ohne entsprechende Gegenleistung erhaltene Zuwendung.** Hierunter fallen auch Gutsüberlassungen von Eltern an Kinder. Zuwendungen von Gegenständen, die nicht zum

steuerbaren Vermögen gehören, fallen weder unter § 1 Abs. 1 Nr. 3 noch unter § 4 des Entwurfes, wohl aber können sie unter den Voraussetzungen des § 5 des Entwurfes dem Vermögen des Zuwendenden hinzugerechnet werden (Begründung des Gesetzentwurfes S. 18).

13. **Im Einzelbetrage von wenigstens eintausend Mark.** Zuwendungen, welche jenen Betrag nicht erreichen, werden dadurch nicht abzugsfähig, daß im Veranlagungszeitraume mehrere solcher Zuwendungen stattgefunden haben, die zusammen den Betrag von eintausend Mark ausmachen. Bei ratenweisen Zahlungen eines von vornherein bestimmt zugewendeten Kapitalbetrags ist dessen Höhe maßgebend (Entsch. d. preuß. OVG. in Staatsstſ. Bd. 9 S. 209). Bei Leistungen auf Grund einer im Veranlagungszeitraume neu übernommenen, auf einem Privatrechtstitel beruhenden Last kommt es nicht auf die Höhe der einzelnen Leistungen, sondern auf den Kapitalwert der Last an (§§ 37 ff. des Besitzsteuergesetzes).

Beim Geschenknehmer ist der Abzug unbedingt ausgeschlossen, während beim Geschenkgeber die Anrechnung doch erfolgen darf, wenn dieser sein Vermögen nur verringern wollte, um an der Abgabe zu sparen (§ 4 des Gesetzes). Da aber nach § 4 Abs. 2 der Geschenknehmer für die Abgabe des Geschenkgebers haftet, insoweit sie auf den ihm zugeflossenen Teil des abgabepflichtigen Vermögenszuwachses entfällt, und der Geschenkgeber sogar von dem Bedachten Ersatz jenes Abgabeteils verlangen kann, so wird für die böse Absicht des Geschenkgebers nicht dieser, sondern der Geschenknehmer bestraft, der vielleicht von jener Absicht nichts gewußt hat. Er muß die Zuwendung als Vermögenszuwachs nicht nur bei seinem eigenen Vermögen, sondern auch noch beim Vermögen des Geschenkgebers, also doppelt, versteuern. Hilfe kann hier nur die Anrufung des Bundesrats (§ 36) bringen.

14. **Und nicht ein gesetzlicher Anspruch auf die Zuwendung bestand.** Bestand ein solcher Anspruch, so ist auch eine Zuwendung über eintausend Mark nicht abzugsfähig. Die Gesetzesvorschrift ist das Ergebnis der Beratung des Gesetzes in der Kommission des Reichstags. Der Kommissionsbericht (S. 11/12) enthält hierüber folgendes:

„Der Staatssekretär des Reichsschatzamts erkannte an, daß in dem einen oder anderen Falle Härten vorkommen könnten; da man aber vor allem dafür sorgen müsse, daß nicht durch Schenkungen usw. große Vermögensteile der Versteuerung entzogen würden, sei es sehr schwer, für alle Möglichkeiten eine Vorkehrung zu treffen. Eine generelle Regelung müsse doch wohl erfolgen, die allerdings die vorhin erwähnten Fälle der Zuwendungen auf Grund gesetzlicher Verpflichtung mitumfasse.

Ein anderer Abgeordneter stimmte dem Staatssekretär darin bei, daß es gefährlich sei, das Gesetz zu durchlöchern, weil dadurch das finanzielle Ergebnis stark vermindert werden könne. Er fragte aber an, ob die Abfindungen, die für die Aufgabe bestehender Rechte gezahlt worden sind, nicht abzugsfähig gemacht werden könnten.

Auch dagegen hatte der Staatssekretär Bedenken und legte dar, daß man das nicht im Wege einer generellen Regelung machen könne. Wenn Rechte veräußert und dafür große Beträge vereinnahmt würden, so sei das ein regelrechter Vermögenszuwachs, der nach den Vorschriften dieses Entwurfes steuerpflichtig sei. Allerdings gäbe es bei Abfindungen Fälle, bei denen eine gewisse Härte unverkennbar sei. Auch ihm persönlich seien derartige Fälle bekannt geworden. Es gäbe keine Möglichkeit, sie im Gesetze selbst zu regeln, und man müsse deshalb mittels des sehr weit gefaßten Härteparagraphen*) die etwa entstehenden Unbilligkeiten zu vermeiden oder zu mildern suchen.

Auf die Bemerkung eines Abgeordneten, daß im Entwurf offensichtlich die Ausstattungen unter die Schenkungen gebracht worden seien, wohin sie nicht gehörten, legte ein Vertreter der verbündeten Regierungen ausführlich dar, was in § 3 Nr. 3 unter ‚Schenkung‘ und unter den Worten ‚oder durch eine sonstige, ohne entsprechende Gegenleistung erhaltene Zuwendung‘ zu verstehen sei. Während unter ‚Schenkung‘ die Schenkung im Sinne des Bürgerlichen Gesetzbuchs zu verstehen sei, sollten unter dem zweiten Begriffe, der ein wirtschaftlicher sei, in weitestem Sinne

*) 36 des Gesetzes.

alle Vermögensübergaben unter Lebenden verstanden werden, z. B. Gutsüberlassungen, Ausstattungen, Abfindungen für Erbverzicht, Zuwendungen unter Lebenden, die auf den Pflichtteil angerechnet werden sollen, also auch Zuwendungen, die unter § 2 des Erbschaftssteuergesetzes fallen. Die Veranlagung der Kriegsgewinnsteuer solle so erfolgen, wie wenn derartige Vermögensverschiebungen nicht erfolgt wären. Trotzdem halte er es, wie eingewendet worden sei, nicht für inkonsequent, wenn in § 4 die fortlaufenden Zuwendungen herausgenommen seien. Dort handle es sich nicht um Vermögensverschiebungen, sondern um Reichnisse, die, wie die sonstigen laufenden Ausgaben, aus dem Einkommen, den laufenden Einnahmen bestritten werden.

Im Anschluß an diese Darlegungen hob ein Abgeordneter hervor, daß man zweierlei auseinanderhalten müsse: Schenkungen, durch die der Zweck des Gesetzes vereitelt werden solle, und Zuwendungen, die zwar ‚ohne entsprechende Gegenleistung' gemacht worden seien, zu denen aber eine gesetzliche Verpflichtung bestehe. Um diese Unterscheidung klar hervorzuheben, schlage er vor:

Die Kommission wolle beschließen, in § 3 Nr. 3 am Schlusse die Worte zuzufügen:

‚und nicht ein gesetzlicher Anspruch auf die Zuwendung bestand.'

Nachdem ein Abgeordneter eingewandt hatte, die Fassung dieses Antrags sei noch zu eng, weil z. B. für die Ausstattung keine gesetzliche Verpflichtung, wohl aber eine moralische Verpflichtung vorliege und weil auch Fälle von Alimentation hier in Frage kommen könnten, die er vielleicht in der zweiten Lesung durch einen besonderen Antrag erfassen werde, erklärte der Staatssekretär des Reichsschatzamts, daß man die Tragweite der angestrebten Unterscheidung nicht überschätzen möge, denn das Vermögen werde doch an einer Stelle erfaßt: wenn es nicht bei dem Schenkenden erfaßt werde, so bei dem Beschenkten. Der Schenkende werde regelmäßig der Wohlhabendere sein und einen höheren Steuersatz zu zahlen haben. Es liege im fiskalischen Interesse, daß es möglichst bei dem Schenkenden erfaßt werde, weil es entsprechend mehr bringe.

Was die Ausstattung oder Mitgift betreffe, so falle sie ohnedies nicht unter die erwähnte Anregung, weil ja eine gesetzliche Verpflichtung nicht vorliege. Soweit anderseits die Aussteuer, zu deren Gewährung eine gesetzliche Pflicht bestehe, in Möbeln, Wäsche und dergleichen erfolge, falle sie nicht unter das Gesetz. Möbel und dergleichen unterliegen nicht dem Besitzsteuergesetz und der besonderen Abgabe. Sie würden ausscheiden. Er würde vorschlagen, es bei der Fassung der Vorlage bewenden zu lassen. Von allen Einschränkungen sei ihm die sympathischste die, welche die Einschränkung auf den gesetzlichen Anspruch zurückschraube.

Eine besondere Frage stellte ein Abgeordneter noch: Ob die Mitgift, die ein ausländischer Vater seiner nach Deutschland heiratenden Tochter gibt, in **Deutschland als Vermögenszuwachs** versteuert werden **müsse? Der Staatssekretär bejahte** diese Frage für **das Besitzsteuergesetz."**

Die gesetzliche Verpflichtung der Eltern zur Aussteuer besteht **nur einer Tochter** gegenüber und auch da nur unter gewissen Voraussetzungen (§§ 1620 ff. BGB.).

15. **Ausländisches Grund- oder Betriebsvermögen.** Die deutschen Schutzgebiete sind im Sinne der Reichsverfassung (Art. 1) Ausland.

Das im Auslande befindliche Grund- und Betriebsvermögen gehört **nicht zum steuerbaren Vermögen** (§ 5 des **Besitzsteuergesetzes**). **Zum Grundvermögen** gehören die Grundstücke einschließlich des **Zubehörs** (§ 2 Nr. 1 a. a. O.). Zubehör sind bewegliche Sachen, die, ohne Bestandteile der Hauptsache zu sein, dem wirtschaftlichen Zwecke der Hauptsache zu dienen bestimmt sind und zu ihr in einem dieser Bestimmung entsprechenden räumlichen Verhältnisse stehen. Eine Sache ist nicht Zubehör, wenn sie im Verkehre nicht als Zubehör angesehen wird. Die vorübergehende Benutzung einer Sache für den wirtschaftlichen Zweck einer anderen begründet nicht die Zubehöreigenschaft. Die vorübergehende Trennung eines Zubehörstücks von der Hauptsache hebt die Zubehöreigenschaft nicht auf (§ 97 BGB.). — Zum Betriebsvermögen gehören alle dem Unternehmen gewidmeten Gegenstände (§ 4 Abs. 1 des Besitzsteuergesetzes).

16. **Herrühren.** Vgl. hierüber oben Anm. 7. Auch hier wird nur der Erlös abzüglich aller Unkosten (Stempel, Steuern) den Gegenstand des Abzugs bilden dürfen.

Durch die Vorschrift der Nr. 4 soll der fiktive Vermögenszuwachs, der aus der bloßen Umwandlung nichtsteuerbaren Vermögens in steuerbares Vermögen herrührt, von der Kriegsvermögenszuwachssteuer befreit werden.

Eine Umwandlung von nichtsteuerbarem Vermögen in steuerbares Vermögen ist auch in der Weise denkbar, daß ein ausländisches Unternehmen oder Teile davon in eine Aktiengesellschaft eingebracht werden, da die den Gegenwert bildenden Aktien zum steuerbaren Kapitalvermögen gehören.

17. **Sonstige Gegenstände, die zum nichtsteuerbaren Vermögen des Steuerpflichtigen gehört haben.** Nach den Vorschriften des Besitzsteuergesetzes gelten wie für den Wehrbeitrag als nichtsteuerbares Vermögen Möbel, Hausrat und andere nicht als Kapitalvermögen anzusprechende bewegliche körperliche Gegenstände, sofern sie nicht als Zubehör eines inländischen Grundstücks oder als Bestandteil eines inländischen Betriebsvermögens anzusehen sind (siehe oben Anm. 15), endlich das im Auslande befindliche Grund- und Betriebsvermögen (§§ 5 u. 8 a. a. O.).

18. **Gegenstände eines ausländischen Grund- oder Betriebsvermögens, die während des Veranlagungszeitraums ins Inland verbracht sind.** Weil diese Gegenstände sich nicht mehr im Auslande befinden — siehe Anm. 17 — sind sie Bestandteile des steuerpflichtigen Vermögens geworden und treten bei diesem, ohne daß eine Veräußerung stattgefunden hat, als ein Zuwachs in die Erscheinung. Der Steuerpflichtige ist dadurch nicht reicher geworden, es hat sich bei ihm nur das Verhältnis des steuerpflichtigen zum steuerfreien Vermögen verschoben.

19. **Wenn der Erblasser auf den Zeitpunkt seines Todes zu der Abgabe zu veranlagen gewesen sein würde.** Es soll also dann so gehalten werden, als ob für den Erblasser nicht der 31. Dezember

1916 (§ 1), sondern der Todestag der Stichtag für die Feststellung des Vermögenszuwachses seit 1. Januar 1914 gewesen wäre. Der sich dann für den Erblasser ergebende Vermögenszuwachs ist beim Erben vom Abzuge gemäß § 3 Nr. 1 ausgeschlossen. Siehe hierüber oben das Beispiel in Anm. 3.

Der Vermögenszuwachs des Erblassers ist ebenfalls unter Beachtung der Vorschriften in den §§ 3—6 festzustellen. Beispiel: Der Erblasser in dem in Anm. 7 aufgeführten Beispiele, der mit A bezeichnet werden soll, hatte in dem für ihn maßgebenden Veranlagungszeitraum aus dem Nachlaß eines B 100 000 ℳ netto erhalten. Zur Zeit des Todes des B war bei diesem ein Vermögenszuwachs von 50 000 ℳ vorhanden. Es beträgt dann der abgabepflichtige Vermögenszuwachs des A nicht mehr 300 000 ℳ, sondern nur 250 000 ℳ. Jeder der Erben des A darf daher nicht nur $^2/_5$, sondern $^1/_2$ des ererbten Vermögens, also $\frac{225\,000}{2} = 112\,500$ ℳ abziehen.

§ 4.

Dem nach den Vorschriften des Besitzsteuergesetzes für den 31. Dezember 1916 festgestellten Vermögen [1]) sind hinzuzurechnen [2]) die Beträge, die der Steuerpflichtige im Veranlagungszeitraume [3]) zu Schenkungen [4]) oder sonstigen Vermögensübergaben (§ 3 Nr. 3) [5]) verwendet hat. Von der Hinzurechnung ausgenommen sind fortlaufende Zuwendungen zum Zwecke des standesgemäßen Unterhalts oder der Ausbildung des Bedachten [6]), Zuwendungen, die auf Grund eines gesetzlichen Anspruchs des Bedachten gemacht worden sind [7]), Pensionen und ähnliche Zuwendungen, die ohne rechtliche Verpflichtung früheren Angestellten und Bediensteten gewährt werden [8]), übliche Gelegenheitsgeschenke, Zuwendungen zu kirchlichen, mildtätigen oder gemeinnützigen Zwecken [9]) und, sofern nicht die Absicht der Abgabeersparung anzunehmen ist, Zuwendungen im Werte von nicht mehr als eintausend Mark [10]).

Der Bedachte haftet für den Abgabebetrag[11]), der auf den ihm zugeflossenen Teil des abgabepflichtigen Vermögenszuwachses verhältnismäßig entfällt[12]). Der Steuerpflichtige kann von dem Bedachten Ersatz dieses Abgabebetrags verlangen[13]).

1. **Dem nach den Vorschriften des Besitzsteuergesetzes für den 31. Dezember 1916 festgestellten Vermögen.** Siehe Anm. 1 zu § 3.

2. **Sind hinzuzurechnen.** Der Absetzung des durch eine Schenkung oder eine sonstige Vermögensübergabe erworbenen Vermögens von dem Vermögen des Bedachten entspricht die im § 4 des Entwurfes angeordnete Zurechnung dieses Vermögens zum Vermögen des Zuwendenden. Diese Regelung erweist sich als notwendig, um etwaigen Versuchen entgegenzutreten, durch Vermögensübertragungen an Kinder oder andere dem Steuerpflichtigen nahestehende Personen die Steuer ganz oder teilweise zu ersparen (Begründung des Gesetzentwurfes S. 13).

3. **Im Veranlagungszeitraume.** Siehe Anm. 5 u. 6 zu § 1.

4. **Zu Schenkungen.** Siehe Anm. 11 zu § 3.

5. **Oder zu sonstigen Vermögensübergaben (§ 3 Nr. 3),** nämlich ohne entsprechende Gegenleistung. Siehe Anm. 12 zu § 3.

6. **Fortlaufende Zuwendungen zum Zwecke des standesgemäßen Unterhalts oder der Ausbildung des Bedachten.** Der Ausdruck „fortlaufende Zuwendungen" soll keinen Gegensatz zu einmaligen Zuwendungen bedeuten, so daß nicht etwa zu prüfen ist, ob solche Zuwendungen in der Vergangenheit regelmäßig gewährt worden sind, oder ob die Weitergewährung in der Zukunft ins Aussicht steht. Es sollen nur solche Zuwendungen nicht unter den § 4 Abs. 1 Satz 2 fallen, die wegen ihrer Höhe nicht mehr als laufende Ausgaben des Zuwendenden angesehen werden können (Begründung des Gesetzentwurfes S. 19). Mit anderen Worten, nur Zuwendungen, welche der Steuerpflichtige im Rahmen seiner standesgemäßen Haushaltung gemacht hat, sollen nicht zur Anrechnung kommen, weil es sich hierbei um laufende Haushaltungskosten handelt. Eine als Ausstattung in rechtsgültiger Form (§ 1624

BGB.) der Tochter bei ihrer Verheiratung seitens der Eltern versprochene Rente ist eine einmalige Zuwendung des Rentenrechts; dasselbe gilt von einer Rente, die seitens der Eltern einem Sohne zur Erlangung und Erhaltung einer Lebensstellung versprochen ist. Siehe auch Anm. 11 u. 13 zu § 3.

7. **Zuwendungen, die auf Grund eines gesetzlichen Anspruchs des Bedachten gemacht worden sind.** Siehe Anm. 14 zu § 3.

8. **Pensionen und ähnliche Zuwendungen, die ohne rechtliche Verpflichtung früheren Angestellten und Bediensteten gewährt werden, übliche Gelegenheitsgeschenke.** Solche Zuwendungen bleiben unter allen Umständen von der Anrechnung ausgeschlossen.

9. **Zuwendungen zu kirchlichen, mildtätigen oder gemeinnützigen Zwecken.** Sie dürfen unter keinen Umständen dem Vermögensbestande zugerechnet werden.

10. **Sofern nicht die Absicht der Abgabeersparung anzunehmen ist, Zuwendungen im Werte von nicht mehr als eintausend Mark. Maßgebend ist der Betrag** der einzelnen Zuwendung; siehe Anm. 13 zu § 3. Die Geringfügigkeit der Zuwendung befreit nur dann von der Anrechnung, wenn dem Steuerpflichtigen bei der Zuwendung die Absicht der Abgabeersparung fernlag. Erfolgte dagegen die Zuwendung in jener Absicht, so wird sie sowohl beim Geschenkgeber wie auch beim Geschenknehmer besteuert; denn jener muß sie seinem Vermögen zurechnen, dieser aber darf sie nicht von seinem Vermögen in Abzug bringen (§ 3 Nr. 3). Siehe auch § 4 Abs. 2.

Nach § 8 wird die Abgabe nur erhoben, wenn der Vermögenszuwachs, auf volle Tausende nach unten abgerundet (§ 7), 3000 ℳ und das Vermögen am Ende des Veranlagungszeitraums 10 000 ℳ übersteigt. Die Abgabe beträgt für die ersten 10000 ℳ Vermögenszuwachs nach § 9 fünf vom Hundert. Will also jemand der Abgabe von 150 ℳ dadurch entgehen, daß er von dem zu erwartenden Vermögenszuwachse von 3040 ℳ den Betrag von 50 ℳ verschenkt, so muß die Schenkung, sofern es sich nicht etwa um ein „übliches Gelegenheitsgeschenk" handelt, dem Vermögen wieder zugerechnet werden. Dagegen würde eine Zuwendung zu kirchlichen, mildtätigen oder gemeinnützigen Zwecken oder die Verwendung zur Beschaffung von Möbeln oder Hausrat (§ 8 des Besitzsteuergesetzes) die Anrechnung ausschließen. Jener Steuerpflichtige würde also der ihm drohenden Abgabe entgehen, wenn er vor dem 31. Dezember 1916 die überschießenden 50 ℳ z. B. einem Blindenheim überwiese.

Unter den Begriff der Zuwendung in der Absicht der Abgabeersparung kann auch der Erlaß einer Schuld durch Vertrag (§ 397 BGB.) fallen; dagegen wird man von einer solchen Zuwendung nicht sprechen können, wenn jemand zum Vorteil eines anderen einen Vermögenserwerb unterläßt oder auf ein angefallenes, noch nicht endgültig erworbenes Recht verzichtet oder eine Erbschaft oder ein Vermächtnis ausschlägt (§ 517 BGB.). Eine „Zuwendung" ist auch nicht erfolgt, wenn der Steuerpflichtige Bestandteile seines Vermögens vernichtet oder preisgibt; der Wert dieser Gegenstände wird seinem Vermögen niemals angerechnet werden dürfen.

11. **Der Bedachte haftet für den Abgabebetrag usw.** Das Reich kann den Anteil an der Abgabe des Geschenkgebers nur einmal erheben, entweder von diesem oder von dem Bedachten. Gegenstand der Haftung des Bedachten ist ein verhältnismäßiger Teil der Abgabe des Schenkers. Deshalb ist die Veranlagung des Schenkers zur gesamten Abgabe die erste Voraussetzung für die Haftung des Bedachten. Die Veranlagung des Schenkers muß ferner dem Bedachten zugestellt werden, weil dieser an der zutreffenden Veranlagung des Geschenkgebers ein Interesse hat und sie deshalb kraft eigenen Rechtes im ordentlichen Rechtsmittelweg anfechten kann. Die Berechnung des Anteils an der Abgabe des Schenkers ist Verwaltungssache; der Bedachte kann die Berechnung anfechten. Gegen den seinen Widerspruch abweisenden Bescheid der Steuerbehörde steht dem Bedachten entweder die Beschwerde bei der Regierung oder innerhalb einer Ausschlußfrist von einem Monate nach der Zustellung die gerichtliche Klage zu (§ 3 der Verordnung, betr. das Verwaltungszwangsverfahren wegen Beitreibung von Geldbeträgen, vom 15. Nov. 99 [GS. S. 515] und 18. März 04 [GS. S. 36]).

12. **Abgabebetrag, der auf den dem Bedachten zugeflossenen Teil des abgabepflichtigen Vermögenszuwachses entfällt.** Hierzu wird in der Begründung des Gesetzentwurfes auf S. 19 bemerkt: „Der Abgabebetrag, der auf den dem Bedachten zugeflossenen Teil des abgabepflichtigen Vermögenszuwachses entfällt, ist gemäß § 4 Abs. 2 nach dem auf den Gesamtzuwachs entfallenden Durchschnittssteuersatze zu berechnen, da die Abgabe zwar nach den einzelnen Staffelbeträgen (§§ 9 und 10) errechnet wird, aber als einheitlicher Betrag den ganzen Vermögenszuwachs trifft."

Der „dem Bedachten zugeflossene Teil" kann kleiner sein als der betreffende Vermögenszuwachs; denn dem Bedachten „fließt nur zu", was ihm nach Abzug aller Unkosten aus der Zuwendung verblieben ist (vgl. Anm. 10 zu § 3), während der Geschenkgeber sich den ganzen zur Schenkung usw. verwendeten Betrag anrechnen (muß § 4 Abs. 1 Satz 1).

13. **Der Steuerpflichtige kann von dem Bedachten Ersatz dieses Abgabebetrags verlangen,** wenn er nämlich die ganze Abgabe entrichtet hat, wozu ihn das Gesetz verpflichtet, weil die verschenkten Vermögensbeträge als sein Vermögen gelten (§ 4 Abs. 1). Ein Streit darüber, ob und in welcher Höhe der Bedachte dem Schenker den Abgabebetrag zu ersetzen hat, ist vor den ordentlichen Gerichten auszutragen.

Siehe auch Anm. 13 zu § 3.

§ 5.

Dem nach den Vorschriften des Besitzsteuergesetzes für den 31. Dezember 1916 festgestellten Vermögen [1]) sind ferner hinzuzurechnen Beträge, die im Veranlagungszeitraum [2]) in ausländischem Grund- oder Betriebsvermögen (§ 5 des Besitzsteuergesetzes) [3]) angelegt worden sind [4,5]), sowie Beträge, die im Veranlagungszeitraume [2]) zum Erwerbe von Gegenständen aus edlem Metall, von Edelsteinen oder Perlen, von Kunst-, Schmuck- und Luxusgegenständen sowie von Sammlungen aller

Art[6]) aufgewendet[7]) worden sind, sofern der Anschaffungspreis für den einzelnen Gegenstand fünfhundert Mark und darüber oder für mehrere gleichartige oder zusammengehörige Gegenstände eintausend Mark und darüber beträgt[8]).

Außer in den Fällen des § 4[9]) findet die Hinzurechnung nur statt, wenn die im Abs. 1 bezeichneten Gegenstände am Ende des Veranlagungszeitraums[2]) noch im Besitze des Steuerpflichtigen sind[10]). Ist die Anlage in ausländischem Grund- oder Betriebsvermögen[3]) erfolgt, so verringert sich die Hinzurechnung um den Betrag einer nachweislich[11]) eingetretenen erheblichen Wertminderung[12]).

Die Vorschrift im Abs. 1 findet keine Anwendung auf den Erwerb von Kunstwerken lebender oder seit dem 1. Januar 1909 verstorbener deutscher[13]) sowie im Deutschen Reiche wohnender Künstler[14]).

1. **Dem nach den Vorschriften des Besitzsteuergesetzes für den 31. Dezember 1916 festgestellten Vermögen.** Siehe Anm. 4 zu § 2.

2. **Im Veranlagungszeitraume, d. i. regelmäßig** der Zeitraum vom 1. Januar 1914 bis 31. Dezember 1916; siehe aber die Anm. 5 u. 6 zu § 1

3. **In ausländischem Grund- oder Betriebsvermögen.** Siehe Anm. 15 zu § 3.

4. **Beträge, die angelegt worden sind.** Nicht der Wert der Vermögensanlagen, sondern die Aufwendungen hierfür sind hinzuzurechnen; vgl. Begründung des Gesetzentwurfes S. 19. Ob der betreffende Gegenstand im Ausland angeschafft, oder zwar im Inland erworben, aber dann dem ausländischen Grund- oder Betriebsvermögen einverleibt worden ist, kann keinen Unterschied machen. Handelt es sich dagegen um Gegenstände, welche bereits vor Beginn des Veranlagungszeitraums Bestandteile des inländischen Vermögens des Steuerpflichtigen gewesen und erst im Veranlagungszeitraum ins Ausland geschafft und dort im Grund- oder Betriebsvermögen angelegt worden sind, so bildet ihr gemeiner

Wert zur Zeit der Ausführung aus dem Inlande den hinzuzurechnenden Vermögensbetrag.

5. **Angelegt worden sind.** Das kann nur im weitesten Sinne verstanden werden, so daß es ohne Belang ist, ob durch die Verwendungen neue Anlagen geschaffen oder nur die Betriebsmittel vermehrt worden sind.

Wie das ausländische in Grund- oder Betriebsvermögen angelegte Stammkapital im Auslande verwendet wird, kommt nicht in Betracht. Zu jenem Stammkapitale gehört aber nicht der jährliche wirtschaftliche Reingewinn aus dem ausländischen Grund- oder Betriebsvermögen; seine Verwendung im Betriebe bedeutet eine Neuanlage von Kapital im ausländischen Grund- oder Betriebsvermögen.

6. **Zum Erwerbe von Gegenständen aus edlem Metalle, von Edelsteinen oder Perlen, von Kunst-, Schmuck- und Luxusgegenständen sowie Sammlungen aller Art.** Der Wert aller dieser Gegenstände, sofern sie nicht etwa als Zubehör eines Grundstücks oder als Bestandteil eines Betriebsvermögens anzusehen sind — siehe Anm. 15 zu § 3 — wird für die Besitzsteuer nicht mit gerechnet, ebensowenig für die Kriegssteuer. Eine Ausnahme wird hier nur bezüglich solcher Gegenstände der gedachten Art gemacht, welche erst im Veranlagungszeitraume gegen eine entsprechende Gegenleistung erworben worden sind; aber auch bei diesen Gegenständen kommt nicht ihr Wert, sondern „der zu ihrem Erwerb aufgewendete Betrag" in Anrechnung. Sind Gegenstände der gedachten Art durch Schenkung oder ohne eine entsprechende Gegenleistung erworben, so kommt für den Erwerber die Bestimmung im § 3 Ziff. 3 zur Anwendung; maßgebend ist dann der Wert jener Gegenstände.

Nicht unter § 5 fallen Gebrauchsgegenstände. Die Beurteilung, ob es sich im Einzelfall um einen Kunst-, Schmuck- oder Luxusgegenstand oder um einen Gebrauchsgegenstand handelt, wird zwar Schwierigkeiten bereiten, die Preisgrenze — im Entwurf eintausend Mark — wird jedoch die Anwendung der Vorschrift erheblich erleichtern (Begründung des Gesetzentwurfes S. 19). Nach dem Kommissionsberichte (S. 16—19) hat sich der Reichsschatzsekretär bei der ersten Lesung des Gesetzes in der Kommission, wie folgt, geäußert:

Es sei zuzugestehen, daß der Begriff „Luxusgegenstand“ ein sehr flüssiger sei und daß es deshalb erwünscht und notwendig sei, in den Ausführungsbestimmungen dem Begriffe „Luxusgegenstand“ eine nähere Erläuterung zu geben. Allerdings können die Ausführungsbestimmungen des Bundesrats, da es sich nicht um Rechtsverordnungen handelt, vor den Gerichten angefochten werden. Aber wenn wir die Absicht haben, durch die Ausführungsbestimmungen eine liberale Handhabung der Vorschrift sicherzustellen, eine Regelung also zugunsten der Steuerpflichtigen zu treffen, so werden die Steuerpflichtigen sie nicht anfechten und die Steuerbehörden werden an die Anweisungen des Bundesrats gehalten sein. Infolgedessen dürften die Bedenken des Abgeordneten hinsichtlich der Ausführungsbestimmungen, die die Sache hier regeln sollen, hinfällig sein. Sie würden bestehen, wenn wir die Absicht hätten, sehr streng zu definieren und die Grenzlinie zwischen „Luxus-“ und „Gebrauchsgegenständen“ im rein fiskalischen Interesse zu verrücken. Dann würde der Steuerpflichtige einen Prozeß führen können, daß es Luxusgegenstände nicht sind, sondern Gebrauchsgegenstände. Bei den Abgrenzungen der an sich flüssigen Begriffe dürfe man die der Vorschrift zugrunde liegende Absicht nicht aus dem Auge lassen, und diese Absicht sei aus der Mitte der Kommission zutreffend klargestellt worden. Die Bestimmung sollte verhindern, daß durch meist ganz überflüssige Anlagen in solchen Dingen große Beträge, die sonst unter die Kriegsgewinnsteuer fallen, der Kriegsgewinnsteuer entzogen werden. Im übrigen glaube er, daß durch die Wertgrenze von tausend Mark — nach dem Gesetze nur noch fünfhundert Mark — immerhin einiger Schutz gegen eine übertrieben fiskalische Auslegung gegeben und andererseits auch die Aufgabe der Steuerbehörde erleichtert sei. Tische, Stühle, überhaupt Möbel scheiden aus. Die Wohnungseinrichtung als solche, soweit nicht einzelne Stücke Kunstgegenstände sind, müsse außer

Betracht bleiben, wolle man sich nicht von dem Grundgedanken der Vorschrift völlig entfernen. Er fürchte auch nicht, daß die Kriegsgewinnsteuer dazu führen solle, daß sich jemand Möbel und sonstige Wohnungseinrichtungssachen über seinen Bedarf hinaus anschaffe. Solche Dinge können immer nur mit Verlust wieder abgestoßen werden. Hier liege die Gefahr der Hinterziehung nicht vor, die man bekämpfen müsse.

Allerdings werde man natürlich nicht verhindern können, daß der eine oder andere, dem seine Kriegsgewinne in den Kopf gestiegen seien, diese Gewinne in unsinniger Weise verausgabe, und es werde schwer sein, das auf diese Weise verausgabte Geld zur Besteuerung heranzuziehen. Aber es handle sich hier doch nur um Ausnahmefälle. Wenn von dem übermütig gewordenen Militärhandwerker gesprochen worden sei, der 50000 oder gar 80000 ℳ für seine Wohnungseinrichtung ausgegeben habe, so werden hiervon wohl eine Reihe von Luxusgegenständen unter die Besteuerung fallen. Er möchte jedenfalls befürworten, es bei der Fassung zu belassen. Er sehe auch keinen anderen Weg; denn sonst komme man mit der Durchführung dieses Gesetzes bestimmt in die Brüche.

Der Abgeordnete, der in dem § 5 eine Erweiterung des Vermögensbegriffs in Abweichung vom Besitzsteuergesetz erblicke, habe seines Erachtens doch bei seinen Ausführungen den Sinn, den die ganze Bestimmung haben solle, nicht vor Augen gehabt; denn was man treffen wolle und in erster Linie treffen müsse, seien die Fälle, in denen Kunstgegenstände und ähnliche Dinge erworben werden, nicht weil der Käufer sie behalten, sondern weil er sie später wieder verkaufen wolle, oder weil nach dieser Richtung mindestens eine Eventualabsicht bei ihm bestehe oder zu vermuten sei. Das gelte vor allen Dingen für alte Kunstwerke, für Bilder von alten Meistern, die im Kunsthandel einen einigermaßen feststehenden Wert haben. Es solle eben verhindert werden, daß solche Dinge gekauft werden, um das Geld der Kriegsgewinnsteuer zu entziehen und nachher, wenn die Kriegsgewinnsteuer erhoben ist, wieder verkauft werden.

... Es werde wohl niemand solche unsinnige Ausgaben machen, nur um die Steuer zu ersparen, namentlich soweit die geringeren Steuerstufen in Frage kommen, in denen die Steuer vielleicht 10—20 vom Hundert, nach den weitestgehenden Anträgen nur etwa 15—25 vom Hundert betrage. Der Fall, der hier getroffen werden solle, sei ein ganz anderer, nämlich der ihm als häufig vorkommend bezeichnete, daß jemand Kunstwerke von einem bestimmten feststehenden Werte kaufe, nicht etwa weil er ein Kunstfreund sei, sondern weil ihm der Kunsthändler gesagt habe: das Gemälde koste soundsoviel, und wenn er das Bild kaufe, dann stehe er ihm dafür ein, daß er es nach einigen Jahren mit hohem Gewinn wieder verkaufen könne und dann brauche er außerdem keine Kriegsgewinnsteuer mehr zu bezahlen. Dieser Eindruck werde wohl auch bestätigt, wenn man Kunst- und ähnliche Auktionen verfolge. Das solle hier ausgeschlossen werden, und deshalb sei auch die Grenze von 1000 ℳ gewählt worden. Wenn jemand nur einzelne geringwertige Gegenstände kaufe, so sei hier nichts zu holen. Nach alledem möchte er, da der Entwurf sich nun einmal auf der Grundlage des Vermögenszuwachses aufbaue, vorschlagen, daß man sich bei dem § 5 auf den bezeichneten zweiten Zweck beschränke. Mit allem andern komme man sonst in die Brüche. Ein Beweis hierfür sei auch der Antrag, der das Kunsthandwerk einbeziehen wolle. Warum wolle man dann nicht auch das Handwerk einbeziehen? Die Unterscheidung zwischen Kunsthandwerk und Handwerk sei noch viel schwieriger als die Unterscheidung zwischen Kunsthandwerk und Kunst. Schließlich müsse man auch, um eine Schädigung des Kunsthandwerkes zu vermeiden, den Abs. 3 auch auf das Kunsthandwerk ausdehnen. Er bitte also wiederholt, es bei der jetzigen Fassung zu belassen.

Angenommen wurde dann der erste Absatz des § 5 in der Form, daß eine dreifache Erweiterung oder Verschärfung der Vorlage stattfand: a) sollen Sammlungen aller Art unter denselben Bedingungen wie Kunst- und Luxusgegenstände dem am 31. Dezember 1916 festgestellten Vermögen hinzugerechnet werden; b) soll diese Anrechnung geschehen, sofern der Anschaffungswert für den einzelnen Gegenstand 500 ℳ und darüber (statt 1000 ℳ) beträgt und c) soll die Anrechnungspflicht nicht nur auf zusammengehörige, sondern auf gleichartige oder zusammengehörige Gegenstände der erwähnten Art sich beziehen.

7. **Beträge, die aufgewendet worden sind.** Hinzuzurechnen ist nicht der Wert, den die hier aufgeführten Gegenstände am Ende des Veranlagungszeitraums haben, sondern der für ihre Anschaffung aufgewendete Betrag (Begründung des Gesetzentwurfes S. 19). Sind etwa andere Gegenstände in Zahlung gegeben worden, so gehört deren Wert zur Zeit der Hingabe zu dem aufgewendeten Betrage.

8. **Sofern der Anschaffungspreis für den einzelnen Gegenstand fünfhundert Mark und darüber oder für mehrere gleichartige oder zusammengehörige Gegenstände eintausend Mark und darüber beträgt.** Hierüber führte der Reichsschatzsekretär in der Kommission aus:

„Was als zusammengehörig anzusehen sei, könne im Einzelfall allerdings zweifelhaft sein. Unstreitig handele es sich z. B. bei einem Meißner Porzellanservice, das einen großen Kunstwert repräsentieren könne, um zusammengehörige Gegenstände, so daß der Preis für das Service als solches maßgebend und es gleichgültig sei, wenn der Preis der einzelnen Tassen oder Teller unter 1000 ℳ betrage. Auch mehrere Perlen oder Edelsteine würden in den meisten Fällen als zusammengehörig anzusehen sein. Um hier Zweifel auszuschließen, habe er keine Bedenken dagegen geltend zu machen, wenn statt ‚zusammengehörige' Gegenstände gesagt werde ‚gleichartige oder zusammengehörige Gegenstände'." (Kommissionsbericht S. 17.)

Handelt es sich um „mehrere gleichartige oder zusammengehörige Gegenstände", so kommt es nicht darauf an, ob sie gleichzeitig oder nacheinander erworben worden sind.

9. **Außer in den Fällen des § 4,** nach welchem die im Veranlagungszeitraume zu Schenkungen oder sonstigen „Vermögensübergaben" (§ 3 Nr. 3) verwendeten Beträge, von bestimmten

Ausnahmen abgesehen, dem Vermögen des Schenkers wieder zuzurechnen sind. Hat also der Steuerpflichtige im Veranlagungszeitraume Gegenstände der im § 5 bezeichneten Art angeschafft und dann verschenkt, so kommen die Bestimmungen sowohl des § 4 wie des § 5 zur Anwendung; hat aber der Steuerpflichtige jene Gegenstände im Veranlagungszeitraume angeschafft und dann gegen eine entsprechende Gegenleistung wieder veräußert, so findet eine Zurechnung aus Anlaß der Anschaffung überhaupt nicht statt.

10. **Noch im Besitze des Steuerpflichtigen sind.** Scheingeschäfte sind nichtig (§§ 116 ff. BGB.). Siehe auch vorstehende Anm. 9.

11. **Nachweislich.** Die Beweislast hat der Steuerpflichtige, welcher die Wertverminderung geltend macht.

12. **Einer erheblichen Wertverminderung.** Die Wertverminderung muß am Ende des Veranlagungszeitraums, also regelmäßig am 31. Dezember 1916 (Anm. 5 zu § 1) bestehen; ob sie erheblich ist, haben die Veranlagungsbehörden nach ihrem pflichtgemäßen Ermessen zu entscheiden. Sollte die Entscheidung der Veranlagungs- und gegebenenfalls der Rechtsmittelbehörden dem Steuerpflichtigen besonders hart erscheinen, so kann er gemäß § 36 auch den Bundesrat um Abhilfe angehen. Es ist aber dem Steuerpflichtigen zu empfehlen, zunächst die ordentlichen Rechtsmittel zu erschöpfen.

13. **Deutscher Künstler,** auch wenn sie nicht im Deutschen Reiche wohnen.

14. **Im Deutschen Reiche wohnender Künstler,** wenn diese auch Ausländer sind.

§ 6.

Bei Feststellung des Vermögensstandes[1]) am Ende des Veranlagungszeitraums (§ 1)[2]) dürfen Grundstücke[3]), die der Steuerpflichtige erst nach dem 1. August 1914 erworben hat[4]), zu keinem geringeren Werte als dem Betrage der Gestehungskosten[6]) angesetzt werden[5]). Von diesen sind die durch Verschlechterung entstandenen Wertminderungen abzuziehen[7]).

1. **Bei Feststellung des Vermögensstandes,** nämlich für die Kriegssteuer. Für die Feststellung des Vermögensstandes für die Besitzsteuer gelten die Vorschriften des Besitzsteuergesetzes. Diese Feststellung muß aber für die Kriegssteuer nötigenfalls berichtigt werden, soweit zum Vermögen Grundstücke gehören, die der Steuerpflichtige erst nach dem 1. August 1914 erworben hat.

2. **Am Ende des Veranlagungszeitraums.** Siehe Anm. 5 zu § 1.

3. **Grundstücke.** Ihnen stehen gleich Berechtigungen, für welche die sich auf Grundstücke beziehenden Vorschriften des bürgerlichen Rechtes gelten (§ 3 des Besitzsteuergesetzes).

4. **Die der Steuerpflichtige erst nach dem 1. August 1914 erworben hat.** Früher erworbene Grundstücke sind nach den Vorschriften des Besitzsteuergesetzes zu bewerten. Siehe die nächste Anmerkung.

5. **Dürfen zu keinem geringeren Werte als dem Betrage der Gestehungskosten angesetzt werden.** Im Kommissionsberichte (S. 21) hat der Berichterstatter hierüber folgendes ausgeführt:

„Die ratio der Vorschrift ist klar: Es soll verhindert werden, daß Steuerpflichtige, die sich aus Kriegsgewinnen oder anderen Vermögens- oder Einkommenszuwüchsen während der Kriegszeit Luxusgüter, vielleicht zu Phantasiepreisen, Landhäuser und dergleichen gekauft haben, bei der Vermögensfeststellung am 31. Dezember 1916 diesen Erwerb etwa nach dem weit geringeren Ertragswert oder dem gemeinen Werte anrechnen, um dadurch Steuern zu hinterziehen. Wenn so grundsätzlich die Gestehungskosten angerechnet werden müssen, so dient der zweite Absatz hinwiederum dazu, offenbare Härten vermeidbar zu machen: von den Gestehungskosten dürfen die durch Verschlechterung entstandenen Wertminderungen abgezogen werden, eine Vorschrift, die namentlich dort von Bedeutung werden kann, wo es sich nicht um Luxusgüter und Villen handelt, sondern um Grundstückserwerbe aus ganz anderen und häufig für den Käufer wenig angenehmen Motiven.

Die Reichsgesetzgebung hat sich zuletzt beim Gesetz über einen einmaligen außerordentlichen Wehrbeitrag und beim Besitzsteuergesetze mit der Wertbestimmung von Grundstücken befaßt. § 16 des Wehrbeitraggesetzes und § 29 des Besitzsteuergesetzes lauten gleich: ‚Bei der Feststellung des Vermögens ist der gemeine Wert (Verkaufswert) seiner einzelnen Bestandteile zugrunde zu legen, sofern das Gesetz nichts anderes vorschreibt.‘ Das Wehrbeitraggesetz enthält dann weiter in § 17 die Bestimmung, daß bei Grundstücken, die dauernd land- oder forstwirtschaftlichen oder gärtnerischen Zwecken sowie bei bebauten Grundstücken, die Wohnzwecken oder gewerblichen Zwecken dienen, der Ertragswert (an Stelle des gemeinen Wertes) zugrunde gelegt wird. Das Besitzsteuergesetz bestimmt in seinem § 30, daß bei Grundstücken auf Antrag des Steuerpflichtigen an die Stelle des gemeinen Wertes der Betrag der nachgewiesenen oder glaubhaft gemachten Gestehungskosten tritt; von den Gestehungskosten sind die durch Abnutzung entstandenen Wertminderungen abzuziehen. Nur beim Erwerbe von Todes wegen, im Wege der Erbteilung bei Gutsüberlassungen sowie beim Erwerb auf Grund einer ohne entsprechende Gegenleistung erfolgten Zuwendung unter Lebenden tritt an die Stelle des Erwerbspreises, soweit es sich um land- oder forstwirtschaftliche Grundstücke oder um Grundstücke handelt, die Wohnzwecken oder gewerblichen Zwecken dienen, der Ertragswert oder der gemeine Wert zur Zeit des Erwerbes. Und endlich bestimmt § 33 des Besitzsteuergesetzes: ‚Hat der Erwerb vor dem 1. Januar 1914 stattgefunden, so gilt der bei der Veranlagung des Wehrbeitrags festgestellte Wert eines Grundstücks als Betrag der bis dahin entstandenen Gestehungskosten.‘ Bei land- und forstwirtschaftlichen Grundstücken wird der Wertermittlung auf Grund des Wehrbeitraggesetzes in der Regel der Ertragswert zugrunde gelegt sein.

Faßt man die in den verschiedenen Gesetzen und Vorlagen enthaltenen Zeitbestimmungen ins Auge, so kann man drei Arten von Grundstücken unterscheiden: 1. solche, deren Erwerb vor dem 1. Januar 1914 stattgefunden hat; 2. solche, die nach dem 1. August

1914 erworben wurden; und 3. solche, deren Erwerb in die Zeitlücke zwischen dem 1. Januar und 31. Juli 1914 fiel."

Für die Bewertung von Grundstücken ergeben sich danach folgende Regeln:

1. Erwerb vor dem 1. Januar 1914: Der Steuerpflichtige hat die Wahl zwischen dem gemeinen Werte und der Bewertung nach den Gestehungskosten usw.; als bis zum 31. Dezember 1913 entstandene Gestehungskosten gilt der zum Wehrbeitrage veranlagte Wert, gleichviel, auf welcher Grundlage er gefunden ist.

2. Erwerb nach dem 1. August 1914: Die Bewertung erfolgt nach den Gestehungskosten usw.; der gemeine Wert ist nur maßgebend, wenn er eine höhere Bewertung ergibt.

3. Erwerb in der Zeit vom 1. Januar bis zum 1. August 1914: Der Steuerpflichtige hat die Wahl zwischen dem gemeinen Werte und den wirklichen Gestehungskosten usw.; nur beim Erwerbe von Todes wegen usw. sind gewisse Grundstücke mit dem Ertragswert anzusetzen, falls der Steuerpflichtige nicht auch für sie den gemeinen Wert wählt.

6. **Gestehungskosten.** Zu den Gestehungskosten sind zu rechnen der Gesamtwert der Gegenleistungen beim Erwerb (Erwerbspreis), sonstige Anschaffungskosten sowie alle auf das Grundstück gemachten besonderen Aufwendungen während der Besitzzeit, soweit sie nicht zu den laufenden Wirtschaftsausgaben gehören und soweit die durch die Aufwendungen hergestellten Bauten und Verbesserungen noch vorhanden sind (§ 30 des Besitzsteuergesetzes). Auch Provisionen und Abgaben, die bei dem Kaufe zu zahlen sind, gehören zu den Gestehungskosten (Erklärung des Reichsschatzsekretärs in der Kommission des Reichstags; Kommissionsbericht S. 21).

7. **Von den Gestehungskosten sind die durch Verschlechterung entstandenen Wertverminderungen abzuziehen.** Diese Wertverminderungen gehen weiter als solche durch bloße Abnutzung; sie können insbesondere auch am Grund und Boden eintreten. Über den Begriff jener Verschlechterungen hat sich der Reichsschatzsekretär nach dem Kommissionsberichte (S. 24 ff.) eingehend geäußert:

„In Fällen, in denen Grundstücke nach dem 1. August erworben worden sind und also nicht auf Antrag, sondern kraft gesetzlicher Vorschrift die Gestehungskosten und nicht der gemeine Wert zugrunde zu legen seien, gelte die Einschränkung im Abs. 2 des § 6, in dem es heiße:

Von den Gestehungskosten sind die durch Verschlechterung entstandenen Wertminderungen abzuziehen.

Nehme man einmal das Beispiel, es habe jemand in Ostpreußen nach Kriegsausbruch, aber vor dem zweiten Russeneinfall ein Grundstück gekauft, so finde zunächst die Bewertung nach den Gestehungskosten statt. Wenn aber durch den zweiten Einfall der Russen dieses Grundstück beschädigt worden sei, wenn also eine materielle Verschlechterung eingetreten sei, so dürfe diese Wertverminderung von den Gestehungskosten abgezogen werden. Das Gleiche gelte natürlich auch für Grundstücke, die vor dem 1. August 1914 erworben wurden, soweit der Versteuerung der Gestehungspreis überhaupt zugrunde gelegt wird, und zwar sowohl hinsichtlich der Besitzsteuer als auch der besonderen Kriegsabgabe.

Wenn man alle diese Bestimmungen zusammenhalte, so werde man zugeben müssen, daß diese Regelung die Interessen des Fiskus wahrnimmt und auch im Hinblick auf die beteiligten Steuerzahler als billig zu bezeichnen ist.

Mit dem Begriffe ‚Verschlechterung‘ sei jede materielle Verschlechterung gemeint, eine Verschlechterung, die durch Beschädigung infolge der Kriegsereignisse, Brand usw., durch Abnahme des Inventars, aber auch durch Abnutzung, mangelhafte Bestellung hervorgerufen sein könne. Allerdings sei eine materielle Verschlechterung vorausgesetzt, so daß ein Minderwert, der lediglich durch die allgemeine Konjunktureinwirkung des Krieges bei unveränderter Substanz entstanden sei, nicht in Berücksichtigung gezogen werde.

Bei Grundstücken, die vor dem 1. August erworben worden sind, könnten nach Wahl des Eigentümers entweder die Gestehungskosten oder der gemeine Wert zugrunde gelegt werden. Er gebe zu, daß die Festsetzung des gemeinen Wertes vor allen Dingen in dieser Kriegszeit ganz besonders schwierig sein werde. Er gebe ferner zu, daß der § 30 Abs. 2 Satz 2 des Besitzsteuergesetzes etwas eng gefaßt sein mag; denn es heiße da:

‚Von den Gestehungskosten sind die durch Abnutzung entstandenen Wertminderungen abzuziehen.‘

Daß man die Absicht habe, hierbei nicht etwa engherzig zu verfahren, sei in der Begründung zum Ausdrucke gebracht worden. Auf S. 18 heiße es oben im ersten Absatze:

‚Von den Gestehungskosten sind nach § 30 Abs. 2 Satz 2 des Besitzsteuergesetzes die durch Abnutzung entstandenen Wertminderungen abzuziehen. Bei der Anwendung dieser Vorschrift wird den außergewöhnlichen Verhältnissen der Kriegszeit ebenfalls Rechnung zu tragen sein.‘

Ohne ein gewisses liberum arbitrium für die Steuerbehörde könne das ganze Gesetz überhaupt nicht durchgeführt werden; denn ebenso wie bei den Grundstücken werde man bei zahlreichen anderen Objekten vor der Frage stehen: wie ist die Sache zu bewerten. Es sei in der Begründung zum Ausdrucke gebracht worden, daß man gerade in dieser schweren und ungewissen Zeit des Krieges nicht die allerstrengste Anwendung des Gesetzes machen werde, sondern daß dafür gesorgt werden solle, daß eine verständige Würdigung aller Verhältnisse eintreten solle. Bei dem Erwerbe nach dem 1. August 1914 müßten nach § 6 Abs. 1 der Vorlage die Gestehungskosten zugrunde gelegt werden und von diesen Gestehungskosten dürfe nach dem Wortlaute des § 6 Abs. 2 der Vorlage jede infolge einer Verschlechterung eingetretene Wertminderung abgezogen werden. Die Einwendungen des Abgeordneten hinsichtlich der Frage der Berücksichtigung von Wertminderungen seien infolgedessen für die Erwerbungen nach dem 1. August befriedigend und in zweifelsfreier Weise gelöst. Die Ausführungen des Abgeordneten bezogen sich — wenn er ihn richtig verstanden habe, und es werde dies von ihm bestätigt —

auf die Fälle, in denen Grundstücke nicht erst nach dem 1. August erworben worden seien. Da sei allerdings die Fassung des Besitzsteuergesetzes eng, denn in diesem Falle sollen von den Gestehungskosten nur die durch ‚Abnutzung' entstandenen ‚Wertminderungen' abgezogen werden. Aber gerade auf diesen § 30 Abs. 2 Satz 2 des Besitzsteuergesetzes beziehe sich in der Begründung, S. 18, die Bemerkung, daß den außergewöhnlichen Verhältnissen der Kriegszeit Rechnung getragen werden solle. Es handle sich also darum, ob diese Bemerkung in der Begründung genügt, oder ob eine Änderung des Besitzsteuergesetzes hierfür notwendig gehalten werde."

Das Wort „Abnutzung" wurde schließlich wie im Gesetzentwurfe so auch in § 30 Abs. 2 Satz 2 des Besitzsteuergesetzes durch das Wort „Verschlechterung" ersetzt (§ 39 des Gesetzes).

§ 7.

Die Abrundung auf volle Tausende (§ 28 Abs. 3 des Besitzsteuergesetzes)[1]) erfolgt erst nach Berücksichtigung der Abzüge und Hinzurechnungen gemäß den §§ 3 bis 5 dieses Gesetzes.

1. **Die Abrundung auf volle Tausende (§ 28 Abs. 3 des Besitzsteuergesetzes).** Dort ist vorgeschrieben: „Bei der Veranlagung der Besitzsteuer wird das Vermögen des Steuerpflichtigen auf volle Tausende nach unten abgerundet."

2. **Erfolgt erst nach Berücksichtigung der Abzüge und Hinzurechnungen gemäß der §§ 3 bis 5 dieses Gesetzes.** Für die Feststellung des Vermögensstandes für die Kriegssteuer wird also das nach den Vorschriften des Besitzsteuergesetzes festgestellte Vermögen, bevor es auf volle Tausende nach unten abgerundet ist, übernommen. Dann erfolgen die Zu- und Abrechnungen nach dem Kriegssteuergesetz, und erst der sich hieraus ergebende Betrag wird auf volle Tausende nach unten abgerundet.

Das Gesetz erwähnt zwar nur die Zu- und Abrechnungen nach

den §§ 3—5, aber auch eine Zurechnung auf Grund des § 6, falls nämlich die Bewertung für die Besitzsteuer nach dem geringeren „gemeinen Werte" erfolgt sein sollte, muß noch vor der Abrundung stattfinden. Denn sonst müßte eine zweimalige Abrundung des Vermögensbetrags eintreten, nämlich zuerst nach den Zurechnungen gemäß §§ 3—5 und dann nach der Zurechnung gemäß § 6, weil auch die letztere durch § 28 Abs. 3 des Besitzsteuergesetzes bedingt wäre. Das kann aber nicht die Absicht des Gesetzes sein. Man wird deshalb als entscheidend ansehen müssen, daß das Gesetz die Abrundung erst nach der Vornahme „der Abzüge und Hinzurechnungen" eintreten lassen will.

§ 8.

Die Abgabe vom Zuwachs [1]) wird nur erhoben, wenn der nach diesem Gesetze festgestellte Vermögenszuwachs [2]) den Betrag von dreitausend Mark und [3]) das Vermögen [4]) am 31. Dezember 1916[5]) den Gesamtwert von zehntausend Mark übersteigt [6]).

Beträgt das Vermögen [4]) am 31. Dezember 1916 [5]) nicht mehr als fünfzehntausend Mark, so unterliegt der nach Abs. 1 abgabepflichtige Vermögenszuwachs [2]) nur insoweit der Abgabe, als durch ihn ein Vermögensbetrag von zehntausend Mark überschritten wird [7]).

1. **Die Abgabe vom Zuwachs** im Sinne des § 2. Die Grenzen für die Abgabe von einem Vermögensteile sind besonders gezogen (§ 9 Abs. 2).

2. **Der nach diesem Gesetze festgestellte Vermögenszuwachs.** Maßgebend ist nicht der Zuwachs nach dem Besitzsteuergesetze, sondern der nach dem Kriegssteuergesetze, wenn für den ersteren die in den §§ 3—6 vorgeschriebenen Zu- und Abrechnungen erfolgt sind und schließlich der Betrag auf volle Tausende nach unten abgerundet worden ist.

3. **Und.** Beide Voraussetzungen müssen zusammentreffen, wenn die Abgabepflicht eintreten soll.

4. **Das Vermögen.** Auch dieses muß nach den Vorschriften des Kriegssteuergesetzes berechnet sein.

5. **Am 31. Dezember 1916.** Gedacht ist hier an den regelmäßigen Fall, daß der Veranlagungszeitraum mit jenem Tage endigt. Ist der Veranlagungszeitraum kürzer, so ist sein letzter Tag für die Feststellung des Zuwachses und des Vermögens maßgebend; siehe Anm. 5 zu § 1.

6. **Wenn der Vermögenszuwachs den Betrag von dreitausend Mark und das Vermögen den Gesamtwert von zehntausend Mark übersteigt.** Die entsprechenden Bestimmungen des Besitzsteuergesetzes sind andere, nämlich:

§ 12. Die Abgabe wird nicht erhoben von dem Zuwachse, der den Betrag von zehntausend Mark nicht übersteigt.

§ 13. Vermögen, die den Gesamtwert von zwanzigtausend Mark nicht übersteigen, unterliegen der Zuwachsbesteuerung nicht."

Bei der Kommissionsberatung äußerte sich der Reichsschatzsekretär über den Unterschied in jenen Vorschriften dahin:

„Man sei bewußt und mit Absicht von den Sätzen des Besitzsteuergesetzes abgewichen, denn bei der Kriegsvermögenszuwachssteuer handle es sich um andere Erwägungen, als sie bei der Besitzsteuer vorgeschwebt haben. Dort habe man mit Absicht die kleinen Vermögen und den aus geringerem Einkommen hervorgegangenen Vermögenszuwachs unter allen Umständen herauslassen wollen. Bei dieser Vorlage wolle man die zahlreichen Vermögensverschiebungen, die während des Krieges eingetreten seien, heranziehen, nicht nur aus fiskalischen Gründen, sondern aus Gründen der allgemeinen Steuergerechtigkeit. Die Vermögensverschiebungen, die während des Krieges eingetreten seien, erstrecken sich nicht nur auf die Schichten mit einem Vermögen von über 20000 M nnd auf Vermögensverschiebungen von über 10000 M, sondern diese Verschiebungen gehen, was an sich erfreulich sei, viel tiefer. An der Vermögensumwälzung während des Krieges haben auch breite Schichten der mittleren, sogar der unteren Klasse der Bevölkerung in großem Umfange teilgenommen.

Er glaube also, aus **fiskalischen** und allgemeinen Gründen müsse man mit der Freigrenze heruntergehen."

7. **Als durch den Zuwachs ein Vermögensbetrag von zehntausend Mark überschritten wird.** Beispiel: Vermögen 15 270 ℳ, abgerundet 15 000 ℳ; Zuwachs 10 000 ℳ. Abgabepflichtig ist der Zuwachs nur in Höhe von 5000 ℳ.

§ 9.

Die Abgabe[1]) beträgt:

1. von dem Vermögenszuwachs[2])[12])

für die ersten 10 000 Mark des Vermögenszuwachses 5 vom Hundert,
für die nächsten angefangenen oder vollen 10 000 Mark[3]) 10 vom Hundert,
für die nächsten angefangenen oder vollen 10 000 Mark 15 vom Hundert,
für die nächsten angefangenen oder vollen 20 000 Mark 20 vom Hundert,
für die nächsten angefangenen oder vollen 50 000 Mark 25 vom Hundert,
für die nächsten angefangenen oder vollen 100 000 Mark 30 vom Hundert,
für die nächsten angefangenen oder vollen 200 000 Mark 35 vom Hundert,
für die nächsten angefangenen oder vollen 300 000 Mark 40 vom Hundert,
für die nächsten angefangenen oder vollen 300 000 Mark 45 vom Hundert,
für die weiteren Beträge . . . . 50 vom Hundert.

2. von dem nach dem Besitzsteuergesetze für den 31. Dezember 1916[4]) festgestellten Vermögen[5]), insoweit[9]) es neunzig vom Hundert des für den Beginn des Veranlagungszeit-

raums [7]) festgestellten Vermögens übersteigt [6]) und [8]) insoweit es weder der Besitzsteuer noch [8]) der Abgabe nach Nr. 1 unterliegt, ... 1 vom Hundert.

Von der Abgabe nach Nr. 2 sind befreit Vermögen, die zwanzigtausend Mark nicht übersteigen [10]). Abgabebeträge unter zehn Mark werden nicht erhoben [11]).

1. **Abgabe.** Das Gesetz sieht eine Abstufung der Steuersätze, soweit die Nr. 1 in Betracht kommt, nach der Höhe des Vermögenszuwachses vor. Eine unterschiedliche Behandlung nach der Herkunft des Vermögenszuwachses, eine qualitative Staffelung in der Weise, daß übermäßig hohe Gewinne, oder mühelos und ohne größeres Risiko erzielte Gewinne entsprechend schärfer zur Steuer herangezogen würden, scheitert an der Unmöglichkeit, objektive Merkmale zu finden, nach denen eine solche Unterscheidung gerecht und ohne unerträgliche Härten durchgeführt werden könnte. Ein Urteil über die sittliche Berechtigung erzielter Gewinne abzugeben, ist die Steuerbehörde weder berufen noch in der Lage. Die Kriegssteuer findet ihre Berechtigung in der besonderen Leistungsfähigkeit der von ihr erfaßten Personen. Ein irgendwie gearteter Strafcharakter muß ihr auch in der Ausgestaltung im einzelnen durchaus ferngehalten werden. Soll eine unberechtigte und sittlich verwerfliche Bereicherung als solche getroffen werden, so könnte es sich nicht um eine finanz- und steuerpolitische, sondern nur um eine rechtspolizeiliche Maßnahme handeln (Begründung des Gesetzentwurfes S. 15).

2. **Von dem Vermögenszuwachs** im Sinne des § 2, wie er sich also nach den Zu- und Abrechnungen gemäß §§ 3—7 und der Abrundung auf volle Tausende nach unten ergibt; siehe Anm. 2 zu § 7.

3. **Für die nächsten angefangenen oder vollen 10000 ℳ.** Es ist das sog. Anstoßsystem an Stelle der sonst üblichen sog. Durchstaffelung gewählt; letztere ist nur für die Besteuerung der Gesellschaften beibehalten. So beträgt die Abgabe von einem Zuwachs um ℳ 20000 nicht 10% hiervon, also nicht ℳ 2000,

sondern 5% von ℳ 10000 und 10% von weiteren ℳ 10000, zusammen also nur ℳ 1500.

4. **Für den 31. Dezember 1916.** Siehe Anm. 5 zu § 7.

5. **Von dem nach dem Besitzsteuergesetze festgestellten Vermögen.** Haben die Zu- und Abrechnungen zu jenem Vermögen keinen kriegssteuerpflichtigen Zuwachs ergeben, so ist für die bloße Vermögensabgabe nicht das Ergebnis jener Zu- und Abrechnungen maßgebend, vielmehr ist dann wieder von dem Ausgangspunkte der Berechnung, dem nach dem Besitzsteuergesetze festgestellten Vermögen auszugehen und dieses gemäß § 28 Abs. 3 des Besitzsteuergesetzes auf volle Tausende nach unten abzurunden.

6. **Insoweit es neunzig vom Hundert des für den Beginn des Veranlagungszeitraums festgestellten Vermögens übersteigt.** Das Verhältnis ist aus den auf volle Tausende nach unten abgerundeten Beträge zu berechnen, denn nur diese bilden den Gegenstand der Feststellung (§ 28 Abs. 3 des Besitzsteuergesetzes).

7. **Für den Beginn des Veranlagungszeitraums.** Siehe Anm. 6 zu § 1.

8. **Und weder — noch.** Die Pflicht zur Vermögensabgabe tritt nur ein, wenn alle drei Voraussetzungen für sie gegeben sind: Das Vermögen muß 90 v. H. seines früheren Standes übersteigen und darf keinen besitzsteuerpflichtigen und auch keinen kriegssteuerpflichtigen Zuwachs aufweisen.

9. **Insoweit.** Nur ein Vermögens teil unterliegt der Abgabe. Beispiel A: Anfangsvermögen ℳ 100000; 90% davon ℳ 90000, Endvermögen nach dem Besitzsteuergesetze ℳ 150000, nach §§ 2 und 3 des Kriegssteuergesetzes aber nur ℳ 130000, weil ℳ 20000 aus einem Erbanfall in Abrechnung kommen. Mithin Zuwachs nach dem Besitzsteuergesetze ℳ 50000, nach dem Kriegssteuergesetze nur ℳ 30000. Von jeder Zuwachssteuer verschont bleiben demnach am Endvermögen ℳ 100000. Dieser Betrag übersteigt die eingangs berechneten ℳ 90000 um ℳ 10000; hiervon ist die Vermögensabgabe von 1% mit ℳ 100,— zu entrichten. Beispiel B: Anfangsvermögen ℳ 80000, 90% davon ℳ 72000, Endvermögen ℳ 75000. Mithin weder nach dem Besitz-, noch nach dem Kriegs-

steuergesetz ein Zuwachs. Das Endvermögen übersteigt die oben berechneten ℳ 72000 um ℳ 3000, welcher Betrag mit 1%, d. i. mit ℳ 30,— Vermögensabgabe belastet wird.

10. **Die zwanzigtausend Mark nicht übersteigen.** Die Grenze ist dieselbe wie für die Besitzsteuer (§ 13 des Besitzsteuergesetzes), so daß Vermögen in jener Höhe, wenn sie nicht durch einen kriegssteuerpflichtigen Zuwachs dahin gekommen sind, weder der Besitzsteuer noch der Kriegsabgabe unterliegen.

11. **Abgabebeträge unter zehn Mark werden nicht erhoben.** Die Bestimmung bezieht sich nur auf die Vermögensabgabe, weil der geringste Satz der Abgabe vom Vermögenszuwachse 5 Prozent von 1000 ℳ, also 50 ℳ ausmacht.

12. Tarif

für die Abgabe vom Vermögenszuwachs der Einzelpersonen (§ 9 Ziffer 1 des Kriegssteuergesetzes).

Vermögenszuwachs	Zuwachsabgabe	Vermögenszuwachs	Zuwachsabgabe	Vermögenszuwachs	Zuwachsabgabe
ℳ	ℳ	ℳ	ℳ	ℳ	ℳ
1000	50[1])	13000	800	25000	2250
2000	100[1])	14000	900	26000	2400
3000	150[1])	15000	1000	27000	2550
4000	200	16000	1100	28000	2700
5000	250	17000	1200	29000	2850
6000	300	18000	1300	30000	3000
7000	350	19000	1400	31000	3200
8000	400	20000	1500	32000	3400
9000	450	21000	1650	33000	3600
10000	500	22000	1800	34000	3800
11000	600	23000	1950	35000	4000
12000	700	24000	2100	36000	4200

[1]) Wird nur erhoben bei mehr als 10000 ℳ Vermögen am 31. Dezember 1916 (§ 8 Abs. 1 d. Ges.)

Vermögenszuwachs	Zuwachsabgabe	Vermögenszuwachs	Zuwachsabgabe	Vermögenszuwachs	Zuwachsabgabe
ℳ	ℳ	ℳ	ℳ	ℳ	ℳ
37 000	4 400	70 000	12 000	103 000	20 400
38 000	4 600	71 000	12 250	104 000	20 700
39 000	4 800	72 000	12 500	105 000	21 000
40 000	5 000	73 000	12 750	106 000	21 300
41 000	5 200	74 000	13 000	107 000	21 600
42 000	5 400	75 000	13 250	108 000	21 900
43 000	5 600	76 000	13 500	109 000	22 200
44 000	5 800	77 000	13 750	110 000	22 500
45 000	6 000	78 000	14 000	111 000	22 800
46 000	6 200	79 000	14 250	112 000	23 100
47 000	6 400	80 000	14 500	113 000	23 400
48 000	6 600	81 000	14 750	114 000	23 700
49 000	6 800	82 000	15 000	115 000	24 000
50 000	7 000	83 000	15 250	116 000	24 300
		84 000	15 500	117 000	24 600
51 000	7 250	85 000	15 750	118 000	24 900
52 000	7 500	86 000	16 000	119 000	25 200
53 000	7 750	87 000	16 250	120 000	25 500
54 000	8 000	88 000	16 500	121 000	25 800
55 000	8 250	89 000	16 750	122 000	26 100
56 000	8 500	90 000	17 000	123 000	26 400
57 000	8 750	91 000	17 250	124 000	26 700
58 000	9 000	92 000	17 500	125 000	27 000
59 000	9 250	93 000	17 750	126 000	27 300
60 000	9 500	94 000	18 000	127 000	27 600
61 000	9 750	95 000	18 250	128 000	27 900
62 000	10 000	96 000	18 500	129 000	28 200
63 000	10 250	97 000	18 750	130 000	28 500
64 000	10 500	98 000	19 000	131 000	28 800
65 000	10 750	99 000	19 250	132 000	29 100
66 000	11 000	100 000	19 500	133 000	29 400
67 000	11 250			134 000	29 700
68 000	11 500	101 000	19 800	135 000	30 000
69 000	11 750	102 000	20 100	136 000	30 300

Vermögenszuwachs	Zuwachsabgabe	Vermögenszuwachs	Zuwachsabgabe	Vermögenszuwachs	Zuwachsabgabe
M	M	M	M	M	M
137000	30600	171000	40800	204000	50900
138000	30900	172000	41100	205000	51250
139000	31200	173000	41400	206000	51600
140000	31500	174000	41700	207000	51950
141000	31800	175000	42000	208000	52300
142000	32100	176000	42300	209000	52650
143000	32400	177000	42600	210000	53000
144000	32700	178000	42900	211000	53350
145000	33000	179000	43200	212000	53700
146000	33300	180000	43500	213000	54050
147000	33600	181000	43800	214000	54400
148000	33900	182000	44100	215000	54750
149000	34200	183000	44400	216000	55100
150000	34500	184000	44700	217000	55450
151000	34800	185000	45000	218000	55800
152000	35100	186000	45300	219000	56150
153000	35400	187000	45600	220000	56500
154000	35700	188000	45900	221000	56850
155000	36000	189000	46200	222000	57200
156000	36300	190000	46500	223000	57550
157000	36600	191000	46800	224000	57900
158000	36900	192000	47100	225000	58250
159000	37200	193000	47400	226000	58600
160000	37500	194000	47700	227000	58950
161000	37800	195000	48000	228000	59300
162000	38100	196000	48300	229000	59650
163000	38400	197000	48600	230000	60000
164000	38700	198000	48900	231000	60350
165000	39000	199000	49200	232000	60700
166000	39300	200000	49500	233000	61050
167000	39600			234000	61400
168000	39900	201000	49850	235000	61750
169000	40200	202000	50200	236000	62100
170000	40500	203000	50550	237000	62450

Vermögenszuwachs	Zuwachsabgabe	Vermögenszuwachs	Zuwachsabgabe	Vermögenszuwachs	Zuwachsabgabe
ℳ	ℳ	ℳ	ℳ	ℳ	ℳ
238000	62800	272000	74700	306000	86600
239000	63150	273000	75050	307000	86950
240000	63500	274000	75400	308000	87300
241000	63850	275000	75750	309000	87650
242000	64200	276000	76100	310000	88000
243000	64550	277000	76450	311000	88350
244000	64900	278000	76800	312000	88700
245000	65250	279000	77150	313000	89050
246000	65600	280000	77500	314000	89400
247000	65950	281000	77850	315000	89750
248000	66300	282000	78200	316000	90100
249000	66650	283000	78550	317000	90450
250000	67000	284000	78900	318000	90800
251000	67350	285000	79250	319000	91150
252000	67700	286000	79600	320000	91500
253000	68050	287000	79950	321000	91850
254000	68400	288000	80300	322000	92200
255000	68750	289000	80650	323000	92550
256000	69100	290000	81000	324000	92900
257000	69450	291000	81350	325000	93250
258000	69800	292000	81700	326000	93600
259000	70150	293000	82050	327000	93950
260000	70500	294000	82400	328000	94300
261000	70850	295000	82750	329000	94650
262000	71200	296000	83100	330000	95000
263000	71550	297000	83450	331000	95350
264000	71900	298000	83800	332000	95700
265000	72250	299000	84150	333000	96050
266000	72600	300000	84500	334000	96400
267000	72950	301000	84850	335000	96750
268000	73300	302000	85200	336000	97100
269000	73650	303000	85550	337000	97450
270000	74000	304000	85900	338000	97800
271000	74350	305000	86250	339000	98150

Vermögens-zuwachs	Zuwachs-abgabe	Vermögens-zuwachs	Zuwachs-abgabe	Vermögens-zuwachs	Zuwachs-abgabe
ℳ	ℳ	ℳ	ℳ	ℳ	ℳ
340000	98500	374000	110400	407000	122300
341000	98850	375000	110750	408000	122700
342000	99200	376000	111100	409000	123100
343000	99550	377000	111450	410000	123500
344000	99900	378000	111800	411000	123900
345000	100250	379000	112150	412000	124300
346000	100600	380000	112500	413000	124700
347000	100950	381000	112850	414000	125100
348000	101300	382000	113200	415000	125500
349000	101650	383000	113550	416000	125900
350000	102000	384000	113900	417900	126300
351000	102350	385000	114250	418000	126700
352000	102700	386000	114600	419000	127100
353000	103050	387000	114950	420000	127500
354000	103400	388000	115300	421000	127900
355000	103750	389000	115650	422000	128300
356000	104100	390000	116000	423000	128700
357000	104450	391000	116350	424000	129100
358000	104800	392000	116700	425000	129500
359000	105150	393000	117050	426000	129900
360000	105500	394000	117400	427000	130300
361000	105850	395000	117750	428000	130700
362000	106200	396000	118100	429000	131100
363000	106550	397000	118450	430000	131500
364000	106900	398000	118800	431000	131900
365000	107250	399000	119150	432000	132300
366000	107600	400000	119500	433000	132700
367000	107950			434000	133100
368000	108300	401000	119900	435000	133500
369000	108650	402000	120300	436000	133900
370000	109000	403000	120700	437000	134300
371000	109350	404000	121100	438000	134700
372000	109700	405000	121500	439000	135100
373000	110050	406000	121900	440000	135500

Vermögenszuwachs	Zuwachsabgabe	Vermögenszuwachs	Zuwachsabgabe	Vermögenszuwachs	Zuwachsabgabe
ℳ	ℳ	ℳ	ℳ	ℳ	ℳ
441000	135900	475000	149500	509000	163100
442000	136300	476000	149900	510000	163500
443000	136700	477000	150300	511000	163900
444000	137100	478000	150700	512000	164300
445000	137500	479000	151100	513000	164700
446000	137900	480000	151500	514000	165100
447000	138300	481000	151900	515000	165500
448000	138700	482000	152300	516000	165900
449000	139100	483000	152700	517000	166300
450000	139500	484000	153100	518000	166700
451000	139900	485000	153500	519000	167100
452000	140300	486000	153900	520000	167500
453000	140700	487000	154300	521000	167900
454000	141100	488000	154700	522000	168300
455000	141500	489000	155100	523000	168700
456000	141900	490000	155500	524000	169100
457000	142300	491000	155900	525000	169500
458000	142700	492000	156300	526000	169900
459000	143100	493000	156700	527000	170300
460000	143500	494000	157100	528000	170700
461000	143900	495000	157500	529000	171100
462000	144300	496000	157900	530000	171500
463000	144700	497000	158300	531000	171900
464000	145100	498000	158700	532000	172300
465000	145500	499000	159100	533000	172700
466000	145900	500000	159500	534000	173100
467000	146300	501000	159900	535000	173500
468000	146700	502000	160300	536000	173900
469000	147100	503000	160700	537000	174300
470000	147500	504000	161100	538000	174700
471000	147900	505000	161500	539000	175100
472000	148300	506000	161900	540000	175500
473000	148700	507000	162300	541000	175900
474000	149100	508000	162700	542000	176300

Vermögens-zuwachs	Zuwachs-abgabe	Vermögens-zuwachs	Zuwachs-abgabe	Vermögens-zuwachs	Zuwachs-abgabe
M	M	M	M	M	M
543000	176700	577000	190300	611000	203900
544000	177100	578000	190700	612000	204300
545000	177500	579000	191100	613000	204700
546000	177900	580000	191500	614000	205100
547000	178300	581000	191900	615000	205500
548000	178700	582000	192300	616000	205900
549000	179100	583000	192700	617000	206300
550000	179500	584000	193100	618000	206700
551000	179900	585000	193500	619000	207100
552000	180300	586000	193900	620000	207500
553000	180700	587000	194300	621000	207900
554000	181100	588000	194700	622000	208300
555000	181500	589000	195100	623000	208700
556000	181900	590000	195500	624000	209100
557000	182300	591000	195900	625000	209500
558000	182700	592000	196300	626000	209900
559000	183100	593000	196700	627000	210300
560000	183500	594000	197100	628000	210700
561000	183900	595000	197500	629000	211100
562000	184300	596000	197900	630000	211500
563000	184700	597000	198300	631000	211900
564000	185100	598000	198700	632000	212300
565000	185500	599000	199100	633000	212700
566000	185900	600000	199500	634000	213100
567000	186300	601000	199900	635000	213500
568000	186700	602000	200300	636000	213900
569000	187100	603000	200700	637000	214300
570000	187500	604000	201100	638000	214700
571000	187900	605000	201500	639000	215100
572000	188300	606000	201900	640000	215500
573000	188700	607000	202300	641000	215900
574000	189100	608000	202700	642000	216300
575000	189500	609000	203100	643000	216700
576000	189900	610000	203500	644000	217100

Vermögens-zuwachs	Zuwachs-abgabe	Vermögens-zuwachs	Zuwachs-abgabe	Vermögens-zuwachs	Zuwachs-abgabe
ℳ	ℳ	ℳ	ℳ	ℳ	ℳ
645000	217500	679000	231100	712000	244900
646000	217900	680000	231500	713000	245350
647000	218300	681000	231900	714000	245800
648000	218700	682000	232300	715000	246250
649000	219100	683000	232700	716000	246700
650000	219500	684000	233100	717000	247150
651000	219900	685000	233500	718000	247600
652000	220300	686000	233900	719000	248050
653000	220700	687000	234300	720000	248500
654000	221100	688000	234700	721000	248950
655000	221500	689000	235100	722000	249400
656000	221900	690000	235500	723000	249850
657000	222300	691000	235900	724000	250300
658000	222700	692000	236300	725000	250750
659000	223100	693000	236700	726000	251200
660000	223500	694000	237100	727000	251650
661000	223900	695000	237500	728000	252100
662000	224300	696000	237900	729000	252550
663000	224700	697000	238300	730000	253000
664000	225100	698000	238700	731000	253450
665000	225500	699000	239100	732000	253900
666000	225900	700000	239500	733000	254350
667000	226300			734000	254800
668000	226700	701000	239950	735000	255250
669000	227100	702000	240400	736000	255700
670000	227500	703000	240850	737000	256150
671000	227900	704000	241300	738000	256600
672000	228300	705000	241750	739000	257050
673000	228700	706000	242200	740000	257500
674000	229100	707000	242650	741000	257950
675000	229500	708000	243100	742000	258400
676000	229900	709000	243550	743000	258850
677000	230300	710000	244000	744000	259300
678000	230700	711000	244450	745000	259750

Vermögens-zuwachs	Zuwachs-abgabe	Vermögens-zuwachs	Zuwachs-abgabe	Vermögens-zuwachs	Zuwachs-abgabe
M	M	M	M	M	M
746000	260200	780000	275500	814000	290800
747000	260650	781000	275950	815000	291250
748000	261100	782000	276400	816000	291700
749000	261550	783000	276850	817000	292150
750000	262000	784000	277300	818000	292600
751000	262450	785000	277750	819000	293050
752000	262900	786000	278200	820000	293500
753000	263350	787000	278650	821000	293950
754000	263800	788000	279100	822000	294400
755000	264250	789000	279550	823000	294850
756000	264700	790000	280000	824000	295300
757000	265150	791000	280450	825000	295750
758000	265600	792000	280900	826000	296200
759000	266050	793000	281350	827000	296650
760000	266500	794000	281800	828000	297100
761000	266950	795000	282250	829000	297550
762000	267400	796000	282700	830000	298000
763000	267850	797000	283150	831000	298450
764000	268300	798000	283600	832000	298900
765000	268750	799000	284050	833000	299350
766000	269200	800000	284500	834000	299800
767000	269650	801000	284950	835000	300250
768000	270100	802000	285400	836000	300700
769000	270550	803000	285850	837000	301150
770000	271000	804000	286300	838000	301600
771000	271450	805000	286750	839000	302050
772000	271900	806000	287200	840000	302500
773000	272350	807000	287650	841000	302950
774000	272800	808000	288100	842000	303400
775000	273250	809000	288550	843000	303850
776000	273700	810000	289000	844000	304300
777000	274150	811000	289450	845000	304750
778000	274600	812000	289900	846000	305200
779000	275050	813000	290350	847000	305650

Vermögenszuwachs	Zuwachsabgabe	Vermögenszuwachs	Zuwachsabgabe	Vermögenszuwachs	Zuwachsabgabe
M	M	M	M	M	M
848000	306100	882000	321400	916000	336700
849000	306550	883000	321850	917000	337150
850000	307000	884000	322300	918000	337600
851000	307450	885000	322750	919000	338050
852000	307900	886000	323200	920000	338500
853000	308350	887000	323650	921000	338950
854000	308800	888000	324100	922000	339400
855000	309250	889000	324550	923000	339850
856000	309700	890000	325000	924000	340300
857000	310150	891000	325450	925000	340750
858000	310600	892000	325900	926000	341200
859000	311050	893000	326350	927000	341650
860000	311500	894000	326800	928000	342100
861000	311950	895000	327250	929000	342550
862000	312400	896000	327700	930000	343000
863000	312850	897000	328150	931000	343450
864000	313300	898000	328600	932000	343900
865000	313750	899000	329050	933000	344350
866000	314200	900000	329500	934000	344800
867000	314650	901000	329950	935000	345250
868000	315100	902000	330400	936000	345700
869000	315550	903000	330850	937000	346150
870000	316000	904000	331300	938000	346600
871000	316450	905000	331750	939000	347050
872000	316900	906000	332200	940000	347500
873000	317350	907000	332650	941000	347950
874000	317800	908000	333100	942000	348400
875000	318250	909000	333550	943000	348850
876000	318700	910000	334000	944000	349300
877000	319150	911000	334450	945000	349750
878000	319600	912000	334900	946000	350200
879000	320050	913000	335350	947000	350650
880000	320500	914000	335800	948000	351100
881000	320950	915000	336250	949000	351550

Vermögenszuwachs	Zuwachsabgabe	Vermögenszuwachs	Zuwachsabgabe	Vermögenszuwachs	Zuwachsabgabe
ℳ	ℳ	ℳ	ℳ	ℳ	ℳ
950000	352000	972000	361900	994000	371800
951000	352450	973000	362350	995000	372250
952000	352900	974000	362800	996000	372700
953000	353350	975000	363250	997000	373150
954000	353800	976000	363700	998000	373600
955000	354250	977000	364150	999000	374050
956000	354700	978000	364600	1000000	374500
957000	355150	979000	365050		
958000	355600	980000	365500	1001000	375000
959000	356050	981000	365950	1002000	375500
960000	356500	982000	366400	1003000	376000
961000	356950	983000	366850	1004000	376500
962000	357400	984000	367300	1005000	377000
963000	357850	985000	367750	1006000	377500
964000	358300	986000	368200	1007000	378000
965000	358750	987000	368650	1008000	378500
966000	359200	988000	369100	1009000	379000
967000	359650	989000	369550	1010000	379500
968000	360100	990000	370000	1011000	380000
969000	360550	991000	370450	usw. steigend,	
970000	361000	992000	370900	jede weitere Stufe um	
971000	361450	993000	371350	1000	500

§ 10.

Bei Steuerpflichtigen, die Gesellschafter einer inländischen [1]) Gesellschaft mit beschränkter Haftung sind, bleibt derjenige Abgabebetrag (§ 9 Nr. 1) [2]) zur Hälfte unerhoben [3]), der verhältnismäßig auf den Vermögenszuwachs [4]) in Höhe des der Beteiligung entsprechenden Betrags des abgabepflichtigen Mehrgewinns [5]) der Gesellschaft entfällt [6]). Der unerhoben bleibende Abgabebetrag darf jedoch nicht höher sein als der verhältnismäßige Betrag der Gesellschaftsabgabe[7]).

Abs. 1 findet nur Anwendung

1. auf Gesellschafter, die Geschäftsanteile in Höhe von mindestens der Hälfte des Stammkapitals[8]) besitzen, sowie[9]) auf Gesellschafter, die zueinander im Verhältnisse von Ehegatten, von Verwandten in gerader Linie, von Geschwistern oder Erben[15]) von Geschwistern stehen und zusammen[10]) Geschäftsanteile in Höhe von mindestens der Hälfte des Stammkapitals besitzen, in beiden Fällen vorausgesetzt, daß während der ganzen Dauer der Kriegsgeschäftsjahre[11]) das eingezahlte Stammkapital[12]) der Gesellschaft dreihunderttausend Mark nicht überstiegen hat[13]),
2. auf Gesellschafter, die vor dem 1. August 1914 als Geschäftsführer[14]) oder Prokuristen der Gesellschaft bestellt waren und aus dieser Stellung bis zum Schlusse des letzten Kriegsgeschäftsjahrs[11]) nicht ausgeschieden sind, es sei denn infolge Ablebens oder Krankheit, sowie auf Gesellschafter, die Ehegatten oder Erben[15]) solcher Personen sind, wenn diese Gesellschafter in beiden Fällen allein oder zusammen[16]) Geschäftsanteile in Höhe von mindestens der Hälfte des Stammkapitals[8]) besitzen.

1. **Einer inländischen Gesellschaft m. b. H.** Mitglieder anderer Gesellschaften im Inland oder Mitglieder ausländischer Gesellschaften genießen also nicht die Vergünstigung des § 10. Die Vorschrift ist erst in der zweiten Lesung des Reichstags in das Gesetz aufgenommen worden als Ersatz für eine den gleichen Zweck verfolgende Bestimmung, die der aus dem Gesetzentwurfe durch den Kompromiß in der Kommission beseitigten Besteuerung des Mehreinkommens angepaßt war. Über die Sonderstellung der

Mitglieder einer Gesellschaft m. b. H. ist in der Begründung des Gesetzentwurfes (S. 16) ausgeführt:

„Bei der gleichzeitigen Besteuerung der Gesellschaften und der Einzelpersonen wird eine Doppelbesteuerung im wirtschaftlichen Sinne nicht vermieden. Vermieden wird sie nur insofern, als die Gewinne der Gesellschaften sich verflüchtigen und in der Hand des Gesellschafters zu keinem abgabepflichtigen Vermögenszuwachse führen. Gemildert wird die Doppelbesteuerung dadurch, daß die Kriegsgewinnbesteuerung der Gesellschaften sich unter Umständen in einem niedrigeren Kurse der Aktien usw. ausdrückt. Immerhin wird die tatsächlich vorhandene Doppelbesteuerung im wirtschaftlichen Sinne bei der Festsetzung der Steuersätze für die Einzelpersonen sowohl wie für die Gesellschaften nicht unbeachtet bleiben dürfen. Bei Gesellschaften mit beschränkter Haftung fällt die Doppelbesteuerung besonders schwer ins Gewicht, da die Stellung der an einer Gesellschaft mit beschränkter Haftung beteiligten Personen sich vielfach wirtschaftlich nicht wesentlich unterscheidet von der Stellung eines Einzelunternehmers oder von Mitunternehmern. Eine völlige Beseitigung jeder Doppelbesteuerung ist auch bei Gesellschaften mit beschränkter Haftung nicht tunlich, da die Gesellschaftsbesteuerung auf einer ganz anderen Grundlage aufgebaut ist, als die Besteuerung der Einzelpersonen."

2. **Abgabebetrag (§ 9 Nr. 1).** Nur die Abgabe vom Vermögenszuwachse kommt in Frage, wogegen die bloße Vermögensabgabe, die gemäß § 9 Nr. 2 erhoben wird, unverändert bleibt.

3. **Bleibt unerhoben.** Veranlagt wird die Abgabe vom Vermögenszuwachs in voller Höhe, nur die Erhebung der Abgabe wird beschränkt. Eines Antrags des Steuerpflichtigen bedarf es nicht, vielmehr erfolgt die teilweise Außerhebungsetzung der Abgabe von Amts wegen, sobald die Veranlagungsbehörde von den Tatsachen, welche die Anwendung des § 10 bedingen, überzeugende Kenntnis erhält. Es liegt deshalb im eigenen Interesse des Steuer-

pflichtigen, der Steuerbehörde jene Kenntnis zu verschaffen, insbesondere also auch auf Erfordern den Tatbestand, der für sie die Anwendung des § 10 bedingt, nachzuweisen.

Die Veranlagung der Mitglieder inländischer Gesellschaften m. b. H. zur Kriegssteuer kann auch schon vor Ablauf des letzten Kriegsjahrs der Gesellschaft erfolgen. Die Außerhebungsetzung braucht sich nicht unmittelbar an die Veranlagung anzuschließen. Sie ist reine Verwaltungssache und kann auch im Wege der Abgangstellung und der Rückzahlung überhobener Beträge erfolgen. Eine nachträgliche Inhebungsetzung des außer Hebung gebliebenen Abgabeteils ist keine „Neuveranlagung" im Sinne des § 54 des Besitzsteuergesetzes; vgl. Entsch. des preuß. OVG. in Staatsstſ. Bd. 16 S. 334, 340.

4. **Vermögenszuwachs**, wie er für die Anwendung des Tarifs im § 9 Nr. 1 festgestellt ist, also nach seiner Abrundung auf volle Tausende nach unten (§ 7).

5. **Des abgabepflichtigen Mehrgewinns**, d. i. des für die endgültige Veranlagung der Gesellschaft nach § 28 maßgebenden Mehrgewinns, der nach dem Gesamtergebnisse sämtlicher Kriegsjahre unter Abrundung auf volle Tausende nach unten (§ 14) endgültig festgestellt ist. Ein Mehrgewinn, der nicht abgabepflichtig ist, schließt die Anwendung des § 10 überhaupt aus. Siehe unten Anm. 7. Mit dem abgabepflichtigen Mehrgewinne der Gesellschaft ist auch dann zu rechnen, wenn die Kriegsgeschäftsjahre der Gesellschaft so liegen, daß der Gewinn des letzten Kriegsgeschäftsjahrs bis zum Ende des Veranlagungszeitraums noch nicht zur Verteilung gekommen ist, also auch nichts zum Vermögenszuwachse beigetragen hat.

6. **Der Abgabebetrag, der verhältnismäßig auf den Vermögenszuwachs in Höhe des der Beteiligung entsprechenden Betrags des abgabepflichtigen Mehrgewinns der Gesellschaft entfällt.** Beispiel A: Vermögenszuwachs des Steuerpflichtigen 1000000 *M*. Die tarifmäßige Abgabe stellt sich nach § 9:

von	10000	ℳ	5 %	=	500	ℳ
„	10000	„	10 %	=	1000	„
„	10000	„	15 %	=	1500	„
„	20000	„	20 %	=	4000	„
„	50000	„	25 %	=	12500	„
„	100000	„	30 %	=	30000	„
„	200000	„	35 %	=	70000	„
„	300000	„	40 %	=	120000	„
„	300000	„	45 %	=	135000	„
zusammen von	1000000	ℳ			374500	ℳ

Statutenmäßiges Stammkapital der Gesellschaft, das hier maßgebend ist, 200000 ℳ. Die Geschäftsanteile des Steuerpflichtigen betragen 120000 ℳ; die Höhe seiner „Beteiligung“ ist also $^3/_5$. Der „Mehrgewinn“ der Gesellschaft beträgt 100000 ℳ, „der der Beteiligung entsprechende Betrag des Mehrgewinns“ also 60000 ℳ. Der Abgabebetrag des Steuerpflichtigen, der „verhältnismäßig“, d. i. im Verhältnisse jenes Betrags von 60000 ℳ zu seinem abgabepflichtigen Vermögenszuwachs, auf ihn entfällt, stellt sich nach der Formel

$$1000000 : 374500 = 60000 : x \text{ auf } \frac{374500 \,.\, 60000}{1\,000\,000} = 22470 \text{ ℳ}.$$

Die Hälfte dieses Betrags sind 11235 ℳ; sie sollen von dem veranlagten Abgabebetrag unerhoben bleiben. Wenn „der der Beteiligung entsprechende Betrag des Mehrgewinns“ höher ist als der abgabepflichtige Vermögenszuwachs des Steuerpflichtigen, weil dieser anderweitig Verluste erlitten hat, so kann die im Gesetze vorgeschriebene Berechnung des Betrags, der „unerhoben“ bleiben soll, einen höheren Betrag als die veranlagte Abgabe ergeben:

Beispiel B: Die Verhältnisse der Gesellschaft und die Beteiligung des Steuerpflichtigen daran sollen dieselben sein wie in dem Beispiel A, aber der abgabepflichtige Vermögenszuwachs des Steuerpflichtigen stellt sich nur auf 26000 ℳ, so daß die Veranlagung zu einer Abgabe von nur 2400 ℳ erfolgt. Die gleiche Rechnung wie im Beispiel A hat dann folgendes Ergebnis:

$$x = \frac{2400 \,.\, 60000}{26\,000} = 5538{,}46 \text{ ℳ},$$

die Hälfte davon gibt 2769,23 ℳ. Da die veranlagte Abgabe nur 2400 ℳ beträgt, so darf sie hiernach überhaupt nicht zur Hebung kommen.

7. **Der unerhoben bleibende Abgabebetrag darf jedoch nicht höher sein als der verhältnismäßige Betrag der Gesellschaftsabgabe.** Beispiel. In den in der vorangehenden Anmerkung gewählten Beispielen würde die Gesellschaftsabgabe, wenn das Stammkapital voll eingezahlt und wirkliche Reservekontenbeträge nicht ausgewiesen waren (§ 24), mindestens 30000 ℳ betragen; der „verhältnismäßige Betrag", das sind $^3/_5$, stellt sich also auf 18000 ℳ. Die einschränkende Gesetzesvorschrift im letzten Satze des Abs. 1 des § 10 würde danach der Außerhebungsetzung der in obigen Beispielen berechneten Beträge nicht im Wege stehen.

Die Gesetzesvorschrift verhindert die Außerhebungsetzung nicht gänzlich, sondern schränkt sie nur ein. Der nach Satz 1 berechnete Betrag ist also in Höhe des verhältnismäßigen Betrags der Gesellschaftsabgabe jedenfalls außer Hebung zu setzen; nur der überschießende Betrag ist von der Außerhebungsetzung ausgeschlossen.

8. **Des Stammkapitals,** d. i. des statutenmäßigen, denn nur mit diesem können die Geschäftsanteile der Gesellschafter in Beziehung gebracht werden.

9. **Sowie auf Gesellschafter.** Jede der beiden Voraussetzungen begründet den Anspruch auf die Wohltat des Gesetzes.

10. **Und zusammen Geschäftsanteile in Höhe von mindestens der Hälfte des Stammkapitals besitzen.** Der zweite Fall der Anwendung des Abs. 2 erfordert also außer der gemeinsamen Voraussetzung, die am Schlusse der Nr. 1 aufgeführt ist, noch zwei weitere, die zusammentreffen müssen. In welchem Verhältnisse die Geschäftsanteile des einzelnen Gesellschafters zum Stammkapitale stehen, ist in diesem Falle ohne Bedeutung. Siehe auch Anm. 16 Abs. 1.

11. **Während der ganzen Dauer der Kriegsgeschäftsjahre.** Siehe hierüber den Kommentar zum Gesetz über vorbereitende Maßnahmen usw. Anm. 3 zu § 2.

12. **Das eingezahlte Stammkapital.** Siehe hierüber den Kommentar zum Gesetz über vorbereitende Maßnahmen usw. Anm. 6 und 7 zu § 5.

13. **Dreihunderttausend Mark nicht überstiegen hat.** Da für die Fälle, welche unter Ziff. 2 aufgeführt sind, hinsichtlich des eingezahlten Stammkapitals keine Grenzen gezogen sind, so finden sie auch Anwendung, wenn das eingezahlte Stammkapital dreihunderttausend Mark nicht übersteigt. Hieraus ergibt sich folgende Regel: Die Vorschrift über die gänzliche — siehe oben Anm. 6 Beispiel B — oder teilweise Außerhebungsetzung des veranlagten Abgabebetrags findet Anwendung

I. bei Gesellschaften mit einem eingezahlten Stammkapitale bis zu 300000 M, das auch im Laufe der Kriegsjahre keine Erhöhung erfahren hat,

a) auf jeden Gesellschafter, der für seine Person Geschäftsanteile in Höhe von mindestens der Häfte des statutenmäßigen Stammkapitals besitzt;

b) auf alle diejenigen Gesellschafter, die zueinander im Verhältnisse von Ehegatten, Verwandten in gerader Linie (Eltern, Kinder, Großeltern, Enkel), von Geschwistern oder Erben von Geschwistern stehen, sofern ihre Geschäftsanteile zusammen mindestens die Hälfte des statutenmäßigen Stammkapitals ausmachen;

c) auf Gesellschafter, die vor dem 1. August 1914 als Geschäftsführer oder Prokuristen der Gesellschaft bestellt waren und aus dieser Stellung auch bis zum Schlusse des letzten Kriegsgeschäftsjahrs der Gesellschaft nicht ausgeschieden sind, es sei denn infolge Ablebens oder Krankheit, vorausgesetzt, daß diese Gesellschafter jedenfalls zusammen Geschäftsanteile von mindestens der Hälfte des statutenmäßigen Stammkapitals besitzen;

d) auf Gesellschafter, die Ehegatten oder Erben der zu c aufgeführten Personen sind, wenn sie mindestens mit diesen zusammen Geschäftsanteile von wenigstens der Hälfte des statutenmäßigen Stammkapitals besitzen;

II. bei Gesellschaften, deren eingezahltes Stammkapital bereits bei Beginn des Krieges oder im Laufe der Kriegsgeschäftsjahre 300000 ℳ überstiegen hat, nur auf die oben zu c und d bezeichneten Gesellschafter.

14. **Als Geschäftsführer.** Ob die Geschäftsführung den damit betrauten Gesellschaftern auf Grund eines mit der Gesellschaft geschlossenen Dienstvertrags oder als eine gesellschaftliche Verpflichtung obliegt, kann keinen Unterschied machen. Ebensowenig ist es von Belang, ob sämtliche Gesellschafter oder nur einer oder mehrere von ihnen zu Geschäftsführern bestellt sind.

15. **Oder Erben solcher Personen,** auch wenn zwischen dem Erblasser und seinen Erben keine Verwandtschaft bestanden hat, diese vielmehr durch Testament eingesetzt sind. Vermächtnisnehmer fallen nicht unter diese Bestimmung, ebensowenig bloße Pflichtteilsberechtigte (§ 2304 BGB.), welche einen zum Nachlaß gehörigen Geschäftsanteil von den Erben in Anrechnung auf den Pflichtteil übereignet erhalten haben. Nur die Eigenschaft als Erbe gibt den Anspruch aus § 10; Erben dieser Erben haben jenen Anspruch nicht mehr.

16. **Allein oder zusammen.** Weist ein Steuerpflichtiger, auf welchen die sonstigen Voraussetzungen des § 10 zutreffen, nach, daß seine Geschäftsanteile zusammen mit den anderer ebenso gearteter Mitglieder die erforderliche Höhe erreichen, so wird die Steuerbehörde auch bei jenen anderen Mitgliedern die Außerhebungsetzung von Amts wegen in die Wege zu leiten haben, weil es eines Antrags hierauf nicht bedarf.

Bei Erben von Geschäftsführern oder Prokuristen, welche die Voraussetzungen des Abs. 2 Nr. 2 erfüllt haben, müssen auch solche Geschäftsanteile mitzählen, welche nicht durch Erbanfall auf sie übergegangen sind. Das Gesetz verlangt nur, daß sie Erben jener Geschäftsführer oder Prokuristen geworden sind und Geschäftsanteile in der erforderlichen Höhe besitzen, und zwar entweder allein oder zusammen mit den übrigen Erben und Ehegatten, die gleichfalls in Betracht kommen, oder zusammen sowohl mit diesen Personen wie auch mit den lebenden Geschäftsführern und Prokuristen, die Gesellschafter sind, oder nur zusammen mit den letzteren.

§ 11[1]).

Der Inhaber eines Lehens, Fideikommisses oder Stammguts ist berechtigt, den Betrag der Abgabe, der auf eine Vermehrung des Lehens-, Fideikommiß- oder Stammgutvermögens entfällt[2]), aus diesem Vermögen zu entnehmen und zu diesem Zwecke über das Vermögen selbständig zu verfügen[3]). Ist eine Aufsichtsbehörde vorhanden, so ist ihre Genehmigung[4]) zu der Verfügung erforderlich.

1. § 11 ist erst bei der zweiten Lesung des Gesetzes in der Kommission als § 9 a in den Entwurf aufgenommen worden.

2. **Den Betrag der Abgabe, der auf eine Vermehrung des Lehens-, Fideikommiß- oder Stammgutsvermögens entfällt.** Dieser Betrag berechnet sich nach dem Verhältnisse jener Vermehrung zum ganzen Zuwachs, ohne daß vorher Abrundungen der betreffenden Beträge erfolgen.

3. **Selbständig zu verfügen.** Der Inhaber bedarf also hierzu nicht der sonst in der Errichtungsurkunde oder gesetzlich vorgeschriebenen Zustimmung der Substanzinteressenten, sondern hat nur vorher die Genehmigung der Aufsichtsbehörde einzuholen.

4. **Die Genehmigung der Aufsichtsbehörde.** Diese wird dem Steuerpflichtigen nicht die Entnahme der anteiligen Abgabe versagen, ebensowenig die Feststellung des gesamten Zuwachses und die der Vermehrung des Lehens- usw. Vermögens durch die Steuerbehörde bemängeln können; vielmehr wird sie sich auf die Prüfung beschränken müssen, ob der Steuerpflichtige in der Auswahl der Gegenstände zu seiner Befriedigung nicht zum Schaden der Substanz verfährt.

§ 12 [1a]).

Die Pflicht zur Entrichtung der nach diesem Gesetze geschuldeten Abgabe **entfällt nicht** [1b]) dadurch, daß ein Steuerpflichtiger vor dem 1. Januar 1917 [2]) **seinen inländischen** Wohnsitz oder Aufenthalt aufgibt [3]).

Hat die Aufgabe des inländischen Wohnsitzes oder Aufenthalts den Wegfall der Steuerpflicht nach dem Besitzsteuergesetze zur Folge [4]), so ist der der außerordentlichen Abgabe unterliegende Vermögenszuwachs mit der **Maßgabe** festzustellen, daß der Veranlagungszeitraum statt mit dem 31. Dezember 1916 mit dem **Zeitpunkt der Aufgabe** des inländischen Wohnsitzes oder **Aufenthalts abläuft** [5]).

Der Steuerpflichtige **hat vor Verlegung** seines Wohnsitzes oder **Aufenthalts in das Ausland** für die geschuldete Abgabe **Sicherheit zu leisten. Die Steuerbehörde bestimmt den Betrag** der **Sicherheit** [6]) und ist berechtigt, diesen Betrag nach den für die **Einziehung** öffentlicher Abgaben geltenden Vorschriften beizutreiben. Das gleiche gilt [7]), wenn Tatsachen **vorliegen**, welche die **Annahme rechtfertigen, daß** der Steuerpflichtige auf **andere Weise** [8]), **insbesondere durch Verbringung** von **Vermögen** ins Ausland [9]), **die Erhebung der Abgabe** gefährdet.

Erschwert oder vereitelt ein im Ausland [10]) sich aufhaltender Steuerpflichtiger die Veranlagung der **außerordentlichen** Abgabe dadurch, daß er eine Steuererklärung **nicht rechtzeitig** abgibt [11]), so kann sein im Inland befindliches Vermögen mit **Beschlag** belegt werden [12]).

Im Sinne der Abs. 3 und 4 gelten die deutschen Schutzgebiete als Inland.

1 a. § 12; in der **Regierungsvorlage** und in den von der Kommission angenommenen **Entwürfen** war es § 20.

1 b. **Die Pflicht zur Entrichtung der nach diesem Gesetze geschuldeten Abgabe entfällt nicht.** Die Abgabepflicht, die Abgabeschuld, entsteht grundsätzlich erst, wenn ihre persönlichen und sachlichen Voraussetzungen beim Ablaufe des Veranlagungszeitraums gegeben sind (§ 1 des Gesetzes in Verbindung mit §§ 1, 18 und 22 des Besitzsteuergesetzes). Das könnte Steuerpflichtige verleiten, sich der Besteuerung dadurch zu entziehen, daß sie vor Ablauf des Veranlagungszeitraums die Voraussetzungen für ihre subjektive Steuerpflicht beseitigen. Dem soll durch § 12 wenigstens für den Fall ein Riegel vorgeschoben werden, daß die subjektive Steuerpflicht sich auf Wohnsitz oder Aufenthalt des Steuerpflichtigen im Reiche gründet. Die Vorschrift enthält gesetzliche Maßnahmen zur Sicherung der Kriegssteuer bei Einzelpersonen (Begründung des Gesetzentwurfes S. 25). Sind es aber nur sachliche Beziehungen des Steuerpflichtigen zum Reiche, auf welchen die subjektive Steuerpflicht beruht -- inländisches Grund- oder Betriebsvermögen (§ 1 des Gesetzes in Verbindung mit § 11 II des Besitzsteuergesetzes) — so verhindert ein vorzeitiger Wegfall jener Beziehungen auch den Eintritt der Abgabepflicht, der Abgabeschuld.

Die Ausdrucksweise im Texte ist ungenau; es hätte heißen müssen: „Die Pflicht ... tritt auch ein, wenn ..." Denn „entfallen" kann nur etwas, was bereits vorhanden war, vor Ablauf des Veranlagungszeitraums besteht aber, wie bereits oben erwähnt ist, die Abgabeschuld nicht.

2. **Vor dem 1. Januar 1917,** d. i. vor Ablauf des regelmäßig vom 1. Januar 1914 bis zum 31. Dezember 1916 reichenden Veranlagungszeitraums.

3. **Seinen inländischen Wohnsitz oder Aufenthalt aufgibt.** Die Vorschrift bezieht sich auf In- und Ausländer, welche im Deutschen Reiche Wohnsitz oder dauernden Aufenthalt hatten. Zum Deutschen Reiche im Sinne dieser Vorschrift gehören die deutschen Schutzgebiete nicht (vgl. Abs. 5).

Der Begriff „Wohnsitz" im Sinne der Steuergesetzgebung bestimmt sich lediglich nach dem Doppelsteuergesetze vom 22. März

1909. Nach dessen § 1 Abs. 1 hat ein Deutscher einen Wohnsitz an dem Orte, an welchem er eine Wohnung unter Umständen inne hat, welche auf die Absicht der dauernden Beibehaltung einer solchen schließen lassen. Zu einer „Wohnung" gehört, daß zum dauernden Aufenthalte Wohnräume eingerichtet sind, welche dem Steuerpflichtigen für sich und seinen Haushalt standesgemäße Unterkunft gewähren (vgl. Entsch. des preuß. OVG. in Staatsstf. Bd. 2 S. 341). Durch bloße Abwesenheit geht der Wohnsitz nicht verloren. Er ist aber nicht mehr vorhanden, wenn eines seiner Begriffsmerkmale wegfällt, sei es das tatsächliche Innehaben einer Wohnung, sei es die Absicht, eine solche beizubehalten (vgl. a. a. O. Bd. 1 S. 84).

Über die Art und Dauer des „Aufenthalts" als Vorbedingung der Zulässigkeit der Besteuerung fehlt es an gesetzlichen Bestimmungen. Man wird aber eine gewisse Stetigkeit und Dauer des Aufenthalts an demselben Orte oder wenigstens in dem Gebiete des Deutschen Reichs als notwendige Vorbedingung für die Zulässigkeit der Besteuerung verlangen müssen (vgl. Entsch. d. OVG. in Staatsstf. Bd. 6 S. 21). Aufenthalt und körperliche Anwesenheit brauchen nicht zusammenzufallen. Voraussetzung für die Annahme, daß eine zeitweilige körperliche Abwesenheit den an dem Orte einmal begründeten Aufenthalt nicht unterbrochen hat, ist indessen, daß bei ihr der Wille bestand, der Entfernung ungeachtet dort regelmäßig zu verweilen (Entsch. d. OVG. Bd. 62 S. 399).

Näheres über die Begriffe „Wohnsitz" und „Aufenthalt" siehe bei Mrozek, Handkommentar zum preußischen Einkommensteuergesetze, S. 23—28.

4. Hat die Aufgabe des inländischen Wohnsitzes oder Aufenthalts den Wegfall der Steuerpflicht nach dem Besitzsteuergesetze zur Folge. Die Besitzsteuerpflicht fällt weg, wenn beim Ablaufe des Veranlagungszeitraums mit dem 31. Dezember 1916 eine Einzelperson nicht mehr zu den im § 11 des Besitzsteuergesetzes aufgeführten subjektiv steuerpflichtigen Personen gehört; siehe Anm. 3 zu § 1 „Inländisch" im Sinne des Abs. 1, siehe Anm. 3 Abs. 1.

5. **So ist der der besonderen Abgabe unterliegende Vermögenszuwachs mit der Maßgabe festzustellen, daß der Veranlagungszeitraum statt mit dem 31. Dezember 1916 mit dem Zeitpunkte der Aufgabe des inländischen Wohnsitzes oder Aufenthalts abläuft.** Bei solchen Steuerpflichtigen wird also der Veranlagungszeitraum kürzer; er läuft nicht, wie regelmäßig (§ 1), bis zum 31. Dezember 1916, sondern umfaßt nur die Zeit bis zu dem Tage, an welchem der inländische Wohnsitz oder Aufenthalt aufgegeben worden ist. Mit diesem letzteren Zeitpunkt entsteht auch die Abgabeschuld (siehe oben Anm. 1), und die objektive Steuerpflicht ergreift nur den in jenem kürzeren Veranlagungszeitraum entstandenen Vermögenszuwachs.

6. **Der Steuerpflichtige hat vor Verlegung seines Wohnsitzes oder Aufenthalts in das Ausland für die geschuldete Abgabe Sicherheit zu leisten. Die Steuerbehörde bestimmt den Betrag der Sicherheit.** Der Beschluß der Steuerbehörde kann nur durch Beschwerde im Verwaltungsweg angefochten werden.

Im Sinne obiger Bestimmung gelten die deutschen Schutzgebiete nach der Vorschrift im Abs. 5 als Inland, obwohl sie nicht zum Deutschen Reiche gehören (Art. 1 der Reichsverfassung).

Eine Verpflichtung, die Verlegung des Wohnsitzes oder Aufenthalts in das Ausland vorher der Steuerbehörde anzuzeigen, ist dem Steuerpflichtigen nicht auferlegt. Der Steuerbehörde wird deshalb das Recht zugestanden werden müssen, von einem Steuerpflichtigen, dessen bevorstehenden Wegzug sie nicht rechtzeitig erfahren hat, auch noch nachträglich Sicherheit zu verlangen und diese aus seinem noch im Inlande verbliebenen Vermögen beizutreiben. Eine Beschlagnahme des inländischen Vermögens eines ohne Sicherheitsleistung verzogenen Steuerpflichtigen ist nach Abs. 4 nicht ohne weiteres angängig; siehe unten Anm. 10.

Die Veranlagung zur Kriegsgewinnsteuer wird durch den Wegzug des Steuerpflichtigen nicht verhindert (§ 25 Abs. 2 des Gesetzes und § 73 des Besitzsteuergesetzes).

7. **Das gleiche gilt,** d. h. die Steuerbehörde ist berechtigt, Sicherheit zu verlangen; siehe Anm. 6.

8. **Auf andere Weise,** als durch die Verlegung des Wohnsitzes oder Aufenthalts in das Ausland.

9. **Insbesondere durch Verbringung von Vermögen ins Ausland.** Das ist nur ein Fall der Gefährdung der Abgabe. Unter welchen Umständen sonst noch eine Gefährdung der Abgabe anzunehmen ist, entscheidet die Steuerbehörde nach ihrem pflichtmäßigen Ermessen. Für die Forderung einer Sicherheit ist nicht ein positives Tun des Steuerpflichtigen die unerläßliche Voraussetzung, vielmehr muß es für genügend erachtet werden, wenn nach den besonderen Umständen des Einzelfalls die Erhebung der Abgabe gefährdet ist. Es ist z. B. von einem steuerpflichtigen Ausländer bekannt geworden, daß er große Kriegsgewinne erzielt hat, und sein Wegzug in das Ausland unter Mitnahme seines Vermögens würde leicht zu bewerkstelligen sein.

10. **Im Auslande.** Im Sinne dieser Vorschrift gehören die deutschen Schutzgebiete zum Inlande (Abs. 5).

11. **Dadurch, daß er eine Steuererklärung nicht rechtzeitig abgibt.** Nur dieser Tatbestand rechtfertigt die Beschlagnahme.

Die Steuererklärung ist mit der Besitzsteuererklärung abzugeben und kann mit dieser verbunden werden (§ 26). Der Bundesrat bestimmt die Fristen zur Abgabe der Besitzsteuererklärung (§ 52 Abs. 1 des Besitzsteuergesetzes). Eine solche Vorschrift ist bisher noch nicht ergangen. Siehe auch Anm. 3 zu § 26.

12. **So kann sein im Inlande befindliches Vermögen mit Beschlag belegt werden.** Die Beschlagnahme braucht nicht zu erfolgen; die Steuerbehörde entscheidet hierüber nach ihrem pflichtgemäßen Ermessen. Dieser Beschluß ist nicht im ordentlichen Rechtsmittelverfahren, sondern nur mittels Beschwerde bei der übergeordneten Verwaltungsbehörde anfechtbar.

Die Beschlagnahme (Abs. 4) erfolgt nicht zur Sicherung der Abgabenforderung, sondern als Zwangsmaßregel, um den Steuerpflichtigen zur Erfüllung seiner öffentlichrechtlichen Erklärungspflicht anzuhalten. Sie entspricht daher der Vermögensbeschlagnahme der §§ 332 ff. der Strafprozeßordnung und hat die gleiche

Wirkung wie diese (Begründung des Gesetzentwurfes S. 25). Von Bedeutung sind hier nur folgende Bestimmungen der Strafprozeßordnung:

§ 333. Der die Beschlagnahme verhängende Beschluß ist durch den Deutschen Reichsanzeiger bekanntzumachen, und kann nach dem Ermessen des Gerichts auch durch andere Blätter veröffentlicht werden.

§ 334. Mit dem Zeitpunkte der ersten Bekanntmachung in dem Deutschen Reichsanzeiger verliert der Angeschuldigte das Recht, über das in Beschlag genommene Vermögen unter Lebenden zu verfügen.

Der die Beschlagnahme verhängende Beschluß ist derjenigen Behörde mitzuteilen, welche für die Einleitung einer Vormundschaft über Abwesende zuständig ist. Diese Behörde hat eine Güterpflege einzuleiten.

§ 335. Die Beschlagnahme ist aufzuheben, wenn die Gründe derselben weggefallen sind.

Die Aufhebung der Beschlagnahme ist durch dieselben Blätter bekanntzumachen, durch welche die Beschlagnahme selbst veröffentlicht worden war.

Steuerpflicht der Gesellschaften[1]).

§ 13[2]).

Inländische[3]) Aktiengesellschaften[4]), Kommanditgesellschaften auf Aktien[4]), Berggewerkschaften[4]) und andere Bergbau treibende Vereinigungen, letztere, sofern sie die Rechte juristischer Personen haben[4]), Gesellschaften mit beschränkter Haftung[4]) und eingetragene Genossenschaften[4]) haben von dem nach den Vorschriften der §§ 14 bis 18 festgestellten Mehrgewinn[5]) eine außerordentliche Kriegsabgabe[6]) zu entrichten.

1. **Steuerpflicht der Gesellschaften.** Die Kriegsbesteuerung der Gesellschaften ist vorbereitet und in ihren Richtlinien bestimmt

durch das Gesetz über vorbereitende Maßnahmen zur Besteuerung der Kriegsgewinne vom 24. Dezember 1915. Begründet wird die Steuerpflicht der Gesellschaften erst durch das Inkrafttreten des Kriegssteuergesetzes am 25. Juni 1916 (Seite XIV der Einleitung oben). Gesellschaften, die an diesem Tage nicht bestanden haben, unterliegen also der Steuerpflicht nicht. Gesellschaften bestehen auch im Liquidationszustande weiter; dieser endigt erst, wenn das gesamte Gesellschaftsvermögen durch Berichtigung der Gesellschaftsschulden und Verteilung unter die Mitglieder ausgekehrt ist, und die dazu erforderlichen Geschäfte abgewickelt sind. Wenn Liquidationsgesellschaften ihrer Rücklagepflicht nachgekommen sind — siehe im vorstehenden Kommentare zum Gesetz über vorbereitende Maßnahmen usw. § 1 Anm. 1 —, haben sie am Tage des Inkrafttretens des Gesetzes in der Rücklage noch Vermögen besessen, also weiter bestanden und sind damit auch kriegssteuerpflichtig geworden. Ist die Bildung der Sonderrücklage zu Unrecht unterblieben und beim Inkrafttreten des Kriegssteuergesetzes Gesellschaftsvermögen überhaupt nicht mehr vorhanden gewesen, so ist die Gesellschaft auch nicht kriegssteuerpflichtig geworden. Die Liquidatoren der Gesellschaft haben sich aber dann nicht nur strafbar gemacht, sondern sie haften auch noch zivilrechtlich dem Reichsfiskus für den Schaden, der jenem dadurch entstanden ist, daß die Gesellschaft der Kriegssteuerpflicht entgangen ist (§ 9 Abs. 1 und 2 des Gesetzes über vorbereitende Maßnahmen usw.).

2. **§ 13.** Im Gesetzentwurf und in den Entwürfen, die von der Reichstagskommission angenommen waren, hatte der Paragraph die Nummer 21.

3. **Inländische Aktiengesellschaften usw.** Siehe Anm. 8 zu § 1 des Gesetzes über vorbereitende Maßnahmen usw. Die Steuerpflicht der ausländischen Gesellschaften betreffen die §§ 20 und 21.

4. **Aktiengesellschaften usw.** Es sind dieselben Gesellschaften, die im § 1 des Gesetzes über vorbereitende Maßnahmen usw. aufgeführt sind. Siehe hierüber den vorstehenden Kommentar zu

jenem Gesetze und die Anm. 1—8 zum § 1 daselbst. Die Vorschrift im § 13 des Gesetzes wird ergänzt durch die im § 23.

5. **Von dem nach den Vorschriften der §§ 14—18 festgestellten Mehrgewinne.** In den Fällen der §§ 24 und 36 kann eine von den gesetzlichen Vorschriften abweichende Feststellung des Mehrgewinns eintreten.

6. **Außerordentliche Kriegsabgabe,** weil es sich um eine einmalige Besteuerung handelt, wie auch der Wehrbeitrag als ein „außerordentlicher" bezeichnet war.

§ 14[1]).

Als Mehrgewinn (§ 13) gilt der Unterschied zwischen dem durchschnittlichen früheren Geschäftsgewinne (§§ 16, 17) und dem jeweils in einem Kriegsgeschäftsjahr (§ 15) erzielten Geschäftsgewinne (§ 16)[2]).

Die Unterschiedsbeträge werden auf volle Tausende nach unten abgerundet. Beträge unter fünftausend Mark bleiben außer Betracht.[2])

Bleibt der Geschäftsgewinn eines Kriegsgeschäftsjahrs hinter dem durchschnittlichen früheren Geschäftsgewinne zurück, so darf der Mindergewinn mit dem Mehrgewinn anderer Kriegsgeschäftsjahre ausgeglichen werden.[3])

1. **§ 14.** Die Vorschrift ist in den Gesetzentwurf als § 21a in der zweiten Lesung der Reichstagskommission aufgenommen worden.

2. **Abs. 1 und 2.** Sie entsprechen der Vorschrift im § 4 des Gesetzes über vorbereitende Maßnahmen usw. Siehe im vorstehenden Kommentare zu jenem Gesetze die Anmerkungen zum § 4.

3. **Abs. 3** wiederholt die Vorschrift im § 8 Abs. 4 des Gesetzes über vorbereitende Maßnahmen usw. Siehe im vorstehenden Kommentare zu jenem Gesetze die Anmerkungen zu jenem Paragraphen.

§ 15.

Als Kriegsgeschäftsjahre (§ 14) gelten die drei aufeinanderfolgenden Geschäftsjahre, deren erstes noch den Monat August 1914 mitumfaßt oder bei einer später gegründeten Gesellschaft mitumfassen würde, wenn sie damals schon bestanden hätte.

Anmerkung. Der Paragraph ist als § 21b von der Kommission des Reichstags in deren zweiter Lesung in den Gesetzentwurf aufgenommen worden. Er entspricht dem § 2 des Gesetzes über die vorbereitenden Maßnahmen usw. Siehe deshalb in dem vorstehenden Kommentare zu jenem Gesetze die Anmerkungen zum § 2.

§ 16[1]).

Geschäftsgewinn (§§ 14, 17) ist der in einem Geschäftsjahr erzielte, nach den gesetzlichen Vorschriften und den Grundsätzen ordnungsmäßiger kaufmännischer Buchführung berechnete Bilanzgewinn. Abschreibungen sind insoweit zu berücksichtigen, als sie einen angemessenen Ausgleich der Wertverminderung darstellen.[2])

Bei Kommanditgesellschaften auf Aktien bleiben diejenigen Gewinnbeträge, welche auf die von den persönlich haftenden Gesellschaftern nicht auf das Grundkapital gemachten Einlagen entfallen, außer Ansatz[3]).

1. **§ 16.** Der Paragraph ist von der Reichstagskommission bei der zweiten Lesung in den Gesetzentwurf aufgenommen worden, und zwar als § 21c.

2. **Abs. 1: Geschäftsgewinn. Abschreibungen.** Die Vorschrift im Abs. 1 ist gleichlautend mit der im § 3 des Gesetzes über vorbereitende Maßnahmen usw. Siehe deshalb in dem vorstehenden Kommentare zu jenem Gesetze die Anmerkungen zum § 3.

3. Abs. 2: **Kommanditgesellschaften auf Aktien.** Im Gesetzentwurfe bildete die Vorschrift den Abs 3 des § 23. Die Frage, ob die persönlich haftenden Gesellschafter einer Kommanditgesellschaft auf Aktien als Kaufleute (Inhaber des Handelsgewerbes) anzusehen sind, ist auch nach dem Inkrafttreten des Handelsgesetzbuchs vom 10. Mai 1897 (§§ 210 Abs. 1 und 320 Abs. 3) streitig geblieben. Für die Verneinung sprechen sich Staub-Könige (9. Aufl., Anm. 10 zu § 320 HGB.) und Lehmann-Ring (1902, Anm. 1 zu § 320) aus, für die Bejahung dagegen Düringer-Hachenburg (2. Aufl. 1908 S. 105), Ritter (1910 S. 3), Brand (1911 S. 6 Anm. c) und Cosack (Handelsrecht, 7. Aufl., S. 794). Ritter bezeichnet die letztere Auffassung als die herrschende. Ihr folgte der Bundesrat in einer Entscheidung wegen Doppelbesteuerung und später auch das preußische Einkommensteuergesetz in seiner neuen Fassung vom 19. Juni 1906 (§ 11 zu b, § 13 Ziff. 3 u. § 15 Abs. 2); Entsch. des preuß. OVG. in Staatsstſ. Bd. 16 S. 35, 36. Die gleiche Auffassung ist jetzt auch im Kriegssteuergesetze durch die Vorschrift im § 16 Abs. 2 zum Ausdrucke gebracht. Es handelt sich hier um eine gesetzliche Auslegung für die Kriegssteuer, die deshalb auch für die Berechnung der Sonderrücklage nach dem Gesetze über die vorbereitenden Maßnahmen usw. zur Anwendung kommen muß. Wird danach das Handelsgewerbe von der Kommanditgesellschaft auf Aktien in Gemeinschaft mit den persönlich haftenden Gesellschaftern betrieben, so gehört auch die den letzteren zufallende Tantieme nicht zum Geschäftsgewinne der Gesellschaft.

§ 17[1]).

Der durchschnittliche frühere Geschäftsgewinn (§ 14) ist nach den Ergebnissen der fünf den Kriegsgeschäftsjahren vorangegangenen Geschäftsjahre oder, wenn eine Gesellschaft noch nicht so lange besteht, nach den Ergebnissen der kürzeren Zeit, für welche Jahresabschlüsse vorliegen, zu berechnen. Besteht eine Gesellschaft schon fünf Jahre, so haben für die Berechnung des Durchschnittsgewinns die beiden Geschäftsjahre mit den besten und den schlechtesten Geschäftsergebnissen auszuscheiden[2]).

Hat innerhalb der fünf den Kriegsgeschäftsjahren vorangegangenen Geschäftsjahre eine Vermehrung des eingezahlten Grund- oder Stammkapitals stattgefunden, so wird dem Geschäftsgewinne für die vor der Vermehrung liegende Zeit ein Betrag von sechs[3]) vom Hundert jährlich des der Gesellschaft durch die Neueinzahlungen tatsächlich zugeflossenen Kapitalbetrags zugerechnet[2]).

Als früherer Durchschnittsgewinn wird mindestens ein Betrag von sechs[3]) vom Hundert des eingezahlten Grund- oder Stammkapitals angenommen zuzüglich des Mehrbetrags, der zur Verteilung einer etwaigen höheren festen Vorzugsdividende für bevorrechtigte Aktien notwendig gewesen wäre. Das Grundkapital einer Berggewerkschaft oder einer Bergbau treibenden Vereinigung ist aus dem Erwerbspreis und den Anlage- und Erweiterungskosten abzüglich des durch Schuldaufnahme gedeckten Aufwandes hierfür zu berechnen. An Stelle des Grundkapitals tritt bei eingetragenen Genossenschaften die Summe der eingezahlten Geschäftsanteile der Genossen[2]).

Der im Abs. 3 vorgesehene Betrag wird als Mindestbetrag auch zugrunde gelegt, wenn ein volles Geschäftsjahr vor den Kriegsgeschäftsjahren nicht vorliegt. In diesem Falle werden jedoch für Aktien oder Anteile, die zu einem den Nennwert übersteigenden Preise ausgegeben worden sind, die sechs[3]) Hundertstel von dem Kapitale berechnet, das der Gesellschaft als Einzahlung auf ihre Aktien oder Anteile tatsächlich zugeflossen ist[2]).

Hat sich das eingezahlte Grund- oder Stammkapital einer Gesellschaft während der Kriegsgeschäftsjahre vermehrt, so ist für die Zeit nach der Vermehrung dem durchschnittlichen früheren Geschäftsgewinn ein Betrag von sechs [3]) vom Hundert jährlich des der Gesellschaft durch die Neueinzahlungen tatsächlich zugeflossenen Kapitalbetrags hinzuzurechnen [2]).

1. **§ 17.** Der Paragraph ist erst von der Reichstagskommission in deren zweiter Lesung in den Gesetzentwurf als § 21d aufgenommen worden.

2. **Der durchschnittliche frühere Geschäftsgewinn.** Die Vorschriften über seine Berechnung sind dieselben wie im § 5 des Gesetzes über vorbereitende Maßnahmen usw., nur mit einer in der folgenden Anmerkung behandelten Abweichung. Siehe deshalb in dem vorstehenden Kommentare zu jenem Gesetze die Anmerkungen zu § 5.

3. **Sechs vom Hundert.** Im § 5 des Gesetzes über vorbereitende Maßnahmen ist nur der Satz von fünf vom Hundert zugelassen, was als eine Härte empfunden wurde. Denn bei Annahme einer fünfprozentigen Verzinsung im Sinne des § 5 des Gesetzes über vorbereitende Maßnahmen usw. ist nicht auch die Verteilung einer Dividende in dieser Höhe möglich. Wo die neue Vorschrift zur Anwendung kommt, wird sich der „durchschnittliche frühere Geschäftsgewinn" höher und damit der steuerpflichtige „Mehrgewinn" niedriger stellen, als er für die Sonderrücklage nach dem Gesetze über vorbereitende Maßnahmen usw. zu berechnen war.

§ 18 [1]).

Gesellschaften [2]), die mehr als ein Fünftel [3]) aller Aktien oder Anteile [4]) einer anderen [5]) Gesellschaft der im § 13 bezeichneten Art [2]) besitzen [6]), dürfen [7]) von dem Geschäftsgewinn eines Kriegsgeschäftsjahrs [8]) die Mehreinnahme [9]) aus diesen Aktien oder Anteilen absetzen.

Als Mehreinnahme (Abs. 1) [9]) gilt der anteilige Betrag [10]), der von der anderen Gesellschaft (Tochtergesellschaft) über den Durchschnitt der nach § 17 Abs. 1 in Betracht kommenden Jahre hinaus [11]) oder, wenn die Gesellschaft noch kein volles

Jahr vor den Kriegsgeschäftsjahren bestanden [12]) hat, über eine fünfprozentige Dividende [13]) oder Ausbeute hinaus in einem Kriegsgeschäftsjahr als Dividende oder Ausbeute verteilt worden ist [14]).

1. § 18; in der Regierungsvorlage und in den von der Kommission angenommenen Entwürfen war es § 23.

2. **Gesellschaften**, nämlich selbständig steuerpflichtige, also nicht nur die im § 13 des Gesetzes aufgeführten, sondern auch diejenigen juristischen Personen, auf welche der Bundesrat gemäß § 23 des Gesetzes die Abgabepflicht ausdehnen kann. Denn der § 13 enthält eine Vorschrift über die objektive Steuerpflicht der Gesellschaften, und der Bundesrat darf wohl der subjektiven Steuerpflicht neue Subjekte unterwerfen, aber nicht die objektive Steuerpflicht vergrößern; vielmehr hat das Gesetz den Bundesrat im sog. Härteparagraphen (§ 36) nur zu einer Verringerung des Steuerobjekts ermächtigt.

3. **Mehr als ein Fünftel.** Der Besitz von gerade einem Fünftel genügt also nicht. Maßgebend ist das Verhältnis des Nennbetrags der Aktien zum statutenmäßigen Grund- oder Stammkapitale; siehe auch die folgende Anmerkung.

4. **Aller Aktien oder Anteile.** Sonderrechte, mit denen etwa einzelne Aktien oder Anteile ausgestattet sind, kommen nicht in Frage, ebensowenig Sonderpflichten. Genußscheine dürfen nur mitgezählt werden, wenn ihre Inhaber den Aktionären gleichstehen, also als Mitglieder der Aktiengesellschaft zu erachten sind (vgl. Entsch. d. preuß. OVG. in Staatsstf. Bd. 9 S. 240); dann wird auch der Nennbetrag solcher Genußscheine dem Grund- oder Stammkapitale zuzurechnen sein.

5. **Einer anderen Gesellschaft der im § 13 bezeichneten Art.** Muttergesellschaft und Tochtergesellschaft können also verschiedene Gesellschaftsformen haben.

6. **Besitzen.** Nicht jeder Besitz genügt, so z. B. nicht der Besitz als Pfandgläubiger oder Verwahrer (§ 868 BGB.) oder auf Grund eines Treuverhältnisses (vgl. Entsch. d. preuß. OVG. in

Staatsstf. Bd. 15 S. 23), weil in diesen Fällen die Einnahme aus dem Aktienbesitz einem Dritten zugute kommt und den Geschäftsgewinn der „besitzenden" Gesellschaft nicht berührt.

Maßgebend ist der Besitz, welcher die „Mehreinnahme" in dem betreffenden Kriegsgeschäftsjahre der Muttergesellschaft herbeigeführt hat; der Besitz zu irgendeinem anderen Zeitpunkte kann demgegenüber nicht in Frage kommen.

7. **Dürfen absetzen.** Es handelt sich um einen Anspruch des Steuerpflichtigen, der seine objektive Steuerpflicht begrenzt. Er kann jederzeit geltend gemacht und muß auch von der Steuerbehörde von Amts wegen berücksichtigt werden, sofern ihr der Tatbestand bekannt ist. Die Steuerpflichtigen werden deshalb die Voraussetzungen für den Abzug spätestens im Berufungsverfahren geltend zu machen und darzutun haben, weil in der Beschwerdeinstanz ein neues tatsächliches Vorbringen nicht berücksichtigt werden kann.

Die Vorschrift will eine Doppelbesteuerung bei sog. Schachtelgesellschaften beseitigen und damit die Absicht der Anträge verwirklichen, welche auch zum Entwurfe des Gesetzes über vorbereitende Maßnahmen in der Kommission gestellt waren (Anträge Nr. 121 und 147 Nr. 1 der Kommissionsdrucksachen). Insoweit sie zur Vermeidung von Härten nicht ausreichen sollte, bleibt es dem Steuerpflichtigen unbenommen, gemäß § 36 des Gesetzes vom Bundesrat eine anderweite Berechnung des Mehrgewinns zu erbitten.

8. **Von dem Geschäftsgewinn eines Kriegsgeschäftsjahrs abzusetzen.** Das Ergebnis ist kein anderes, wenn die Absetzung erst von dem Mehrgewinne des betreffenden Kriegsgeschäftsjahrs erfolgt. Dagegen würde die Absetzung von dem Geschäftsgewinn und auch noch vom Mehrgewinne gegen das Gesetz verstoßen und nach den Strafvorschriften in §§ 34, 35 zu ahnden sein.

9. **Mehreinnahme.** Es kommt auf die Einnahme der Muttergesellschaft an, die diese aus dem Aktienbesitz in dem betreffenden Kriegsjahr erzielt hat, wogegen es ohne Belang ist, für welches Geschäftsjahr der Tochtergesellschaft die Verteilung des Gewinns erfolgt ist.

Bei einer noch nicht in Liquidation getretenen Aktiengesellschaft bilden den Gewinn der Aktionäre alle Beträge, welche die Aktionäre von der Gesellschaft unbeschadet des Grundkapitals und ohne Verpflichtung der Anrechnung auf ihre Kapitaleinlage erhalten, gleichviel ob die an sie verteilten Beträge aus dem bilanzmäßigen Gewinn der Gesellschaft in dem letzten Geschäftsjahr oder aus den in Reservekonten angesammelten Gewinnen früherer Geschäftsjahre herrühren. Dies gilt namentlich auch in dem Falle, wenn eine gewerbliche Aktiengesellschaft nach dem Ablaufe der im Gesellschaftsvertrage für ihre Dauer bestimmten Zeit und nach der Eintragung ihrer Auflösung in das Handelsregister das den satzungsmäßigen Zweck bildende Gewerbe fortsetzt. Als Gewinnanteile der Aktionäre sind daher auch die Beträge anzusehen, die eine Aktiengesellschaft bei Gelegenheit einer Erhöhung des Grundkapitals ihren zum Bezuge der neuen Aktien berechtigten Aktionären dadurch gewährt, daß sie einen Teil des von letzteren zu zahlenden Übernahmepreises der neuen Aktien gegen einen entsprechenden Teil der aus ihrem Geschäftsgewinne herrührenden, in Reservekonten aufgesammelten und zu ihrer Verfügung stehenden Beträge verrechnet (Entsch. d. preuß. OVG. in Staatsstſ. Bd. 14 S. 67).

Die gleichen Grundsätze gelten auch für die Gewinnanteile der Mitglieder einer Genossenschaft oder einer Gesellschaft m. b. H. Gewinnanteile von Gesellschaften m. b. H. bilden nur insoweit Einnahmen der einzelnen Mitglieder, als sie nach der Bestimmung der zuständigen Gesellschaftsorgane unter die Mitglieder zu verteilen oder ihnen gutzuschreiben sind (a. a. O. Bd. 14 S. 74). Die Frage, ob in den Bilanzen der Gesellschaft vorgenommene Abschreibungen zulässig seien, ist daher für den Begriff der „Einnahme" des einzelnen Gesellschafters ohne Bedeutung (vgl. a. a. O. Bd. 8 S. 73).

Unter den Ausbeuten, welche die Berggewerkschaften unter ihre Gewerken verteilen, gelten als deren „Einnahmen" nur die verteilten Teile des geschäftlichen Reingewinns der Gewerkschaft. Zu den Gewinnanteilen der Gewerken gehören aber ebenso wie bei der Dividende der Aktionäre nicht bloß die an die Gewerken verteilten Beträge, soweit sie aus dem Geschäftsgewinne der

Gewerkschaft in deren letztem Geschäftsjahre herrühren, sondern auch der später zur Verteilung gelangte, bis dahin aufgesammelte Gewinn früherer Geschäftsjahre (a. a. O. Bd. 14 S. 81).

Siehe auch Anm. 14.

10. **Der anteilige Betrag,** berechnet nach dem maßgebenden Aktienbesitze der Muttergesellschaft (Anm. 6) im Verhältnisse zum Gesamtbetrage der Aktien oder Anteile der Tochtergesellschaft.

11. **Über den Durchschnitt der nach § 17 Abs. 1 in Betracht kommenden Jahre hinaus.** Es sind die Jahre, nach denen der für die Berechnung des Mehrgewinns (§ 14) maßgebende „durchschnittliche frühere Geschäftsgewinn" der Tochtergesellschaft zu berechnen ist.

12. **Noch kein volles Jahr vor den Kriegsgeschäftsjahren,** nämlich den eigenen, also der Tochtergesellschaft. Ein volles Jahr ist ein Zeitraum von 365 Tagen.

13. **Über eine fünfprozentige Dividende hinaus.** Es handelt sich um die Dividende; deshalb ist der Prozentsatz niedriger bestimmt als im § 17 Abs. 4, wo der Mindestsatz für den ganzen Geschäftsgewinn festgesetzt ist. Die fünfprozentige Dividende ist auch kein Mindestsatz, sondern es ist von ihr für die Berechnung der „Mehreinnahme" selbst dann auszugehen, wenn dem ersten Kriegsgeschäftsjahre bereits ein kurzes Geschäftsjahr von weniger als zwölf Monaten vorausgegangen sein sollte, für das eine höhere als fünfprozentige Dividende verteilt worden ist.

14. **In einem Kriegsgeschäftsjahr als Dividende oder Ausbeute verteilt worden ist,** nämlich in einem Kriegsgeschäftsjahre der Tochtergesellschaft. Was als Dividende oder Ausbeute zu gelten hat, ist oben in Anm. 9 ausgeführt.

„Verteilt" kann die Dividende oder Ausbeute erst nach Ablauf des betreffenden Geschäftsjahrs werden. Deshalb wird die „im" ersten Kriegsjahre der Tochtergesellschaft verteilte Dividende noch aus einem Friedensgewinne herrühren, und die aus dem Kriegsgewinne des dritten Kriegsgeschäftsjahrs der Tochtergesellschaft verteilte Dividende wird erst im ersten auf die Kriegsjahre folgenden Geschäftsjahre der Muttergesellschaft zu einem etwaigen

Mehrgewinne führen und dann überhaupt nicht mehr für die Kriegssteuer vom Geschäftsgewinn abgesetzt werden können. Eine Doppelbesteuerung des Kriegsgewinns der Tochtergesellschaft wird aber gleichwohl vermieden, weil der von dieser im dritten Kriegsgeschäftsjahr erzielte Kriegsgewinn nur noch bei ihr zur Besteuerung gelangt. Daß die Muttergesellschaft bei der Besteuerung des Ergebnisses ihres ersten Kriegsgeschäftsjahrs bereits eine Erleichterung erfährt, rechtfertigt sich daraus, daß sie eine etwaige Mehreinnahme an Dividende nicht aus dem Kriegs-, sondern aus einem Friedensgewinn ihrer Tochtergesellschaft zugeteilt erhalten hat.

§ 19[1].

Die Abgabe[2]) beträgt[18]) für inländische[3]) Gesellschaften,

wenn der Mehrgewinn[4]) im Jahresdurchschnitt[5]) 2 vom Hundert des eingezahlten Grund- oder Stammkapitals[6]) zuzüglich der bei Beginn des ersten Kriegsgeschäftsjahrs[7]) ausgewiesenen wirklichen Reservekontenbeträge[8]) nicht übersteigt, 10 vom Hundert des Mehrgewinns[4,5]),

wenn er 2 vom Hundert, aber nicht 5 vom Hundert übersteigt . . . 15 vom Hundert des Mehrgewinns[4,5]),

wenn er 5 vom Hundert, aber nicht 10 vom Hundert übersteigt . . . 20 vom Hundert des Mehrgewinns[4,5]),

wenn er 10 vom Hundert, aber nicht 15 vom Hundert übersteigt . . . 25 vom Hundert des Mehrgewinns[4,5]),

wenn er 15 vom Hundert übersteigt . . . 30 vom Hundert des Mehrgewinns[4,5]).

Die nach Abs. 1 festzusetzende Abgabe[2]) erhöht sich[10,18]), wenn der durchschnittliche Geschäftsgewinn in den Kriegsgeschäftsjahren[9]) 8 vom Hundert, aber nicht 10 vom Hundert des eingezahlten Grund- oder Stammkapitals[6]) zuzüglich der bei Beginn des ersten Kriegsgeschäfts-

jahrs ausgewiesenen wirklichen Reservekontenbeträge[8])
überſteigt, um . 10 vom Hundert ihres Betrags[10]),
wenn er 10 vom Hundert, aber nicht 15 vom Hundert
überſteigt, um . 20 vom Hundert ihres Betrags[10]),
wenn er 15 vom Hundert, aber nicht 20 vom Hundert
überſteigt, um . 30 vom Hundert ihres Betrags[10]),
wenn er 20 vom Hundert, aber nicht 25 vom Hundert
überſteigt, um . 40 vom Hundert ihres Betrags[10]),
wenn er 25 vom Hundert überſteigt, um
50 vom Hundert ihres Betrags[10]).

Hat ſich das eingezahlte Grund- oder Stammkapital[6]) einer Geſellſchaft während der Kriegsgeſchäftsjahre vermehrt[11]), ſo iſt der Berechnung der Abgabe ein den Zeitraum, innerhalb deſſen die Geſellſchaft mit dem veränderten Grund- oder Stammkapitale beſtanden hat, berückſichtigender Durchſchnittsbetrag des Grund- oder Stammkapitals zugrunde zu legen[12]).

Die zu zahlende[13]) Abgabe ſoll den Betrag nicht überſteigen, der ſich bei Anwendung der nächſtniedrigen Steuerſtufe[14]) ergeben würde, zuzüglich desjenigen Betrags des Mehrgewinns[15]), durch den ſich die Anwendung des geſetzlichen Satzes ergeben hat[16]).

Die Abgabe wird inſoweit nicht erhoben[17]), als ſie den Abgabebetrag, der bei Anwendung der Vorſchrift des § 21 zu berechnen wäre, überſteigt.

1. § 19; in der Regierungsvorlage und in dem von der Kommiſſion in zweiter Leſung angenommenen Entwurfe war es § 24, wogegen in dem von der Kommiſſion in der erſten Leſung angenommenen Entwurfe die entſprechende Vorſchrift als § 26 aufgeführt war.

2. **Die Abgabe,** d. i. die außerordentliche Kriegsabgabe im § 13. Die Veranlagung zur Abgabe, die vorläufige wie die endgültige, wird in den §§ 25 ff. behandelt, die Erhebung im § 31.

Der Tarif für die Abgabe ist in der Begründung des Gesetzentwurfes (S. 26) dahin erläutert: Die Kriegsgewinnsteuer ist bei inländischen Gesellschaften abgestuft einmal nach dem Verhältnisse des Mehrgewinns zum eingezahlten Grund- oder Stammkapitale zuzüglich der bei Beginn des ersten Kriegsgeschäftsjahrs vorhandenen offenen (echten) Reserven — vgl. § 11 Abs. 1 Nr. 1 des Wehrbeitraggesetzes — und weiter noch nach dem Verhältnisse des ganzen Gewinns zu diesem Kapitale. Eine solche Abstufung der Steuer ist jedenfalls eine gerechtere und den Verhältnissen der Gesellschaften angemessenere als die Abstufung nur nach der Höhe des Mehrgewinns.

3. **Für inländische Gesellschaften.** Siehe im vorstehenden Kommentare des Gesetzes über vorbereitende Maßnahmen usw. die Anm. 8 zu § 1.

Der Tarif für ausländische Gesellschaften ist im § 21 aufgestellt.

4. **Mehrgewinn.** Siehe § 14.

5. **Im Jahresdurchschnitte.** Dieser kommt nur für das Verhältnis zum „eingezahlten Grund- oder Stammkapital usw." und damit für die Bestimmung des für die Abgabe maßgebenden Prozentsatzes in Betracht, während den Gegenstand der Besteuerung die Summe der „jeweils in einem Kriegsgeschäftsjahr" erzielten Mehr- oder Mindergewinne bildet. Bei einer vorläufigen Veranlagung gemäß § 28 Abs. 1 ist höchstens mit zwei Kriegsgeschäftsjahren zu rechnen (§ 15).

6. **Des eingezahlten Grund- oder Stammkapitals,** falls nämlich das statutenmäßige Grund- oder Stammkapital noch nicht voll eingezahlt ist. Siehe auch die Anm. 6 und 7 zum § 5 des Gesetzes über vorbereitende Maßnahmen usw. vom 24. Dezember 1915.

Wie es bei einer Vermehrung des eingezahlten Grund- oder Stammkapitals während der Kriegsgeschäftsjahre zu halten ist, wird im Abs. 3 bestimmt. Eine Verminderung jenes Kapitals in der angegebenen Zeit kommt mangels einer gesetzlichen Vorschrift nicht in Betracht, vielmehr bleibt dann der Stand bei Beginn des ersten Kriegsjahrs maßgebend.

7. **Kriegsgeschäftsjahrs.** Siehe § 15.

8. **Zuzüglich der bei Beginn des ersten Kriegsgeschäftsjahrs ausgewiesenen wirklichen Reservekontenbeträge.** Die Anrechnung erfolgt also nur unter drei Voraussetzungen:

a) Es muß sich um wirkliche Reservekonten handeln. In der Begründung des Gesetzentwurfes — siehe oben Anm. 1 — ist hierbei auf § 11 Abs. 1 Nr. 1 des Wehrbeitragsgesetzes verwiesen, der gleichfalls „in der Bilanz des letzten Betriebsjahrs aufgeführte wirkliche Reservekontenbeträge" behandelt. Diese Bestimmung des Wehrbeitragsgesetzes war in den hierzu erlassenen Ausführungsbestimmungen des Bundesrats (§ 48) dahin erläutert worden:

„Zu den wirklichen Reservenkontenbeträgen gehören nur solche Bilanzposten, die ausweislich der Bilanz eine Kapitalansammlung über den Betrag des Grundkapitals hinaus darzustellen bestimmt sind (z. B. der gesetzliche Reservefonds, freiwillige Reservefonds, Dividendenausgleichfonds, Rückstellungen für künftige möglicherweise eintretende Verluste oder Ausgaben, dagegen u. a. nicht Posten, die einen Ausgleich für die Wertverminderung von Vermögensgegenständen der Gesellschaft darstellen sollen (z. B. Erneuerungsfonds) oder die zur Deckung bereits begründeter Verpflichtungen eingestellt sind (z. B. Talonsteuerreserven, Reserven für den Fall des ungünstigen Ausganges eines anhängigen oder bevorstehenden Rechtsstreits), bei Versicherungsgesellschaften die Rücklagen für die Versicherungssummen und die den Versicherten selbst als sogenannte Dividende zurückzugewährenden Prämienüberschüsse. Für die Beitragspflicht ist nicht die Benennung des Postens in der Bilanz, sondern seine aus dem Gesetze, der Satzung oder den Generalversammlungsbeschlüssen zu entnehmende Bestimmung maßgebend."

Diese Bestimmungen stehen im Einklange mit den Grundsätzen, welche bis dahin in der Rechtsprechung der Steuersenate des preußischen OVG. festgehalten worden waren, ausgenommen die Einreihung der Talonsteuerreserve unter die „zur Deckung bereits begründeter Verpflichtungen eingestellten" Fonds. In diesem

Punkte wird man den Ausführungen des preußischen OVG. in dem Urteile vom 8. November 1913 (Entsch. des OVG. in Staatsstf. Bd. 16 S. 253) den Vorzug geben müssen, die dahin gehen: „Erst in demjenigen Geschäftsjahr, in welchem die Gesellschaft neue Gewinnanteilscheinbogen ausgeben wird, entsteht die Verpflichtung zur Entrichtung der Abgabe von 1 vom Hundert des Nennwerts der Aktien, für welche alsdann die Bogen ausgegeben werden; vorher bestand noch keine Verpflichtung zur Entrichtung jener Stempelabgabe. Diese kann daher nicht zu den Betriebsausgaben eines früheren Jahres als desjenigen gehören, in welchem die neuen Bogen zur Ausgabe gelangen werden. Behält hiernach die Gesellschaft von dem Ertrag eines früheren Geschäftsjahrs einen Teil zurück, um ihn zur Deckung der Betriebskosten eines späteren Jahres zu verwenden, so überweist sie ihn damit einem Reservefonds." Die Talonsteuerreserve hätte deshalb richtigerweise als Beispiel einer „Rückstellung für künftige, möglicherweise eintretende Ausgaben", die eine Kapitalansammlung enthalten, aufgeführt werden müssen; denn auch die Ausgabe an Talonsteuer tritt nur möglicherweise ein, wenn nämlich die Gesellschaft zu der Zeit, zu welcher neue Gewinnanteilscheinbogen auszugeben sind, noch besteht. Löst sich die Gesellschaft vorher auf, so steht der Talonsteuer keine Verpflichtung gegenüber, sondern die Reserve vermehrt das Vermögen der Gesellschaft. Die Sache liegt nicht anders, als wenn eine Aktiengesellschaft, deren Geschäftsjahr das Kalenderjahr ist, in ihrer Bilanz für den 31. Dezember 1915 eine Rückstellung für die Einkommensteuer, zu welcher sie für das Steuerjahr 1916 veranlagt werden wird, vornehmen würde, oder wenn jene Gesellschaft in Anbetracht schwebender Verkaufsverhandlungen über ein Grundstück den Betrag der voraussichtlichen Zuwachssteuer, die sie tragen soll, zurückstellen würde. In allen diesen Fällen handelt es sich nicht um bereits begründete Verpflichtungen, die als Passivposten in die Bilanz einzustellen wären, sondern um Ansammlungen von Kapital, aus welchem später entstehende Ausgaben gedeckt werden sollen.

b) Der Reservekontobetrag muß in der Bilanz ausgewiesen sein; stille Reserven kommen also nicht in Betracht.

c) Die Reservekonten müssen bei Beginn des ersten Kriegsgeschäftsjahrs vorhanden gewesen sein. Darüber entscheidet die Bilanz für das letzte Geschäftsjahr, das dem ersten Kriegsgeschäftsjahr unmittelbar vorangegangen ist, in Verbindung mit den die Bilanz genehmigenden Beschlüssen der Generalversammlung. War ein Reservekonto in jener Bilanz noch vorhanden, wurde aber in der Generalversammlung seine Verwendung zu irgendeinem Zwecke beschlossen, so war es bei Beginn des ersten Kriegsgeschäftsjahrs nicht mehr vorhanden. Umgekehrt besteht zu diesem Zeitpunkt ein solches Konto, wenn es zwar in der letzten Bilanz noch nicht unter den Passiven ausdrücklich aufgeführt, aber durch die Generalversammlung aus dem in der Bilanz aufgeführten Gewinnposten gebildet worden ist.

9. **Der durchschnittliche Geschäftsgewinn in den Kriegsgeschäftsjahren;** er ist nicht zu verwechseln mit dem im § 17 behandelten „durchschnittlichen früheren Geschäftsgewinn" aus der Friedenszeit. Auch in dieser Durchschnittsrechnung für die Kriegsgeschäftsjahre muß der etwaige Verlust eines Jahres gegen die Gewinne der anderen Jahre aufgerechnet werden; siehe oben Anm. 5.

10. **Die nach Abs. 1 festzusetzende Abgabe erhöht sich um 10 vom Hundert ihres Betrags,** also um 10 vom Hundert der Abgabe nach Abs. 1, nicht etwa um 10 vom Hundert des Mehrgewinns oder gar des ganzen Geschäftsgewinns. Beispiel: Das Grund- oder Stammkapital usw. beträgt 5000000 ℳ, der durchschnittliche Mehrgewinn 1000000 ℳ, der durchschnittliche Geschäftsgewinn 3000000 ℳ. Nach Abs. 1 beträgt die Abgabe 30 vom Hundert des Mehrgewinns, weil dieser 15 vom Hundert des Stammkapitals usw. übersteigt. Der durchschnittliche Geschäftsgewinn übersteigt 25 vom Hundert des maßgebenden Stammkapitals usw., weshalb sich die Abgabe des Abs. 1, 30 vom Hundert des Mehrgewinns, um 50 vom Hundert ihres Betrags, d. i. um 15 vom Hundert des Mehrgewinns, erhöht. Die Abgabe beträgt hiernach 45 % von 1000000 ℳ, das sind 450000 ℳ.

11. **Hat sich das eingezahlte Grund- oder Stammkapital einer Gesellschaft während der Kriegsgeschäftsjahre vermehrt;** eine Verminderung kommt nicht in Betracht. Siehe hierüber im vorstehenden Kommentare zum Gesetz über vorbereitende Maßnahmen usw. die Anm. 5, 6 und 7 zum § 5. Es kommt aber nicht, wie in dem oben erwähnten § 5 des Gesetzes über vorbereitende Maßnahmen usw. auf den Nettobetrag des der Gesellschaft zugeflossenen neuen Kapitals, sondern mangels einer entsprechenden Bestimmung im § 19 auf den Nennbetrag der neuen Aktien oder Anteile an. War also z. B. die Erhöhung des Aktienkapitals um 1 Mill. ℳ beschlossen worden und wurden die Aktien zum Kurse von 150 % ausgegeben, so betrug die Vermehrung des „eingezahlten Grund- oder Stammkapitals" doch nur 1 Mill. ℳ. Die Vermehrung des „eingezahlten Grund- oder Stammkapitals" muß auch in dem Falle berücksichtigt werden, daß zur Bezahlung der Einlagen auf die neuen Aktien ein bei Beginn des ersten Kriegsgeschäftsjahrs ausgewiesener Reservefonds aufgelöst und unter die zum Bezuge der neuen Aktien berechtigten Aktionäre durch Verrechnung verteilt worden ist (vgl. Anm. 9 zu § 18).

Eine Vermehrung der offenen Reserven im Laufe der Kriegsgeschäftsjahre bleibt auf die Berechnung des Abgabesatzes ohne Einfluß.

12. **So ist der Berechnung der Abgabe ein den Zeitraum, innerhalb dessen die Gesellschaft mit dem veränderten Grund- oder Stammkapitale bestanden hat, berücksichtigender Durchschnittsbetrag des Grund- oder Stammkapitals zugrunde zu legen.** Da das „eingezahlte" Grund- oder Stammkapital maßgebend ist, so muß sich auch die Berechnung des „Durchschnittsbetrags" nach dem Zeitpunkte der Einzahlung des neuen Kapitals richten.

Beispiel: Eine Gesellschaft hatte bei Beginn des ersten Kriegsgeschäftsjahrs 3 Mill. ℳ eingezahltes Grund- oder Stammkapital und 1 Mill. ℳ ausgewiesene wirkliche Reservekontenbeträge. Die drei Kriegsgeschäftsjahre sind die mit dem Kalenderjahre zusammenfallenden Geschäftsjahre 1914, 1915 und 1916. Am 1. Oktober 1915 erfolgte die Einzahlung auf das um den Nennbetrag von 1 Million erhöhte Grund- oder Stammkapital. Die Durchschnittsrechnung ist dann folgende:

7 Vierteljahre	mit je 4 Mill. ℳ	geben 28 Mill. ℳ,	
5 „	„ „ 5 „	„ „ 25 „ „	
zusammen 12 Vierteljahre		zusammen 53 Mill. ℳ.	

Mithin beträgt das eingezahlte Grund- oder **Stammkapital** usw. durchschnittlich $\frac{53000000}{12} = 4416666$ ℳ. Dieser Betrag ist für die Anwendung des **Tarifs maßgebend** und zwar auch schon bei der vorläufigen Veranlagung (§ 28).

13. **Die zu zahlende Abgabe bedeutet** dasselbe wie die „geschuldete Abgabe" im § 29. Es handelt sich um die Einschränkung des Tarifs und deshalb um einen Bestandteil von ihm. Die Nichtbeachtung der Vorschrift führt zur Veranlagung eines falschen Abgabesatzes und kann daher nur im Wege der ordentlichen Rechtsmittel angefochten werden.

14. **Der nächstniedrigen Steuerstufe.** Steuerstufen sind sowohl die Abstufungen nach dem Verhältnisse des Mehrgewinns zum eingezahlten Grund- oder Stammkapital usw. wie auch die Abstufungen nach dem Verhältnisse des durchschnittlichen Geschäftsgewinns in den Kriegsgeschäftsjahren zu jenem Kapitale. Es muß genügen, wenn die Anwendung einer jener Stufen die Voraussetzungen des Abs. 4 erfüllt.

15. **Desjenigen Betrags des Mehrgewinns.** Da der abgabepflichtige Mehrgewinn nach § 14 Abs. 2 auf volle Tausende nach unten abzurunden ist, so kann auch für die Frage nach der nächstniedrigen Steuerstufe nur ein um volle Tausende verminderter Mehrgewinn in Betracht kommen.

16. **Zuzüglich desjenigen Betrags des Mehrgewinns, durch den sich die Anwendung des gesetzlichen Satzes ergeben hat,** d. h. des Satzes, wie er sich nach den Vorschriften im Abs. 1 und 2 stellt. Der „gesetzliche Satz" ist zunächst nach dem Tarife zu ermitteln; erst dann ist zu prüfen, ob etwa Abs. 4 zur Anwendung kommt. Das hat von Amts wegen zu geschehen, wird aber im Drange des

Veranlagungsgeschäfts schwer durchzuführen sein. Die Steuerpflichtigen werden daher in ihrem eigenen Interesse ihre Veranlagung daraufhin zu prüfen haben, ob etwa der Abs. 4 bei ihnen zu Unrecht nicht zur Anwendung gekommen ist und gegebenenfalls die Herabsetzung der Steuer im **ordentlichen Rechtsmittelverfahren** herbeiführen müssen. Da es sich bei der Außerachtlassung der Vorschrift des Abs. 4 um eine Rechtsverletzung handeln würde, so kann diese auch noch mit der Beschwerde geltend gemacht werden.

17. **Die Abgabe wird insoweit nicht erhoben.** Sie wird also veranlagt ohne Rücksicht auf den Tarif für ausländische Gesellschaften (§ 21), nur ihre Erhebung ist eingeschränkt. Wird die Vorschrift nicht beachtet, so hat der **Steuerpflichtige im Verwaltungswege** die Steuerbehörde **anzurufen; der Rechtsmittelweg** ist hierfür nicht gegeben.

18. Tarif.

Mehrgewinn im Jahresdurchschnitte vom eingezahlten Grund- oder Stammkapitale usw. beträgt, vom Hundert	Abgabenbeträge für je 1000 M Mehrgewinn, wenn der durchschnittliche Geschäftsgewinn in den Kriegsgeschäftsjahren					
	bis 8%	über 8–10%	über 10–15%	über 15–20%	über 20–25%	über 25%
	vom eingezahlten Grund- oder Stammkapital usw. beträgt,					
	vom Mehrgewinne:	erhöhen sie sich nach § 19 Abs. 2 um 10%	20%	30%	40%	50%
		der Steuerbeträge in Spalte 2 auf				
1	2	3	4	5	6	7
	M	M	M	M	M	M
bis zu 2	10% = 100	110	120	130	140	150
über 2 „ „ 5	15% = 150	165	180	195	210	225
„ 5 „ „ 10	20% = 200	220	240	260	280	300
„ 10 „ „ 15	25% = 250	275	300	325	350	375
„ 15	30% = 300	330	360	390	420	450

§ 20[1]).

Gesellschaften der im § 13 bezeichneten Art, die ihren Sitz im Auslande haben, aber im Inland einen Geschäftsbetrieb unterhalten (ausländische Gesellschaften), haben die Abgabe von dem auf den inländischen Geschäftsbetrieb entfallenden Mehrgewinne zu entrichten. Die Grundsätze, die bei einer bundesstaatlichen Einkommensteuerveranlagung für die Ausscheidung des auf den inländischen Geschäftsbetrieb entfallenden Teiles des steuerbaren Gesamteinkommens maßgebend waren, sind auch bei der Berechnung des auf den inländischen Betrieb entfallenden Teiles des Mehrgewinns anzuwenden. Wo eine Einkommensteuer nicht eingeführt ist, hat die Landesregierung entsprechende Vorschriften zu erlassen.

1. **§ 20, in der Regierungsvorlage und in den von der Kommission angenommenen Entwürfen war es § 25. Die Änderungen in der Fassung hat der Paragraph in der zweiten Lesung der Reichstagskommission erhalten; sie sind nur redaktioneller Art.**

Siehe im vorstehenden Kommentare zum Gesetz über vorbereitende Maßnahmen usw. die Anmerkungen zum § 6.

§ 21[1]).

Die Abgabe beträgt[7]) für ausländische[2]) Gesellschaften bei einem Mehrgewinn[3]) im Jahresdurchschnitt[4]) von

nicht mehr als 20000 Mark
10 vom Hundert des Mehrgewinns[5]),

mehr als 20000 bis zu 40000 Mark
12 vom Hundert des Mehrgewinns[5]),

mehr als 40000 bis zu 60000 Mark
14 vom Hundert des Mehrgewinns[5]),

mehr als 60000 Mark bis zu 80000 Mark
16 vom Hundert des Mehrgewinns [5]),
mehr als 80000 bis zu 100000 Mark
18 vom Hundert des Mehrgewinns [5]),
mehr als 100000 bis zu 120000 Mark
20 vom Hundert des Mehrgewinns [5]),
mehr als 120000 bis zu 140000 Mark
22 vom Hundert des Mehrgewinns [5]),
mehr als 140000 bis zu 160000 Mark
24 vom Hundert des Mehrgewinns [5]),
mehr als 160000 bis zu 180000 Mark
26 vom Hundert des Mehrgewinns [5]),
mehr als 180000 bis zu 200000 Mark
28 vom Hundert des Mehrgewinns [5]),
mehr als 200000 bis zu 250000 Mark
30 vom Hundert des Mehrgewinns [5]),
mehr als 250000 bis zu 500000 Mark
40 vom Hundert des Mehrgewinns [5]),
mehr als 500000 Mark
45 vom Hundert des Mehrgewinns [5]).

§ 19 Abs. 4 findet Anwendung [6]).

1. § 21; in der Regierungsvorlage und in den von der Kommission angenommenen Entwürfen war es § 26. Für Mehrgewinne über 20000 ℳ sind die Abgabesätze in der zweiten Lesung der Kommission des Reichstags wesentlich erhöht worden. Nach dem Gesetzentwurfe sollte der Höchstsatz von 45 % des Mehrgewinns erst bei einem Mehrgewinne von mehr als 2 Mill. ℳ eintreten.

2. **Ausländische Gesellschaften.** Siehe § 20.

3. **Bei einem Mehrgewinne.** Nach dem Kommissionsberichte (S. 86) führte der Reichsschatzsekretär zur Rechtfertigung des Tarifs folgendes aus:

„Im Gegensatze zu den inländischen Gesellschaften habe man bei den ausländischen Gesellschaften keine Beziehung zum Kapitale gewählt, sondern nur den absoluten Mehrgewinn, weil die ausländischen Gesellschaften meist das Schwergewicht ihrer Tätigkeit im Auslande haben und im Inlande nur einen Filialbetrieb unterhalten. Es fehle uns an der Möglichkeit, den Gewinn dieser Filialbetriebe irgendwie in rationeller Weise in ein Verhältnis zum Kapitale des Gesamtgeschäfts zu setzen. Man finde deshalb keine Unterlage für eine Vergleichung der Besteuerung der ausländischen Gesellschaften mit der Besteuerung der inländischen Gesellschaften."

4. **Im Jahresdurchschnitte.** Siehe Anm. 5 zu § 19.

5. **Vom Hundert des Mehrgewinns**, d. i. des gemäß § 14 auf volle Tausende nach unten abgerundeten.

6. **§ 19 Abs. 4 findet Anwendung.** Siehe die Anm. 13 bis 16 zu § 19.

7. Tabelle

über die Kriegsabgabe für ausländische Gesellschaften nach § 21 des Kriegssteuergesetzes, beginnend bei 5000 ℳ Mehrgewinn (§ 14 Abs. 2 a. a. O.).

Mehrgewinn	Abgabe	Mehrgewinn	Abgabe	Mehrgewinn	Abgabe
ℳ	ℳ	ℳ	ℳ	ℳ	ℳ
5000	10% = 500	16000	10% = 1600	26000	12% = 3120
6000	„ 600	17000	„ 1700	27000	„ 3240
7000	„ 700	18000	„ 1800	28000	„ 3360
8000	„ 800	19000	„ 1900	29000	„ 3480
9000	„ 900	20000	„ 2000	30000	„ 3600
10000	„ 1000			31000	„ 3720
11000	„ 1100	21000	12% = 2520	32000	„ 3840
12000	„ 1200	22000	„ 2640	33000	„ 3960
13000	„ 1300	23000	„ 2760	34000	„ 4080
14000	„ 1400	24000	„ 2880	35000	„ 4200
15000	„ 1500	25000	„ 3000	36000	„ 4320

Mehrgewinn	Abgabe
ℳ	ℳ
37000	12% = 4440
38000	„ 4560
39000	„ 4680
40000	„ 4800
41000	14% = 5740
42000	„ 5880
43000	„ 6020
44000	„ 6160
45000	„ 6300
46000	„ 6440
47000	„ 6580
48000	„ 6720
49000	„ 6860
50000	„ 7000
51000	„ 7140
52000	„ 7280
53000	„ 7420
54000	„ 7560
55000	„ 7700
56000	„ 7840
57000	„ 7980
58000	„ 8120
59000	„ 8260
60000	„ 8400
61000	16% = 9760
62000	„ 9920
63000	„ 10080
64000	„ 10240
65000	„ 10400
66000	„ 10560
67000	„ 10720
68000	„ 10880
69000	16% = 11040
70000	„ 11200
71000	„ 11360
72000	„ 11520
73000	„ 11680
74000	„ 11840
75000	„ 12000
76000	„ 12160
77000	„ 12320
78000	„ 12480
79000	„ 12640
80000	„ 12800
81000	18% = 14580
82000	„ 14760
83000	„ 14940
84000	„ 15120
85000	„ 15300
86000	„ 15480
87000	„ 15660
88000	„ 15840
89000	„ 16020
90000	„ 16200
91000	„ 16380
92000	„ 16560
93000	„ 16740
94000	„ 16920
95000	„ 17100
96000	„ 17280
97000	„ 17460
98000	„ 17640
99000	„ 17820
100000	„ 18000
101000	20% = 20200
102000	„ 20400
103000	„ 20600
104000	„ 20800
105000	„ 21000
106000	„ 21200
107000	„ 21400
108000	„ 21600
109000	„ 21800
110000	„ 22000
111000	„ 22200
112000	„ 22400
113000	„ 22600
114000	„ 22800
115000	„ 23000
116000	„ 23200
117000	„ 23400
118000	„ 23600
119000	„ 23800
120000	„ 24000
121000	22% = 26620
122000	„ 26840
123000	„ 27060
124000	„ 27280
125000	„ 27500
126000	„ 27720
127000	„ 27940
128000	„ 28160
129000	„ 28380
130000	„ 28600
131000	„ 28820
132000	„ 29040
133000	„ 29260

Mehrgewinn	Abgabe	Mehrgewinn	Abgabe	Mehrgewinn	Abgabe
ℳ	ℳ	ℳ	ℳ	ℳ	ℳ
134000	22% = 29480	166000	26% = 43160	199000	28% = 55720
135000	„ 29700	167000	„ 43420	200000	„ 56000
136000	„ 29920	168000	„ 43680		
137000	„ 30140	169000	„ 43940	201000	30% = 60300
138000	„ 30360	170000	„ 44200	202000	„ 60600
139000	„ 30580	171000	„ 44460	203000	„ 60900
140000	„ 30800	172000	„ 44720	204000	„ 61200
		173000	„ 44980	205000	„ 61500
141000	24% = 33840	174000	„ 45240	206000	„ 61800
142000	„ 34080	175000	„ 45500	207000	„ 62100
143000	„ 34320	176000	„ 45760	208000	„ 62400
144000	„ 34560	177000	„ 46020	209000	„ 62700
145000	„ 34800	178000	„ 46280	210000	„ 63000
146000	„ 35040	179000	„ 46540	211000	„ 63300
147000	„ 35280	180000	„ 46800	212000	„ 63600
148000	„ 35520			213000	„ 63900
149000	„ 35760	181000	28% = 50680	214000	„ 64200
150000	„ 36000	182000	„ 50960	215000	„ 64500
151000	„ 36240	183000	„ 51240	216000	„ 64800
152000	„ 36480	184000	„ 51520	217000	„ 65100
153000	„ 36720	185000	„ 51800	218000	„ 65400
154000	„ 36960	186000	„ 52080	219000	„ 65700
155000	„ 37200	187000	„ 52360	220000	„ 66000
156000	„ 37440	188000	„ 52640	221000	„ 66300
157000	„ 37680	189000	„ 52920	222000	„ 66600
158000	„ 37920	190000	„ 53200	223000	„ 66900
159000	„ 38160	191000	„ 53480	224000	„ 67200
160000	„ 38400	192000	„ 53760	225000	„ 67500
		193000	„ 54040	226000	„ 67800
161000	26% = 41860	194000	„ 54320	227000	„ 68100
162000	„ 42120	195000	„ 54600	228000	„ 68400
163000	„ 42380	196000	„ 54880	229000	„ 68700
164000	„ 42640	197000	„ 55160	230000	„ 69000
165000	„ 42900	198000	„ 55440	231000	„ 69300

Mehr-gewinn	Abgabe		Mehr-gewinn	Abgabe		Mehr-gewinn	Abgabe	
ℳ		ℳ	ℳ		ℳ	ℳ		ℳ
232000	30% =	69600	265000	40% =	106000	299000	40% =	119600
233000	„	69900	266000	„	106400	300000	„	120000
234000	„	70200	267000	„	106800	301000	„	120400
235000	„	70500	268000	„	107200	302000	„	120800
236000	„	70800	269000	„	107600	303000	„	121200
237000	„	71100	270000	„	108000	304000	„	121600
238000	„	71400	271000	„	108400	305000	„	122000
239000	„	71700	272000	„	108800	306000	„	122400
240000	„	72000	273000	„	109200	307000	„	122800
241000	„	72300	274000	„	109600	308000	„	123200
242000	„	72600	275000	„	110000	309000	„	123600
243000	„	72900	276000	„	110400	310000	„	124000
244000	„	73200	277000	„	110800	311000	„	124400
245000	„	73500	278000	„	111200	312000	„	124800
246000	„	73800	279000	„	111600	313000	„	125200
247000	„	74100	280000	„	112000	314000	„	125600
248000	„	74400	281000	„	112400	315000	„	126000
249000	„	74700	282000	„	112800	316000	„	126400
250000	„	75000	283000	„	113200	317000	„	126800
			284000	„	113600	318000	„	127200
251000	40% =	100400	285000	„	114000	319000	„	127600
252000	„	100800	286000	„	114400	320000	„	128000
253000	„	101200	287000	„	114800	321000	„	128400
254000	„	101600	288000	„	115200	322000	„	128800
255000	„	102000	289000	„	115600	323000	„	129200
256000	„	102400	290000	„	116000	324000	„	129600
257000	„	102800	291000	„	116400	325000	„	130000
258000	„	103200	292000	„	116800	326000	„	130400
259000	„	103600	293000	„	117200	327000	„	130800
260000	„	104000	294000	„	117600	328000	„	131200
261000	„	104400	295000	„	118000	329000	„	131600
262000	„	104800	296000	„	118400	330000	„	132000
263000	„	105200	297000	„	118800	331000	„	132400
264000	„	105600	298000	„	119200	332000	„	132800

Mehr-gewinn	Abgabe	Mehr-gewinn	Abgabe	Mehr-gewinn	Abgabe
ℳ	ℳ	ℳ	ℳ	ℳ	ℳ
333 000	40% = 133 200	367 000	40% = 146 800	401 000	40% = 160 400
334 000	„ 133 600	368 000	„ 147 200	402 000	„ 160 800
335 000	„ 134 000	369 000	„ 147 600	403 000	„ 161 200
336 000	„ 134 400	370 000	„ 148 000	404 000	„ 161 600
337 000	„ 134 800	371 000	„ 148 400	405 000	„ 162 000
338 000	„ 135 200	372 000	„ 148 800	406 000	„ 162 400
339 000	„ 135 600	373 000	„ 149 200	407 000	„ 162 800
340 000	„ 136 000	374 000	„ 149 600	408 000	„ 163 200
341 000	„ 136 400	375 000	„ 150 000	409 000	„ 163 600
342 000	„ 136 800	376 000	„ 150 400	410 000	„ 164 000
343 000	„ 137 200	377 000	„ 150 800	411 000	„ 164 400
344 000	„ 137 600	378 000	„ 151 200	412 000	„ 164 800
345 000	„ 138 000	379 000	„ 151 600	413 000	„ 165 200
346 000	„ 138 400	380 000	„ 152 000	414 000	„ 165 600
347 000	„ 138 800	381 000	„ 152 400	415 000	„ 166 000
348 000	„ 139 200	382 000	„ 152 800	416 000	„ 166 400
349 000	„ 139 600	383 000	„ 153 200	417 000	„ 166 800
350 000	„ 140 000	384 000	„ 153 600	418 000	„ 167 200
351 000	„ 140 400	385 000	„ 154 000	419 000	„ 167 600
352 000	„ 140 800	386 000	„ 154 400	420 000	„ 168 000
353 000	„ 141 200	387 000	„ 154 800	421 000	„ 168 400
354 000	„ 141 600	388 000	„ 155 200	422 000	„ 168 800
355 000	„ 142 000	389 000	„ 155 600	423 000	„ 169 200
356 000	„ 142 400	390 000	„ 156 000	424 000	„ 169 600
357 000	„ 142 800	391 000	„ 156 400	425 000	„ 170 000
358 000	„ 143 200	392 000	„ 156 800	426 000	„ 170 400
359 000	„ 143 600	393 000	„ 157 200	427 000	„ 170 800
360 000	„ 144 000	394 000	„ 157 600	428 000	„ 171 200
361 000	„ 144 400	395 000	„ 158 000	429 000	„ 171 600
362 000	„ 144 800	396 000	„ 158 400	430 000	„ 172 000
363 000	„ 145 200	397 000	„ 158 800	431 000	„ 172 400
364 000	„ 145 600	398 000	„ 159 200	432 000	„ 172 800
365 000	„ 146 000	399 000	„ 159 600	433 000	„ 173 200
366 000	„ 146 400	400 000	„ 160 000	434 000	„ 173 600

Mehr-gewinn	Abgabe	Mehr-gewinn	Abgabe	Mehr-gewinn	Abgabe
ℳ	ℳ	ℳ	ℳ	ℳ	ℳ
435 000	40% = 174 000	462 000	40% = 184 800	489 000	40% = 195 600
436 000	„ 174 400	463 000	„ 185 200	490 000	„ 196 000
437 000	„ 174 800	464 000	„ 185 600	491 000	„ 196 400
438 000	„ 175 200	465 000	„ 186 000	492 000	„ 196 800
439 000	„ 175 600	466 000	„ 186 400	493 000	„ 197 200
440 000	„ 176 000	467 000	„ 186 800	494 000	„ 197 600
441 000	„ 176 400	468 000	„ 187 200	495 000	„ 198 000
442 000	„ 176 800	469 000	„ 187 600	496 000	„ 198 400
443 000	„ 177 200	470 000	„ 188 000	497 000	„ 198 800
444 000	„ 177 600	471 000	„ 188 400	498 000	„ 199 200
445 000	„ 178 000	472 000	„ 188 800	499 000	„ 199 600
446 000	„ 178 400	473 000	„ 189 200	500 000	„ 200 000
447 000	„ 178 800	474 000	„ 189 600		
448 000	„ 179 200	475 000	„ 190 000	501 000	45% = 225 450
449 000	„ 179 600	476 000	„ 190 400	502 000	„ 225 900
450 000	„ 180 000	477 000	„ 190 800	503 000	„ 226 350
451 000	„ 180 400	478 000	„ 191 200	504 000	„ 226 800
452 000	„ 180 800	479 000	„ 191 600	505 000	„ 227 250
453 000	„ 181 200	480 000	„ 192 000	506 000	„ 227 700
454 000	„ 181 600	481 000	„ 192 400	507 000	„ 228 150
455 000	„ 182 000	482 000	„ 192 800	508 000	„ 228 600
456 000	„ 182 400	483 000	„ 193 200	509 000	„ 229 050
457 000	„ 182 800	484 000	„ 193 600	510 000	„ 229 500
458 000	„ 183 200	485 000	„ 194 000	usw. steigend um je	
459 000	„ 183 600	486 000	„ 194 400	1000	450
460 000	„ 184 000	487 000	„ 194 800		
461 000	„ 184 400	488 000	„ 195 200		

§ 22[1]).

Die Abgabe wird von den Gesellschaften insoweit nicht erhoben[2]), als sie verhältnismäßig auf Gewinnbeträge entfällt[3]), die zu ausschließlich gemeinnützigen Zwecken bestimmt worden sind und deren dauernde Verwendung zu solchen Zwecken gesichert ist[4]). Ob die Voraussetzungen des Satzes 1 vorliegen, wird nach näherer Bestimmung des Bundesrats im Verwaltungsweg entschieden[5]).

Die Abgabe wird ferner auch insoweit nicht erhoben[6]), als sie den Betrag der nach den Vorschriften des Gesetzes über vorbereitende Maßnahmen zur Besteuerung der Kriegsgewinne vom 24. Dezember 1915 zu bildenden Sonderrücklage[7]) übersteigt.

Abs. 2 gilt insoweit nicht, als bei der Bildung der Sonderrücklage Abschreibungen, die gemäß § 3 Satz 2 des Gesetzes vom 24. Dezember 1915 als Bestandteil des Geschäftsgewinns[8]) eines Kriegsgeschäftsjahrs[9]) anzusehen waren, unberücksichtigt geblieben sind[10]).

1. § 22; in der Regierungsvorlage und in den von der Kommission angenommenen Entwürfen war es § 27, der aber nur die Vorschriften in Abs. 2 und 3 enthielt. Die Vorschrift im Abs. 1 ist bei der zweiten Lesung des Gesetzentwurfes im Reichstag aufgenommen worden (Stenographische Berichte über die 57. Sitzung des Reichstags S. 1414).

2. **Die Abgabe wird nicht erhoben,** aber veranlagt: erst bei der Hebung der Abgabe, einer reinen Verwaltungssache, ist die Vorschrift zu beachten; siehe Anm. 17 zu § 19.

3. **Als sie verhältnismäßig auf Gewinnbeträge entfällt.** Der Gegenstand der Besteuerung ist die Summe der Ergebnisse mehrerer Jahre; siehe Anm. 5 zu § 19. Deshalb muß die Berechnung des hier maßgebenden Verhältnisses die betreffenden Gewinnbeträge sämtlicher maßgebenden Geschäftsjahre umfassen, also für die vorläufige Veranlagung die der ersten zwei Kriegsgeschäftsjahre, für die endgültige Veranlagung die aller drei Kriegsgeschäftsjahre. In die Berechnung sind nicht die Mehr- oder Mindergewinne, sondern einerseits die Geschäftsgewinne oder Verluste (§ 16), andrerseits die betreffenden Verwendungen einzusetzen.

Beispiel: Das erste Kriegsgeschäftsjahr ergab einen Geschäftsgewinn von 1000000 ℳ, wovon 30000 ℳ zu gemeinnützigen Zwecken bestimmt worden sind. Der Geschäftsgewinn des zweiten Kriegsgeschäftsjahrs betrug nur noch 600000 ℳ; zu gemeinnützigen Zwecken ist hiervon nichts bestimmt worden. Das dritte Kriegsgeschäftsjahr brachte einen Verlust von 10000 ℳ. Die Rechnung ist dann folgende:

1. Kriegsgeschäftsjahr:	1000000	ℳ	Gewinn, davon 30000 ℳ zu gedachten Zwecken verwendet,
2 „	600000	„	Gewinn, davon 0 ℳ zu gedachten Zwecken verwendet,
3. „	10000	„	Verlust;
zusammen	1590000	ℳ	Gewinn, davon 30000 ℳ zu gedachten Zwecken verwendet.

Mithin stellt sich das Verhältnis auf 159 : 3 oder 53 : 1, so daß $^{1}/_{53}$ der Abgabe unerhoben bleibt.

4. **Gewinnbeträge, die zu ausschließlich gemeinnützigen Zwecken bestimmt worden sind und deren dauernde Verwendung zu solchen Zwecken gesichert ist.** Siehe hierüber in dem vorstehenden Kommentare zum Gesetz über vorbereitende Maßnahmen usw. Anm. 17 zu § 1.

5. **Wird im Verwaltungsweg entschieden,** also nicht im Rechtsmittelwege. Das ist selbstverständlich, weil der Abs. 1 keine Vorschrift für die Veranlagung gibt, sondern lediglich die Hebung der Abgabe (§§ 31, 32) betrifft. Siehe auch Anm. 2.

6. **Die Abgabe wird auch nicht erhoben.** Es handelt sich also ebenso wie im Abs. 1 um eine Hebungsvorschrift, deren Beachtung nur mittels Beschwerde im Verwaltungsweg erzwungen werden kann. Siehe hierüber die Anm. 2 und 5. Zu einem Schutze des Steuerpflichtigen durch die ordentlichen Rechtsmittel liegt hier auch kein Anlaß vor. Maßgebend für die Berechnung der Sonder-

rücklage und die des kriegssteuerpflichtigen Mehrgewinns sind dieselben wirtschaftlichen Tatsachen; nur rechnungsmäßig werden sie verschieden verwertet (§§ 1, 5 und 6 des Gesetzes über vorbereitende Maßnahmen usw. und §§ 17 und 18 des Kriegssteuergesetzes). Die Feststellung jener Tatsachen für die Kriegssteuer im Veranlagungs- und im Rechtsmittelverfahren muß deshalb auch für die der Verwaltuug übertragene Prüfung der Frage, ob die Sonderrücklage vorschriftsmäßig gebildet ist, maßgebend sein. Der Verwaltungsbehörde bleiben demnach keine die Höhe der Steuer beeinflussenden Erwägungen, sondern lediglich Berechnungen auf Grund festgestellter Tatsachen. Die Richtigstellung reiner Berechnungen wird aber im Verwaltungswege schneller erreicht als im ordentlichen Rechtsmittelwege, so daß hier der Ausschluß des letzteren dem Steuerpflichtigen nur zum Vorteile gereicht.

7. **Den Betrag der nach den Vorschriften über vorbereitende Maßnahmen zur Besteuerung der Kriegsgewinne vom 24. Dezember 1915 zu bildenden Sonderrücklage.** Maßgebend ist danach die tatsächliche Höhe jener Sonderrücklage, sofern bei ihrer Bildung die Vorschriften in §§ 1 und 6 des Gesetzes über vorbereitende Maßnahmen usw. beobachtet worden sind, anderenfalls aber der Betrag, den die Sanderrücklage bei ihrer „vorschriftsmäßigen" Berechnung hätte erreichen müssen. Siehe auch Anm. 6 und 8 sowie im vorstehenden Kommentare zum Gesetz über vorbereitende Maßnahmen usw. die Anm. 1 zum § 8 und die Anm. 7 zum § 9.

Von der Verpflichtung zur Bildung einer Sonderrücklage sind nach § 7 des Gesetzes über vorbereitende Maßnahmen usw. befreit die inländischen Gesellschaften, die nach der Entscheidung des Bundesrats ausschließlich gemeinnützigen Zwecken dienen. Damit erübrigt sich auch ihre Veranlagung zur Kriegsabgabe, weil diese nur in Höhe der Sonderrücklage erhoben werden darf (Begründung des Gesetzentwurfes S. 27).

8. **Abschreibungen als Bestandteil des Geschäftsgewinns,** d. h. die stillen Reserven, welche dadurch entstanden sind, daß

die Abschreibungen höher bemessen worden sind, als die Wertverminderung in dem betreffenden Kriegsgeschäftsjahre betragen hat (§ 16). Siehe hierüber im vorstehenden Kommentare zum Gesetz über vorbereitende Maßnahmen usw. die Anm. 3h, 4 und 6 zu § 3. Nur Abschreibungen in jenem Sinne bilden einen Bestandteil des Geschäftsgewinns. Deshalb ist das Vorbringen eines Steuerpflichtigen, er habe in einem Kriegsgeschäftsjahre zu wenig abgeschrieben, hier nicht zu beachten, wohl aber für die unter den Schutz der Rechtsmittel gestellte Berechnung des abgabepflichtigen Mehrgewinns (§ 14). Eine entsprechende Feststellung im Veranlagungs- oder im Rechtsmittelverfahren beeinflußt dann auch die Höhe der vorschriftsmäßigen Sonderrücklage; siehe Anm. 6 und 7.

9. **Eines Kriegsgeschäftsjahrs.** Nur zu hohe Abschreibungen in einem Kriegsgeschäftsjahre vermindern zum Schaden des Reichs den abgabepflichtigen Mehrgewinn und damit die Abgabe. Hiergegen mußte sich der Fiskus sichern.

10. **Unberücksichtigt geblieben sind.** Eine dahingehende Feststellung wird die Steuerbehörde nicht einseitig im Verwaltungswege treffen dürfen; siehe Anm. 6. Sie enthält inhaltlich nichts anderes als die Feststellung, daß auch für die Kriegssteuer der Mehrgewinn unzutreffend berechnet ist, also eine „Neuveranlagung" im Sinne des § 25 Abs. 2 des Kriegssteuergesetzes und des § 73 des Besitzsteuergesetzes. Eine solche Neuveranlagung darf nur auf Grund neuer Tatsachen oder Beweismittel und nur durch das zuständige Veranlagungsorgan erfolgen und ist im ordentlichen Rechtsmittelweg anfechtbar. Im Veranlagungsbescheide (§ 29 des Kriegssteuergesetzes) verbietet sich hiernach die fragliche Feststellung von selbst. Sollte aber die Steuerbehörde nachträglich im Verwaltungsweg eine solche Feststellung treffen, so könnte diese von dem Steuerpflichtigen als eine von unzuständiger Stelle erfolgte „Neuveranlagung" mittels der ordentlichen Rechtsmittel angefochten werden.

§ 23[1]).

Die Abgabe ist nach näherer Bestimmung des Bundesrats auch von den anderen juristischen Personen zu entrichten[2]), auf die der Bundesrat die Vorschriften des Gesetzes vom 24. Dezember 1915 ausgedehnt hat.

1. § 23; in der Regierungsvorlage und in den von der Kommission angenommenen Entwürfen war es § 28.

2. **Die Abgabe ist nach näherer Bestimmung des Bundesrats zu entrichten.** In der Begründung des Gesetzentwurfes (S. 27) heißt es hierüber:

„Über die Steuerpflicht anderer juristischer Personen, auf die der Bundesrat die Vorschriften des Sicherungsgesetzes gemäß § 10 Abs. 1 a. a. O. ausgedehnt hat, soll der Bundesrat nähere Bestimmungen treffen (§ 28 des Entwurfes — § 23 des Gesetzes —). Solche Bestimmungen sind schon deshalb erforderlich, weil die Staffelung der Steuer nach dem Verhältnisse des Mehrgewinns und des ganzen Gewinns zum Gesellschaftskapitale nicht ohne weiteres auf andere juristische Personen paßt."

Danach werden die näheren Bestimmungen des Bundesrats in jedem Einzelfalle auch den für die Höhe der Abgabe maßgebenden Prozentsatz am Mehrgewinne betreffen, so daß für die hier in Betracht kommenden Gesellschaften die Tarifbestimmungen im § 19 nicht maßgebend sind; siehe jedoch Anm. 2 zu § 18. Die Festsetzung der Abgabe kann aber auch nur im Wege der Veranlagung erfolgen; die Hebungsvorschriften des § 22 finden gegebenenfalls Anwendung.

§ 24[1]).

Der Reichskanzler kann zum Zwecke der Vermeidung einer Doppelbesteuerung durch das Reich und durch außerdeutsche Staaten mit Zustimmung des Bundesrats Anordnungen treffen, die von den gesetzlichen Vorschriften über die Feststellung des abgabepflichtigen Mehrgewinns abweichen [2]).

1. § 24; in der Regierungsvorlage und in den von der Kommission angenommenen Entwürfen war es § 29.

2. **Die von den gesetzlichen Vorschriften über die Feststellung des abgabepflichtigen Mehrgewinns abweichen.** Die Bestimmung entspricht dem § 11 Abs. 2 des Besitzsteuergesetzes, wo vorgeschrieben ist. „Der Reichskanzler kann zum Zwecke der Vermeidung einer Doppelbesteuerung oder der Anwendung eines Vergeltungsrechts gegenüber außerdeutschen Staaten mit Zustimmung des Bundesrats Änderungen treffen, die von den Vorschriften in Nr. I (unbeschränkte Steuerpflicht und dem § 5 (Steuerfreiheit des im Auslande befindlichen Grund- und Betriebsvermögens) abweichen" Für die Besitzsteuer können also die Ausnahmebestimmungen entweder die Vermeidung einer Doppelbesteuerung oder die Anwendung eines Vergeltungsrechts bezwecken, während sie für die Kriegsgewinnsteuer nur den ersteren Zweck verfolgen dürfen.

Eine entsprechende Bestimmung für die Steuerpflicht der Einzelpersonen fehlt. Diese können gegebenenfalls von dem sog. Härteparagraphen (§ 36) Gebrauch machen.

Gemeinsame Vorschriften [1]).

§ 25 [2]).

Die Veranlagung und Erhebung der Kriegsabgabe erfolgt durch die für die Veranlagung und Erhebung der Besitzsteuer zuständigen Behörden [3]).

Soweit dieses Gesetz nichts anderes vorschreibt [4]), gelten die Vorschriften des Besitzsteuergesetzes über die Veranlagung und Erhebung der Besitzsteuer entsprechend für die Veranlagung der Kriegsabgabe.

Der Bundesrat bestimmt die für die Veranlagung und

Erhebung der Kriegsabgabe der Bundesfürsten zuständigen Behörden [5]).

1. **Gemeinsame Vorschriften,** die für die Veranlagung sowohl der Einzelpersonen wie auch der Gesellschaften zur außerordentlichen Kriegsabgabe gelten.

2. **§ 25;** in der Regierungsvorlage und in den von der Kommission angenommenen Entwürfen war es § 30.

3. **Durch die für die Veranlagung und Erhebung der Besitzsteuer zuständigen Behörden.** Das ist die selbstverständliche Folge der Ausgestaltung der Steuer (Begründung des Gesetzentwurfes S. 27/28), nämlich der Anlehnung an die Besitzsteuer. Es kommen folgende Bestimmungen des Besitzsteuergesetzes in Betracht:

§ 49. Die Landesregierung bestimmt die für die Verwaltung der Besitzsteuer zuständigen Behörden (Besitzsteuerämter). Sie bestimmt auch, ob und inwieweit zur Mitwirkung bei der Veranlagung und zur Erhebung der Besitzsteuer Gemeinden oder Gemeindeverbände heranzuziehen sind. Die Besitzsteuerämter unterstehen Oberbehörden und diese der obersten Landesfinanzbehörde.

§ 50. Die Reichsbevollmächtigten für Zölle und Steuern haben bei der Ausführung dieses Gesetzes die gleichen Befugnisse und Pflichten, die ihnen hinsichtlich der Zölle und Verbrauchssteuern beigelegt sind.

In den Staaten, in denen die Geschäfte der Oberbehörde für die Besitzsteuer anderen Behörden als den Zolldirektivbehörden übertragen sind, werden der Umfang und die Art der Tätigkeit der Reichsbevollmächtigten vom Reichskanzler im Einvernehmen mit den beteiligten Bundesregierungen geregelt.

Unter Zustimmung des Bundesrats kann der Reichskanzler die Wahrnehmung der Geschäfte der Reichsbevollmächtigten für die Besitzsteuer anderen Beamten übertragen.

Dem Reichstag ist alljährlich über die Tätigkeit der Reichsbevollmächtigten, soweit sie sich auf die Ausführung dieses Gesetzes bezieht, Bericht zu erstatten.

Die Ausführungsbestimmungen des Bundesrats und die preußischen Ausführungsvorschriften sind noch nicht ergangen. In Preußen wird die Veranlagung der Besitzsteuer voraussichtlich den Einkommensteuerveranlagungskommissionen übertragen werden.

4. **Soweit das Gesetz nichts anderes vorschreibt.** Im § 25 Abs. 2 des Gesetzes werden die Vorschriften des Besitzsteuergesetzes über die Veranlagung und Erhebung der Besitzsteuer auch für die Veranlagung und Erhebung der Kriegssteuer für entsprechend anwendbar erklärt. Veranlagung und Erhebung ist im weitesten Sinne verstanden, so daß zu den entsprechend geltenden Veranlagungs- und Erhebungsvorschriften z. B. auch die Verjährungsvorschrift des § 75 des Besitzsteuergesetzes gehört (Begründung des Gesetzentwurfes S. 28). Hiernach gelten alle Vorschriften des Besitzsteuergesetzes, sofern das Kriegssteuergesetz nicht eine Sondervorschrift gibt. Der Text des Besitzsteuergesetzes ist deshalb im II. Teile (Texte) mit zum Abdrucke gekommen.

Der oben erwähnte § 75 des Besitzsteuergesetzes lautet:

Der Anspruch der Staatskasse auf die Besitzsteuer verjährt in vier Jahren. Die Frist beginnt mit dem Schlusse des Jahres, in welchem die Steuerbeträge fällig geworden sind, im Falle der Sicherheitsleistung für die Steuer jedoch nicht vor dem Ablaufe des Jahres, in welchem die Sicherheit erlischt.

Für den Wehrbeitrag war im § 55 des Gesetzes über einen einmaligen außerordentlichen Wehrbeitrag vom 3. Juli 1913 noch die zusätzliche Bestimmung getroffen: „Ist die Veranlagung zum Wehrbeitrage zu Unrecht unterblieben, so beginnt die Frist mit dem Schlusse des Kalenderjahrs 1916." Das ist das Kalenderjahr, in welchem nach § 51 a. a. O. das letzte Drittel des Wehrbeitrags zu entrichten war. Da eine ähnliche Bestimmung im Besitzsteuergesetze fehlt, auch für die Kriegssteuer nicht getroffen ist, so müssen die gleichen Verjährungsfristen zur Anwendung kommen, gleichviel, ob die Veranlagung erfolgt oder zu Unrecht unterblieben war. Im letzteren Falle beginnen danach die Verjährungsfristen mit dem Schlusse desjenigen Kalenderjahrs, in welchem die Steuerbeträge fällig geworden wären, wenn die

Veranlagung bei der allgemeinen Veranlagung zur Kriegssteuer ordnungsmäßig erfolgt wäre.

Für den Beginn der Verjährungsfrist ist die Fälligkeit der Steuerbeträge maßgebend. Daß unter dem Fälligkeitstag etwa der Tag der Zustellung des Veranlagungsbescheids zu verstehen wäre (§ 51 Abs. 1 des Wehrbeitragsgesetzes), kann nicht angenommen werden; denn das Besitzsteuergesetz spricht nicht von einer Fälligkeit des Steuerbetrags, sondern der Steuerbeträge, offenbar in Anlehnung an die unter der Überschrift „Fälligkeit der Steuer" behandelten Zahlungsfristen für die Teilbeträge der Steuer (§ 70 a. a. O.). Deshalb sind unter den Fälligkeitstagen die Endfristen für die Entrichtung der Steuerbeträge zu verstehen. Die Verjährung ergreift danach nicht sogleich die ganze Kriegssteuer, sondern nur den einzelnen Teilbetrag, der an dem betreffenden Fälligkeitstage zu entrichten war.

Die Verjährung einer zu Unrecht nicht veranlagten Steuer kann nur durch den Veranlagungsbeschluß unterbrochen werden (Entsch. d. preuß. OVG. in Staatsstf. Bd. 6 S. 339, Bd. 9, S. 332); auf den Tag seiner Zustellung kommt es nicht an.

5. **Der Bundesrat bestimmt die für die Veranlagung und Erhebung der Kriegsabgabe der Bundesfürsten zuständigen Behörden.** Die Bundesfürsten haben sich bereit erklärt, sich an der außerordentlichen Kriegsabgabe zu beteiligen. Die verbündeten Regierungen hielten aber an ihrer Auffassung fest, daß die Bundesfürsten an sich aus staatsrechtlichen Gründen von der Abgabepflicht befreit seien, sie die Abgabe also freiwillig leisteten (Kommissionsbericht S. 89).

§ 26[1]).

Außer den zur Abgabe einer Besitzsteuererklärung Verpflichteten[2]) haben[7]) alle Einzelpersonen[3]), deren Vermögen[6]) sich seit dem 1. Januar 1914 bis 31. Dezember 1916[4]) um mehr als dreitausend Mark auf mindestens elftausend Mark[5]) erhöht hat[6]), eine Steuererklärung abzugeben[7]). Die

Steuererklärung zum Zwecke der Veranlagung der Kriegsabgabe [12]) **kann** mit der Besitzsteuererklärung **verbunden werden** [8]). Die Steuererklärung hat nach näherer Bestimmung des Bundesrats die für die Feststellung des **der außerordentlichen** Kriegsabgabe unterliegenden **Vermögenszuwachses erforderlichen** Angaben zu enthalten [9]).

Die Vorstände, persönlich haftenden Gesellschafter, Repräsentanten, Geschäftsführer oder Liquidatoren der **pflichtigen** Gesellschaften (§ 13), bei ausländischen **Gesellschaften** (§ 20) die Vorsteher der inländischen **Niederlassungen** sowie die Vertreter der vom Bundesrate für **pflichtig erklärten** juristischen Personen (§ 23) sind **verpflichtet** [10]), **der Steuerbehörde** eine Kriegssteuererklärung [12]) **einzureichen**, welche nach näherer Bestimmung des **Bundesrats** [11]) die für die Feststellung des **abgabepflichtigen Mehrgewinns** erforderlichen Angaben zu enthalten hat.

1. § 26; in der Regierungsvorlage und in den von der Kommission angenommenen Entwürfen war es § 31.

2. **Außer den zur Abgabe einer Besitzsteuererklärung Verpflichteten. Diese haben also in jedem Falle auch** eine Steuererklärung für die Kriegssteuer **abzugeben**. Die Pflicht zur Abgabe der Besitzsteuererklärung ist im § 52 Abs. 1 und 2 des Besitzsteuergesetzes **geregelt**. Dort ist bestimmt:

§ 52. Zur Abgabe einer Besitzsteuererklärung sind alle Personen mit einem **steuerbaren** Vermögen **von zwanzigtausend Mark und darüber verpflichtet**, wenn sie **früher weder zum Wehrbeitrage** noch zur Besitzsteuer veranlagt worden sind, **s o w i e** alle Personen, deren Vermögen sich seit der Veranlagung zum Wehrbeitrag oder gegenüber dem für eine künftige Veranlagung zur Besitzsteuer als maßgebend festgestellten Vermögensstande (§ 65) um mehr als zehntausend Mark erhöht hat. Der Bundesrat bestimmt die Fristen zur Abgabe der Besitzsteuererklärung.

Die Steuerbehörde ist außerdem berechtigt, von jedem Steuerpflichtigen (§ 11) binnen einer von ihr festzusetzenden Frist, die mindestens zwei Wochen betragen muß, die Abgabe einer Besitzsteuererklärung zu verlangen.

3. **Alle Einzelpersonen,** die zur Abgabe einer Besitzsteuererklärung nicht verpflichtet sind. Der Kreis der zur Abgabe einer Kriegssteuererklärung Verpflichteten geht aber noch weiter, als er durch den § 26 gezogen ist. Weil nämlich nach § 25 Abs. 2 für die Veranlagung, im weitesten Sinne gedacht, die Vorschriften des Besitzsteuergesetzes zur Anwendung kommen und nach § 52 Abs. 2 des Besitzsteuergesetzes die Steuerbehörde „außerdem" berechtigt ist, von jedem Steuerpflichtigen binnen einer von ihr festzusetzenden Frist die Abgabe einer Besitzsteuererklärung zu verlangen, so ist die Steuerbehörde auch berechtigt, jeden Steuerpflichtigen zur Abgabe einer Kriegssteuererklärung aufzufordern (Begründung des Gesetzentwurfes S. 28).

4. **Seit dem 1. Januar 1914 bis 31. Dezember 1916.** Mit dieser den regelmäßigen Veranlagungszeitraum umschließenden Zeitgrenze ist auch der Fall getroffen, daß die Besitzsteuerpflicht erst innerhalb jenes Zeitraums entstanden ist (siehe Anm. 6 zu § 1); denn auch hier steht die Vermögensvermehrung am 31. Dezember 1916 fest. Deshalb sind Steuerpflichtige, welche erst nach dem 1. Januar 1914 besitzsteuerpflichtig geworden sind, ebenfalls verpflichtet, ohne besondere Aufforderung die Kriegssteuererklärung abzugeben, sofern im übrigen die Voraussetzungen im Abs. 1 auf sie zutreffen. Dagegen werden Steuerpflichtige, bei denen wegen ihres früheren Verzugs ins Ausland für die Feststellung des Vermögenszuwachses nach § 12 der Zeitpunkt der Aufgabe ihres Wohnsitzes oder Aufenthalts im Inlande maßgebend ist, sofern sie nicht etwa gemäß §§ 52, 53 des Besitzsteuergesetzes eine Besitzsteuererklärung abzugeben haben, zur Abgabe der Kriegssteuererklärung von der Steuerbehörde besonders aufzufordern sein; siehe Anm. 3.

5. **Um mehr als dreitausend Mark auf mindestens elftausend Mark.** Die Bestimmung war notwendig, weil die Pflicht zur

Abgabe der Besitzsteuererklärung, wenn eine Veranlagung zum Wehrbeitrag erfolgt war, erst bei einer Vermögensvermehrung um mehr als zehntausend Mark und, wenn jene Veranlagung nicht erfolgt war, erst bei einem steuerbaren Vermögen von zwanzigtausend Mark begründet ist. Siehe Anm. 2.

6. **Deren Vermögen sich erhöht hat.** Hat sich das Vermögen nicht „erhöht", so braucht der Steuerpflichtige, sofern er nicht etwa zur Abgabe einer Besitzsteuererklärung verpflichtet ist — siehe Anm. 2 —, ohne eine besondere Aufforderung keine Kriegssteuererklärung abzugeben. Unter dem Vermögen am Ende des Veranlagungszeitraums ist aber nicht das besitzsteuerpflichtige, sondern das kriegsabgabepflichtige Vermögen zu verstehen, wie es sich nach den in den §§ 4—6 vorgeschriebenen Zu- und Abrechnungen zu und von dem besitzsteuerpflichtigen Vermögen stellt.

7. **Haben eine Steuererklärung abzugeben.** In Anwendung kommen hier gemäß § 25 die Vorschriften in §§ 52 und 54 des Besitzsteuergesetzes (Begründung des Gesetzentwurfes S. 28). Danach bestimmt der Bundesrat die Fristen zur Abgabe der Steuererklärung. Diese ist unter der Versicherung zu erstatten, daß die Angaben nach bestem Wissen und Gewissen gemacht sind. Steuererklärungen ohne jene Versicherung oder ohne die Unterschrift des Steuerpflichtigen sind ungültig. Der Steuerpflichtige kann zur Abgabe der Steuererklärung durch Geldstrafen bis zu fünfhundert Mark angehalten werden. Dem Steuerpflichtigen, der die Steuererklärung nicht rechtzeitig abgibt, kann ein Zuschlag von 5 bis 10 vom Hundert der rechtskräftig festgestellten Kriegsabgabe auferlegt werden. Es empfiehlt sich deshalb, die Einsendung der Steuererklärung mittels Einschreibebriefs. Jene Geldstrafen sind Zwangsstrafen und können so lange wiederholt werden, bis der Steuerpflichtige die Steuererklärung abgibt; siehe hierüber im vorstehenden Kommentare zum Gesetz über vorbereitende Maßnahmen usw. Anm. 3 — Art. 7 der preußischen Ausführungsvorschriften — zum § 10. Die Steuererklärungen sind für Personen, welche unter Pflegschaft oder Vormundschaft stehen, vom Pfleger oder Vormunde, für

minderjährige Kinder, welche unter elterlicher Gewalt stehen, von deren Inhaber abzugeben. Im Falle des § 1693 BGB. wird auch der der Mutter bestellte Beistand zur Abgabe der Steuererklärung für die seiner Pflegschaft unterstellten Kinder zuzulassen sein. Insoweit der gesetzliche Vertreter eines Steuerpflichtigen durch rechtswirksame Verfügung von der Verwaltung des Vermögens ausgeschlossen ist, wird auch dem zur Verwaltung Berufenen hinsichtlich des von ihm verwalteten Vermögens die Abgabe der Steuererklärung zu gestatten sein. Für Personen, welche abwesend oder sonst behindert sind, die Steuererklärung selbst abzugeben, wird die Steuererklärung durch Bevollmächtigte, die sich als solche ausweisen müssen, abgegeben werden können. — Die Erfüllung der Steuererklärungspflicht seitens eines von mehreren Vertretenen, befreit die übrigen Verpflichteten von ihrer Verbindlichkeit (vgl. Art. 32 Nr. 4 der Ausführungsanweisung vom 25. Juli 1906 zum preußischen Einkommensteuergesetze).

8. **Die Steuererklärung zum Zwecke der Veranlagung der Kriegsabgabe kann mit der Besitzsteuererklärung verbunden werden.** Wer also eine Besitzsteuererklärung abgibt, braucht nicht die dort gemachten Angaben in der Kriegssteuererklärung zu wiederholen, sondern kann an jene anknüpfen, so daß er in der Kriegssteuererklärung nur die anderweite Berechnung des Vermögens auf Grund der für die Kriegssteuer gemäß §§ 3—6 zu bewirkenden Zu- und Abrechnungen bei dem in der Besitzsteuererklärung berechneten Vermögenszuwachse zur Darstellung bringt. Ob die beiden Steuererklärungen auf demselben Blatte Papier oder getrennt niedergeschrieben sind, ist ohne Belang. Nur muß die Versicherung am Schlusse, daß die Angaben nach bestem Wissen und Gewissen gemacht seien, in jeder Steuererklärung enthalten sein oder durch einen entsprechenden Zusatz erkennen lassen, daß sie sich auf beide Steuererklärungen bezieht.

Wer keine Besitzsteuererklärung abzugeben hat, muß in der Kriegssteuererklärung gemäß § 53 des Besitzsteuergesetzes zunächst seine Vermögensverhältnisse am Anfang und am Ende des für ihn maßgebenden Veranlagungszeitraums — siehe Anm. 4 —

klarlegen und zu diesem Zwecke nach näherer Bestimmung des Bundesrats, die für die Besitzsteuer ergehen wird, das gesamte besitzsteuerbare Vermögen getrennt nach seinen einzelnen Bestandteilen unter Angabe ihres Wertes angeben. Denn dieses besitzsteuerpflichtige Vermögen ist nach § 3 des Kriegssteuergesetzes der Ausgangspunkt für die Berechnung des kriegssteuerpflichtigen Vermögens. Erst daran knüpfen sich die Zu- und Abrechnungen gemäß §§ 3—6 a. a. O. für die Kriegsabgabe. Soweit die Vermögenswerte sich nicht aus dem Nenn- oder Kurswert oder dem Betrage der geleisteten Zahlungen ergeben, kann der Steuerpflichtige sich auf die tatsächlichen Mitteilungen beschränken, die er behufs Schätzung des Wertes beizubringen vermag (§ 53 Abs. 2 des Besitzsteuergesetzes), d. h. der Steuerpflichtige braucht solche Werte nicht selbst zu schätzen, sondern nur kenntlich zu machen und kann die Schätzung der Kommission überlassen. Ein Nachteil entsteht ihm hierdurch nicht, weil er eine Schätzung, die ihm nicht zutreffend erscheint, immer noch im Rechtsmittelweg anfechten kann, mit der Beschwerde allerdings nur noch wegen wesentlicher Verfahrensmängel oder eines aus der Begründung der Schätzung erkennbaren Rechtsirrtums.

9. **Die Steuererklärung hat nach näherer Bestimmung des Bundesrats die für die Feststellung des der außerordentlichen Kriegsabgabe unterliegenden Vermögenszuwachses erforderlichen Angaben zu enthalten.** Die für die Besitzsteuererklärung erforderlichen Angaben muß die Kriegssteuererklärung schon wegen der nach § 25 Abs. 2 auch für die Veranlagung zur Kriegssteuer maßgebenden Vorschrift im § 53 des Besitzsteuergesetzes enthalten (Begründung des Gesetzentwurfes S. 28); siehe oben Anm. 8. Die „näheren Bestimmungen des Bundesrats" für die Ausführung des Kriegssteuergesetzes werden sich also darauf beschränken dürfen, vorzuschreiben, welche Angaben die Steuerpflichtigen für die Zu- und Abrechnungen beim besitzsteuerpflichtigen Vermögen gemäß §§ 3—6 des Kriegssteuergesetzes zu machen haben.

10. **Die Vorstände usw. sind verpflichtet,** und zwar jedes Mitglied des Vorstandes usw. für seine Person, so daß die im § 54 Abs. 1

des Besitzsteuergesetzes angedrohte Zwangsstrafe — siehe oben Anm. 7 — gegen das einzelne Mitglied verhängt werden muß. Dagegen trifft der im § 54 Abs. 2 a. a. O. für eine nicht entschuldbare Verspätung der Steuererklärung angedrohte Nachteil — Anm. 7 — den Steuerpflichtigen, also die Gesellschaft.

Die Erfüllung der Steuererklärungspflicht seitens eines von mehreren Vertretern befreit die übrigen Verpflichteten von ihrer Verbindlichkeit (vgl. Art. 32 Nr. 4 Abs. 3 der Ausführungsanweisung vom 25. Juli 1906 zum preußischen Einkommensteuergesetze).

Die wiederholte Abgabe einer Steuererklärung, nämlich einmal für die „vorläufige" Veranlagung und das andere Mal für die „endgültige" Veranlagung (§ 28) ist im Gesetze nicht vorgesehen. Deshalb wird die Steuererklärung nur für die „endgültige" Veranlagung gefordert werden dürfen.

11. **Nach näherer Bestimmung des Bundesrats.** Diese ist noch nicht ergangen.

12. **Die Steuererklärung zum Zwecke der Veranlagung der Kriegsabgabe — Kriegssteuererklärung.** Sie bildet nicht ohne weiteres die Grundlage für die Veranlagung zur Kriegsabgabe, sondern nur ein wichtiges Hilfsmittel hierfür. Die Veranlagungsbehörde hat die Angaben in der Kriegssteuererklärung von Amts wegen zu prüfen und nach Vornahme der erforderlichen Ermittlungen in Verhandlung mit dem Steuerpflichtigen die für die Veranlagung nötigen Feststellungen selbständig zu treffen. Dies ergibt sich aus den nach § 25 Abs. 2 auch für die Kriegssteuererklärung maßgebenden Vorschriften des Besitzsteuergesetzes, die dahin lauten:

§ 55. Die Veranlagungsbehörde prüft die Angaben in der Besitzsteuererklärung und stellt, gegebenenfalls nach Vornahme der erforderlichen Ermittelungen, die Höhe des steuerbaren Vermögens fest.

§ 56. Die Steuerbehörde kann Zeugen und Sachverständige uneidlich vernehmen. Das Zeugnis oder Gutachten darf nur unter den Voraussetzungen verweigert werden, welche nach den Vorschriften der Zivilprozeßordnung (§§ 383 bis 385, 407, 408) zur Ablehnung eines Zeugnisses oder Gutachtens berechtigen.

Zeugen und Sachverständige können zur Abgabe des Zeugnisses oder Gutachtens mit Geldstrafen bis zu einhundertfünfzig Mark angehalten werden.

§ 57. Der Steuerpflichtige hat auf Erfordern die Höhe seines Vermögens nachzuweisen. Er ist insbesondere verpflichtet, der Steuerbehörde Wirtschafts- oder Geschäftsbücher, Verträge, Schuldverschreibungen, Zinsquittungen, Abrechnungen von Banken oder ähnlichen Unternehmungen und andere Schriftstücke, welche für die Besitzsteuerveranlagung von Bedeutung sind, zur Einsicht und Prüfung vorzulegen.

Die Einsichtnahme und Prüfung der Bücher und Schriftstücke des Steuerpflichtigen soll tunlichst in dessen Wohnung oder Geschäftsräumen erfolgen.

§ 58. Die Vorstände oder Geschäftsführer der im § 35 bezeichneten Gesellschaften*), die ihren Sitz im Inlande haben oder Vermögen im Inlande besitzen, haben dem Steuerpflichtigen die erforderlichen Mitteilungen über den Wert seiner Aktien oder Geschäftsanteile zu machen.

Sie sind außerdem verpflichtet, der Steuerbehörde auf Verlangen binnen einer Frist von vier Wochen eine Nachweisung einzureichen, welche enthält:

1. die Höhe des Grundkapitals oder der Stammeinlagen,
2. den Betrag der in den vorausgegangenen drei Jahren jährlich verteilten Gewinne,
3. die tatsächlichen Mitteilungen, die sie zur Schätzung des Wertes der Aktien, Anteile oder Kuxe beizubringen vermögen.

Die Nachweisung ist mit der Versicherung zu versehen, daß die Angaben nach bestem Wissen und Gewissen gemacht sind.

Die Verpflichteten können zur Abgabe der Nachweisung mit Geldstrafen bis zu fünfhundert Mark angehalten werden.

---

*) Nämlich bei Aktien ohne Börsenkurs, bei Kuxen, Anteilen an einer Bergwerksgesellschaft oder bei Anteilen einer Gesellschaft m. b. H.

§ 59. Die Vorschriften der §§ 52 bis 54, 57 gelten auch für den gesetzlichen Vertreter des Steuerpflichtigen hinsichtlich des seiner Verwaltung unterliegenden Vermögens.

§ 60. Die Kosten der Ermittelungen fallen dem Steuerpflichtigen zur Last, wenn der endgültig festgestellte Vermögenswert den vom Steuerpflichtigen angegebenen Wert um mehr als ein Drittel übersteigt oder wenn sich seine Angaben in wesentlichen Punkten als unrichtig erweisen oder wenn er trotz ergangener Aufforderung keine oder nur ungenügende Angaben über seine Vermögensverhältnisse gemacht hat.

§ 63. Die Reichs-, Staats- und Gemeindebehörden sind verpflichtet, den Steuerbehörden auf Ersuchen aus Büchern, Akten, Urkunden usw. Auskunft über die Vermögensverhältnisse des Steuerpflichtigen zu erteilen oder ihnen Einsicht in solche, die Vermögensverhältnisse betreffenden Bücher, Akten, Urkunden usw. zu gestatten.

Den Notaren liegt diese Pflicht nur ob hinsichtlich der einen Nachlaß betreffenden Verhandlungen oder soweit sie durch sonstige Vorschriften begründet ist.

Eine Auskunftspflicht besteht nicht für die Postbehörden, für die Verwaltung der Schuldbücher öffentlicher Körperschaften sowie für die Verwaltung öffentlicher Sparkassen und anderer mit der Verwaltung und Verwahrung fremden Vermögens befaßter öffentlichen Anstalten.

§ 64. Beamte, Angestellte und ehrenamtliche Mitglieder von Behörden, welche im Verfahren zur Veranlagung der Besitzsteuer dienstlich Kenntnis von den Vermögens-, Erwerbs- oder Einkommensverhältnissen eines Steuerpflichtigen erhalten, sind zu ihrer Geheimhaltung verpflichtet. Die Besitzsteuererklärungen sind unter Verschluß aufzubewahren und dürfen ebenso wie die sonstigen Verhandlungen im Veranlagungsverfahren nur zur Kenntnis der durch Eid zu ihrer Geheimhaltung Verpflichteten gelangen. Sie dürfen anderen Behörden nur zum Zwecke der Veranlagung und Erhebung von öffentlichen Abgaben mitgeteilt werden. Bestehen für Landessteuern gleiche oder ähnliche Vorschriften, so steht dies der Mitteilung von Veranlagungsmerkmalen an die Besitzsteuerämter nicht entgegen.

§ 27[1]).

Die Veranlagung der Abgabe[2]) erfolgt bei Einzelpersonen[3]) gleichzeitig mit der Veranlagung der Besitzsteuer, soweit nicht im Falle des § 12 eine frühere Veranlagung möglich ist[4]).

1. § 27; in der Regierungsvorlage und in den von der Kommission angenommenen Entwürfen war es § 32.

2. **Der Abgabe,** sowohl der vom Vermögenszuwachse (§ 9 Ziff. 1) wie auch der von dem steuerpflichtigen Vermögensteile (§ 9 Ziff. 2).

3. **Bei Einzelpersonen.** Diese werden alsbald endgültig veranlagt, während bei den Gesellschaften nach § 28 zunächst eine vorläufige und später die endgültige Veranlagung eintritt. Eine „Neuveranlagung" darf aber gemäß § 73 des Besitzsteuergesetzes erfolgen, wenn nachträglich neue Tatsachen oder Beweismittel bekannt werden, die eine höhere Veranlagung des Steuerpflichtigen rechtfertigen. Denn diese Veranlagungsvorschrift des Besitzsteuergesetzes ist nach § 25 Abs. 2 des Kriegssteuergesetzes auch auf die Veranlagung zur Kriegsabgabe anwendbar. Siehe Anm. 4 zu § 25.

Bei der Prüfung der Frage, ob *neue Tatsachen* vorliegen, welche eine Nachveranlagung rechtfertigen, *kommt ein Verschulden der Steuerbehörde* **nicht in Betracht.** Es kommt also nicht darauf an, ob die Behörde bei pflichtmäßigem Verhalten eine Tatsache früher hätte erfahren können (vgl. Entsch. des preuß. OVG. in Staatsstf. Bd. 9 S. 338). *Keine neuen Tatsachen* sind solche Tatsachen, welche bereits vor dem Abschlusse der ordentlichen Veranlagung, einschließlich des Ablaufs der Rechtsmittelfrist, der Steuerbehörde bekannt geworden sind; ferner eine von der früheren Rechtsauffassung abweichende rechtliche Beurteilung (a. a. O. Bd. 8 S. 269; Bd. 11 S. 330); ferner eine andere recht-

15*

liche Regelung in einem neuen Gesetze (a. a. O. Bd. 15 S. 361) oder ein nach der Veranlagung ergangenes gerichtliches Urteil, wenn der diesem zugrunde liegende Tatbestand bekannt war (a. a. O. Bd. 12 S. 359); endlich nach dem Urteile des preuß. OVG. E IVa Rep. 30/11 vom 5. März 1913 auch die Feststellung eines Rechenfehlers bei der Aufrechnung des Einkommens oder Vermögens, welcher eine zu niedrige Veranlagung herbeigeführt hat.

Ist die Veranlagung zu Unrecht unterblieben, so wird dadurch die Pflicht zur Zahlung der Abgabe nicht berührt, d. h. jene Veranlagung kann unter allen Umständen nachgeholt werden, also auch wenn keine neuen Tatsachen vorliegen. Das folgt aus § 73 des Besitzsteuergesetzes. Wie hinsichtlich der „Neuveranlagung", so ist auch hinsichtlich der Nachholung einer unterbliebenen Veranlagung die Vorschrift im § 73 a. a. O. auf die Veranlagung zur Kriegsabgabe anzuwenden. Jene Vorschrift lautet:

„Ist die Veranlagung zu Unrecht unterblieben, so wird dadurch die Pflicht zur Zahlung der Besitzsteuer nicht berührt."

Eine „zu Unrecht" gänzlich unterbliebene Veranlagung kann also selbst dann nachgeholt werden, wenn keine neuen Tatsachen vorliegen. Nur darf der Anspruch der Staatskasse auf die Kriegsabgabe noch nicht verjährt sein. Die Verjährung tritt in vier Jahren ein. Die Frist beginnt mit dem Schlusse des Jahres, in welchem die Steuerbeträge fällig geworden sind, im Falle der Sicherheitsleistung für die Steuer jedoch nicht vor Ablauf des Jahres, in welchem die Sicherheit erlischt (§ 75 des Besitzsteuergesetzes). Die Nachveranlagung muß also innerhalb vier Jahren nach Ablauf desjenigen Jahres erfolgen, in welchem die Steuerbeträge, wenn die Steuerbehörde die Veranlagung nicht zu Unrecht unterlassen hätte, fällig geworden wären. Unter den „Jahren" können mangels einer zusätzlichen Bezeichnung nur Kalenderjahre verstanden werden. § 25 Anm. 4.

4. **Gleichzeitig mit der Veranlagung der Besitzsteuer, soweit nicht im Falle des § 12 eine frühere Veranlagung möglich ist.** Danach erfolgt die Veranlagung bald nach Ablauf des Veranlagungszeitraums, der regelmäßig am 31. Dezember, in den Fällen des § 12 aber schon früher endigt. Siehe § 12 und die Anmerkungen hierzu.

§ 28[1]).

Die Kriegsabgabe der Gesellschaften (§§ 13, 20) und anderer juristischer Personen (§ 23) wird nach dem Gesamtergebnisse[2]) der beiden ersten Kriegsgeschäftsjahre vorläufig[3]) und nach dem Gesamtergebnis aller Kriegsgeschäftsjahre endgültig[4]) festgesetzt.

Nach Entrichtung der vorläufig festgesetzten Abgabe[5]) steht dem Pflichtigen über den zur Zahlung nicht verwendeten Teil der nach den Vorschriften des Gesetzes vom 24. Dezember 1915 gebildeten Sonderrücklage die freie Verfügung zu[6]).

1. § 28; in der Regierungsvorlage und in den von der Kommission angenommenen Entwürfen war es § 33.

2. **Nach dem Gesamtergebnisse.** Es erfolgt also eine Zusammenrechnung der Ergebnisse der einzelnen Kriegsgeschäftsjahre, soweit sie für die Kriegsabgabe nach § 13 in Betracht kommen, und das sind nur die Mehr- oder Mindergewinne im Sinne des § 14. Sie werden der Steuerbehörde allein durch die bei ihr einzureichenden Unterlagen für die Berechnung der Sonderrücklage bekannt werden, denn eine Steuererklärung brauchen die Gesellschaften nur einmal, für die endgültige Veranlagung, einzureichen; siehe Anm. 10 zum § 26.

3. **Der beiden ersten Kriegsgeschäftsjahre vorläufig.** Die vorläufige Veranlagung begründet für die Gesellschaften eine vorzeitige Zahlungsverpflichtung, die sie nicht einmal im Rechtsmittelweg anfechten können, denn erst gegen den endgültigen Bescheid sind nach § 30 die ordentlichen Rechtsmittel gegeben. Sie bietet der Gesellschaft aber dafür den Vorteil, über den nicht zur Zahlung der Abgabe verwendeten Teil der Sonderrücklage die freie Verfügung zu erlangen. Siehe Anm. 5 und 6.

Aus dem Wesen der „vorläufigen" Veranlagung folgt, daß diese nicht einzutreten braucht, wenn sich die Veranlagung so verzögert hat, daß bereits die Ergebnisse aller drei Kriegsgeschäftsjahre feststehen und deshalb sogleich die endgültige Veranlagung erfolgen kann.

Es folgt ferner daraus, daß, soweit die endgültige Abgabe in Betracht kommt, die vorläufig festgestellte Abgabe nicht etwa für die Bilanz über das letzte Kriegsgeschäftsjahr als Schuldposten oder, wenn sie bereits entrichtet ist, als zu den Betriebskosten gehörig in Betracht kommen und so den Bilanzgewinn mindern kann, denn sonst würde die endgültige Abgabe den Mehrgewinn nicht vollständig erfassen. Aus demselben Grunde kann auch die bestimmbare endgültige Abgabe nicht als Schuldposten für die Bilanz des letzten Kriegsgeschäftsjahrs in Betracht kommen.

4. **Endgültig festgesetzt.** Siehe § 30.

5. **Nach Entrichtung der vorläufig festgesetzten Abgabe.** Die freie Verfügung über die Sonderrücklage tritt also erst ein, wenn die vorläufig festgesetzte Abgabe bezahlt worden ist. Eine frühere Verfügung über die Sonderrücklage macht die Mitglieder des Vorstandes usw. straffällig und für einen etwaigen dem Fiskus entstandenen Schaden haftbar (§ 9 des Gesetzes über vorbereitende Maßnahmen usw.). Aus welchen Mitteln die Abgabe entrichtet wird, ist ohne Belang.

6. **Steht dem Pflichtigen über den zur Zahlung nicht verwendeten Teil der nach den Vorschriften des Gesetzes vom 24. Dezember 1915 gebildeten Sonderrücklage die freie Verfügung zu.** Es handelt sich um das Gesetz über vorbereitende Maßnahmen zur Besteuerung der Kriegsgewinne, das die Bildung einer Sonderrücklage vorschreibt und diese in seinem § 8 der freien Verfügung entzieht. Unter der „freien Verfügung" darf hier nur die Berechtigung verstanden werden, welche der Gesellschaft durch die Untersagung der „freien Verfügung" entzogen sein sollte, nämlich das Recht der Verpfändung der Wertpapiere, in welchen die Sonderrücklage angelegt worden ist. Siehe im vorstehenden Kommentare zum Gesetz über vorbereitende Maßnahmen usw. § 8 Anm. 2 am Schlusse. Da die Gesellschaft zur Bezahlung der vorläufig veranlagten Abgabe nicht gerade die Wertpapiere, in denen die Sonderrücklage angelegt ist, zu verwenden braucht, hierzu vielmehr auch andere verfügbare Mittel verwenden darf, so

ergibt sich für ihre Befugnisse hinsichtlich der Sonderrücklage **nach** Entrichtung der vorläufig festgesetzten Abgabe folgendes:

a) Bis zum Betrage der vorläufig veranlagten Abgabe hört **jede** Gebundenheit der Sonderrücklage **auf**; die Rücklage **wird insoweit** eine freiwillige Rücklage, **über welche die zuständigen** Gesellschaftsorgane beliebig verfügen können. **Die Gesellschaft kann** also die Sonderrücklage zu anderen Zwecken bestimmen und braucht dann nicht mehr die für die Sonderrücklage vorgeschriebenen Wertpapiere in ihrem Besitze zu behalten, sondern kann diese verpfänden oder veräußern. Sie kann aber auch die Sonderrücklage ganz oder teilweise auflösen und zur Verteilung unter ihre Mitglieder bringen.

b) Soweit die Rücklage den Betrag der vorläufig veranlagten Abgabe übersteigt, **bleibt sie gebunden**. Sie muß also auch weiterhin getrennt **von dem sonstigen Vermögen** verwaltet werden und in Schuldverschreibungen des Deutschen Reichs oder eines **Bundesstaats** angelegt bleiben. Die Gesellschaft **darf aber diese Wertpapiere verpfänden und sich dadurch neue** Mittel schaffen, die sie im Betriebe verwenden kann. Erst die Entrichtung der endgültig veranlagten Abgabe hebt auch für den Rest der Sonderrücklage jede Gebundenheit auf und macht sie einer freiwilligen Rücklage gleich.

§ 29[1].

Der Betrag der geschuldeten[2]) Abgabe wird dem Steuerpflichtigen von der Veranlagungsbehörde durch einen Bescheid mitgeteilt[3]). Der Bescheid enthält eine Belehrung über die zulässigen Rechtsmittel[4]) und eine Anweisung zur Entrichtung der Abgabe innerhalb der gesetzlichen Zahlungsfrist[5]).

Dem Steuerpflichtigen sind die Berechnungsgrundlagen[6]) der angeforderten[2]) Abgabe mitzuteilen und die Punkte zu bezeichnen, in welchen von der Steuererklärung abgewichen worden ist[7]).

Enthält der Bescheid nur eine vorläufige [8]) Festsetzung der Abgabe, so ist in ihm auf die spätere endgültige [9]) Festsetzung hinzuweisen.

1. § 29; in der Regierungsvorlage und in den von der Kommission angenommenen Entwürfen war es § 34.

2. **Der Betrag der geschuldeten Abgabe**, d. i. des Betrags, auf den sich die Abgabe nach den Bestimmungen in den §§ 9, 19 Abs. 1—4 und § 21 des Gesetzes stellt. Nur dieser Abgabebetrag ist das Ergebnis der **Veranlagung**. Verschieden von der „geschuldeten" Abgabe ist die „angeforderte" im Abs. 2; ihr Betrag wird nicht durch die Veranlagungsorgane, sondern im Verwaltungswege von der Steuerbehörde auf Grund der §§ 10, 19 Abs. 5 und § 22 anzustellenden Kürzungen an der „geschuldeten" Abgabe festgestellt.

3. **Wird dem Steuerpflichtigen von der Veranlagungsbehörde durch einen Bescheid mitgeteilt.** Der erste Satz des Abs. 1 enthält die wesentlichen Bestandteile des Bescheids, nämlich die Bezeichnung des Steuerpflichtigen, die Angabe des Betrags der geschuldeten Abgabe und die Bezeichnung der Veranlagungsbehörde. Die Unterschrift oder Unterstempelung des Bescheids ist nicht vorgeschrieben. Um die Fälligkeit des im Bescheid angegebenen Betrags herbeizuführen, ist noch die rechtswirksame Zustellung des Bescheids erforderlich. Diese ist auch notwendig, um die Ausschlußfristen für die Einlegung von Rechtsmitteln in Lauf zu setzen. Das Fehlen des sonstigen Inhalts des Bescheids nach § 29 machen den Bescheid nicht unwirksam; vielmehr läßt auch die Zustellung eines solchen mangelhaften Bescheids die Frist für die Fälligkeit der Abgabe (§ 31 Abs. 1 und 2) sowie die Ausschlußfristen beginnen und gibt dem Steuerpflichtigen das Recht zur Einlegung der betreffenden Rechtsmittel. Ausgenommen ist nur der Mangel der Rechtsmittelbelehrung; siehe Anm. 4.

Die in Preußen geltenden Vorschriften für Zustellungen in der Verwaltung der direkten Steuern sind im Art. 78 der Ausführungsanweisung vom 25. Juli 1906 zum preußischen Einkommensteuergesetz in der Fassung vom 19. Juni 1906 aufgeführt. Eine Sondervorschrift enthält der nach § 25 Abs. 2 auch für die Veranlagung zur Kriegssteuer maßgebende § 68 des Besitzsteuergesetzes, der folgendes bestimmt:

> Wohnt weder der Steuerpflichtige noch ein Vertreter des Steuerpflichtigen im Inlande, so ist der Steuerpflichtige gehalten, eine im Inlande wohnende Person zum Empfange der für ihn bestimmten Schriftstücke in Besitzsteuerangelegenheiten zu bevollmächtigen. Ist die Benennung eines Zustellungsbevollmächtigten unterblieben, so gilt die Zustellung eines Schriftstücks mit der Aufgabe zur Post als bewirkt, selbst wenn die Sendung als unbestellbar zurückkommt.

4. **Der Bescheid enthält eine Belehrung über die zulässigen Rechtsmittel.** Diese Belehrung muß den Steuerpflichtigen darüber unterrichten, inwieweit die Festsetzungen im ordentlichen Rechtsmittelweg und inwieweit im Verwaltungsweg anfechtbar sind; siehe Anm. 3 zum § 30. Fehlen im Bescheide die nötigen Unterlagen für diese Belehrung — siehe Anm. 6 —, so ist die Rechtsmittelbelehrung fehlerhaft, d. i. „falsch" im Sinne des Gesetzes. Wird keine oder eine falsche Rechtsmittelbelehrung erteilt, so wird die Rechtsmittelfrist nicht in Lauf gesetzt, doch ist ein von dem Steuerpflichtigen eingelegtes Rechtsmittel nicht aus diesem Grunde unzulässig (§ 25 Abs. 2 dieses Gesetzes in Verbindung mit § 66 Abs. 3 des Besitzsteuergesetzes). Da die gesetzlichen Vorschriften nur jene Wirkung des Mangels einer Rechtsbelehrung vorsehen, so hat dieser weitere Folgen nicht.

Wird die zutreffende Rechtsmittelbelehrung nachgeholt, so kann sie den Lauf der Ausschlußfrist nur eröffnen, wenn die betreffende Mitteilung wie der Bescheid vorschriftsmäßig zugestellt wird.

5. **Und eine Anweisung zur Entrichtung der Abgabe innerhalb der gesetzlichen Zahlungsfrist.** Diese Anweisung ist aber zur Begründung der Zahlungspflicht des Steuerpflichtigen nicht unerläßlich, vielmehr soll sie die schon kraft Gesetzes (§ 31) durch die Zustellung des Bescheids herbeigeführte Zahlungspflicht des

Steuerpflichtigen diesem nur vor Augen führen. Jene „Anweisung" stellt deshalb keinen wesentlichen Bestandteil des Bescheids dar; dieser ist ohne sie nicht ungültig. Siehe auch Anm. 3.

6. **Dem Steuerpflichtigen sind die Berechnungsgrundlagen der angeforderten Abgabe mitzuteilen.** Der Umfang der „Berechnungsgrundlagen" wird bald enger, bald weiter sein, je nachdem die veranlagte Abgabe ganz oder nur zu einem gekürzten Betrage — siehe oben die Anm. 2 — „angefordert" wird. Einen wesentlichen Bestandteil des Bescheids bildet jene Mitteilung nicht, vielmehr kann diese nachgeholt werden, spätestens im Rechtsmittelverfahren; siehe Anm. 3 und 4.

Die „Berechnungsgrundlagen" müssen folgendes ersichtlich machen:

a) bei Einzelpersonen:

den Stand des Vermögens bei Beginn des Veranlagungszeitraums, den am Ende jenes Zeitraums und den sich hieraus ergebenden Vermögenszuwachs, die Anwendung des Tarifs § 9 Nr. 1 sowie bei Gesellschaftern einer inländischen Gesellschaft m. b. H. gegebenenfalls (§ 10) die für den unerhobenen Teil der Abgabe maßgebende Verhältnisrechnung,

oder

das bei Beginn des Veranlagungszeitraums festgestellte Vermögen, den neunzig vom Hundert daran ausmachenden Betrag, das nach dem Besitzsteuergesetze für das Ende des Veranlagungszeitraums festgestellte Vermögen und den danach abgabepflichtigen Betrag des Vermögens;

b) bei inländischen Gesellschaften:

den durchschnittlichen früheren Geschäftsgewinn, der in jedem Kriegsgeschäftsjahr erzielten Geschäftsgewinn, die sich hiernach ergebenden Mehr- oder Mindergewinne, die Summe sowie den Jahresdurchschnitt der Mehrgewinne, das eingezahlte Grund- oder Stammkapital zuzüglich der bei Beginn des ersten Kriegsgeschäftsjahrs ausgewiesenen wirklichen Reservekontenbeträge, bei einer Vermehrung des eingezahlten Grund- oder Stammkapitals auch die Durchschnittsrechnung für das maßgebende Grund- oder Stammkapital, die Darstellung des prozentualen Verhältnisses einerseits des durchschnittlichen Mehrgewinns, andererseits des durchschnittlichen Geschäftsgewinns zu dem für die Anwendung des Tarifs maßgebenden Betrage des eingezahlten Grund- oder Stammkapitals usw., des sich hiernach ergebenden einfachen sowie des erhöhten Tarifsatzes, die hiervon für die Hebung auf Grund der Bestimmungen im § 19 Abs. 4 und 5 und im § 22 Abs. 1 und 2 bewirkten Kürzungen sowie die diesen zugrunde liegenden Berechnungen;

c) bei ausländischen Gesellschaften
den durchschnittlichen früheren Geschäftsgewinn, den in jedem Kriegsgeschäftsjahr erzielten Geschäftsgewinn, die sich hiernach ergebenden Mehr- oder Mindergewinne, die Summe sowie den Jahresdurchschnitt der Mehrgewinne, den für die Berechnung der tarifmäßigen Abgabe zugrunde gelegten Prozentsatz vom Mehrgewinne, den sich hiernach ergebenden tarifmäßigen Betrag der Abgabe, die hiervon für die Hebung auf Grund der Vorschriften im § 19 Abs. 4 und im § 22 bewirkten Kürzungen sowie die diesen zugrunde liegenden Berechnungen.

7. **Und die Punkte zu bezeichnen, in welchen von der Steuererklärung abgewichen worden ist.** Siehe Anm. 12 zu § 26. Jene Mitteilung bildet keinen wesentlichen Bestandteil des Bescheids und kann nachgeholt werden; siehe Anm. 3. Die Nachholung muß jedenfalls im Rechtsmittelverfahren erfolgen, damit der Steuerpflichtige weiß, welche Feststellungen er zu bekämpfen und zu entkräften hat.

8. **Nur eine vorläufige Festsetzung der Abgabe.** Diese erfolgt nur bei Gesellschaften auf Grund des § 28 Abs. 1.

9. **So ist in ihm auf die spätere endgültige Festsetzung hinzuweisen.** Der Hinweis ist kein wesentlicher Bestandteil des Bescheids; siehe Anm. 3. Wird die Gesellschaft infolge des Fehlens jenes Hinweises in den Irrtum versetzt, es handle sich um eine endgültige Veranlagung, so leidet sie dadurch keinen Schaden. Bei der Ein-

legung eines Rechtsmittels gegen die Veranlagung wird sie über den Irrtum aufgeklärt werden, indem ihr bedeutet werden wird, daß sie erst den endgültigen Bescheid anfechten dürfe (§ 30).

§ 30[1].

Gegen den endgültigen[2]) Bescheid[3]) sind die gleichen Rechtsmittel zulässig wie gegen den Besitzsteuerbescheid[4]); der Beurteilung der Rechtsmittelbehörden unterliegt auch der vorläufige Bescheid[5]).

1. § 30; in der Regierungsvorlage und in den von der Kommission angenommenen Entwürfen war es § 35.

2. **Gegen den endgültigen Bescheid.** Der vorläufige Bescheid (§ 28 Abs. 1) ist für sich allein überhaupt nicht im Rechtsmittelweg anfechtbar; wohl aber kann die Gesellschaft wegen des vorläufigen Bescheids im Verwaltungswege vorstellig werden, und die Veranlagungsbehörde wird ihren vorläufigen Bescheid abändern dürfen; nur muß in diesem Falle ersichtlich gemacht werden, daß es sich lediglich um eine Berichtigung der vorläufigen Veranlagung, nicht etwa um die endgültige Veranlagung handelt. Einwendungen gegen die Berechnung der vorläufig veranlagten Kriegssteuer werden aber jedenfalls in der Kriegssteuererklärung und in den sich daran anknüpfenden Erörterungen erhoben werden können.

3. **Bescheid.** Er muß unter Umständen zwei Abgabebeträge enthalten, nämlich den tarifmäßigen, „geschuldeten" Abgabebetrag und den „angeforderten", geringeren Abgabebetrag, der sich aus den im Verwaltungswege gemäß § 10, § 19 Abs. 4 und 5 und § 22 für die Abgabeerhebung zu bewirkenden Kürzungen an der tarifmäßigen Abgabe ergibt; siehe Anm. 2 zum § 29. Da die Steuererhebung reine Verwaltungssache ist, so kann auch nur die Festsetzung der tarifmäßigen Abgabe den Gegenstand des ordentlichen Rechtsmittelverfahrens bilden, während die Berichtigung und Vornahme der Kürzungen durch entsprechende Abgangstellung im Verwaltungswege zu erfolgen hat.

Die Inhebungsetzung irrtümlich nicht „angeforderter" Abgabebeträge ist keine Neuveranlagung im Sinne des § 25 Abs. 2 dieses Gesetzes und des § 73 des Besitzsteuergesetzes; siehe Anm. 3 zu § 27 (Entsch. d. preuß. OVG. in Staatsstf. Bd. 16 S. 334, 340).

Siehe jedoch Anm. 10 zu § 22.

4. **Die gleichen Rechtsmittel wie gegen den Besitzsteuerbescheid.** Das Besitzsteuergesetz enthält hierüber folgende Bestimmungen:

§ 66. Die gegen den Steuer- und den Feststellungsbescheid zulässigen Rechtsmittel, die Rechtsmittelfristen und das Rechtsmittelverfahren werden durch die Landesgesetzgebung geregelt. Bis zum Inkrafttreten des Landesgesetzes sind nach näherer Bestimmung der Landesregierung gegen den Steuer- und den Feststellungsbescheid die Rechtsmittel zulässig, welche den Steuerpflichtigen nach Landesrecht gegen die Veranlagung zu einer direkten Staatssteuer zustehen.

Das Rechtsmittelverfahren (Abs. 1) muß derartig geordnet sein, daß der Steuerpflichtige nacheinander mindestens zwei Rechtsmittelinstanzen anrufen kann und daß ihm die Möglichkeit offensteht, entweder die endgültige Entscheidung eines obersten Verwaltungsgerichts oder einer einem obersten Verwaltungsgerichte gesetzlich gleichgeordneten Rechtsinstanz herbeizuführen oder die Klage im ordentlichen Rechtswege zu erheben.

Wird keine oder eine falsche Rechtsmittelbelehrung erteilt, so wird die Rechtsmittelfrist nicht in Lauf gesetzt, doch ist ein von dem Steuerpflichtigen eingelegtes Rechtsmittel nicht aus diesem Grunde unzulässig.

§ 67. Erfolgt die Veranlagung zur Besitzsteuer durch eine kollegiale Behörde, so stehen die Rechtsmittel gegen den Steuerbescheid auch dem Vorsitzenden dieser Behörde zu.

§ 69. Durch die Einlegung eines Rechtsmittels wird die Erhebung der veranlagten Steuer zu den gesetzlichen Zahlungsfristen nicht aufgehalten. Die auf Grund rechtskräftiger Entscheidung zu erstattenden Steuern sind mit 4 vom Hundert für das Jahr zu verzinsen.

5. **Der Beurteilung der Rechtsmittelbehörden unterliegt auch der vorläufige Bescheid,** wenn nämlich der endgültige Bescheid im Rechtsmittelweg angefochten ist. Die Rechtsmittelbehörden haben dann nach dem Ergebnis aller drei Kriegsjahre die Richtigkeit der endgültigen Veranlagung zu beurteilen.

§ 31 [1]).

Die Kriegsabgabe der Einzelpersonen ist zu einem Drittel binnen drei Monaten nach Zustellung des Bescheids zu entrichten. Das zweite Drittel ist bis zum 1. November 1917, das letzte Drittel bis zum 1. März 1918 zu entrichten.

Die vorläufig [2]) festgesetzte Kriegsabgabe der Gesellschaften und anderer juristischer Personen ist binnen drei Monaten nach Zustellung des vorläufigen Bescheids [3]), der Rest der Abgabe binnen drei Monaten nach Zustellung des endgültigen Bescheids zu entrichten. Ist die endgültig festgesetzte Abgabe niedriger als die vorläufig festgesetzte (§ 28 Abs. 1), so ist der zuviel erhobene Betrag dem Steuerpflichtigen zu erstatten [4]).

Vom 1. Juli 1917 ab sind die bis dahin noch nicht gezahlten Abgabebeträge mit fünf vom Hundert jährlich zu verzinsen.

Der Steuerpflichtige ist berechtigt, Vorauszahlungen auf die noch nicht veranlagte Abgabe zu leisten. Von dem im voraus gezahlten Betrage sind fünf vom Hundert Jahreszinsen vom Tage der Einzahlung bis zum 1. Juli 1917 oder bis zu dem früheren gesetzlichen Fälligkeitstag [6]) auf Verlangen [7]) des Steuerpflichtigen zu dessen Gunsten zu berechnen.

Die auf Grund rechtskräftiger Entscheidung zu erstattenden Beträge [8]) sind mit fünf vom Hundert für das Jahr zu verzinsen.

1. **§ 31**; in der Regierungsvorlage und in den von der Kommission angenommenen Entwürfen war es § 36.

2. **Die vorläufig festgesetzte Kriegsabgabe.** Siehe § 28 Abs. 1.

3. **Des vorläufigen Bescheids.** Siehe § 28 Abs. 1 und § 29 Abs. 3.

4. **So ist der zuviel erhobene Betrag dem Steuerpflichtigen zu erstatten,** und zwar mit fünf Prozent Jahreszinsen, weil auch die endgültige Veranlagung eine „Entscheidung" über die Abgabeschuld darstellt und rechtskräftig **wird (Abs. 5).**

5. **Die bis dahin noch nicht gezahlten Abgabebeträge,** auch wenn sie am 1. Juli 1917 noch nicht fällig waren. Die Zinsenpflicht tritt aber nur für diejenigen Abgabebeträge ein, die zur Hebung zu bringen sind; siehe Anm. 2 zu § 29 und Anm. 3 zu § 30.

6. **Oder bis zu dem früheren gesetzlichen Fälligkeitstage,** der im § 31 bestimmt ist.

7. **Auf Verlangen des Steuerpflichtigen.** Die Zinsen werden nicht von Amts wegen, sondern nur auf ausdrücklichen Antrag des Steuerpflichtigen in Berechnung gezogen. Die Mitteilung des Verlangens an die Behörde begründet deshalb für diese erst die Zinsenschuld. Nach dem Eintritte der Fälligkeit wird hinsichtlich des fälligen Betrags der Antrag auf Verzinsung nicht mehr wirksam gestellt werden können (§ 813 BGB.).

8. **Die auf Grund rechtskräftiger Entscheidungen zu erstattenden Beträge.** In welcher Instanz die Entscheidung ergangen ist, macht keinen Unterschied. Auch die im Verwaltungswege getroffenen Entscheidungen über die Kürzung des tarifmäßigen Abgabebetrags für die Hebung — siehe Anm. 3 zum § 30 — werden den „rechtskräftigen Entscheidungen" gleichzuachten sein.

§ 32 [1]).

Bei Entrichtung der Abgabe werden die fünfprozentigen Schuldverschreibungen, Schuldbuchforderungen und Schatzanweisungen der Kriegsanleihen des Deutschen

Reichs zum Nennbetrag und die viereinhalbprozentigen Schatzanweisungen dieser Kriegsanleihen zu einem vom Reichskanzler festzusetzenden und bekanntzumachenden Kurse an Zahlungs Statt angenommen[2]).

1. § 32; in der Regierungsvorlage und in den von der Kommission angenommenen Entwürfen war es § 37.

2. **Zu einem vom Reichskanzler festzusetzenden und bekanntzumachenden Kurse.** Bei Beratung dieser Vorschrift in der Kommission des Reichstags wurde die Frage gestreift, ob bei der Zahlung der Kriegsgewinnsteuer durch Kriegsanleihe die Coupons zugunsten der Steuerzahler gerechnet werden. Der Staatssekretär des Reichsschatzamts wies darauf hin, daß das in den Ausführungsbestimmungen geregelt werde, selbstverständlich würden die Stückzinsen berücksichtigt und für die Zeit nach dem 1. Juli 1917 würden sich immer die Stückzinsen der fünfprozentigen Anleihe ganz von selbst mit den im § 36 des Gesetzentwurfes (§ 31 des Gesetzes) beschlossenen Zinsen kompensieren (Kommissionsbericht S. 90).

§ 33[1]).

Wer als Abgabepflichtiger oder als Vertreter[2]) eines Abgabepflichtigen wissentlich[3]) der Steuerbehörde[4]) unrichtige oder unvollständige Angaben macht[5]), die geeignet sind, eine Verkürzung der Abgabe herbeizuführen[6]), wird mit einer Geldstrafe[7]) bis zum fünffachen Betrage der gefährdeten Abgabe[8]) bestraft[9]).

1. § 33; in der Regierungsvorlage und in den von der Kommission angenommenen Entwürfen war es § 38. Im § 76 des Besitzsteuergesetzes ist die Steuergefährdung mit einer Geldstrafe bis zum zwanzigfachen Betrage der gefährdeten Strafe bedroht. Im § 33 des Gesetzes ist mit Rücksicht auf die ungleich höheren Steuersätze als Höchstbetrag der Geldstrafe das Fünffache der gefährdeten Abgabe vorgesehen. In schwereren Fällen der Steuergefährdung sind im § 77 des Besitzsteuergesetzes (§ 57 des

Wehrbeitraggesetzes) neben der Geldstrafe auch **Gefängnisstrafe** bis zu sechs Monaten und öffentliche Bekanntmachung des Urteils angedroht. § 34 des Gesetzes bringt eine in dem besonderen Charakter der Kriegsgewinnsteuer begründete weitere Verschärfung, indem er das Höchstmaß der Gefängnisstrafe **auf ein Jahr erhöht** und neben der Gefängnisstrafe und der öffentlichen Bekanntmachung des Urteils die Zulässigkeit der Aberkennung der bürgerlichen Ehrenrechte in das Steuerstrafrecht einführt (Begründung des Gesetzentwurfes S. 28). Wegen der Straffreiheit auch im Falle des § 33 siehe Anm. 3b zu § 35.

2. **Als Vertreter eines Abgabepflichtigen,** gesetzlicher oder bevollmächtigter. Siehe die Anm. **7 und 10 zum § 26.**

3. **Wissentlich unrichtige oder unvollständige Angaben macht.** Für das Merkmal der **Wissentlichkeit genügt es, daß dem** Steuerpflichtigen die einschlagenden **tatsächlichen** Verhältnisse bekannt sind (**Entsch. d. Reichsg. in Straff. Bd. 46 S. 251**). Siehe auch die **Anm. 3a Abs. 2 zu § 35.**

Tatsächlicher Irrtum schließt die „Wissentlichkeit" aus. War der Pflichtige von der Richtigkeit der von ihm unterschriebenen, von einem Vertreter aufgestellten Steuererklärung überzeugt, und hat er die Nichteinstellung eines abgabepflichtigen Betrags lediglich **übersehen, so sind ihm tatsächliche** Verhältnisse unbekannt **gewesen. Eine Unachtsamkeit oder Fahrlässigkeit** genügt **noch nicht, um die Annahme eines Eventualdolus und damit** die Strafbarkeit **des Abgabepflichtigen nach § 38 zu begründen.** Ein **Eventualdolus** darf angenommen werden, wenn der Steuerpflichtige mit der Möglichkeit einer unrichtigen Aufstellung seitens des Vertreters gerechnet, **diese aber gleichwohl in seinen Willen** aufgenommen **und vollzogen hat** (vgl. Urt. des Reichsg. vom 3. Febr. 1898 in Mitteilungen aus der Verwaltung der direkten Steuern Heft 35 S. 38).

Hat der Steuerpflichtige die Angabe eines ihm bekannten abgabepflichtigen Betrags in der Steuererklärung unterlassen, weil er ihn nicht für steuerpflichtig **hielt und glaubte, daß die Kenntnis** seines Bestehens **auf seiten der Steuerbehörde** ihn von der Angabe in der Steuererklärung befreie, so *irrt er im Strafrecht* und ist *nicht straflos* (Jahrbuch für Entsch. d. Kammerg. 33 C 13 Nr. 5).

Für die Anwendbarkeit des § 33 ist nach Wortlaut und Bedeutung des Gesetzes allein entscheidend, ob der Steuerpflichtige seine Angaben *wider besseres Wissen* gemacht hat. Auch *wissentlich falsche Schätzungsangaben* können zur Bestrafung führen, sei es, daß nach Lage des Falles eine Schätzung nur vorgespiegelt, sei es, daß bewußt falsch geschätzt wurde (vgl. Entsch. des Reichsg. in Strafs. Bd. 40 S. 311).

4. **Der Steuerbehörde,** wobei es ohne Belang ist, ob die falsche Angabe in Beantwortung der von zuständiger Seite an den Steuerpflichtigen gerichteten Fragen oder in der Steuererklärung oder in sonstigen Erklärungen des Steuerpflichtigen oder zur Begründung eines Rechtsmittels gemacht sind. Daß die Rechtsmittelschrift eine vollständige Angabe des der Abgabe unterworfenen Betrags enthalten müßte, ist nicht vorgeschrieben, sie darf sich vielmehr auf die Streitpunkte beschränken.

Als Steuerbehörde wird hier auch der Bundesrat gelten müssen, wenn er vom Steuerpflichtigen auf Grund des § 36 angerufen wird.

Nur wenn der Steuerpflichtige die falschen Angaben der Steuerbehörde *unmittelbar für die Festsetzung der Kriegsgewinnsteuer* gemacht hat, ist § 33 anwendbar. Sonst kann es sich nur um eine Zuwiderhandlung gegen § 76 des Besitzsteuergesetzes handeln; dieser lautet:

Wer als Steuerpflichtiger oder als Vertreter eines Steuerpflichtigen wissentlich der Steuerbehörde unrichtige oder unvollständige Angaben macht, die geeignet sind, eine Verkürzung *der Besitzsteuer* herbeizuführen, wird mit einer Geldstrafe bis zum zwanzigfachen Betrage der gefährdeten Steuer bestraft."

5. **Angaben macht.** Die *Beihilfe* zu einer Hinterziehung ist strafbar, wenn diese ein Vergehen im Sinne des Strafgesetzbuchs darstellt, d. i. wenn der *Höchstbetrag* der angedrohten Strafe, der fünffache Betrag der gefährdeten Abgabe, *mehr als* 150 ℳ beträgt (§§ 49, 1 Abs. 2 StGB.; Entsch. d. Reichsg. in Strafs. Bd. 42 S. 398).

6. **Die geeignet sind, eine Verkürzung der Abgabe herbeizuführen.** Für diese Feststellung muß die Gesamtheit der vom Steuerpflichtigen in seiner Erklärung niedergelegten Angaben als Ausgangspunkt genommen werden. Diese Angaben müssen, soweit sie wissentlich falsch sind, entsprechend berichtigt, soweit sie dagegen nicht wissentlich unrichtig sind, zugunsten des Erklärenden in Ansatz gebracht werden. Betrifft daher die wissentliche Unrichtigkeit nur einen der verschiedenen Beträge, während andere zwar auch unrichtig, aber nicht wissentlich falsch angeführt sind, so müssen die wissentlich unrichtigen Angaben, gleichviel ob sie zu hoch oder zu niedrig sind, richtiggestellt, die übrigen aber mindestens in der aus der Erklärung hervorgehenden Höhe angesetzt werden. Der so ermittelte Betrag ist dann mit dem in Wahrheit abgabenpflichtigen Betrage zu vergleichen, und so ist festzustellen, ob die in Betracht kommenden wissentlich unrichtigen Angaben des Steuerpflichtigen zu einem Abgabebetrage führen, der hinter dem rechtsbegründeten zurückbleibt oder nicht. Im ersteren Falle liegt das „Geeignetsein" im Sinne des § 33 vor, im letzteren nicht. Dementsprechend hat im ersteren Falle Bestrafung einzutreten, im anderen nicht (vgl. Entsch. d. Reichsg. in Straff. Bd. 46 S. 241).

7. **Geldstrafe.** Siehe im vorstehenden Kommentare zum Gesetze über vorbereitende Maßnahmen usw. die Anm. 6 Abs. 2 zu § 9.

8. **Bis zum fünffachen Betrage der gefährdeten Abgabe,** d. h. der Abgabe, soweit sie gefährdet war Dieser Betrag wird dargestellt durch den Unterschied zwischen dem Betrage der rechtlich begründeten Abgabe und dem der Abgabe, welche festzusetzen gewesen wäre, wenn überall den wissentlich falschen Angaben des Steuerpflichtigen hätte gefolgt werden müssen.

9. **Bestraft.** Es handelt sich um eine wirkliche Straftat; zur Erfüllung ihres Tatbestandes gehört auch die Absicht der Steuerhinterziehung. Fehlt diese Absicht, so tritt nur eine Ordnungsstrafe ein (§ 35 dieses Gesetzes und § 78 des Besitzsteuergesetzes). Unter Umständen kann selbst die absichtliche Steuerhinterziehung straffrei

bleiben (§ 79 **des Besitzsteuergesetzes**); siehe Anmerkung 2 zu § 35. **Zu einer Verschärfung der** Strafe führen die im folgenden § 34 **Abs. 1 aufgeführten erschwerenden** Umstände.

§ 34[1].

In den Fällen des § 33 **kann**[2]) neben[3]) der **Geld**strafe **auf Gefängnis bis** zu einem Jahre und **neben der Gefängnisstrafe auch auf** Verlust der bürgerlichen Ehrenrechte[4]) **erkannt werden, wenn** die unrichtigen oder unvollständigen **Angaben in der Absicht, die** Abgabe zu **hinterziehen**[5]), **gemacht** worden **sind, und wenn der Abgabebetrag, der** durch die unrichtigen oder unvollständigen **Angaben** gefährdet worden ist, mindestens fünfhundert **Mark ausmacht**[6]) **oder wenn der Abgabepflichtige** oder der **Vertreter** des **Abgabepflichtigen Vermögen vom** Inland ins Ausland verbracht hat in der **Absicht, dieses Vermögen** der Steuerbehörde zu verheimlichen[7]).

Bei einer Steuergefährdung der im Abs. 1 bezeichneten Art **kann**[2]) **im Urteil angeordnet werden, daß die Bestrafung** auf **Kosten des Verurteilten öffentlich** bekanntzumachen ist.

Besteht der Verdacht, daß eine Steuergefährdung der im Abs. 1 bezeichneten Art vorliegt, so hat die Steuerbehörde die Sache an die zuständige Staatsanwaltschaft abzugeben[8]). **Ist der Steuerpflichtige abwesend (§ 318** der Strafprozeßordnung), so **kann** gegen **ihn nach Maßgabe der §§ 320** bis 326 der Strafprozeßordnung verhandelt werden[9]). **Findet** die Staatsanwaltschaft in **einer an** sie abgegebenen Sache, daß der **Verdacht** nicht hinreichend **begründet ist**[10]), so **kann** sie die Sache zur weiteren Erledigung im Verwaltungsstrafverfahren an die Verwaltungsbehörde abgeben[11]).

1. **§ 34;** in der Regierungsvorlage und in den von der Kommission angenommenen Entwürfen war es § 39. Siehe auch Anm. 1

zum § 33. Wegen der Straffreiheit auch im Falle des § 34 siehe Anm. 3b zu § 35.

2. **Kann**, nicht muß. Auf die härtere Strafe braucht also nicht erkannt zu werden; das pflichtgemäße Ermessen des Gerichts entscheidet hierüber.

3. **Neben** der Geldstrafe; auf diese muß also jedenfalls erkannt werden.

4. **Neben der Gefängnisstrafe auch auf Verlust der bürgerlichen Ehrenrechte.** Neben einer bloßen Geldstrafe dürfen also die bürgerlichen Ehrenrechte nicht aberkannt werden. Auch muß die Gefängnisstrafe die Dauer von drei Monaten erreichen, wenn jene Strafschärfung zur Anwendung kommen soll (§ 32 des Strafgesetzbuchs). Die Dauer des Verlustes der bürgerlichen Ehrenrechte beträgt mindestens ein Jahr und höchstens fünf Jahre (Abs. 2 a. a. O.).

5. **Wenn die unrichtigen oder unvollständigen Angaben in der Absicht, die Abgabe zu hinterziehen, gemacht worden sind.** Die Abgaben müssen also nicht nur „geeignet" sein, eine Verkürzung der Abgabe herbeizuführen (§ 33), sondern diese Verkürzung muß vom Steuerpflichtigen auch gewollt sein. Siehe auch Anm. 3a Abs. 3 zu § 35.

6. **Und wenn der Abgabebetrag, der durch die unrichtigen oder unvollständigen Angaben gefährdet worden ist, mindestens fünfhundert Mark ausmacht.** Es müssen also zwei Voraussetzungen zusammentreffen, um die Strafschärfung zu rechtfertigen: die unrichtigen oder unvollständigen Angaben müssen „wissentlich gemacht sein (§ 33), und der gefährdete Teilbetrag der Abgabe muß mindestens 500 ℳ ausmachen. Siehe auch Anm. 6 und 8 zu § 33.

Für den Tatbestand des § 34 genügt es, daß der Abgabepflichtige die Höhe des verschwiegenen Gegenstandes der Besteuerung gekannt hat; nur soweit diese Kenntnis reicht, ist der Steuerpflichtige für sein Tun verantwortlich (§ 59 des Strafgesetzbuchs). Dagegen ist die Kenntnis von der Höhe der gefährdeten Abgabe ohne Belang; ein Irrtum in dieser Beziehung betrifft das Strafrecht.

Über den Begriff der Gefährdung der Abgabe siehe im vorstehenden Kommentare zum Gesetz übervorbereitende Maßnahmen usw. die Anm. 5 Abs. 2 zu § 9.

7. **Oder wenn der Abgabepflichtige oder der Vertreter des Abgabepflichtigen Vermögen vom Inland ins Ausland verbracht hat, in der Absicht, dieses Vermögen der Steuerbehörde zu verheimlichen.** Diese Voraussetzung erfüllt nur an Stelle der Höhe der gefährdeten Abgabe den Tatbestand der schwereren Straftat; die andere Voraussetzung, die Absicht der Steuerhinterziehung für den Täter, wird auch hier erfordert.

8. **Besteht der Verdacht, daß eine Steuergefährdung der im Abs. 1 bezeichneten Art vorliegt, so hat die Steuerbehörde die Sache an die zuständige Staatsanwaltschaft abzugeben.** Ob jener Verdacht besteht, entscheidet die Steuerbehörde nach ihrem pflichtgemäßen Ermessen. Gelangt sie zur Bejahung der Frage, so darf sie nicht noch weiter darüber befinden, ob der Fall danach angetan ist, die schwereren Strafen des § 34 zur Anwendung zu bringen, vielmehr gebührt diese Entscheidung allein dem erkennenden Gerichte. Wenn also ein Steuerpflichtiger der Steuerbehörde der schwereren Straftat verdächtig erscheint, so darf sie sich unter keinen Umständen von vornherein mit dem Verwaltungsstrafverfahren begnügen, sondern muß die Sache an die Staatsanwaltschaft abgeben; nur wenn diese die Sache an die Steuerbehörde zurückgibt mit der Begründung, daß der Verdacht einer Straftat gegen § 34 nicht hinreichend begründet sei, darf das Verwaltungsstrafverfahren zur Anwendung kommen, in welchem aber nur die im § 33 bestimmte Geldstrafe festgesetzt werden kann.

9. **Ist der Steuerpflichtige abwesend (§ 318 der Strafprozeßordnung), so kann gegen ihn nach Maßgabe der §§ 320 bis 326 der Strafprozeßordnung verhandelt werden.** Diese Vorschrift gilt für das gerichtliche Verfahren. Sie war notwendig, weil sonst nach § 319 der Strafprozeßordnung gegen einen Abwesenden eine Hauptverhandlung nur dann stattfinden kann, wenn die den Gegenstand der Untersuchung bildende Tat nur mit Geldstrafe oder Einziehung, allein oder in Verbindung miteinander, bedroht ist. Als „abwesend" gilt ein Beschuldigter, wenn sein Aufenthalt unbekannt

ist oder, wenn er sich im Ausland aufhält und seine Gestellung vor das zuständige Gericht nicht ausführbar oder nicht angemessen erscheint (§ 318 a. a. O.).

10. **Findet die Staatsanwaltschaft in einer an sie abgegebenen Sache, daß der Verdacht nicht hinreichend begründet ist.** Nur in dieser Richtung entscheidet das Ermessen der Staatsanwaltschaft, wogegen das Urteil darüber, ob die Strafverschärfung des § 34 am Platze ist, ausschließlich dem Gerichte zusteht. Hält also die Staatsanwaltschaft den Steuerpflichtigen einer Straftat nach § 34 für hinreichend verdächtig, so muß sie die Anklage auch dann erheben, wenn sie im gegebenen Falle eine Strafverschärfung nicht für angezeigt hält; dieser Auffassung kann sie nur bei ihrem Antrag in der Hauptverhandlung Ausdruck geben.

11. **So kann sie die Sache zur weiteren Erledigung im Verwaltungsstrafverfahren an die Verwaltungsbehörde abgeben;** diese darf den § 34 nicht zur Anwendung bringen. Erfolgt jene Abgabe an die Verwaltungsbehörde nicht, sondern lehnt die Staatsanwaltschaft die Strafverfolgung ohne weiteres ab, weil sie eine strafbare Hinterziehung überhaupt nicht für vorliegend erachtet, auch nicht nach §§ 35 und 40, so darf das Verwaltungsstrafverfahren nicht mehr einsetzen, vielmehr ist die Verwaltungsbehörde dann nur noch befugt, gemäß § 464 der Strafprozeßordnung selbst die Anklage zu erheben.

§ 35[1]).

Die Vorschriften der §§ 78 bis 83 des Besitzsteuergesetzes[2]) finden entsprechende Anwendung[3]).

1. **§ 35;** in der Regierungsvorlage und in den von den Kommissionen angenommenen Entwürfen war es § 40.

2. **Die Vorschriften der §§ 78 bis 83 des Besitzsteuergesetzes.** Diese lauten:

„§ 78. Ist nach den obwaltenden Umständen anzunehmen, daß die unrichtigen oder unvollständigen Angaben, die geeignet sind, eine Verkürzung der Besitzsteuer herbeizuführen, nicht in der Absicht der Steuerhinterziehung gemacht worden sind, so tritt an Stelle der im § 76 vorgesehenen Strafe eine Ordnungsstrafe bis zu fünfhundert Mark.

§ 79. Straffrei bleibt, wer seine unrichtigen oder unvollständigen Angaben, bevor eine Anzeige erstattet oder eine Untersuchung gegen ihn eingeleitet ist, bei der Steuerbehörde berichtigt oder ergänzt und die gefährdete Steuer, soweit sie bereits fällig gewesen ist, entrichtet.

§ 80. Die Einziehung der Besitzsteuer erfolgt unabhängig von der Bestrafung.

§ 81. Wer in der nach § 58 Abs. 2 einzureichenden Nachweisung oder in dem nach § 62 einzureichenden Verzeichnisse wissentlich unrichtige oder unvollständige Angaben macht, die geeignet sind, das Steueraufkommen zu gefährden, wird mit einer Geldstrafe bis zu dreitausend Mark bestraft.

Straffrei bleibt, wer seine unrichtigen oder unvollständigen Angaben, bevor eine Anzeige erstattet oder eine Untersuchung gegen ihn eingeleitet ist, bei der Steuerbehörde berichtigt oder ergänzt.

§ 82. Beamte, Angestellte und ehrenamtliche Mitglieder von Behörden sowie Sachverständige werden, wenn sie die zu ihrer dienstlichen oder amtlichen Kenntnis gelangten Vermögens-, Erwerbs- oder Einkommensverhältnisse eines Steuerpflichtigen, insbesondere auch den Inhalt einer Besitzsteuererklärung oder der über sie gepflogenen Verhandlungen unbefugt offenbaren, mit Geldstrafe bis zu fünfzehnhundert Mark oder mit Gefängnis bis zu drei Monaten bestraft.

Die Strafverfolgung tritt nur ein auf Antrag der obersten Landesfinanzbehörde oder des Steuerpflichtigen, dessen Interesse an der Geheimhaltung verletzt ist.

§ 83. Eine Ordnungsstrafe bis zu einhundertfünfzig Mark tritt ein bei Zuwiderhandlungen gegen die Vorschriften dieses Gesetzes oder die zu seiner Ausführung erlassenen Bestimmungen, die im Gesetze mit keiner besonderen Strafe bedroht sind."

3. **Finden entsprechende Anwendung.**

a) Der Vorschrift des § 78 des Besitzsteuergesetzes entspricht es, daß die Bestrafung nach § 33 dieses Gesetzes nicht eintritt, wenn die wissentlich unrichtigen oder unvollständigen Angaben nicht in der Absicht der Steuerhinterziehung gemacht sind; der Steuerpflichtige verfällt dann nur einer Ordnungsstrafe bis zu fünfhundert Mark.

Für das Merkmal der Wissentlichkeit genügt es, daß dem Steuerpflichtigen die einschlagenden tatsächlichen Verhältnisse bekannt sind. Nach dieser Richtung kommt es, was für die Ordnungsstrafe von Bedeutung ist, auf einen Irrtum des Steuerpflichtigen über den Umfang der Steuerpflicht nicht an. Das Gesetz geht dabei von einer dem Steuerpflichtigen obliegenden Pflicht der Erkundung und der Einholung von Belehrung aus (Entsch. des Reichsg. in Straff. Bd. 46 S. 251). Eine andere Auffassung hat der preußische Finanzminister. Danach soll ausnahmsweise auch ein Rechtsirrtum als entschuldbar angesehen werden, wenn es sich nämlich um zweifelhafte und schwierige Rechtsfragen handelt, deren zutreffende Beurteilung dem Pflichtigen billigerweise nicht angesonnen werden kann. Es liegt dann ein Steuervergehen überhaupt nicht vor (Mitteilungen aus der Verwaltung der direkten Steuern Heft 53 S. 43).

Anders liegt das Rechtsverhältnis bezüglich der Absicht der Steuerhinterziehung. In dieser Hinsicht ist jeder Irrtum des Steuerpflichtigen beachtlich, sei er ein tatsächlicher, sei er ein Rechtsirrtum. Soweit ein solcher Irrtum vorhanden ist, kann daher von einer Absicht der Steuerhinterziehung nicht die Rede sein (Entsch. des Reichsg. in Straff. Bd. 46 S. 251). Siehe auch Anm. 3 zu § 33.

b) Entsprechend der Vorschrift im § 79 des Besitzsteuergesetzes bleibt straffrei, wer seine unrichtigen oder unvollständigen Angaben (§§ 33, 34 und 35 des Kriegssteuergesetzes), bevor eine Anzeige erstattet oder eine Untersuchung gegen ihn eingeleitet ist, bei der Steuerbehörde berichtigt oder ergänzt und die gefährdete Abgabe, soweit sie bereits fällig gewesen ist, entrichtet. Hiernach kann selbst in den schwersten Fällen Straffreiheit eintreten unter zwei Voraussetzungen: die falschen Angaben müssen rechtzeitig berichtigt werden und die daraufhin festgesetzte Nachsteuer muß, soweit sie fällig geworden ist, innerhalb der von der Steuerbehörde gesetzten Frist bezahlt werden. Erfolgt diese Zahlung nicht rechtzeitig, so hat der Steuerpflichtige das Recht auf Straffreiheit verwirkt.

Eine Berichtigung oder Ergänzung früherer Angaben erfordert, daß diese unter Anerkennung ihrer Unrichtigkeit durch andere, nämlich die richtigen oder vollständigen, ersetzt oder erweitert werden. Davon ist nicht die Rede, wenn auf seiten des Steuerpflichtigen nur das „Bestreben" obwaltet, durch die Vorlage seiner Bücher „eine Berichtigung herbeizuführen" (Entsch. d. Reichsg. in Strafs. Bd. 45 S. 393).

Die Erstattung einer Anzeige oder die Einleitung der Untersuchung schließt schon durch ihr Vorhandensein die Steuerfreiheit aus, so daß es ohne Belang ist, ob der Steuerpflichtige hiervon Kenntnis hatte oder nicht (Entsch. d. Reichsg. in Strafs. Bd. 41 S. 404). Die Anzeige oder die Untersuchung muß aber die berichtigte falsche Angabe betreffen, sonst kommt sie nicht in Betracht (Jahrbuch f. Entsch. d. Kammerg. 24 C 32 Nr. 10).

Über die Frage, *wann* die Untersuchung als eingeleitet anzusehen ist, vgl. Mrozek, Handkommentar zum Preußischen Einkommensteuergesetze, § 72 Anm. 6g ff.

c) Entsprechend der Vorschrift im § 80 des Besitzsteuergesetzes erfolgt *die Einziehung der gefährdet gewesenen Abgabe unabhängig von der Bestrafung*. Sie setzt aber immer eine Straftat voraus. Ist eine solche überhaupt nicht begangen, wovon auch im Falle einer Freisprechung auszugehen ist, so kann nur eine Nachveranlagung oder Neuveranlagung gemäß § 25 Abs. 2 des Kriegssteuergesetzes in Verbindung mit § 73 des Besitzsteuergesetzes unter den dort gegebenen Voraussetzungen durch die hierfür zuständigen Organe erfolgen. Im Falle der Einleitung eines Strafverfahrens ist bei Festsetzung der Nachsteuer der vom Strafrichter festgestellte Tatbestand zugrunde zu legen. Es wird sich daher, um Abänderungen der Nachsteuerfestsetzung zu vermeiden, in der Regel empfehlen, jene auszusetzen, bis das Strafverfahren rechtskräftig erledigt ist. Vgl. Art. 92 Nr. 10 der Ausführungsanweisung vom 25. Juli 1906 zum preußischen Einkommensteuergesetze.

Die Einziehung der gefährdeten Abgabe wird auch insofern

unabhängig von der Bestrafung eintreten müssen, als sie auch in Fällen erfolgen muß, in denen eine Bestrafung nicht mehr herbeigeführt werden kann, weil der Zuwiderhandelnde vor Verhängung einer Strafe gestorben ist und mithin nur noch die Nachbesteuerung der Erben in Frage kommt (a. a. O.).

§ 36[1].

Der Bundesrat kann zur Vermeidung besonderer Härten[2]) auf Antrag[3]) eines Steuerpflichtigen einzelne[4]) außerordentliche Vermögensanfälle von der Abgabe befreien oder eine anderweite Berechnung des Vermögenszuwachses oder Mehrgewinns bewilligen[5]).

1. § 36; in der Regierungsvorlage und in den von der Kommission angenommenen Entwürfen war es § 41.

2. **Kann zur Vermeidung besonderer Härten.** Der Bundesrat entscheidet also nach seinem pflichtgemäßen Ermessen.

3. **Auf Antrag eines Steuerpflichtigen.** Die Steuerbehörden dürfen die Entscheidung des Bundesrats im gegebenen Falle nicht von Amts wegen einholen. Der Antrag ist bei der Steuerbehörde zu stellen.

4. **Einzelne.** Hierzu bemerkt der Kommissionsbericht auf S. 90: „Bei § 36 (41) äußerte ein Abgeordneter Bedenken, ob nicht der Härteparagraph durch die Einfügung des Wortes ‚einzelne' eine zu enge Fassung erhalten habe und ob es nicht richtiger sei, dieses Wort zu streichen. Ein anderer Abgeordneter machte darauf aufmerksam, daß, wenn man alles mit dem Härteparagraphen erreichen wolle, was in der Erörterung des Entwurfes auf ihn abgeschoben sei, nicht nur das Wort ‚einzelne' gestrichen werden müsse, sondern die Worte ‚einzelne außerordentliche Vermögensanfälle'. Ein anderer Abgeordneter fragte an, ob man für die Anwendung des Härteparagraphen einen Sachverständigen-Beirat aus den Kreisen der Industrie und der Landwirtschaft heranzuziehen gedenke. Der Staatssekretär des Reichsschatzamts erwiderte darauf, daß gegebenenfalls natürlich auf sachverständige

Gutachten zurückgegriffen werden solle. Er werde auch sein Möglichstes tun, daß die an den Bundesrat gelangenden Gesuche mit tunlichster Beschleunigung erledigt werden.

Nachdem noch von anderer Seite darauf aufmerksam gemacht worden war, es sei keineswegs unbedenklich, die Fassung des Härteparagraphen allzu frei zu gestalten, wurde der § 36 (41) nach der Vorlage vorbehaltlich redaktioneller Änderungen unverändert angenommen."

5. **Einzelne außerordentliche Vermögensanfälle von der Abgabe befreien oder eine anderweite Berechnung des Vermögenszuwachses oder Mehrgewinns bewilligen.** Die hier dem Bundesrat übertragene Zuständigkeit geht inhaltlich über die allgemeine Befugnis des Bundesrats zum Erlasse von Reichsabgaben aus Billigkeitsgründen hinaus (Begründung des Gesetzentwurfes S. 29).

Schlußvorschriften.

§ 37[1].

Die Bundesstaaten erhalten für die Veranlagung und Erhebung der Abgabe eine Entschädigung von $1/2$ vom Hundert ihrer Roheinnahme.

1. § 37; in der Regierungsvorlage und in den von der Kommission angenommenen Entwürfen war es § 42.

§ 38[1].

Die Einnahme aus der Kriegsabgabe ist ausschließlich zur Abminderung der Reichsschuld zu verwenden, soweit sie nicht nach dem Reichshaushaltsetat für das Rechnungsjahr 1916 (Kapitel 17b der Einnahmen des ordentlichen Etats) zum Ausgleiche des Ausfalls bei andern Einnahmekapiteln erforderlich ist.

1. § 38. Dieser Paragraph ist erst bei der zweiten Lesung in der Reichstagskommission als § 42a in den Gesetzentwurf aufgenommen worden.

§ 39[1]).

Im § 20 des Besitzsteuergesetzes werden die Worte „mit der Maßgabe, daß Abweichungen ... zu berücksichtigen sind" gestrichen[2]).

Dem § 20 des Besitzsteuergesetzes wird als Satz 2 hinzugefügt[3]):

„Ist im Wege des aus Billigkeitsrücksichten gewährten gänzlichen oder teilweisen Erlasses des rechtskräftig veranlagten Wehrbeitrags das Vermögen anderweit ermittelt, so ist das anderweit ermittelte Vermögen maßgebend."

Dem § 21 Abs. 1 des Besitzsteuergesetzes wird als Satz 2 hinzugefügt:

„§ 20 Satz 2 gilt entsprechend."

Im § 30 Abs. 2 Satz 2 des Besitzsteuergesetzes wird das Wort „Abnutzung" ersetzt durch „Verschlechterung"[4]).

Im § 77 Abs. 3 des Besitzsteuergesetzes wird hinter Satz 1 folgender Satz eingeschaltet:

„Ist der Steuerpflichtige abwesend (§ 318 der Strafprozeßordnung), so kann gegen ihn nach Maßgabe der §§ 320 bis 326 der Strafprozeßordnung verhandelt werden."

In dem folgenden Satze werden die Worte „dieser Verdacht" ersetzt durch die Worte „der Verdacht".

1. § 39; in der Regierungsvorlage und in den von der Kommission angenommenen Entwürfen war es § 43.

2. **Im § 20 des Besitzsteuergesetzes werden die Worte „mit der Maßgabe, daß Abweichungen ... zu berücksichtigen sind" gestrichen.** Jene Worte sind im § 20 des Besitzsteuergesetzes eingefügt worden, weil nicht zu übersehen war, ob nicht schließlich bei der endgültigen Fassung des Wehrbeitraggesetzes und des Besitzsteuergesetzes doch noch Abweichungen bestehen bleiben würden, so

daß das nach dem Wehrbeitraggesetze festgestellte Vermögen unter Umständen nicht als Wert des steuerbaren Vermögens am 1. Januar 1914 für die spätere Besitzsteuerveranlagung hätte gelten können. Solche erhebliche Unstimmigkeiten zwischen den Vorschriften des Wehrbeitraggesetzes und des Besitzsteuergesetzes bestehen aber nicht, insbesondere ist hinsichtlich der Bewertungsvorschriften für Grundstücke der Ausgleich durch den § 33 des Besitzsteuergesetzes getroffen. Nachdem in dieser Beziehung Zweifel entstanden sind (zu vergleichen Amtliche Mitteilungen über die Zuwachssteuer usw. 1914 S. 17), empfiehlt sich die Streichung dieser Worte (Begründung des Gesetzentwurfes S. 28).

3. **Dem § 20 des Besitzsteuergesetzes wird als Satz 2 hinzugefügt.** Anläßlich der Behandlung von Gesuchen um Erlaß oder Ermäßigung eines rechtskräftig veranlagten Wehrbeitrags aus Billigkeitsgründen sind Zweifel entstanden, ob trotz des Erlasses oder der Ermäßigung des Wehrbeitrags das rechtskräftig festgestellte Vermögen der späteren Besitzsteuerveranlagung zugrunde zu legen sei und nicht das nachträglich ermittelte Vermögen, dessen Stand für den Erlaß oder die Ermäßigung des Wehrbeitrags maßgebend war. Durch § 39 Abs. 2 und 3 des Gesetzes soll eine sichere Rechtsgrundlage geschaffen werden, ohne die der Gewährung eines Erlasses oder einer Ermäßigung des rechtskräftig veranlagten Wehrbeitrags oder später der rechtskräftig veranlagten Besitzsteuer erhebliche grundsätzliche Bedenken entgegenstünden (Begründung des Gesetzentwurfes S. 29).

4. **In § 30 Abs. 2 Satz 3 des Besitzsteuergesetzes wird das Wort „Abnutzung" ersetzt durch „Verschlechterung".** Siehe hierüber Anm. 7 zu § 6.

§ 40[1]).

Die Ausführungsbestimmungen zu diesem Gesetz erläßt der Bundesrat.

1. **§ 40;** in der Regierungsvorlage und in den von der Kommission angenommenen Entwürfen war es § 44.

B. Texte.

I. Gesetz über vorbereitende Maßnahmen zur Besteuerung der Kriegsgewinne.

Vom 24. Dezember 1915.
(RGBl. S. 837 ff.)

Wir Wilhelm, von Gottes Gnaden Deutscher Kaiser, König von Preußen usw. verordnen im Namen des Reichs, nach erfolgter Zustimmung des Bundesrats und des Reichstags, was folgt:

§ 1. Aktiengesellschaften, Kommanditgesellschaften auf Aktien, Berggewerkschaften und andere Bergbau treibende Vereinigungen, letztere, sofern sie die Rechte juristischer Personen haben, Gesellschaften mit beschränkter Haftung und eingetragene Genossenschaften, die im Deutschen Reiche ihren Sitz haben, sind verpflichtet, fünfzig vom Hundert des in einem Kriegsgeschäftsjahr erzielten Mehrgewinns (§ 4) in eine zu bildende Sonderrücklage einzustellen.

Ist der Gewinn aus einem beim Inkrafttreten dieses Gesetzes abgelaufenen Kriegsgeschäftsjahre bereits verteilt, so sind etwaige freiwillige Rückstellungen dieses Jahres bis zum Betrage von fünfzig vom Hundert des Mehrgewinns der Sonderrücklage zuzuführen. Sind freiwillige Rückstellungen nicht gemacht worden oder erreichen sie diese Höhe nicht, so ist ein Betrag von fünfzig vom Hundert des Mehrgewinns oder der noch fehlende Betrag aus dem Mehrgewinne der nächsten Kriegsgeschäftsjahre jedesmal vorweg zu entnehmen und der Sonderrücklage zuzuführen. Außerdem ist daneben die Hälfte des restlichen Mehrgewinns in die Sonderrücklage einzustellen. Rücklagen für Wohlfahrtszwecke sind nicht als freiwillige Rückstellungen im Sinne dieser Vorschrift anzusehen.

Im Falle des Abs. 2 dürfen Gewinnbeträge, die zu ausschließlich gemeinnützigen Zwecken bestimmt worden sind und deren dauernde Verwendung zu solchen Zwecken gesichert ist, von dem Geschäftsgewinne des beim Inkrafttreten dieses Gesetzes abgelaufenen Kriegsgeschäftsjahrs abgesetzt werden.

§ 2. Als Kriegsgeschäftsjahre im Sinne dieses Gesetzes gelten die drei aufeinanderfolgenden Geschäftsjahre, deren erstes noch den Monat August 1914 mitumfaßt oder bei einer später gegründeten Gesellschaft mitumfassen würde, wenn sie damals schon bestanden hätte.

§ 3. Geschäftsgewinn im Sinne dieses Gesetzes ist der in einem Geschäftsjahr erzielte, nach den gesetzlichen Vorschriften und den Grundsätzen ordnungsmäßiger kaufmännischer Buchführung berechnete Bilanzgewinn. Abschreibungen sind insoweit zu berücksichtigen, als sie einen angemessenen Ausgleich der Wertverminderung darstellen.

§ 4. Als Mehrgewinn im Sinne dieses Gesetzes gilt der Unterschied zwischen dem durchschnittlichen früheren Geschäftsgewinn (§ 5) und dem jeweils in einem Kriegsgeschäftsjahr erzielten Geschäftsgewinne.

Die Unterschiedsbeträge werden auf volle Tausende nach unten abgerundet. Beträge unter fünftausend Mark bleiben außer Betracht.

§ 5. Der durchschnittliche frühere Geschäftsgewinn (§ 4) ist nach den Ergebnissen der fünf den Kriegsgeschäftsjahren vorangegangenen Geschäftsjahre oder, wenn eine Gesellschaft noch nicht so lange besteht, nach den Ergebnissen der kürzeren Zeit, für welche Jahresabschlüsse vorliegen, zu berechnen. Besteht eine Gesellschaft schon fünf Jahre, so haben für die Berechnung des Durchschnittsgewinns die beiden Geschäftsjahre mit den besten und den schlechtesten Geschäftsergebnissen auszuscheiden.

Hat innerhalb der fünf den Kriegsgeschäftsjahren vorangegangenen Geschäftsjahre eine Vermehrung des eingezahlten Grund- oder Stammkapitals stattgefunden, so wird dem Geschäftsgewinne für die vor der Vermehrung liegende Zeit ein Betrag von fünf vom Hundert jährlich des der Gesellschaft durch die Neueinzahlungen tatsächlich zugeflossenen Kapitalbetrags zugerechnet.

Als früherer Durchschnittsgewinn wird mindestens ein Betrag von fünf vom Hundert des eingezahlten Grund- oder Stammkapitals angenommen zuzüglich des Mehrbetrags, der zur Verteilung einer etwaigen höheren festen Vorzugsdividende für bevorrechtigte Aktien notwendig gewesen wäre. Das Grundkapital einer Berggewerkschaft oder einer Bergbau treibenden Vereinigung ist aus dem Erwerbspreis und den Anlage- und Erweiterungskosten abzüglich des durch Schuldaufnahme gedeckten Aufwandes hierfür zu berechnen. An Stelle des Grundkapitals tritt bei eingetragenen Genossenschaften die Summe der eingezahlten Geschäftsanteile der Genossen.

Der im Abs. 3 vorgesehene Betrag wird als Mindestbetrag auch zugrunde gelegt, wenn ein volles Geschäftsjahr vor den Kriegsgeschäftsjahren nicht vorliegt. In diesem Falle werden jedoch für Aktien oder Anteile, die zu einem den Nennwert übersteigenden Preise ausgegeben worden sind, die fünf Hundertstel von dem Kapitale berechnet, das der Gesellschaft als Einzahlung auf ihre Aktien oder Anteile tatsächlich zugeflossen ist.

Hat sich das eingezahlte Grund- oder Stammkapital einer Gesellschaft während der Kriegsgeschäftsjahre vermehrt, so ist für die Zeit nach der Vermehrung dem durchschnittlichen früheren Geschäftsgewinn ein Betrag von fünf vom Hundert jährlich des der Gesellschaft durch die Neueinzahlungen tatsächlich zugeflossenen Kapitalbetrags hinzuzurechnen.

§ 6. Gesellschaften der im § 1 bezeichneten Art, die ihren Sitz im Ausland haben, aber im Inland einen Geschäftsbetrieb unterhalten, sind gleichfalls zur Bildung einer Sonderrücklage verpflichtet. Die Pflicht beschränkt sich auf den Mehrgewinn, der auf den inländischen Geschäftsbetrieb entfällt. Die Grundsätze, die bei einer bundesstaatlichen Einkommensteuerveranlagung für die Ausscheidung des auf den inländischen Geschäftsbetrieb entfallenden Teiles des steuerbaren Gesamteinkommens maßgebend waren, sind auch bei der Berechnung des auf den inländischen Betrieb entfallenden Teiles des Mehrgewinns anzuwenden. Wo eine Einkommensteuer nicht eingeführt ist, hat die Landesregierung entsprechende Vorschriften zu erlassen.

Die Ausführung der durch dieses Gesetz begründeten Verpflichtungen liegt den Vorstehern der inländischen Niederlassungen ob.

§ 7. Von der Verpflichtung zur Bildung einer Sonderrücklage befreit sind inländische Gesellschaften, die nach der Entscheidung des Bundesrats ausschließlich gemeinnützigen Zwecken dienen.

§ 8. Die Sonderrücklage ist der freien Verfügung der Gesellschaften entzogen, getrennt von dem sonstigen Vermögen zu verwalten und in Schuldverschreibungen des Deutschen Reichs oder eines Bundesstaats anzulegen. Die Verwahrung und Verwaltung erfolgt, auch bei ausländischen Gesellschaften, im Inland.

Der Reichskanzler kann Ausnahmen von den Vorschriften des Abs. 1 bewilligen.

Die Zinsen der Sonderrücklage fließen den sonstigen Einnahmen zu.

Bleibt der Geschäftsgewinn eines Kriegsgeschäftsjahrs hinter dem durchschnittlichen früheren Geschäftsgewinne (§ 5) zurück, so ist die Gesellschaft berechtigt, aus der Sonderrücklage den Betrag zu entnehmen, um den etwa die Sonderrücklage die Hälfte des im Gesamtergebnisse der abgelaufenen Kriegsgeschäftsjahre erzielten Mehrgewinns übersteigt.

Die Sonderrücklage ist auch im Falle der Auflösung einer Gesellschaft der freien Verfügung der Liquidatoren so lange entzogen, als nicht durch das künftige Gesetz über die Besteuerung der Kriegsgewinne über ihre Verwendung Bestimmung getroffen ist.

§ 9. Die Mitglieder des Vorstandes, persönlich haftenden Gesellschafter, Repräsentanten, Geschäftsführer oder Liquidatoren der pflichtigen Gesellschaften (§ 1), bei ausländischen Gesellschaften die Vorsteher der inländischen Niederlassungen (§ 6), die den Vorschriften dieses Gesetzes über die Bildung oder Verwaltung der Sonderrücklage vorsätzlich oder fahrlässig zuwiderhandeln und dadurch die Erhebung der Kriegsgewinnsteuer gefährden, werden mit Geldstrafe bis zu dreißigtausend Mark bestraft.

Sie haften für den Schaden, der durch ihr Verschulden dem Fiskus aus der Nichterfüllung der durch dieses Gesetz begründeten Verpflichtungen erwächst; sind für den Schaden mehrere verantwortlich, so haften sie als Gesamtschuldner.

§ 10. Der Bundesrat ist ermächtigt, die Vorschriften dieses Gesetzes auf andere als die im § 1 bezeichneten juristischen Personen auszudehnen.

Er ist ferner befugt, Ausführungsbestimmungen zu erlassen und Zuwiderhandlungen mit Geldstrafe bis zu eintausendfünfhundert Mark zu bedrohen.

§ 11. Dieses Gesetz tritt am Tage seiner Verkündung in Kraft.

Urkundlich unter Unserer Höchsteigenhändigen Unterschrift und beigedrucktem Kaiserlichen Insiegel.

Gegeben Großes Hauptquartier, den 24. Dezember 1915.

Wilhelm

(L. S.) von Bethmann Hollweg.

II. Ausführungsbestimmungen des Bundesrats zum Gesetz über vorbereitende Maßnahmen zur Besteuerung der Kriegsgewinne vom 24. Dezember 1915.

Vom 27. Januar 1916.

(Zentralblatt für das Deutsche Reich S. 27.)

§ 1. Soweit andere juristische Personen des bürgerlichen Rechtes als die im § 1 des Gesetzes bezeichneten eine auf Erwerb gerichtete Tätigkeit ausüben, bestimmt der Bundesrat, ob und in welchem Umfang die Vorschriften des Gesetzes auf sie auszudehnen sind.

Die obersten Landesfinanzbehörden teilen dem Reichskanzler mit, für welche juristische Personen in ihrem Verwaltungsbereiche die Ausdehnung der Vorschriften des Gesetzes in Betracht kommt.

§ 2. Die in §§ 1 und 6 des Gesetzes bezeichneten Gesellschaften sowie die durch den Bundesrat ihnen gleichgestellten juristischen Personen haben die Geschäftsberichte und Jahresabschlüsse nebst den Gewinn- und Verlustrechnungen der Friedensgeschäftsjahre (§ 5 des Gesetzes) und der Kriegsgeschäftsjahre (§ 2 des Gesetzes) sowie die darauf bezüglichen Beschlüsse der Generalversammlungen der von der obersten Landesfinanzbehörde bestimmten Behörde zu einem von ihr festzusetzenden Zeitpunkt einzureichen. Inländische Gesellschaften haben die Geschäftsberichte usw. in dem Bundesstaat einzureichen, in dem sie ihren Sitz haben. Ausländische Gesellschaften haben die Einreichung in dem Bundesstaate zu bewirken, auf den der größte Teil ihres inländischen Geschäftsbetriebs entfällt. In Zweifelsfällen entscheidet der Bundesrat. Die Bildung der gesetzlichen Sonderrücklage ist, soweit sie nicht ohne weiteres aus den eingereichten Bilanzen oder Jahresabschlüssen ersichtlich ist, der zuständigen Behörde unter Beifügung einer Berechnung des Mehrgewinns (§ 4 des Gesetzes) nachzuweisen.

Die verantwortlichen Leiter der Gesellschaften (§ 9 des Gesetzes) können zur Erfüllung der ihnen nach Abs. 1 obliegenden Verpflichtungen durch Geldstrafen bis zu fünfhundert Mark angehalten werden. Die zuständige Behörde wird durch die oberste Landesfinanzbehörde bestimmt.

§ 3. Bei der erstmaligen Einreichung der Jahresabschlüsse ist ersichtlich zu machen, um welche Beträge der Mehrgewinn eines Kriegsgeschäftsjahrs auf Grund des § 1 Abs. 3 des Gesetzes gekürzt worden ist. Dabei ist anzugeben, zu welchen ausschließlich gemeinnützigen Zwecken die Beträge, deren Absetzung vom Geschäftsgewinne beansprucht wird, bestimmt worden sind und in welcher Weise ihre dauernde Verwendung zu ausschließlich gemeinnützigen Zwecken gesichert ist. Sind solche Beträge im Eigentume der Gesellschaft verblieben, so ist die Absetzung vom Geschäftsgewinne gemäß § 1 Abs. 3 des Gesetzes nur zulässig, wenn besondere Vorkehrungen und Einrichtungen getroffen sind, welche die Verwendung zu anderen als ausschließlich gemeinnützigen Zwecken und insbesondere die Wiederverwendung im Interesse der Gesellschaft selbst als ausgeschlossen erscheinen lassen.

Die Kürzung des für die Bildung der Sonderrücklage zu berechnenden Mehrgewinns gemäß § 1 Abs. 3 des Gesetzes ist nur für ein Kriegsgeschäftsjahr zulässig, über dessen Geschäftsgewinn beim Inkrafttreten des Gesetzes bereits verfügt ist.

§ 4. Die im Eigentume der Gesellschaft verbliebenen Rücklagen für Wohlfahrtszwecke im Sinne des § 1 Abs. 2 Satz 4 des Gesetzes dürfen vom Geschäftsgewinne des betreffenden Geschäftsjahrs nur abgesetzt werden, wenn sie zugleich die Voraussetzungen des § 1 Abs. 3 des Gesetzes erfüllen. Auch soweit diese Rücklagen nicht vom Geschäftsgewinn abgesetzt werden dürfen, sind die Gesellschaftsleiter nicht verpflichtet, sie gleich den anderen freiwilligen Rückstellungen (§ 1 Abs. 2 Satz 1 des Gesetzes) der Sonderrücklage zuzuführen.

§ 5. Die Vorschriften im § 1 Abs. 2 Satz 4 und § 1 Abs. 3 des Gesetzes beziehen sich nur auf Rückstellungen und Zuwendungen, die aus dem Bilanzgewinne gemacht worden sind, dagegen nicht auf die als Geschäftsunkosten anzusehenden Zuwendungen an die zu militärischen Dienstleistungen einberufenen Arbeiter und Angestellten oder deren Angehörige und die sonstigen, während des Geschäftsjahrs gemachten laufenden Wohlfahrtsausgaben.

§ 6. Die Vorschriften des § 3 Satz 1 und Satz 2 des Gesetzes gelten für die Feststellung des Geschäftsgewinns der Kriegsgeschäftsjahre und der Friedensgeschäftsjahre.

§ 7. Bei Gesellschaften mit beschränkter Haftung und eingetragenen Genossenschaften, die ausschließlich der gemeinschaftlichen Verwertung von Erzeugnissen der Gesellschafter oder Genossen oder dem gemeinschaftlichen Einkaufe von Waren für die Gesellschafter oder Genossen dienen, gilt als Geschäftsgewinn im Sinne des Gesetzes nicht derjenige Teil des Reingewinns, der als Entgelt für die von den Gesellschaftern oder Genossen eingelieferten Erzeugnisse oder als Rückvergütung auf den Kaufpreis der von den Gesellschaftern oder Genossen bezogenen Waren anzusehen ist.

Ebenso scheidet bei Versicherungsgesellschaften für die Feststellung des Geschäftsgewinns im Sinne des Gesetzes derjenige Teil des Reingewinns aus, der auf die den Versicherten selbst als sogenannte Dividende zurückzugewährenden Prämienüberschüsse entfällt.

§ 8. Die Vorschrift im § 3 Satz 2 des Gesetzes gilt nicht nur für die Abschreibungen, die durch unmittelbare Einstellung des wirklichen zeitigen Wertes in die Bilanz erfolgen, sondern auch für die Abschreibungen, die durch Ansetzung des ursprünglichen Wertes unter bilanzmäßiger Gegenüberstellung eines besonderen, die Wertverminderung darstellenden Kontos (Erneuerungs-, Delkrederekonto) erfolgen.

Inwieweit Abschreibungen einen angemessenen Ausgleich der Wertverminderung darstellen, ist unter Berücksichtigung der besonderen Verhältnisse des einzelnen Unternehmens, insbesondere auch unter Berücksichtigung der durch den Krieg und durch die spätere Überführung in die Friedenswirtschaft bedingten Veränderungen nach den Grundsätzen eines ordentlichen Kaufmanns zu beurteilen.

§ 9. Ist zur Fortführung desselben Unternehmens eine Gesellschaft der im § 1 des Gesetzes bezeichneten Art in eine andere Gesellschaft der im § 1 des Gesetzes bezeichneten Art umgewandelt worden, so sind für die Festsetzung des durchschnittlichen früheren Geschäftsgewinns (§ 5 des Gesetzes) die Ergebnisse der Gesellschaft in der früheren Form mitzuberücksichtigen.

Auf Fusionen finden, soweit sie mit einer Kapitalsvermehrung der aufnehmenden Gesellschaft verbunden sind, die Vorschriften des § 5 Abs. 2 und 5 des Gesetzes über Vermehrungen des Grund- oder Stammkapitals entsprechende Anwendung. Bei der Feststellung des der Gesellschaft tatsächlich zugeflossenen Kapitalbetrags sind Sacheinlagen mit ihrem gemeinen Werte anzusetzen.

Würde die Anwendung der Vorschriften des § 5 des Gesetzes in einem einzelnen Falle zu einer besonderen Härte führen, so kann der Reichskanzler vorbehaltlich der späteren Beschlußfassung des Bundesrats eine anderweite Festsetzung des durchschnittlichen früheren Geschäftsgewinns auf Antrag der pflichtigen Gesellschaft vorläufig genehmigen. Derartige Anträge sind dem Reichskanzler durch Vermittlung der obersten Landesfinanzbehörde vorzulegen.

§ 10. Gemäß § 8 Abs. 4 des Gesetzes dürfen Mindergewinne von Kriegsgeschäftsjahren mit Mehrgewinnen anderer Kriegsgeschäftsjahre ausgeglichen werden; die Sonderrücklage braucht nicht mehr als die Hälfte des Mehrgewinns auszumachen, der dem Gesamtergebnis aller abgeschlossenen Kriegsgeschäftsjahre entspricht.

§ 11. Wird die Befreiung von der Verpflichtung zur Bildung einer Sonderrücklage auf Grund des § 7 des Gesetzes beansprucht, so ist der Antrag mit einer gutachtlichen Äußerung der gemäß § 2 der Ausführungsbestimmungen bestimmten Behörde durch Vermittlung der obersten Landesfinanzbehörde dem Bundesrate vorzulegen.

Anträge auf Bewilligung von Ausnahmen auf Grund des § 8 Abs. 2 des Gesetzes sind dem Reichskanzler durch Vermittlung der obersten Landesfinanzbehörde vorzulegen.

III. Preußische Ausführungsvorschriften vom 11. Februar 1916 zum Gesetz über vorbereitende Maßnahmen zur Besteuerung der Kriegsgewinne.

(Sonderdruck, herausgegeben im Finanzministerium.)

Inländische Gesellschaften.

Art. 1. Aktiengesellschaften, Kommanditgesellschaften auf Aktien, Berggewerkschaften und andere Bergbau treibende Vereinigungen, letztere, falls sie die Rechte juristischer Personen haben, Gesellschaften mit beschränkter Haftung und eingetragene Genossenschaften sind, sofern sie im Deutschen Reiche ihren Sitz haben, verpflichtet, dem Vorsitzenden der Einkommensteuer-Veranlagungskommission desjenigen Bezirkes, in dem sie ihren Sitz haben, bis zum 1. Juni 1916

1. die Geschäftsberichte und Jahresabschlüsse nebst den Gewinn- und Verlustrechnungen der Friedensgeschäftsjahre und der Kriegsgeschäftsjahre, sowie die darauf bezüglichen Beschlüsse der Generalversammlungen und
2. eine Berechnung ihres Mehrgewinns einzureichen und

3. die Bildung der gesetzlichen Sonderrücklage, soweit sie nicht ohne weiteres aus den eingereichten Bilanzen oder Jahresabschlüssen ersichtlich ist, nachzuweisen (§ 2 Bund-A.).

Eine Berechnung des Mehrgewinns ist in allen Fällen einzureichen, also auch dann, wenn die Höhe der Sonderrücklage ohne weiteres aus der Bilanz hervorgeht.

Für diejenigen Kriegsgeschäftsjahre, für welche bis zu dem oben festgesetzten Termin Abschlüsse noch nicht vorliegen, sind die vorstehenden Verpflichtungen spätestens 4 Wochen nach Feststellung des Abschlusses zu erfüllen.

Die Einreichung von Geschäftsberichten und Generalversammlungsbeschlüssen ist nur zu fordern, soweit deren Aufstellung gesetzlich vorgeschrieben ist.

Die Vorsitzenden der Veranlagungskommissionen können eine Verlängerung der Fristen bewilligen.

Von der Einreichung der Geschäftsberichte usw. kann abgesehen werden, wenn solche schon behufs Veranlagung zur Einkommensteuer eingereicht sind.

Ausländische Gesellschaften.

Art. 2. Gleiche Verpflichtungen (Artikel 1) liegen den ausländischen Gesellschaften ob, die Geschäftsbetriebe im Inland unterhalten. Sie haben die Einreichung in demjenigen Bundesstaate zu bewirken, auf den der größte Teil ihres inländischen Gewerbebetriebs entfällt. Ergeben sich in einem Einzelfalle Zweifel, welcher Bundesstaat hiernach in Betracht kommt, so ist behufs Einholung einer Entscheidung des Bundesrats durch Vermittlung des Vorsitzenden der Berufungskommission an den Finanzminister zu berichten (§ 6 des Gesetzes, § 2 Bund-A.).

Als Ausland gelten auch die deutschen Schutzgebiete.

Sonstige juristische Personen.

Art. 3. Nach § 10 des Gesetzes ist der Bundesrat ermächtigt, die Vorschriften des Gesetzes auf andere juristische Personen des bürgerlichen Rechtes als die im § 1 des Gesetzes bezeichneten auszudehnen. Bis zum 1. Juni 1916 hat der Vorsitzende der Berufungskommission dem Finanzminister zu berichten, ob und welche juristische Personen seines Bezirkes hierfür in Betracht kommen.

In Frage kommen nur juristische Personen des bürgerlichen Rechtes, die eine auf Erwerb gerichtete Tätigkeit ausüben, dagegen nicht juristische Personen des öffentlichen Rechtes.

Befreiungen.

Art. 4. Gemäß § 7 des Gesetzes sind inländische Gesellschaften, die nach der Entscheidung des Bundesrats ausschließlich gemeinnützigen Zwecken dienen, von der Verpflichtung zur Bildung einer Sonderrücklage befreit. Darauf gerichtete Anträge sind mit gutachtlichen Äußerungen des Vorsitzenden der Veranlagungskommission und des Vorsitzenden der Berufungskommission dem Finanzminister zur Herbeiführung der Entscheidung des Bundesrats einzeln vorzulegen. Die Vorlage hat zu unterbleiben, wenn sich ohne weiteres übersehen läßt, daß ein Mehrgewinn im Sinne des Gesetzes nicht vorliegt.

Listenführung, öffentliche Aufforderung.

Art. 5. Der Vorsitzende der Veranlagungskommission fertigt alsbald ein Verzeichnis aller in seinem Bezirke vorhandenen nichtphysischen Personen an, welche den Vorschriften des Gesetzes unterliegen. Das Verzeichnis hat besondere Spalten für die Firma,

den Ort des Gewerbebetriebs und den Sitz der Gesellschaft,

den Tag des Einganges der Abschlüsse usw.

zu enthalten, sowie eine weitere Spalte, in der stattgehabte Erörterungen, festgesetzte Strafen, Angaben, ob die Gesellschaft als gemeinnützige anerkannt ist, und andere notwendige Vermerke aufzunehmen sind.

Der Vorsitzende übersendet jeder dieser Gesellschaften durch die Post — als Drucksache — einen Abdruck der vom Finanzminister im Reichs- und Staatsanzeiger veröffentlichten Bekanntmachung vom 11. Februar 1916.

Wegen der Aufforderung der im Artikel 3 bezeichneten Personen ergeht besondere Bestimmung.

Wiederholte Aufforderung zur Einreichung der Abschlüsse unter Strafandrohung.

Art. 6. Bleibt eine Gesellschaft mit der Einreichung der Abschlüsse usw. im Verzuge, so hat der Vorsitzende der Veranlagungskommission den verantwortlichen Leiter der Gesellschaft unter Androhung einer angemessenen Geldstrafe (§ 2 Abs. 2 Bund-A.) aufzufordern, binnen einer Frist von 14 Tagen seinen Verpflichtungen zu genügen. Bleibt diese Aufforderung fruchtlos, so ist die Strafe festzusetzen und die Aufforderung mit erneuter Strafandrohung zu wiederholen.

Verwaltungsstrafverfahren.

Art. 7. Die Geldstrafen des Artikels 6 sind Zwangsstrafen, die so lange zu wiederholen sind, bis der Betroffene seinen Verpflichtungen nachkommt. Ausgesprochene Strafen können ganz oder teilweise zurückgenommen werden. Die Ausfertigungen dieser Straffestsetzungsverfügungen unterliegen nicht der Stempelpflicht.

Die Androhung und Festsetzung der Geldstrafen erfolgen durch die Vorsitzenden der Einkommen-Veranlagungskommissionen. Gegen deren Entscheidungen steht den Betroffenen innerhalb 14 Tagen die Beschwerde an die Vorsitzenden der Einkommensteuer-Berufungskommissionen offen. Gegen die Entscheidungen der Vorsitzenden der Berufungskommissionen ist innerhalb 14 Tagen die Beschwerde an den Finanzminister zulässig.

Die Erhebung, Kontrolle und Verrechnung der Strafen und Kosten hat nach Anleitung der Anweisung vom 16. März 1895 und der Verfügung vom 2. April 1904 — II. 59 — (bei Tit. 8 des Etats von der Verwaltung der direkten Steuern) zu erfolgen.

Prüfung der Abschlüsse.

Art. 8. Der Vorsitzende der Veranlagungskommission unterzieht die Abschlüsse (Bilanzen usw.) einer eingehenden Prüfung dahin, ob der Geschäftsgewinn nach den gesetzlichen Vorschriften und den Grundsätzen ordnungsmäßiger kaufmännischer Buchführung (§ 3 des Gesetzes) ermittelt worden und die Bildung der Sonderrücklage den Vorschriften des Gesetzes entsprechend erfolgt ist.

Unter den gesetzlichen Vorschriften im Sinne des § 3 des Gesetzes sind nicht steuerrechtliche Vorschriften, sondern die bürgerlich-rechtlichen (handelsrechtlichen) Vorschriften zu verstehen.

Insbesondere bedarf es der Prüfung, ob die gemachten Abschreibungen lediglich einen angemessenen Ausgleich für eingetretene Wertverminderungen darstellen oder nicht darüber hinaus als Rücklagen anzusehen sind, die dem Geschäftsgewinne zuzusetzen sind. Soweit stille Rücklagen aus früheren Jahren in einem Kriegsgeschäftsjahre realisiert werden, bilden sie Gewinne dieses Kriegsgeschäftsjahrs.

Fehlende Unterlagen sind von der Gesellschaft einzufordern, auftauchende Bedenken durch Verhandlung mit dem Leiter der Gesellschaft aufzuklären.

Strafen gegen Zuwiderhandlungen.

Stellt sich heraus, daß eine Gesellschaft den Vorschriften des Gesetzes über die Bildung oder Verwaltung der Sonderrücklage vorsätzlich oder fahrlässig zuwidergehandelt und dadurch die Erhebung der Kriegsgewinnsteuer gefährdet hat, so sind die entstandenen Verhandlungen — durch Vermittlung des Vorsitzenden der Berufungskommission — an die Staatsanwaltschaft zur Einleitung des Strafverfahrens abzugeben (§ 9 des Gesetzes).

Überwachung des Verfahrens.

Art. 9. Der Vorsitzende der Berufungskommission hat die ihm obliegende Überwachung der Amtstätigkeit der Vorsitzenden der Einkommensteuer-Veranlagungskommissionen auf dem Gebiete der Staatssteuerveranlagung auch auf die Ausführung des vorliegenden Gesetzes zu erstrecken.

Er ist befugt, die dem Vorsitzenden der Veranlagungskommission in diesen Vorschriften zugewiesenen Obliegenheiten für einzelne Bezirke oder einzelne Gesellschaften ganz oder teilweise selbst zu übernehmen.

Verrechnung der Kosten.

Art. 10. Die Kosten für die Beschaffung der Formulare sind bei Tit. 19 (Abschnitt Nr. 3) des Etats von der Verwaltung der direkten Steuern, sonstige Kosten bei Tit. 26 (Abschnitt Nr. 6) ebenda zu verrechnen.

Berlin, den 11. Februar 1916.

Der Finanzminister: Lentze.

IV. Kriegssteuergesetz.

Vom 21. Juni 1916.
(RGBl. S. 561.)

Wir Wilhelm, von Gottes Gnaden Deutscher Kaiser, König von Preußen usw. verordnen im Namen des Reichs, nach erfolgter Zustimmung des Bundesrats und des Reichstags, was folgt:

Steuerpflicht der Einzelpersonen.

§ 1. Die im § 11 des Besitzsteuergesetzes vom 3. Juli 1913 (Reichs-Gesetzbl. S. 524) bezeichneten Personen, deren Vermögen am 31. Dezember 1916 gegen den Stand zu Beginn des Veranlagungszeitraums einen Zuwachs (§ 2) oder keine Verminderung um mindestens zehn vom Hundert erfahren hat, haben zugunsten des Reichs eine außerordentliche Kriegsabgabe zu entrichten.

§ 2. Abgabepflichtiger Vermögenszuwachs im Sinne dieses Gesetzes ist vorbehaltlich der in den §§ 3 bis 7 dieses Gesetzes vorgesehenen Abweichungen der nach den Vorschriften des Besitzsteuergesetzes festgestellte Vermögenszuwachs.

§ 3. Von dem nach den Vorschriften des Besitzsteuergesetzes für den 31. Dezember 1916 festgestellten Vermögen sind abzuziehen:

1. der Betrag des Vermögens, das nachweislich im Veranlagungszeitraume durch Erbanfall, durch Lehen-, Fideikommiß- oder Stammgutanfall, infolge Vermächtnisses oder auf andere Weise aus dem Nachlaß eines Verstorbenen von

Todes wegen erworben ist. Als Erwerb aus dem Nachlaß gilt auch die Abfindung für die Ausschlagung einer Erbschaft oder eines Vermächtnisses;

2. der Betrag einer nachweislich im Veranlagungszeitraum erfolgten Kapitalauszahlung aus einer Versicherung nach Absetzung des bei der Wehrbeitragsveranlagung festgestellten oder des auf den Anfang des Veranlagungszeitraums festzustellenden Kapitalwerts der betreffenden Versicherung;

3. der Betrag des Vermögens, das nachweislich im Veranlagungszeitraume durch Schenkung oder durch eine sonstige ohne entsprechende Gegenleistung erhaltene Zuwendung (Vermögensübergabe) erworben ist, soweit es sich um Zuwendungen im Einzelbetrage von wenigstens eintausend Mark handelt und nicht ein gesetzlicher Anspruch auf die Zuwendung bestand;

4. Vermögensbeträge, die nachweislich aus der Veräußerung ausländischen Grund- und Betriebsvermögens oder sonstiger Gegenstände herrühren, die zu Beginn des Veranlagungszeitraums zum nichtsteuerbaren Vermögen des Steuerpflichtigen gehört haben. Das gleiche gilt für solche zum ausländischen Grund- oder Betriebsvermögen gehörige Gegenstände, die während des Veranlagungszeitraums ins Inland verbracht worden sind.

Der Abzug nach Abs. 1 Nr. 1 ist für den entsprechenden Anteil an dem Betrage des Nachlaßvermögens ausgeschlossen, der abgabepflichtiger Vermögenszuwachs des Erblassers gewesen wäre, wenn der Erblasser auf den Zeitpunkt seines Todes zu der Abgabe zu veranlagen gewesen sein würde.

§ 4. Dem nach den Vorschriften des Besitzsteuergesetzes für den 31. Dezember 1916 festgestellten Vermögen sind hinzuzurechnen die Beträge, die der Steuerpflichtige im Veranlagungszeitraume zu Schenkungen oder sonstigen Vermögensübergaben (§ 3 Nr. 3) verwendet hat. Von der Hinzurechnung ausgenommen sind fortlaufende Zuwendungen zum Zwecke des standesgemäßen Unterhalts oder der Ausbildung des Bedachten, Zuwendungen, die auf Grund eines gesetzlichen Anspruchs des Bedachten gemacht worden sind, Pensionen und ähnliche Zuwendungen, die ohne rechtliche Verpflichtung früheren Angestellten und Bediensteten gewährt werden, übliche Gelegenheitsgeschenke, Zuwendungen zu kirchlichen, mildtätigen oder gemeinnützigen Zwecken und, sofern nicht die Absicht der Abgabeersparung anzunehmen ist, Zuwendungen im Werte von nicht mehr als eintausend Mark.

Der Bedachte haftet für den Abgabebetrag, der auf den ihm zugeflossenen Teil des abgabepflichtigen Vermögenszuwachses verhältnismäßig entfällt. Der Steuerpflichtige kann von dem Bedachten Ersatz dieses Abgabebetrags verlangen.

§ 5. Dem nach den Vorschriften des Besitzsteuergesetzes für den 31. Dezember 1916 festgestellten Vermögen sind ferner hinzuzurechnen Beträge, die im Veranlagungszeitraum in ausländischem Grund- oder Betriebsvermögen (§ 5 des Besitzsteuergesetzes) angelegt worden sind, sowie Beträge, die im Veranlagungszeitraume zum Erwerbe von Gegenständen aus edlem Metall, von Edelsteinen oder Perlen, von Kunst-, Schmuck- und Luxusgegenständen sowie von Sammlungen aller Art aufgewendet worden sind, sofern der Anschaffungspreis für den einzelnen Gegenstand fünfhundert Mark und darüber oder für mehrere gleichartige oder zusammengehörige Gegenstände eintausend Mark und darüber beträgt.

Außer in den Fällen des § 4 findet die Hinzurechnung nur

statt, wenn die im Abs. 1 bezeichneten Gegenstände am Ende des Veranlagungszeitraums noch im Besitze des Steuerpflichtigen sind. Ist die Anlage in ausländischem Grund- oder Betriebsvermögen erfolgt, so verringert sich die Hinzurechnung um den Betrag einer nachweislich eingetretenen erheblichen Wertminderung.

Die Vorschrift im Abs. 1 findet keine Anwendung auf den Erwerb von Kunstwerken lebender oder seit dem 1. Januar 1909 verstorbener deutscher sowie im Deutschen Reiche wohnender Künstler.

§ 6. Bei Feststellung des Vermögensstandes am Ende des Veranlagungszeitraums (§ 1) dürfen Grundstücke, die der Steuerpflichtige erst nach dem 1. August 1914 erworben hat, zu keinem geringeren Wert als dem Betrage der Gestehungskosten angesetzt werden. Von diesen sind die durch Verschlechterung entstandenen Wertminderungen abzuziehen.

§ 7. Die Abrundung auf volle Tausende (§ 28 Abs. 3 des Besitzsteuergesetzes) erfolgt erst nach Berücksichtigung der Abzüge und Hinzurechnungen gemäß den §§ 3 bis 5 dieses Gesetzes.

§ 8. Die Abgabe vom Zuwachs wird nur erhoben, wenn der nach diesem Gesetze festgestellte Vermögenszuwachs den Betrag von dreitausend Mark und das Vermögen am 31. Dezember 1916 den Gesamtwert von zehntausend Mark übersteigt.

Beträgt das Vermögen am 31. Dezember 1916 nicht mehr als fünfzehntausend Mark, so unterliegt der nach Abs. 1 abgabepflichtige Vermögenszuwachs nur insoweit der Abgabe, als durch ihn ein Vermögensbetrag von zehntausend Mark überschritten wird.

§ 9. Die Abgabe beträgt:

1. von dem Vermögenszuwachs

für die ersten 10000 Mark des Vermögenszuwachses
5 vom Hundert,
für die nächsten angefangenen oder vollen 10000 Mark
10 vom Hundert,
für die nächsten angefangenen oder vollen 10000 Mark
15 vom Hundert,
für die nächsten angefangenen oder vollen 20000 Mark
20 vom Hundert,
für die nächsten angefangenen oder vollen 50000 Mark
25 vom Hundert,
für die nächsten angefangenen oder vollen 100000 Mark
30 vom Hundert,
für die nächsten angefangenen oder vollen 200000 Mark
35 vom Hundert,
für die nächsten angefangenen oder vollen 300000 Mark
40 vom Hundert,
für die nächsten angefangenen oder vollen 300000 Mark
45 vom Hundert,
für die weiteren Beträge . . . . 50 vom Hundert;

2. von dem nach dem Besitzsteuergesetze für den 31. Dezember 1916 festgestellten Vermögen, insoweit es neunzig vom Hundert des für den Beginn des Veranlagungszeitraums festgestellten Vermögens übersteigt und insoweit es weder der Besitzsteuer noch der Abgabe nach Nr. 1 unterliegt,
1 vom Hundert.

Von der Abgabe nach Nr. 2 sind befreit Vermögen, die zwanzigtausend Mark nicht übersteigen. Abgabebeträge unter zehn Mark werden nicht erhoben.

§ 10. Bei Steuerpflichtigen, die Gesellschafter einer inländischen Gesellschaft mit beschränkter Haftung sind, bleibt derjenige Abgabebetrag (§ 9 Nr. 1) zur Hälfte unerhoben, der verhältnismäßig auf den Vermögenszuwachs in Höhe des der Beteiligung entsprechenden Betrags des abgabepflichtigen Mehrgewinns der Gesellschaft entfällt. Der unerhoben bleibende Abgabebetrag darf jedoch nicht höher sein als der verhältnismäßige Betrag der Gesellschaftsabgabe.

Abs. 1 findet nur Anwendung

1. auf Gesellschafter, die Geschäftsanteile in Höhe von mindestens der Hälfte des Stammkapitals besitzen, sowie auf Gesellschafter, die zueinander im Verhältnis von Ehegatten, von Verwandten in gerader Linie, von Geschwistern oder Erben von Geschwistern stehen und zusammen Geschäftsanteile in Höhe von mindestens der Hälfte des Stammkapitals besitzen, in beiden Fällen vorausgesetzt, daß während der ganzen Dauer der Kriegsgeschäftsjahre das eingezahlte Stammkapital der Gesellschaft dreihunderttausend Mark nicht überstiegen hat,
2. auf Gesellschafter, die vor dem 1. August 1914 als Geschäftsführer oder Prokuristen der Gesellschaft bestellt waren und aus dieser Stellung bis zum Schlusse des letzten Kriegsgeschäftsjahrs nicht ausgeschieden sind, es sei denn infolge Ablebens oder Krankheit, sowie auf Gesellschafter, die Ehegatten oder Erben solcher Personen sind, wenn diese Gesellschafter in beiden Fällen allein oder zusammen Geschäftsanteile in Höhe von mindestens der Hälfte des Stammkapitals besitzen.

§ 11. Der Inhaber eines Lehens, Fideikommisses oder Stammguts ist berechtigt, den Betrag der Abgabe, der auf eine Vermehrung des Lehens-, Fideikommiß- oder Stammgutvermögens entfällt, aus diesem Vermögen zu entnehmen und zu diesem Zwecke über das Vermögen selbständig zu verfügen. Ist eine Aufsichtsbehörde vorhanden, so ist ihre Genehmigung zu der Verfügung erforderlich.

§ 12. Die Pflicht zur Entrichtung der nach diesem Gesetze geschuldeten Abgabe entfällt nicht dadurch, daß ein Steuerpflichtiger vor dem 1. Januar 1917 seinen inländischen Wohnsitz oder Aufenthalt aufgibt.

Hat die Aufgabe des inländischen Wohnsitzes oder Aufenthalts den Wegfall der Steuerpflicht nach dem Besitzsteuergesetze zur Folge, so ist der der außerordentlichen Abgabe unterliegende Vermögenszuwachs mit der Maßgabe festzustellen, daß der Veranlagungszeitraum statt mit dem 31. Dezember 1916 mit dem Zeitpunkt der Aufgabe des inländischen Wohnsitzes oder Aufenthalts abläuft.

Der Steuerpflichtige hat vor Verlegung seines Wohnsitzes oder Aufenthalts in das Ausland für die geschuldete Abgabe Sicherheit zu leisten. Die Steuerbehörde bestimmt den Betrag der Sicherheit und ist berechtigt, diesen Betrag nach den für die Einziehung öffentlicher Abgaben geltenden Vorschriften beizutreiben. Das gleiche gilt, wenn Tatsachen vorliegen, welche die Annahme rechtfertigen, daß der Steuerpflichtige auf andere Weise, insbesondere durch Verbringung von Vermögen ins Ausland, die Erhebung der Abgabe gefährdet.

Erschwert oder vereitelt ein im Ausland sich aufhaltender Steuerpflichtiger die Veranlagung der außerordentlichen Abgabe dadurch, daß er eine Steuererklärung nicht rechtzeitig abgibt, so kann sein im Inland befindliches Vermögen mit Beschlag belegt werden.

Im Sinne der Abs. 3 und 4 gelten die deutschen Schutzgebiete als Inland.

Steuerpflicht der Gesellschaften.

§ 13. Inländische Aktiengesellschaften, Kommanditgesellschaften auf Aktien, Berggewerkschaften und andere Bergbau treibende Vereinigungen, letztere, sofern sie die Rechte juristischer Personen haben, Gesellschaften mit beschränkter Haftung und eingetragene Genossenschaften haben von dem nach den Vorschriften der §§ 14 bis 18 festgestellten Mehrgewinn eine außerordentliche Kriegsabgabe zu entrichten.

§ 14. Als Mehrgewinn (§ 13) gilt der Unterschied zwischen dem durchschnittlichen früheren Geschäftsgewinne (§§ 16, 17) und dem jeweils in einem Kriegsgeschäftsjahr (§ 15) erzielten Geschäftsgewinne (§ 16).

Die Unterschiedsbeträge werden auf volle Tausende nach unten abgerundet. Beträge unter fünftausend Mark bleiben außer Betracht.

Bleibt der Geschäftsgewinn eines Kriegsgeschäftsjahrs hinter dem durchschnittlichen früheren Geschäftsgewinne zurück, so darf der Mindergewinn mit dem Mehrgewinn anderer Kriegsgeschäftsjahre ausgeglichen werden.

§ 15. Als Kriegsgeschäftsjahr (§ 14) gelten die drei aufeinanderfolgenden Geschäftsjahre, deren erstes noch den Monat August 1914 mitumfaßt oder bei einer später gegründeten Gesellschaft mitumfassen würde, wenn sie damals schon bestanden hätte.

§ 16. Geschäftsgewinn (§§ 14, 17) ist der in einem Geschäftsjahr erzielte, nach den gesetzlichen Vorschriften und den Grundsätzen ordnungsmäßiger kaufmännischer Buchführung berechnete Bilanzgewinn. Abschreibungen sind insoweit zu berücksichtigen, als sie einen angemessenen Ausgleich der Wertverminderung darstellen.

Bei Kommanditgesellschaften auf Aktien bleiben diejenigen Gewinnbeträge, welche auf die von den persönlich haftenden Gesellschaftern nicht auf das Grundkapital gemachten Einlagen entfallen, außer Ansatz.

§ 17. Der durchschnittliche frühere Geschäftsgewinn (§ 14) ist nach den Ergebnissen der fünf den Kriegsgeschäftsjahren vorangegangenen Geschäftsjahre oder, wenn eine Gesellschaft noch nicht so lange besteht, nach den Ergebnissen der kürzeren Zeit, für welche Jahresabschlüsse vorliegen, zu berechnen. Besteht eine Gesellschaft schon fünf Jahre, so haben für die Berechnung des Durchschnittsgewinns die beiden Geschäftsjahre mit den besten und den schlechtesten Geschäftsergebnissen auszuscheiden.

Hat innerhalb der fünf den Kriegsgeschäftsjahren vorangegangenen Geschäftsjahre eine Vermehrung des eingezahlten Grund- oder Stammkapitals stattgefunden, so wird dem Geschäftsgewinne für die vor der Vermehrung liegende Zeit ein Betrag von sechs vom Hundert jährlich des der Gesellschaft durch die Neueinzahlungen tatsächlich zugeflossenen Kapitalbetrags zugerechnet.

Als früherer Durchschnittsgewinn wird mindestens ein Betrag von sechs vom Hundert des eingezahlten Grund- oder Stammkapitals angenommen zuzüglich des Mehrbetrags, der zur Verteilung einer etwaigen höheren festen Vorzugsdividende für bevorrechtigte Aktien notwendig gewesen wäre. Das Grundkapital einer Berggewerkschaft oder einer Bergbau treibenden Vereinigung ist aus dem Erwerbspreis und den Anlage- und Erweiterungskosten abzüglich des durch Schuldaufnahme gedeckten Aufwandes hierfür zu berechnen. An Stelle des Grundkapitals tritt bei eingetragenen Genossenschaften die Summe der eingezahlten Geschäftsanteile der Genossen.

Der im Abs. 3 vorgesehene Betrag wird als Mindestbetrag

auch zugrunde gelegt, wenn ein volles Geschäftsjahr vor den Kriegsgeschäftsjahren nicht vorliegt. In diesem Falle werden jedoch für **Aktien oder Anteile**, die zu einem den Nennwert übersteigenden Preise ausgegeben worden sind, die sechs Hundertstel von dem Kapitale berechnet, das der **Gesellschaft** als Einzahlung auf ihre Aktien oder Anteile **tatsächlich zugeflossen ist.**

Hat sich das eingezahlte Grund- oder Stammkapital **einer Gesellschaft während der Kriegsgeschäftsjahre** vermehrt, so ist für die **Zeit nach der Vermehrung** dem **durchschnittlichen früheren Geschäftsgewinn ein Betrag von sechs vom Hundert** jährlich des der Gesellschaft **durch die Neueinzahlungen** tatsächlich zugeflossenen Kapitalbetrags **hinzuzurechnen.**

§ 18. Gesellschaften, die mehr als ein **Fünftel aller** Aktien **oder Anteile** einer anderen Gesellschaft der im § 13 bezeichneten Art besitzen, dürfen von dem Geschäftsgewinn eines **Kriegsgeschäftsjahrs die Mehreinnahme** aus diesen **Aktien oder Anteilen absetzen.**

Als Mehreinnahme (Abs. 1) gilt der anteilige Betrag, der von **der anderen Gesellschaft (Tochtergesellschaft) über den Durchschnitt** der nach § 17 Abs. 1 in **Betracht** kommenden Jahre hinaus oder, wenn die Gesellschaft **noch kein** volles Jahr vor den **Kriegsgeschäftsjahren bestanden hat, über** eine **fünfprozentige Dividende oder Ausbeute** hinaus in **einem Kriegsgeschäftsjahr als Dividende oder** Ausbeute verteilt worden ist.

§ 19. Die Abgabe beträgt für **inländische** Gesellschaften,

wenn der Mehrgewinn **im Jahresdurchschnitt 2 vom** Hundert **des eingezahlten** Grund- oder Stammkapitals **zuzüglich der bei** Beginn des **ersten Kriegsgeschäfts**jahrs ausgewiesenen wirklichen **Reservekontenbeträge** nicht übersteigt, 10 **vom Hundert des Mehrgewinns,**

wenn er 2 vom Hundert, aber nicht 5 vom Hundert übersteigt . . . . 15 vom Hundert des Mehrgewinns,
wenn er 5 vom Hundert, aber nicht 10 vom Hundert übersteigt . . . . 20 vom Hundert des Mehrgewinns
wenn er 10 vom Hundert, aber nicht 15 vom Hundert übersteigt . . . . 25 vom Hundert des Mehrgewinns,
wenn er 15 vom Hundert übersteigt . . . . 30 vom Hundert des Mehrgewinns.

Die nach Abs. 1 festzusetzende Abgabe erhöht sich,
wenn der durchschnittliche Geschäftsgewinn in den Kriegsgeschäftsjahren 8 vom Hundert, aber nicht 10 vom Hundert des eingezahlten Grund- oder Stammkapitals zuzüglich der bei Beginn des ersten Kriegsgeschäftsjahrs ausgewiesenen wirklichen Reservekontenbeträge übersteigt, um . . 10 vom Hundert ihres Betrags,
wenn er 10 vom Hundert, aber nicht 15 vom Hundert übersteigt, um . . 20 vom Hundert ihres Betrags,
wenn er 15 vom Hundert, aber nicht 20 vom Hundert übersteigt, um . . 30 vom Hundert ihres Betrags,
wenn er 20 vom Hundert, aber nicht 25 vom Hundert übersteigt um . . 40 vom Hundert ihres Betrags,
wenn er 25 vom Hundert übersteigt, um . . 50 vom Hundert ihres Betrags.

Hat sich das eingezahlte Grund- oder Stammkapital einer Gesellschaft während der Kriegsgeschäftsjahre vermehrt, so ist der Berechnung der Abgabe ein den Zeitraum, innerhalb dessen die Gesellschaft mit dem veränderten Grund- oder Stammkapitale bestanden hat, berücksichtigender Durchschnittsbetrag des Grund- oder Stammkapitals zugrunde zu legen.

Die zu zahlende Abgabe soll den Betrag nicht übersteigen, der sich bei Anwendung der nächstniedrigen Steuerstufe ergeben würde, zuzüglich desjenigen Betrags des Mehrgewinns, durch den sich die Anwendung des gesetzlichen Satzes ergeben hat.

Die Abgabe wird insoweit nicht erhoben, als sie den Abgabebetrag, der bei Anwendung der Vorschrift des § 21 zu berechnen wäre, übersteigt.

§ 20. Gesellschaften der im § 13 bezeichneten Art, die ihren Sitz im Ausland haben, aber im Inland einen Geschäftsbetrieb unterhalten (ausländische Gesellschaften), haben die Abgabe von dem auf den inländischen Geschäftsbetrieb entfallenden Mehrgewinne zu entrichten. Die Grundsätze, die bei einer bundesstaatlichen Einkommensteuerveranlagung für die Ausscheidung des auf den inländischen Geschäftsbetrieb entfallenden Teiles des steuerbaren Gesamteinkommens maßgebend waren, sind auch bei der Berechnung des auf den inländischen Betrieb entfallenden Teiles des Mehrgewinns anzuwenden. Wo eine Einkommensteuer nicht eingeführt ist, hat die Landesregierung entsprechende Vorschriften zu erlassen.

§ 21. Die Abgabe beträgt für ausländische Gesellschaften bei einem Mehrgewinn im Jahresdurchschnitt von

nicht mehr als 20000 Mark
10 vom Hundert des Mehrgewinns,
mehr als 20000 bis zu 40000 Mark
12 vom Hundert des Mehrgewinns,
mehr als 40000 bis zu 60000 Mark
14 vom Hundert des Mehrgewinns,
mehr als 60000 bis zu 80000 Mark
16 vom Hundert des Mehrgewinns,
mehr als 80000 bis zu 100000 Mark
18 vom Hundert des Mehrgewinns,

mehr als 100000 bis zu 120000 Mark
20 vom Hundert des Mehrgewinns,
mehr als 120000 bis zu 140000 Mark
22 vom Hundert des Mehrgewinns,
mehr als 140000 bis zu 160000 Mark
24 vom Hundert des Mehrgewinns,
mehr als 160000 bis zu 180000 Mark
26 vom Hundert des Mehrgewinns,
mehr als 180000 bis zu 200000 Mark
28 vom Hundert des Mehrgewinns,
mehr als 200000 bis zu 250000 Mark
30 vom Hundert des Mehrgewinns,
mehr als 250000 bis zu 500000 Mark
40 vom Hundert des Mehrgewinns,
mehr als 500000 Mark
45 vom Hundert des Mehrgewinns.

§ 19 Abs. 4 findet Anwendung.

§ 22. Die Abgabe wird von den Gesellschaften insoweit nicht erhoben, als sie verhältnismäßig auf Gewinnbeträge entfällt, die zu ausschließlich gemeinnützigen Zwecken bestimmt worden sind und deren dauernde Verwendung zu solchen Zwecken gesichert ist. Ob die Voraussetzungen des Satzes 1 vorliegen, wird nach näherer Bestimmung des Bundesrats im Verwaltungsweg entschieden.

Die Abgabe wird ferner auch insoweit nicht erhoben, als sie den Betrag der nach den Vorschriften des Gesetzes über vorbereitende Maßnahmen zur Besteuerung der Kriegsgewinne vom 24. Dezember 1915 zu bildenden Sonderrücklage übersteigt.

Abs. 2 gilt insoweit nicht, als bei der Bildung der Sonderrücklage Abschreibungen, die gemäß § 3 Satz 2 des Gesetzes vom 24. Dezember 1915 als Bestandteil des Geschäftsgewinns eines Kriegsgeschäftsjahrs anzusehen waren, unberücksichtigt geblieben sind.

§ 23. Die Abgabe ist nach näherer Bestimmung des Bundesrats auch von den anderen juristischen Personen zu entrichten, auf die der Bundesrat die Vorschriften des Gesetzes vom 24. Dezember 1915 ausgedehnt hat.

§ 24. Der Reichskanzler kann zum Zwecke der Vermeidung einer Doppelbesteuerung durch das Reich und durch außerdeutsche Staaten mit Zustimmung des Bundesrats Anordnungen treffen, die von den gesetzlichen Vorschriften über die Feststellung des abgabepflichtigen Mehrgewinns abweichen.

Gemeinsame Vorschriften.

§ 25. Die Veranlagung und Erhebung der Kriegsabgabe erfolgt durch die für die Veranlagung und Erhebung der Besitzsteuer zuständigen Behörden.

Soweit dieses Gesetz nichts anderes vorschreibt, gelten die Vorschriften des Besitzsteuergesetzes über die Veranlagung und Erhebung der Besitzsteuer entsprechend für die Veranlagung der Kriegsabgabe.

Der Bundesrat bestimmt die für die Veranlagung und Erhebung der Kriegsabgabe der Bundesfürsten zuständigen Behörden.

§ 26. Außer den zur Abgabe einer Besitzsteuererklärung Verpflichteten haben alle Einzelpersonen, deren Vermögen sich seit dem 1. Januar 1914 bis 31. Dezember 1916 um mehr als dreitausend Mark auf mindestens elftausend Mark erhöht hat, eine Steuererklärung abzugeben. Die Steuererklärung zum Zwecke der Veranlagung der Kriegsabgabe kann mit der Besitzsteuererklärung verbunden werden. Die Steuererklärung hat nach näherer Bestimmung des Bundesrats die für die Feststellung des der außerordentlichen Kriegsabgabe unterliegenden Vermögenszuwachses erforderlichen Angaben zu enthalten.

Die Vorstände, persönlich haftenden Gesellschafter, Repräsentanten, Geschäftsführer oder Liquidatoren der pflichtigen Gesellschaften (§ 13), bei ausländischen Gesellschaften (§ 20) die Vorsteher der inländischen Niederlassungen sowie die Vertreter der vom Bundesrate für pflichtig erklärten juristischen Personen (§ 23) sind verpflichtet, der Steuerbehörde eine Kriegssteuererklärung einzureichen, welche nach näherer Bestimmung des Bundesrats die für die Feststellung des abgabepflichtigen Mehrgewinns erforderlichen Angaben zu enthalten hat.

§ 27. Die Veranlagung der Abgabe erfolgt bei Einzelpersonen gleichzeitig mit der Veranlagung der Besitzsteuer, soweit nicht im Falle des § 12 eine frühere Veranlagung möglich ist.

§ 28. Die Kriegsabgabe der Gesellschaften (§§ 13, 20) und anderer juristischer Personen (§ 23) wird nach dem Gesamtergebnisse der beiden ersten Kriegsgeschäftsjahre vorläufig und nach dem Gesamtergebnis aller Kriegsgeschäftsjahre endgültig festgesetzt.

Nach Entrichtung der vorläufig festgesetzten Abgabe steht dem Pflichtigen über den zur Zahlung nicht verwendeten Teil der nach den Vorschriften des Gesetzes vom 24. Dezember 1915 gebildeten Sonderrücklage die freie Verfügung zu.

§ 29. Der Betrag der geschuldeten Abgabe wird dem Steuerpflichtigen von der Veranlagungsbehörde durch einen Bescheid mitgeteilt. Der Bescheid enthält eine Belehrung über die zulässigen Rechtsmittel und eine Anweisung zur Entrichtung der Abgabe innerhalb der gesetzlichen Zahlungsfrist.

Dem Steuerpflichtigen sind die Berechnungsgrundlagen der angeforderten Abgabe mitzuteilen und die Punkte zu bezeichnen, in welchen von der Steuererklärung abgewichen worden ist.

Enthält der Bescheid nur eine vorläufige Festsetzung der Abgabe, so ist in ihm auf die spätere endgültige Festsetzung hinzuweisen.

§ 30. Gegen den endgültigen Bescheid sind die gleichen Rechtsmittel zulässig wie gegen den Besitzsteuerbescheid; der Beurteilung der Rechtsmittelbehörden unterliegt auch der vorläufige Bescheid.

§ 31. Die Kriegsabgabe der Einzelpersonen ist zu einem Drittel binnen drei Monaten nach Zustellung des Bescheids zu entrichten. Das zweite Drittel ist bis zum 1. November 1917, das letzte Drittel bis zum 1. März 1918 zu entrichten.

Die vorläufig festgesetzte Kriegsabgabe der Gesellschaften und anderer juristischer Personen ist binnen drei Monaten nach Zustellung des vorläufigen Bescheids, der Rest der Abgabe binnen drei Monaten nach Zustellung des endgültigen Bescheids zu entrichten. Ist die endgültig festgesetzte Abgabe niedriger als die vorläufig festgesetzte (§ 28 Abs. 1), so ist der zuviel erhobene Betrag dem Steuerpflichtigen zu erstatten.

Vom 1. Juli 1917 ab sind die bis dahin noch nicht gezahlten Abgabebeträge mit fünf vom Hundert jährlich zu verzinsen.

Der Steuerpflichtige ist berechtigt, Vorauszahlungen auf die noch nicht veranlagte Abgabe zu leisten. Von dem im voraus gezahlten Betrage sind fünf vom Hundert Jahreszinsen vom Tage der Einzahlung bis zum 1. Juli 1917 oder bis zu dem früheren gesetzlichen Fälligkeitstag auf Verlangen des Steuerpflichtigen zu dessen Gunsten zu berechnen.

Die auf Grund rechtskräftiger Entscheidung zu erstattenden Beträge sind mit fünf vom Hundert für das Jahr zu verzinsen.

§ 32. Bei Entrichtung der Abgabe werden die fünfprozentigen Schuldverschreibungen, Schuldbuchforderungen und Schatzanweisungen der Kriegsanleihen des Deutschen Reichs zum Nennbetrag und die viereinhalbprozentigen Schatzanweisungen dieser Kriegsanleihen zu einem vom Reichskanzler festzusetzenden und bekanntzumachenden Kurse an Zahlungs Statt angenommen.

§ 33. Wer als Abgabepflichtiger oder als Vertreter eines Abgabepflichtigen wissentlich der Steuerbehörde unrichtige oder unvollständige Angaben macht, die geeignet sind, eine Verkürzung der Abgabe herbeizuführen, wird mit einer Geldstrafe bis zum fünffachen Betrage der gefährdeten Abgabe bestraft.

§ 34. In den Fällen des § 33 kann neben der Geldstrafe auf Gefängnis bis zu einem Jahre und neben der Gefängnisstrafe auch auf Verlust der bürgerlichen Ehrenrechte erkannt werden, wenn die unrichtigen oder unvollständigen Angaben in der Absicht, die Abgabe zu hinterziehen, gemacht worden sind, und wenn der Abgabebetrag, der durch die unrichtigen oder unvollständigen Angaben gefährdet worden ist, mindestens fünfhundert Mark ausmacht oder wenn der Abgabepflichtige oder der Vertreter des Abgabepflichtigen Vermögen vom Inland ins Ausland verbracht hat in der Absicht, dieses Vermögen der Steuerbehörde zu verheimlichen.

Bei einer Steuergefährdung der im Abs. 1 bezeichneten Art kann im Urteil angeordnet werden, daß die Bestrafung auf Kosten des Verurteilten öffentlich bekanntzumachen ist.

Besteht der Verdacht, daß eine Steuergefährdung der im Abs. 1 bezeichneten Art vorliegt, so hat die Steuerbehörde die Sache an die zuständige Staatsanwaltschaft abzugeben. Ist der Steuerpflichtige abwesend (§ 318 der Strafprozeßordnung), so kann gegen ihn nach Maßgabe der §§ 320 bis 326 der Strafprozeßordnung verhandelt werden. Findet die Staatsanwaltschaft in einer an sie abgegebenen Sache, daß der Verdacht nicht hinreichend begründet ist, so kann sie die Sache zur weiteren Erledigung im Verwaltungsstrafverfahren an die Verwaltungsbehörde abgeben.

§ 35. Die Vorschriften der §§ 78 bis 83 des Besitzsteuergesetzes finden entsprechende Anwendung.

§ 36. Der Bundesrat kann zur Vermeidung besonderer Härten auf Antrag eines Steuerpflichtigen einzelne außerordentliche Vermögensanfälle von der Abgabe befreien oder eine anderweite Berechnung des Vermögenszuwachses oder Mehrgewinns bewilligen.

Schlußvorschriften.

§ 37. Die Bundesstaaten erhalten für die Veranlagung und Erhebung der Abgabe eine Entschädigung von $1/2$ vom Hundert ihrer Roheinnahme.

§ 38. Die Einnahme aus der Kriegsabgabe ist ausschließlich zur Abminderung der Reichsschuld zu verwenden, soweit sie nicht nach dem Reichshaushaltsetat für das Rechnungsjahr 1916 (Kapitel 17b der Einnahmen des ordentlichen Etats) zum Ausgleich des Ausfalls bei andern Einnahmekapiteln erforderlich ist.

§ 39. Im § 20 des Besitzsteuergesetzes werden die Worte „mit der Maßgabe, daß Abweichungen ... zu berücksichtigen sind" gestrichen.

Dem § 20 des Besitzsteuergesetzes wird als Satz 2 hinzugefügt:

„Ist im Wege des aus Billigkeitsrücksichten gewährten gänzlichen oder teilweisen Erlasses des rechtskräftig veranlagten Wehrbeitrags das Vermögen anderweit ermittelt, so ist das anderweit ermittelte Vermögen maßgebend."

Dem § 21 Abs. 1 des Besitzsteuergesetzes wird als Satz 2 hinzugefügt:

„§ 20 Satz 2 gilt entsprechend."

Im § 30 Abs. 2 Satz 2 des Besitzsteuergesetzes wird das Wort „Abnutzung" ersetzt durch „Verschlechterung".

Im § 77 Abs. 3 des Besitzsteuergesetzes wird hinter Satz 1 folgender Satz eingeschaltet:

„Ist der Steuerpflichtige **abwesend (§ 318 der Strafprozeßordnung), so kann gegen ihn nach Maßgabe der §§ 320 bis 326 der Strafprozeßordnung** verhandelt **werden."**

In dem folgenden Satze werden die Worte „dieser Verdacht" ersetzt durch die Worte „der Verdacht".

§ 40. Die Ausführungsbestimmungen zu diesem Gesetz erläßt **der Bundesrat.**

Urkundlich unter Unserer Höchsteigenhändigen Unterschrift und beigedrucktem **Kaiserlichen Insiegel.**

Gegeben Großes Hauptquartier, den 21. Juni 1916.

(Siegel.) **Wilhelm.**

von Bethmann Hollweg.

V. Besitzsteuergesetz.

Vom 3. Juli 1913.

(RGBl. S. 524.)

Wir Wilhelm, von Gottes Gnaden Deutscher Kaiser, König von Preußen usw., verordnen im Namen des Reichs, nach erfolgter Zustimmung des Bundesrats und des Reichstags, was folgt:

Steuerpflicht.

§ 1. Von dem Vermögenszuwachs wird für das Reich nach den Vorschriften dieses Gesetzes eine Abgabe (Besitzsteuer) erhoben.

§ 2. Als Vermögen im Sinne des § 1 gilt, soweit das Gesetz nichts anderes vorschreibt, das gesamte bewegliche und unbewegliche Vermögen nach Abzug der Schulden. Es umfaßt:

1. Grundstücke einschließlich des Zubehörs (Grundvermögen);
2. das dem Betriebe der Land- oder Forstwirtschaft, des Bergbaues oder eines Gewerbes dienende Vermögen (Betriebsvermögen);
3. das gesamte sonstige Vermögen, das nicht Grund- oder Betriebsvermögen ist (Kapitalvermögen).

§ 3. Den Grundstücken (§ 2 Nr. 1) stehen gleich Berechtigungen, für welche die sich auf Grundstücke beziehenden Vorschriften des bürgerlichen Rechtes gelten.

§ 4. Zum Betriebsvermögen (§ 2 Nr. 2) gehören alle dem Unternehmen gewidmeten Gegenstände.

Das Betriebsvermögen einer offenen Handelsgesellschaft oder einer anderen Erwerbsgesellschaft, bei welcher der Gesellschafter als Unternehmer (Mitunternehmer) des Betriebs anzusehen ist, wird den einzelnen Teilhabern nach dem Verhältnis ihres Anteils zugerechnet.

§ 5. Zum steuerbaren Vermögen gehört nicht das im Ausland befindliche Grund- und Betriebsvermögen.

§ 6. Als Kapitalvermögen (§ 2 Nr. 3) kommen insbesondere, soweit die einzelnen Vermögensgegenstände nicht unter § 2 Nr. 1, § 3 oder unter § 2 Nr. 2, § 4 fallen, in Betracht:

1. selbständige Rechte und Gerechtigkeiten;
2. verzinsliche und unverzinsliche Kapitalforderungen jeder Art;
3. Aktien oder Anteilscheine, Kuxe, Geschäftsguthaben bei Genossenschaften, Geschäftsanteile und andere Gesellschaftseinlagen;
4. bares Geld deutscher Währung, fremde Geldsorten, Banknoten und Kassenscheine, ausgenommen die aus den laufenden Jahreseinkünften vorhandenen Bestände, und Bank- oder sonstige Guthaben, soweit sie zur Bestreitung der laufenden Ausgaben für drei Monate dienen, sowie Gold und Silber in Barren;
5. der Kapitalwert der Rechte auf Renten und andere wiederkehrende Nutzungen und Leistungen, welche dem Berechtigten auf seine Lebenszeit oder auf die Lebenszeit eines anderen, auf unbestimmte Zeit oder auf die Dauer von mindestens zehn Jahren entweder vertragsmäßig als Gegenleistung für die Hingabe von Vermögenswerten oder aus letztwilligen Verfügungen, Schenkungen oder Familienstiftungen oder vermöge hausgesetzlicher Bestimmungen zustehen;
6. noch nicht fällige Ansprüche aus Lebens- und Kapitalversicherungen oder Rentenversicherungen, aus denen der Berechtigte noch nicht in den Rentenbezug eingetreten ist.

§ 7. Die Vorschrift im § 6 Nr. 5 gilt nicht
a) für Ansprüche an Witwen-, Waisen- und Pensionskassen;
b) für Ansprüche aus einer Kranken- oder Unfallversicherung, aus der Reichsversicherung oder der gesetzlichen Versicherung der Angestellten;
c) für Renten und ähnliche Bezüge, die mit Rücksicht auf ein früheres Arbeits- oder Dienstverhältnis gewährt werden.

§ 8. Als steuerbares Vermögen gelten nicht Möbel, Hausrat und andere nicht unter § 6 fallende bewegliche körperliche Gegenstände, sofern sie nicht als Zubehör eines Grundstücks (§ 2 Nr. 1, § 3) oder als Bestandteil eines Betriebsvermögens (§ 2 Nr. 2, § 4) anzusehen sind.

§ 9. Das zu einem Lehen, Fideikommiß oder Stammgut gehörige Vermögen gilt als Vermögen des Inhabers.

§ 10. Von dem Vermögen sind abzuziehen die dinglichen und persönlichen Schulden des Steuerpflichtigen sowie der Wert der dem Steuerpflichtigen obliegenden oder auf einem Lehen, Fideikommiß oder Stammgut ruhenden Leistungen der im § 6 Nr. 5 bezeichneten Art.

Nicht abzugsfähig sind
a) Schulden, die zur Bestreitung der laufenden Haushaltungskosten eingegangen sind (Haushaltungsschulden);
b) Schulden und Lasten, welche in wirtschaftlicher Beziehung zu nicht steuerbaren Vermögensteilen stehen.

Beschränkt sich die Zuwachsbesteuerung auf das inländische Grund- und Betriebsvermögen (§ 11 Nr. II), so sind nur die in einer wirtschaftlichen Beziehung zu diesen Vermögensteilen stehenden Schulden und Lasten abzugsfähig.

§ 11. Steuerpflichtig sind

I. mit dem Zuwachs an dem gesamten steuerbaren Vermögen:

1. die Angehörigen des Deutschen Reichs, mit Ausnahme derer, die sich seit länger als zwei Jahren dauernd im Ausland aufhalten, ohne einen Wohnsitz in einem deutschen Bundesstaate zu haben. Die Ausnahme findet keine Anwendung auf Reichs- und Staatsbeamte, die im Ausland ihren dienstlichen Wohnsitz haben. Wahlkonsuln gelten nicht als Beamte im Sinne dieser Vorschrift;
2. Ausländer, wenn sie im Deutschen Reiche einen Wohnsitz oder in Ermangelung eines Wohnsitzes ihren dauernden Aufenthalt haben;

II. mit dem Zuwachs an dem inländischen Grund- und Betriebsvermögen:

alle natürlichen Personen ohne Rücksicht auf Staatsangehörigkeit, Wohnsitz oder Aufenthalt.

Der Reichskanzler kann zum Zwecke der Vermeidung einer Doppelbesteuerung oder der Anwendung eines Vergeltungsrechts gegenüber außerdeutschen Staaten mit Zustimmung des Bundesrats Anordnungen treffen, die von den Vorschriften in Nr. I und dem § 5 abweichen.

§ 12. Die Abgabe wird nicht erhoben von dem Zuwachs, der den Betrag von zehntausend Mark nicht übersteigt.

§ 13. Vermögen, die den Gesamtwert von zwanzigtausend Mark nicht übersteigen, unterliegen der Zuwachsbesteuerung nicht.

Bei Vermögen über zwanzigtausend Mark, aber nicht über dreißigtausend Mark Gesamtwert, unterliegt der nach § 12 steuerpflichtige Zuwachs nur insofern der Steuer, als durch ihn die steuerfreie Grenze (Abs. 1) überschritten wird.

§ 14. Für die Veranlagung der Besitzsteuer wird das Vermögen der Ehegatten zusammengerechnet, sofern sie nicht dauernd voneinander getrennt leben. Die Ehegatten sind, falls ihr Vermögen hiernach zusammenzurechnen ist, der Staatskasse als Gesamtschuldner der Steuer verpflichtet.

§ 15. Ist ein Ehegatte innerhalb des Veranlagungszeitraums (§§ 18 bis 22) gestorben, so ist der aus dem Erbfall herrührende Zuwachs des überlebenden Ehegatten insoweit steuerfrei, als das ererbte Vermögen in der Hand des anderen Eheteils oder gemäß § 14 nicht mehr der Zuwachsbesteuerung unterliegen würde.

§ 16. Von dem nach den Vorschriften dieses Gesetzes festgestellten Vermögenszuwachs ist abzuziehen der Betrag einer Kapitalabfindung, die als Entschädigung für den durch Körperverletzung herbeigeführten gänzlichen oder teilweisen Verlust der Erwerbsfähigkeit gezahlt worden oder zu zahlen ist.

§ 17. Steht das der Besteuerung unterliegende Vermögen in Nutznießung, so fällt, wenn nicht rechtsgeschäftlich etwas anderes bestimmt ist, die Besitzsteuer dem Eigentümer zur Last.

Feststellung des Vermögenszuwachses, Veranlagungs- und Erhebungszeitraum.

§ 18. Die Feststellung des Vermögenszuwachses erfolgt erstmals zum 1. April 1917 für den in der Zeit vom 1. Januar 1914 bis zum 31. Dezember 1916 entstandenen Zuwachs, späterhin in Zeitabständen von drei zu drei Jahren für den in den vorangegangenen drei Kalenderjahren entstandenen Zuwachs.

§ 19. Als Vermögenszuwachs gilt der Unterschied zwischen dem reinen Werte des steuerbaren Gesamtvermögens am Ende des jeweiligen Veranlagungszeitraums (§ 18) und dem reinen Werte des steuerbaren Gesamtvermögens am Anfang dieses Zeitraums, soweit in den §§ 21, 22 nichts anderes bestimmt ist.

Der Unterschied (Abs. 1) verringert sich um den Betrag, um den die Summe der abzugsfähigen Schulden und Lasten den Gesamtwert des Aktivvermögens des Steuerpflichtigen zu Beginn des maßgebenden Zeitraums überstiegen hat.

§ 20. Als Wert des steuerbaren Vermögens am 1. Januar 1914 gilt das nach dem Wehrbeitragsgesetze festgestellte Vermögen mit der Maßgabe, daß Abweichungen in der Vermögensfeststellung, die sich bei Anwendung der Vorschriften des Besitzsteuergesetzes ergeben hätten, entsprechend zu berücksichtigen sind.

§ 21. War der Steuerpflichtige zu dieser Besitzsteuer veranlagt, so gilt in der Folgezeit als Vermögenszuwachs der Unterschied zwischen dem reinen Werte des steuerbaren Gesamtvermögens am Ende des jeweiligen neuen Veranlagungszeitraums und dem letzten Vermögensstande, der zu einer Steuererhebung geführt hat.

Hat sich bei den früheren Veranlagungen kein steuerpflichtiger Vermögenszuwachs ergeben, so gilt als Vermögenszuwachs der Unterschied zwischen dem reinen Werte des steuerbaren Gesamtvermögens am Ende des jeweiligen neuen Veranlagungszeitraums und dem Vermögensstand an dem ersten für die Steuerpflicht in Betracht kommenden Zeitpunkt.

§ 22. Wird die persönliche Steuerpflicht (§ 11) erst innerhalb eines Veranlagungszeitraums (§ 18) begründet, so erfolgt die erste Feststellung des Vermögens für das zur

Zeit des Eintritts der Steuerpflicht vorhandene steuerbare Vermögen des Steuerpflichtigen.

Die Vorschrift des Abs. 1 gilt im Falle der Erweiterung der Steuerpflicht entsprechend für das durch die erweiterte Steuerpflicht neu erfaßte Vermögen des Steuerpflichtigen.

§ 23. Ist die Steuerpflicht nur nach § 11 Nr. II begründet, so werden dem ersten maßgebenden Vermögensstand alle nachweislich aus dem der Besteuerung nicht unterworfenen Vermögen des Steuerpflichtigen gemachten, nicht zu den laufenden Wirtschaftsausgaben zählenden Aufwendungen für steuerpflichtige Vermögensteile hinzugerechnet.

Die Anrechnung nach Abs. 1 erfolgt insoweit nicht, als den Aufwendungen ein Vermögen gegenübersteht, das im maßgebenden Zeitraum der Besteuerung entzogen worden ist.

§ 24. Die Entrichtung der Besitzsteuer verteilt sich auf einen dem Veranlagungszeitraume (§ 18) folgenden, mit dem 1. April beginnenden dreijährigen Zeitraum (Erhebungszeitraum).

Steuersätze.

§ 25. Die Steuer beträgt für den ganzen Erhebungszeitraum (§ 24) bei einem steuerpflichtigen Vermögenszuwachse von

nicht mehr als 50000 Mark		0,75	vom Hundert des Zuwachses.
mehr als 50000 Mark	bis zu 100000 „	0,90	
„ „ 100000 „	„ „ 300000 „	1,05	
„ „ 300000 „	„ „ 500000 „	1,20	
„ „ 500000 „	„ „ 1000000 „	1,35	
„ „ 1000000 „		1,50	

Übersteigt der Gesamtwert des steuerbaren Vermögens eines Steuerpflichtigen den Betrag von

100 000 Mark, so erhöht sich der Steuersatz um	0,1	vom Hundert des Zuwachses.
200 000 " " " " " " "	0,2	
300 000 " " " " " " "	0,3	
400 000 " " " " " " "	0,4	
500 000 " " " " " " "	0,5	
750 000 " " " " " " "	0,6	
1 000 000 " " " " " " "	0,7	
2 000 000 " " " " " " "	0,8	
5 000 000 " " " " " " "	0,9	
10 000 000 " " " " " " "	1	

§ 26. Der Unterschied zwischen der Steuer, die zu zahlen wäre, wenn der Vermögenszuwachs nur die vorangehende, im § 25 Abs. 1 bezeichnete Wertgrenze erreicht hätte, und zwischen der Steuer, die nach dem gesetzlichen Satze berechnet ist, wird nur insoweit erhoben, als er aus der Hälfte des jene Wertgrenze übersteigenden Betrags des Zuwachses gedeckt werden kann.

§ 27. Gewährt der Steuerpflichtige, dessen Vermögen den Betrag von hunderttausend Mark nicht übersteigt, Kindern auf Grund gesetzlicher Verpflichtung (§§ 1601 bis 1615 des Bürgerlichen Gesetzbuchs) Unterhalt, so ermäßigt sich die Steuer für das dritte und jedes weitere minderjährige Kind um fünf vom Hundert ihres Betrags.

Fällt in den Veranlagungszeitraum der Erwerb einer Erbschaft, so ermäßigt sich, wenn der Erbe ein Abkömmling des Erblassers ist und zur Zeit des Erbfalls das 21. Lebensjahr noch nicht vollendet hat, und wenn das steuerbare Vermögen den Gesamtwert von fünfzigtausend Mark nicht übersteigt, die Abgabe um einen Betrag, der für jedes bis zur Vollendung des 21. Lebensjahrs fehlende volle Jahr auf fünf vom Hundert der Abgabe berechnet wird. Die Gesamtermäßigung darf fünfzig vom Hundert der Abgabe nicht übersteigen.

Wertermittelung.

§ 28. Für die Steuerpflicht und die Ermittelung der Vermögenswerte ist maßgebend der Stand in den in §§ 18 bis 22 bezeichneten Zeitpunkten.

Für Betriebe, bei denen regelmäßige jährliche Abschlüsse stattfinden, kann der Vermögensfeststellung der Vermögensstand am Schlusse des letzten Wirtschafts- oder Rechnungsjahrs zugrunde gelegt werden.

Bei der Veranlagung der Besitzsteuer wird das Vermögen des Steuerpflichtigen auf volle Tausende nach unten abgerundet.

§ 29. Bei der Feststellung des Vermögens ist der gemeine Wert (Verkaufswert) seiner einzelnen Bestandteile zugrunde zu legen, sofern das Gesetz nichts anderes vorschreibt.

§ 30. Bei Grundstücken tritt auf Antrag des Steuerpflichtigen an die Stelle des gemeinen Wertes der Betrag der nachgewiesenen oder glaubhaft gemachten Gestehungskosten.

Zu den Gestehungskosten sind zu rechnen der Gesamtwert der Gegenleistungen beim Erwerb (Erwerbspreis), sonstige Anschaffungskosten sowie alle auf das Grundstück gemachten besonderen Aufwendungen während der Besitzzeit, soweit sie nicht zu den laufenden Wirtschaftsausgaben gehören und soweit die durch die Aufwendungen hergestellten Bauten und Verbesserungen noch vorhanden sind. Von den Gestehungskosten sind die durch Abnutzung entstandenen Wertminderungen abzuziehen.

§ 31. Beim Erwerbe von Todes wegen im Sinne der §§ 1 bis 4 des Erbschaftssteuergesetzes, beim Erwerb im Wege der Erbteilung, beim Erwerbe von Eltern, Großeltern oder entfernteren Voreltern sowie beim Erwerb auf Grund einer ohne entsprechende Gegenleistung erfolgten Zuwendung unter Lebenden tritt an die Stelle des Erwerbspreises, soweit die Grundstücke dauernd land- oder forstwirtschaftlichen oder gärtnerischen Zwecken zu dienen bestimmt sind, oder soweit bebaute Grundstücke Wohnzwecken oder gewerblichen Zwecken zu dienen bestimmt sind und ihre Bebauung und Benutzung der ortsüblichen Bebauung und Benutzung entspricht, der Ertragswert, sonst der gemeine Wert zur Zeit des Erwerbes.

Als Ertragswert gilt bei land- oder forstwirtschaftlichen oder Gärtnereigrundstücken das Fünfundzwanzigfache des Reinertrags, den sie nach ihrer bisherigen wirtschaftlichen Bestimmung bei ordnungsmäßiger Bewirtschaftung mit entlohnten fremden Arbeitskräften nachhaltig gewähren können.

Die der Land- oder Forstwirtschaft oder der Gärtnerei dienenden Gebäude und Betriebsmittel werden nicht besonders veranlagt, sondern sind in der Veranlagung des Ertragswerts einbegriffen.

Bei bebauten Grundstücken, die Wohnzwecken oder gewerblichen Zwecken zu dienen bestimmt sind, gilt als Ertragswert das Fünfundzwanzigfache des Miet- oder Pachtertrags, der in den letzten drei Jahren im Durchschnitt erzielt worden ist oder im Falle der Vermietung oder Verpachtung hätte erzielt werden können, nach Abzug von einem Fünftel für Nebenleistungen und Instandhaltungskosten oder von dem als erforderlich nachgewiesenen höheren Betrag für Nebenleistungen und Instandhaltungskosten ohne Rücksicht darauf, ob die hierzu notwendigen Arbeiten von dem Steuerpflichtigen selbst oder durch entlohnte fremde Arbeitskräfte geleistet worden sind.

In allen Fällen kann der Steuerpflichtige verlangen, daß statt des Ertragswerts der gemeine Wert der Veranlagung zugrunde gelegt wird. Dieses Recht erlischt, wenn es nicht spätestens bis zum Ablauf der mit der Zustellung des Steuer- oder des Feststellungsbescheids eröffneten Rechtsmittelfrist geltend gemacht wird.

§ 32. Die Vorschrift des § 31 findet in anderen Erwerbsfällen entsprechende Anwendung, wenn der vereinbarte Preis um mehr als 10 vom Hundert hinter dem gemeinen Werte zur Zeit des Erwerbes und, sofern bei Grundstücken der Ertragswert zugrunde gelegt werden kann, zugleich auch hinter dem Ertragswert zur Zeit des Erwerbes zurückgeblieben ist.

§ 33. Hat der Erwerb vor dem 1. Januar 1914 stattgefunden, so gilt der bei der Veranlagung des Wehrbeitrags festgestellte Wert eines Grundstücks als Betrag der bis dahin entstandenen Gestehungskosten.

§ 34. Wertpapiere, die in Deutschland einen Börsenkurs haben, sind mit dem Kurswert, Forderungen, die in das Schuldbuch einer öffentlichen Körperschaft eingetragen sind, mit dem Kurswert der entsprechenden Schuldverschreibungen der öffentlichen Körperschaft anzusetzen.

Der Steuerpflichtige ist berechtigt, von dem Werte der mit Dividendenschein gehandelten Wertpapiere (§ 6) den Betrag in Abzug zu bringen, der für die seit Auszahlung des letzten Gewinns abgelaufene Zeit dem letztmalig verteilten Gewinn entspricht.

§ 35. Bei Aktien ohne Börsenkurs, bei Kuxen, Anteilen an einer Bergwerksgesellschaft oder bei Anteilen einer Gesellschaft mit beschränkter Haftung ist der Verkaufswert der Aktien, Kuxe oder Anteile anzusetzen. Sofern ein solcher nicht zu ermitteln ist, ist der Wert der Aktie, des Kuxes oder des Anteils unter Berücksichtigung des Gesamtvermögens der Gesellschaft oder Gewerkschaft und der in der Vergangenheit erzielten Gewinne nach freiem Ermessen zu schätzen. Hierbei bleiben diejenigen Beträge der Jahresgewinne unberücksichtigt, welche unter Zugrundelegung der ortsüblichen Preise als Entgelt für gelieferte Rohstoffe anzusehen sind. Im Streitfall soll die Steuerbehörde die Schätzung des Wertes durch Sachverständige anordnen, die von der zuständigen Handelsvertretung oder der des nächstbelegenen Bezirkes zu ernennen sind.

§ 36. Andere Kapitalforderungen und Schulden sind mit dem Nennwert anzusetzen, sofern nicht besondere Umstände die Veranschlagung nach einem vom Nennwert abweichenden höheren oder geringeren Werte begründen.

Noch nicht fällige Ansprüche aus Lebens-, Kapital- und Rentenversicherungen kommen mit zwei Dritteln der Summe der eingezahlten Prämien oder Kapitalbeiträge, falls aber der Betrag nachgewiesen wird, für welchen die Versicherungsanstalt die Police zurückkaufen würde, mit diesem Rückkaufswert in Anrechnung.

§ 37. Der Gesamtwert der auf bestimmte Zeit beschränkten Nutzungen oder Leistungen ist unter Abrechnung der Zwischenzinsen durch Zusammenzählung der einzelnen Jahreswerte zu berechnen. Der Gesamtwert darf den zum gesetzlichen Zinssatz kapitalisierten Jahreswert nicht übersteigen.

Immerwährende Nutzungen oder Leistungen sind mit dem Fünfundzwanzigfachen des einjährigen Betrags, Nutzungen oder Leistungen von unbestimmter Dauer vorbehaltlich der Vorschriften der §§ 38, 39 mit dem Zwölfundeinhalbfachen des einjährigen Betrags zu veranschlagen.

§ 38. Der Wert von Renten oder anderen auf die Lebenszeit einer Person beschränkten Nutzungen und Leistungen bestimmt sich nach dem Lebensalter der Person, mit deren Tode das Recht erlischt.

Als Wert wird angenommen bei einem Alter

1.				bis	zu	15	Jahren	das	18	fache,	
2.	von	mehr	als 15	„	„	25	„	„	17	„	,
3.	„	„	„ 25	„	„	35	„	„	16	„	,
4.	„	„	„ 35	„	„	45	„	„	14	„	,
5.	„	„	„ 45	„	„	55	„	„	12	„	,
6.	„	„	„ 55	„	„	65	„	„	8½	„	,
7.	„	„	„ 65	„	„	75	„	„	5	„	,
8.	„	„	„ 75	„	„	80	„	„	3	„	,
9.	„	„	„ 80				„	„	2	„	des

Wertes der einjährigen Nutzung.

Hat jedoch eine nach Abs. 2 bewertete Nutzung oder Leistung im Falle der

Nr. 1	nicht	mehr	als	9	Jahre,	
Nr. 2, 3	„	„	„	8	„	,
Nr. 4	„	„	„	7	„	,
Nr. 5	„	„	„	6	„	,
Nr. 6	„	„	„	4	„	,
Nr. 7 bis 9	nicht	mehr	als	2	Jahre	

bestanden, so ist auf Antrag eine Berichtigung der Veranlagung unter Zugrundelegung eines der wirklichen Dauer der Nutzung oder Leistung entsprechenden Kapitalwerts vorzunehmen und die zuviel gezahlte Steuer zu erstatten. In gleicher Weise hat eine Nachveranlagung stattzufinden, wenn die Nutzung oder Leistung den Wert eines Vermögensteils vermindert hat.

§ 39. Hängt die Dauer der Nutzung oder Leistung von der Lebenszeit mehrerer Personen ab, so ist maßgebend das Lebensalter der ältesten Person, wenn das Recht mit dem Tode der zuerst versterbenden Person erlischt, das Lebensalter der jüngsten Person, wenn das Recht mit dem Tode der letztversterbenden Person erlischt.

§ 40. Der einjährige Betrag der Nutzung einer Geldsumme ist zu vier vom Hundert anzunehmen, falls er nicht anderweit feststeht.

§ 41. Vom Kapitalwert unverzinslicher befristeter Forderungen und Schulden kommen für die Zeit bis zu ihrer Fälligkeit vier vom Hundert Jahreszinsen in Abzug.

§ 42. Vermögen, dessen Erwerb von dem Eintritt einer aufschiebenden Bedingung abhängt, bleibt bei der Feststellung unberücksichtigt.

§ 43. Vermögen, das unter einer auflösenden Bedingung erworben ist, wird unbeschadet der Vorschriften über die Berechnung des Kapitalwerts der Nutzungen von unbestimmter Dauer (§ 37 Abs. 2, §§ 38, 39) wie unbedingt erworbenes behandelt.

Tritt die Bedingung ein, so erfolgt auf Antrag eine Berichtigung der früheren Veranlagung entsprechend dem tatsächlichen Werte des Erwerbes.

§ 44. Hängen Lasten, die den Wert des Vermögens vermindern, von dem Eintritt einer aufschiebenden Bedingung ab, so werden sie nicht berücksichtigt.

Tritt die Bedingung ein, so ist auf Antrag die Veranlagung entsprechend zu berichtigen.

Den Lasten, die von einer aufschiebenden Bedingung abhängen, stehen zweifelhafte Lasten gleich.

§ 45. Lasten, deren Fortdauer von einer auflösenden Bedingung abhängt, werden wie unbedingte vom Vermögen abgezogen, soweit nicht deren Kapitalwert nach § 37 Abs. 2, §§ 38, 39 zu berechnen ist. § 38 Abs. 3 Satz 2 findet entsprechende Anwendung.

§ 46. Die Vorschriften der §§ 42 bis 45 gelten auch, wenn der Erwerb oder die Last von einem Ereignis abhängt, das nur hinsichtlich des Zeitpunkts seines Eintritts ungewiß ist.

§ 47. Unbeitreibliche Forderungen bleiben außer Ansatz.

Zuständigkeit für Veranlagung und Erhebung der Besitzsteuer.

§ 48. Für die Verwaltung der Besitzsteuer ist der Bundesstaat zuständig, in welchem der Steuerpflichtige zur Zeit der Veranlagung seinen Wohnsitz oder in Ermangelung eines Wohnsitzes seinen gewöhnlichen Aufenthalt hat.

Bei mehrfachem Wohnsitz im Inland ist der dienstliche Wohnsitz vor einem andern Wohnsitz, der Wohnsitz in dem Heimatstaate vor dem Wohnsitz in einem anderen Bundesstaat und, wenn keiner dieser Fälle vorliegt, der Wohnsitz an dem Orte maßgebend, an welchem der Steuerpflichtige sich vorwiegend aufhält.

Steuerpflichtige, welche zur Zeit der Veranlagung im Inland weder einen Wohnsitz noch ihren gewöhnlichen Aufenthalt haben, sind in dem Bundesstaate zu veranlagen, in welchem sie ihren letzten inländischen Wohnsitz oder Aufenthalt gehabt haben.

Der Bundesrat kann weitere Bestimmungen über die Zuständigkeit der Bundesstaaten zur Verwaltung und Erhebung der Steuer erlassen. Er entscheidet auch auf Anrufen eines Bundesstaats, wenn zwischen mehreren Bundesstaaten Meinungsverschiedenheit über ihre Zuständigkeit herrscht.

§ 49. Die Landesregierung bestimmt die für die Verwaltung der Besitzsteuer zuständigen Behörden (Besitzsteuerämter). Sie bestimmt auch, ob und inwieweit zur Mitwirkung bei der Veranlagung und zur Erhebung der Besitzsteuer Gemeinden oder Gemeindeverbände heranzuziehen sind. Die Besitzsteuerämter unterstehen Oberbehörden und diese der obersten Landesfinanzbehörde.

§ 50. Die Reichsbevollmächtigten für Zölle und Steuern haben bei der Ausführung dieses Gesetzes die gleichen Befugnisse und Pflichten, die ihnen hinsichtlich der Zölle und Verbrauchssteuern beigelegt sind.

In den Staaten, in denen die Geschäfte der Oberbehörde für die Besitzsteuer anderen Behörden als den Zolldirektivbehörden übertragen sind, werden der Umfang und die Art der Tätigkeit der Reichsbevollmächtigten vom Reichskanzler im Einvernehmen mit den beteiligten Bundesregierungen geregelt.

Unter Zustimmung des Bundesrats kann der Reichskanzler die Wahrnehmung der Geschäfte der Reichsbevollmächtigten für die Besitzsteuer anderen Beamten übertragen.

Dem Reichstag ist alljährlich über die Tätigkeit der Reichsbevollmächtigten, soweit sie sich auf die Ausführung dieses Gesetzes bezieht, Bericht zu erstatten.

Personenstandsaufnahme.

§ 51. Jeder Besitzer eines bewohnten Grundstücks oder dessen Vertreter ist verpflichtet, der mit der Vorbereitung der Veranlagung betrauten Behörde auf deren Verlangen die sämtlichen Bewohner des Grundstücks mit Namen, Berufsstellung, Geburtsort und Geburtstag anzugeben. Die Haushaltungsvorstände haben den Hausbesitzern oder deren Vertretern die erforderliche Auskunft über die zu ihrem Hausstand gehörigen Personen einschließlich der Unter- und Schlafstellenmieter zu erteilen.

Besitzsteuererklärung.

§ 52. Zur Abgabe einer Besitzsteuererklärung sind alle Personen mit einem steuerbaren Vermögen von zwanzigtausend Mark und darüber verpflichtet, wenn sie früher weder zum Wehrbeitrage noch zur Besitzsteuer veranlagt worden sind, sowie alle Personen, deren Vermögen sich seit der Veranlagung zum Wehrbeitrag oder gegenüber dem für eine künftige Veranlagung zur Besitzsteuer als maßgebend festgestellten Vermögensstande (§ 65) um mehr als zehntausend Mark erhöht hat. Der Bundesrat bestimmt die Fristen zur Abgabe der Besitzsteuererklärung.

Die Steuerbehörde ist außerdem berechtigt, von jedem Steuerpflichtigen (§ 11) binnen einer von ihr festzusetzenden Frist, die mindestens zwei Wochen betragen muß, die Abgabe einer Besitzsteuererklärung zu verlangen.

Die Besitzsteuererklärung ist unter der Versicherung zu erstatten, daß die Angaben nach bestem Willen und Gewissen gemacht sind.

§ 53. In der Besitzsteuererklärung hat der Steuerpflichtige seine Vermögensverhältnisse zu den in den §§ 18 bis 22 bezeichneten Zeitpunkten klarzulegen und zu diesem Zwecke nach näherer Bestimmung des Bundesrats das gesamte steuerbare Vermögen getrennt nach seinen einzelnen Bestandteilen unter Angabe ihres Wertes aufzuführen.

Soweit die Vermögenswerte sich nicht aus dem Nenn- oder Kurswert oder dem Betrage der geleisteten Zahlungen ergeben, kann der Steuerpflichtige sich in der Besitzsteuererklärung auf die tatsächlichen Mitteilungen beschränken, die er behufs Schätzung des Wertes beizubringen vermag.

§ 54. Der Steuerpflichtige kann zur Abgabe der Besitzsteuererklärung mit Geldstrafen bis zu fünfhundert Mark angehalten werden.

Dem Steuerpflichtigen, der die ihm nach § 52 obliegende Besitzsteuererklärung nicht rechtzeitig abgibt, kann ein Zuschlag von 5 bis 10 vom Hundert der rechtskräftig festgestellten Besitzsteuer auferlegt werden.

§ 55. Die Veranlagungsbehörde prüft die Angaben in der Besitzsteuererklärung und stellt, gegebenenfalls nach Vornahme der erforderlichen Ermittelungen, die Höhe des steuerbaren Vermögens fest.

§ 56. Die Steuerbehörde kann Zeugen und Sachverständige uneidlich vernehmen. Das Zeugnis oder Gutachten darf nur unter den Voraussetzungen verweigert werden, welche nach den Vorschriften der Zivilprozeßordnung (§§ 383 bis 385, 407, 408) zur Ablehnung eines Zeugnisses oder Gutachtens berechtigen.

Zeugen und Sachverständige können zur Abgabe des Zeugnisses oder Gutachtens mit Geldstrafen bis zu einhundertfünfzig Mark angehalten werden.

§ 57. Der Steuerpflichtige hat auf Erfordern die Höhe seines Vermögens nachzuweisen. Er ist insbesondere verpflichtet, der Steuerbehörde Wirtschafts- oder Geschäftsbücher, Verträge, Schuldverschreibungen, Zinsquittungen, Abrechnungen von Banken oder ähnlichen Unternehmungen und andere Schriftstücke, welche für die Besitzsteuerveranlagung von Bedeutung sind, zur Einsicht und Prüfung vorzulegen.

Die Einsichtnahme und Prüfung der Bücher und Schriftstücke des Steuerpflichtigen soll tunlichst in dessen Wohnung oder Geschäftsräumen erfolgen.

§ 58. Die Vorstände oder Geschäftsführer der im § 35 bezeichneten Gesellschaften, die ihren Sitz im Inland haben oder Vermögen im Inland besitzen, haben dem Steuerpflichtigen die erforderlichen Mitteilungen über den Wert seiner Aktien oder Gesellschaftsanteile zu machen.

Sie sind außerdem verpflichtet, der Steuerbehörde auf Verlangen binnen einer Frist von vier Wochen eine Nachweisung einzureichen, welche enthält:

1. die Höhe des Grundkapitals oder der Stammeinlagen,
2. den Betrag der in den vorausgegangenen drei Jahren jährlich verteilten Gewinne,
3. die tatsächlichen Mitteilungen, die sie zur Schätzung des Wertes der Aktien, Anteile oder Kuxe beizubringen vermögen.

Die Nachweisung ist mit der Versicherung zu versehen, daß die Angaben nach bestem Wissen und Gewissen gemacht sind.

Die Verpflichteten können zur Abgabe der Nachweisung mit Geldstrafen bis zu fünfhundert Mark angehalten werden.

§ 59. Die Vorschriften der §§ 52 bis 54, 57 gelten auch für den gesetzlichen Vertreter des Steuerpflichtigen hinsichtlich des seiner Verwaltung unterliegenden Vermögens.

§ 60. Die Kosten der Ermittelungen fallen dem Steuerpflichtigen zur Last, wenn der endgültig festgestellte Vermögenswert den vom Steuerpflichtigen angegebenen Wert um mehr als ein Drittel übersteigt oder wenn sich seine Angaben in wesentlichen Punkten als unrichtig erweisen oder wenn er trotz ergangener Aufforderung keine oder nur ungenügende Angaben über seine Vermögensverhältnisse gemacht hat.

§ 61. Den Steuerbehörden haben die Standesämter von den eingetretenen Sterbefällen, die Gerichte von den ergangenen Todeserklärungen Mitteilung zu machen.

§ 62. Innerhalb sechs Monaten nach dem Tode eines Steuerpflichtigen kann die Steuerbehörde von den Erben oder, falls ein Testamentsvollstrecker oder ein Nachlaßpfleger bestellt ist, von diesen Personen unter Hinweis auf die Strafvorschrift des § 81 die Vorlage eines Verzeichnisses über das vom Verstorbenen hinterlassene Kapital- und Betriebsvermögen (§ 2 Nr. 2, 3) verlangen.

Das Verzeichnis ist binnen vier Wochen nach Zustellung der Aufforderung der Steuerbehörde einzureichen und mit der Versicherung zu versehen, daß die Angaben nach bestem Wissen und Gewissen gemacht sind.

Die Pflicht zur Einreichung eines Verzeichnisses besteht nicht, wenn auf Grund des Erbschaftssteuergesetzes vom 3. Juni 1906 eine den gesamten Nachlaß umfassende Erbschaftssteuererklärung zu erstatten ist.

Die im Abs. 1 genannten Personen können zur Erfüllung der ihnen hiernach obliegenden Verpflichtung mit Geldstrafen bis zu einhundertfünfzig Mark angehalten werden.

§ 63. Die Reichs-, Staats- und Gemeindebehörden sind verpflichtet, den Steuerbehörden auf Ersuchen aus Büchern, Akten, Urkunden usw. Auskunft über die Vermögensverhältnisse des Steuerpflichtigen zu erteilen oder ihnen Einsicht in solche, die Vermögensverhältnisse betreffenden Bücher, Akten, Urkunden usw. zu gestatten.

Den Notaren liegt diese Pflicht nur ob hinsichtlich der einen Nachlaß betreffenden Verhandlungen oder soweit sie durch sonstige Vorschriften begründet ist.

Eine Auskunftspflicht besteht nicht für die Postbehörden, für die Verwaltung der Schuldbücher öffentlicher Körperschaften sowie für die Verwaltung öffentlicher Sparkassen und anderer mit der Verwaltung und Verwahrung fremden Vermögens befaßter öffentlicher Anstalten.

§ 64. Beamte, Angestellte und ehrenamtliche Mitglieder von Behörden, welche im Verfahren zur Veranlagung der Besitzsteuer dienstlich Kenntnis von den Vermögens-,

Erwerbs- oder Einkommensverhältnissen eines Steuerpflichtigen erhalten, sind zu ihrer Geheimhaltung verpflichtet. Die Besitzsteuererklärungen sind unter Verschluß aufzubewahren und dürfen ebenso wie die sonstigen Verhandlungen im Veranlagungsverfahren nur zur Kenntnis der durch Eid zu ihrer Geheimhaltung Verpflichteten gelangen. Sie dürfen anderen Behörden nur zum Zwecke der Veranlagung und Erhebung von öffentlichen Abgaben mitgeteilt werden. Bestehen für Landessteuern gleiche oder ähnliche Vorschriften, so steht dies der Mitteilung von Veranlagungsmerkmalen an die Besitzsteuerämter nicht entgegen.

Besitzsteuer- und Feststellungsbescheid.

§ 65. Ergibt die Vergleichung der Vermögensfeststellungen einen steuerpflichtigen Vermögenszuwachs, so erteilt die Veranlagungsbehörde dem Steuerpflichtigen einen Bescheid über den Gesamtbetrag der zu zahlenden Steuer und über die für eine spätere Veranlagung maßgebende Vermögensfeststellung (Steuerbescheid); ergibt sich dagegen kein oder nur ein steuerfreier Vermögenszuwachs, so ist dem Steuerpflichtigen mit einem Vermögen von mehr als zwanzigtausend Mark ein Bescheid über den für eine künftige Veranlagung maßgebenden Vermögensstand zu erteilen, sofern dieser nicht bereits rechtskräftig feststeht (Feststellungsbescheid).

Der Steuer- und der Feststellungsbescheid enthält eine Belehrung über die gegen den Bescheid zulässigen Rechtsmittel, der Steuerbescheid enthält außerdem eine Anweisung zur Entrichtung der Steuer in den gesetzlichen Teilbeträgen zu den bestimmten Zahlungsfristen. Dem Steuerpflichtigen sind die Berechnungsgrundlagen der angeforderten Steuer mitzuteilen und die Punkte zu bezeichnen, in welchen von der Besitzsteuererklärung abgewichen worden ist.

Rechtsmittel.

§ 66. Die gegen den Steuer- und den Feststellungsbescheid zulässigen Rechtsmittel, die Rechtsmittelfristen und das Rechtsmittelverfahren werden durch die Landesgesetzgebung geregelt. Bis zum Inkrafttreten des Landesgesetzes sind nach näherer Bestimmung der Landesregierung gegen den Steuer- und den Feststellungsbescheid die Rechtsmittel zulässig, welche den Steuerpflichtigen nach Landesrecht gegen die Veranlagung zu einer direkten Staatssteuer zustehen.

Das Rechtsmittelverfahren (Abs. 1) muß derartig geordnet sein, daß der Steuerpflichtige nacheinander mindestens zwei Rechtsmittelinstanzen anrufen kann und daß ihm die Möglichkeit offensteht, entweder die endgültige Entscheidung eines obersten Verwaltungsgerichts oder einer einem obersten Verwaltungsgerichte gesetzlich gleichgeordneten Rechtsinstanz herbeizuführen oder die Klage im ordentlichen Rechtsweg zu erheben.

Wird keine oder eine falsche Rechtsmittelbelehrung erteilt, so wird die Rechtsmittelfrist nicht in Lauf gesetzt, doch ist ein von dem Steuerpflichtigen eingelegtes Rechtsmittel nicht aus diesem Grunde unzulässig.

§ 67. Erfolgt die Veranlagung zur Besitzsteuer durch eine kollegiale Behörde, so stehen die Rechtsmittel gegen den Steuerbescheid auch dem Vorsitzenden dieser Behörde zu.

§ 68. Wohnt weder der Steuerpflichtige noch ein Vertreter des Steuerpflichtigen im Inland, so ist der Steuerpflichtige gehalten, eine im Inland wohnende Person zum Empfange der für ihn bestimmten Schriftstücke in Besitzsteuerangelegenheiten zu bevollmächtigen. Ist die Benennung eines Zustellungsbevollmächtigten unterblieben, so gilt die

Zustellung eines Schriftstücks mit der Aufgabe zur Post als bewirkt, selbst wenn die Sendung als unbestellbar zurückkommt.

§ 69. Durch die Einlegung eines Rechtsmittels wird die Erhebung der veranlagten Steuer zu den gesetzlichen Zahlungsfristen nicht aufgehalten. Die auf Grund rechtskräftiger Entscheidung zu erstattenden Steuern sind mit 4 vom Hundert für das Jahr zu verzinsen.

Fälligkeit der Steuer.

§ 70. Der Jahresbetrag der Steuer (§ 24) ist nach näherer Bestimmung der obersten Landesfinanzbehörde in gleichen Halbjahrs- oder Vierteljahrsteilen zu zahlen.

Bleibt der Einzelbetrag der Steuer unter 5 Mark, so ist der Jahresbetrag der Steuer auf einmal zu entrichten.

Die oberste Landesfinanzbehörde bestimmt den Tag, an dem die Einzelbeträge der Steuer fällig werden.

Die Einzelbeträge der Steuer sind auf 10 Pfennig nach oben abzurunden.

Der Steuerpflichtige ist berechtigt, die Steuer für den Rest des ganzen Erhebungszeitraums im voraus zu bezahlen.

§ 71. Würde die Einziehung der Steuer zu den gesetzlichen Zahlungsfristen mit einer erheblichen Härte für den Steuerpflichtigen verbunden sein, so kann die Steuer bis zum Ablauf von drei Jahren gestundet, auch die Entrichtung in Teilbeträgen bis zum Ende des nächsten Erhebungszeitraums (§ 24) gestattet werden.

Die Stundung kann von einer angemessenen Sicherheitsleistung abhängig gemacht werden.

Die Stundungsbewilligung wird zurückgenommen, wenn die Voraussetzungen hierfür weggefallen sind oder wenn eine nachträglich verlangte Sicherheit nicht geleistet wird.

§ 72. Ist der Steuerpflichtige ein Deutscher, so ist zum Zwecke der Einziehung der Besitzsteuer die Zwangsversteigerung eines Grundstücks ohne seine Zustimmung nicht zulässig.

§ 73. Ist die Veranlagung zu Unrecht unterblieben, so wird dadurch die Pflicht zur Zahlung der Besitzsteuer nicht berührt. Eine Neuveranlagung hat zu erfolgen, wenn nachträglich neue Tatsachen und Beweismittel bekannt werden, die eine höhere Veranlagung des Steuerpflichtigen rechtfertigen.

§ 74. Stirbt der Steuerpflichtige innerhalb eines Erhebungszeitraums oder fällt die Steuerpflicht auf andere Weise weg, so wird dadurch die Verbindlichkeit zur Entrichtung der bei Wegfall der Steuerpflicht noch nicht fälligen Teilbeträge nicht berührt.

Wird im Falle des § 14 die Ehe innerhalb des Erhebungszeitraums aufgelöst oder fällt die Voraussetzung für die Zusammenrechnung des Vermögens weg, so sind die Ehegatten oder deren Erben zur Zahlung der noch nicht fälligen Teilbeträge der Steuer nach dem Verhältnis ihres Anteils an dem steuerpflichtigen Vermögenszuwachs verpflichtet.

Verjährung.

§ 75. Der Anspruch der Staatskasse auf die Besitzsteuer verjährt in vier Jahren. Die Frist beginnt mit dem Schlusse des Jahres, in welchem die Steuerbeträge fällig geworden sind, im Falle der Sicherheitsleistung für die Steuer jedoch nicht vor dem Ablauf des Jahres, in welchem die Sicherheit erlischt.

Strafvorschriften.

§ 76. Wer als Steuerpflichtiger oder als Vertreter eines Steuerpflichtigen wissentlich der Steuerbehörde unrichtige oder unvollständige Angaben macht, die geeignet sind, eine Verkürzung der Besitzsteuer herbeizuführen, wird mit einer Geldstrafe bis zum zwanzigfachen Betrage der gefährdeten Steuer bestraft.

§ 77. In den Fällen des § 76 kann neben der Geldstrafe auf Gefängnis bis zu sechs Monaten erkannt werden, wenn die unrichtigen oder unvollständigen Angaben in der Absicht, die Besitzsteuer zu hinterziehen, gemacht worden sind und wenn der Steuerbetrag, der durch die unrichtigen oder unvollständigen Angaben gefährdet worden ist, nicht weniger als 10 vom Hundert der geschuldeten Steuer, mindestens aber dreihundert Mark ausmacht, oder wenn der Steuerpflichtige wegen Besitzsteuerhinterziehung vorbestraft ist.

Bei einer Steuergefährdung der im Abs. 1 bezeichneten Art kann im Urteil angeordnet werden, daß die Bestrafung auf Kosten des Verurteilten öffentlich bekanntzumachen ist.

Besteht der Verdacht, daß eine Steuergefährdung der im Abs. 1 bezeichneten Art vorliegt, so hat die Steuerbehörde die Sache an die zuständige Staatsanwaltschaft abzugeben. Findet die Staatsanwaltschaft in einer an sie abgegebenen Sache, daß dieser Verdacht nicht hinreichend begründet ist, so kann sie die Sache zur weiteren Erledigung im Verwaltungsstrafverfahren an die Verwaltungsbehörde abgeben.

§ 78. Ist nach den obwaltenden Umständen anzunehmen, daß die unrichtigen oder unvollständigen Angaben, die geeignet sind, eine Verkürzung der Besitzsteuer herbeizuführen, nicht in der Absicht der Steuerhinterziehung gemacht worden sind, so tritt an Stelle der im § 76 vorgesehenen Strafe eine Ordnungsstrafe bis zu fünfhundert Mark.

§ 79. Straffrei bleibt, wer seine unrichtigen oder unvollständigen Angaben, bevor eine Anzeige erstattet oder eine Untersuchung gegen ihn eingeleitet ist, bei der Steuerbehörde berichtigt oder ergänzt und die gefährdete Steuer, soweit sie bereits fällig gewesen ist, entrichtet.

§ 80. Die Einziehung der Besitzsteuer erfolgt unabhängig von der Bestrafung.

§ 81. Wer in der nach § 58 Abs. 2 einzureichenden Nachweisung oder in dem nach § 62 einzureichenden Verzeichnis wissentlich unrichtige oder unvollständige Angaben macht, die geeignet sind, das Steueraufkommen zu gefährden, wird mit einer Geldstrafe bis zu dreitausend Mark bestraft.

Straffrei bleibt, wer seine unrichtigen oder unvollständigen Angaben, bevor eine Anzeige erstattet oder eine Untersuchung gegen ihn eingeleitet ist, bei der Steuerbehörde berichtigt oder ergänzt.

§ 82. Beamte, Angestellte und ehrenamtliche Mitglieder von Behörden sowie Sachverständige werden, wenn sie die zu ihrer dienstlichen oder amtlichen Kenntnis gelangten Vermögens-, Erwerbs- oder Einkommensverhältnisse eines Steuerpflichtigen, insbesondere auch den Inhalt einer Besitzsteuererklärung oder der über sie gepflogenen Verhandlungen unbefugt offenbaren, mit Geldstrafe bis zu fünfzehnhundert Mark oder mit Gefängnis bis zu drei Monaten bestraft.

Die Strafverfolgung tritt nur ein auf Antrag der obersten Landesfinanzbehörde oder des Steuerpflichtigen, dessen Interesse an der Geheimhaltung verletzt ist.

§ 83. Eine Ordnungsstrafe bis zu einhundertfünfzig Mark tritt ein bei Zuwiderhandlungen gegen die Vorschriften dieses Gesetzes oder die zu seiner Ausführung erlassenen Bestimmungen, die im Gesetze mit keiner besonderen Strafe bedroht sind.

§ 84. Die Umwandlung einer nicht beizutreibenden Geldstrafe in eine Freiheitsstrafe findet nicht statt.

Kosten.

§ 85. Das Verfahren in Besitzsteuerangelegenheiten ist vorbehaltlich der Vorschrift des § 60 kosten-, gebühren- und stempelfrei. Für das Rechtsmittel- und Strafverfahren bewendet es bei den sonst geltenden Vorschriften.

Schlußvorschriften.

§ 86. Die Bundesstaaten erhalten für die erste Veranlagung und Erhebung der Steuer zehn, später fünf vom Hundert ihrer Roheinnahme.

§ 87. Nach näherer Bestimmung des Bundesrats kann bis zum Ablauf des Rechnungsjahrs 1919 denjenigen Bundesstaaten, die zur Zeit der Verkündung dieses Gesetzes die Erbschaften in gerader absteigender Linie besteuern und bis zum Ablauf des Rechnungsjahrs 1916 eine der Mehrbelastung durch die Besitzsteuer angemessene Ermäßigung dieser Steuer einführen, der Ausfall an Erbschaftssteuer bis zum Betrag ihrer Durchschnittseinnahmen in den Rechnungsjahren 1913 bis 1915 aus dem Aufkommen an Besitzsteuer in ihrem Lande ersetzt werden.

Ferner kann in diesen Bundesstaaten unter gleichen Voraussetzungen der Vermögenszuwachs bei der erstmaligen Veranlagung der Besitzsteuer insoweit außer Betracht bleiben, als ein entsprechender Vermögensteil durch Erbgang in gerader absteigender Linie nach dem 31. Dezember 1913 erworben und zur Landessteuer herangezogen ist.

§ 88. Die Ausführungsbestimmungen zu diesem Gesetz erläßt der Bundesrat.

Urkundlich unter Unserer Höchsteigenhändigen Unterschrift und beigedrucktem Kaiserlichen Insiegel.

Gegeben Kiel, den 3. Juli 1913.

Wilhelm.

(L. S.)

von Bethmann Hollweg.

Sachregister zu den Kommentaren.

Die ersten Zahlen geben die Seiten an, die hinter dem Komma die Stelle auf der Seite.

A

F

K

FSC
www.fsc.org
MIX
Papier | Fördert gute Waldnutzung
FSC® C083411

Kolibri 360 GmbH
Ferdinand-Jühlke-Straße 7
99095 Erfurt, Deutschland
produktsicherheit@kolibri360.de